Wilhelm Adamy · Johannes Steffen

Handbuch der Arbeitsbeziehungen

Wilhelm Adamy
Johannes Steffen

Handbuch der Arbeitsbeziehungen

Westdeutscher Verlag

CIP-Kurztitelaufnahme der Deutschen Bibliothek
Adamy, Wilhelm:
Handbuch der Arbeitsbeziehungen : Wilhelm Adamy ; Johannes Steffen. –
Opladen : Westdeutscher Verlag, 1985.
ISBN 3-531-11770-X
NE: Steffen, Johannes

© 1985 Westdeutscher Verlag GmbH, Opladen
Umschlaggestaltung: Horst Dieter Bürkle, Darmstadt
Gesamtherstellung: Druck- und Verlags-Gesellschaft mbH, Darmstadt
Alle Rechte vorbehalten. Auch die fotomechanische Vervielfältigung des Werkes
(Fotokopie, Mikrokopie) oder von Teilen daraus bedarf der vorherigen
Zustimmung des Verlages.
Printed in Germany

ISBN 3-531-11770-X

Inhalt

	Vorwort	9
I.	*Gewerkschaften und Arbeitgeberverbände*	11
	1. ... Wie sie entstanden sind	12
	2. Die Gewerkschaften	17
	3. Die Arbeitgeberverbände	28
II.	*Arbeitsrecht – Wer kennt sich da schon aus?*	35
	1. Wer ist Arbeitnehmer?	36
	2. Wer ist Arbeiter und wer ist Angestellter?	37
	3. Auf welche Grundlagen können Arbeitnehmer sich bei der Geltendmachung ihrer Rechte berufen?	42
III.	*Rechte und Pflichten aus dem Arbeitsverhältnis*	45
	1. Was ist bei der Anbahnung eines Arbeitsverhältnisses zu beachten?	45
	a) Pflichten des Arbeitgebers	45
	b) Pflichten des Arbeitnehmers	46
	2. Welche Rechte und Pflichten ergeben sich aus dem Arbeitsverhältnis?	47
	a) Pflichten des Arbeitnehmers	48
	b) Pflichten des Arbeitgebers	50
IV.	*Arbeitszeit*	54
	1. Geschichte und Entwicklung der Arbeitszeitbegrenzung	54
	2. Wie lange wird gearbeitet?	57
	3. Zu welchen Zeiten wird gearbeitet?	58
	4. Gesetzliche Arbeitszeitnormen...	62
	5. ... tarifvertragliche Regelungen...	65
	6. ... und der Einfluß von Betriebsräten auf die Arbeitszeit	68
V.	*Kündigungsschutz*	70
	1. Für wen gilt das Kündigungsschutzgesetz?	70
	2. Welche Kündigungsgründe gibt es?	73
	3. Die Kündigungspraxis – welche Arbeitnehmer werden zuerst entlassen?	78
	4. Wie steht es mit der Berücksichtigung sozialer Gesichtspunkte?	79
	5. Für wen gelten welche Kündigungsfristen?	81
	6. Welchen Einfluß hat der Betriebsrat auf Kündigungen?	85
	7. Gibt es einen Anspruch auf Weiterbeschäftigung für die Dauer des Kündigungsschutzprozesses?	88
	8. Wie verlaufen Kündigungsschutzprozesse und wie erfolgreich sind Kündigungsschutzklagen?	90

VI.	*Betrieblicher Arbeitsschutz*	92
	1. Belastungen in der Arbeitswelt	92
	2. Wie krank fühlen sich Arbeitnehmer?	93
	3. „Wo gehobelt wird, fallen Späne"	95
	a) Welcher Zusammenhang besteht zwischen Arbeitswelt und Krankheit?	95
	b) Wie hoch ist die Arbeitsunfallhäufigkeit?	99
	c) Wie entwickelt sich die Zahl der Berufskrankheiten?	100
	d) Welche Bedeutung haben arbeitsbedingte Erkrankungen?	100
	4. Wie hoch sind die gesellschaftlichen Kosten?	104
	5. Welche Aufgaben hat die Unfallversicherung?	104
	a) Organisation und Finanzierung der Unfallversicherung	106
	b) Welche Bedeutung haben Entschädigungsleistungen?	107
	c) Unfallversicherung und Arbeitsschutz	108
	6. Das Arbeitsschutzsystem	109
	a) Warum ist das Arbeitsschutzsystem zweigleisig aufgebaut?	109
	b) Was regeln die staatlichen Arbeitsschutzgesetze?	111
	c) Wie werden die Arbeitsschutznormen ausgefüllt?	115
	d) Wie ist der betriebliche Arbeitsschutz organisiert?	118
	e) Die Praxis des betrieblichen Arbeitsschutzes	119
	f) Aufgabenwahrnehmung der überbetrieblichen Aufsichtsdienste	120
VII.	*Die Entgeltfortzahlung im Krankheitsfall*	123
	1. Welche materielle Sicherung besteht bei krankheitsbedingter Arbeitsunfähigkeit?	124
	2. Wer hat unter welchen Voraussetzungen Anspruch auf Entgeltfortzahlung?	125
	3. Spielen die Ursachen der Erkrankung eine Rolle?	126
	4. Wie lange und wie oft wird Entgeltfortzahlung gewährt?	127
	5. Tarifverträge und Entgeltfortzahlung	128
	6. Krankmeldung und Kontrolle der Arbeitsunfähigkeit	130
	7. Welche unterschiedlichen Regelungen bestehen noch zwischen Arbeitern und Angestellten im Krankheitsfall?	131
	8. Die Entwicklung des Krankenstandes	132
	9. Die Kosten der Entgeltfortzahlung	134
VIII.	*Betriebliche Mitbestimmung*	137
	1. Historische Entwicklung	137
	2. Für welche Betriebe und Arbeitnehmer gilt das Betriebsverfassungsgesetz?	140
	3. Organe der Betriebsverfassung	143
	a) Der Betriebsrat	143
	b) Die Jugendvertretung	147
	c) Betriebs- und Abteilungsversammlungen	148

	d) Der Wirtschaftsausschuß	150
	e) Die Einigungsstelle	150
	4. Interessenvertreter oder Mittler zwischen den Fronten – Rahmenbedingungen der Betriebsratsarbeit	154
	5. Beteiligungsrechte des Betriebsrats	157
	a) Mitbestimmung in sozialen Angelegenheiten	160
	b) Mitwirkung in personellen Angelegenheiten	162
	c) Mitwirkung in wirtschaftlichen Angelegenheiten	165
	6. Belegschaft – Betriebsrat – Gewerkschaft Dreieinigkeit oder Spaltung per Gesetzesnorm?	166
IX.	*Betriebsänderung – Interessenausgleich – Sozialplan*	169
	1. Nicht jede Änderung im Betrieb ist eine ‚Betriebsänderung'	169
	2. Was heißt Interessenausgleich?	172
	3. Einflußmöglichkeiten des Betriebsrats im Interessenausgleichs-Verfahren	173
	4. Sozialpläne sind erzwingbar	175
	5. Sozialplan = Abfindungsplan?	179
	6. Welche Bedeutung haben Sozialpläne?	182
	7. Sozialplan im Konkurs – heute oft ein wertloses Papier	183
X.	*Mitbestimmung auf Unternehmensebene*	185
	1. Begründung der Mitbestimmungsforderung	185
	2. Mitbestimmung statt Vergesellschaftung – zur Entstehungsgeschichte der Unternehmensmitbestimmung	186
	3. Das ‚System' der Unternehmensmitbestimmung	191
	a) Unternehmensorgane	191
	b) Das Montan-Mitbestimmungsgesetz von 1951	194
	c) Das Mitbestimmungsergänzungsgesetz von 1956	195
	d) Das Mitbestimmungsgesetz von 1976	197
	e) Mitbestimmung nach dem Betriebsverfassungsgesetz von 1952	198
	4. Die Praxis der Mitbestimmung auf Unternehmensebene	201
	5. Branchenkrise und Mitbestimmung	205
	6. Argumente gegen die Unternehmensmitbestimmung	206
	7. Hat die Mitbestimmung ihre Zukunft schon hinter sich?	209
XI.	*Das Tarifvertragssystem*	215
	1. Geschichtliche Entwicklung von Koalitionsfreiheit und Tarifautonomie	215
	2. Wie werden Koalitionsfreiheit und Tarifautonomie gesetzlich garantiert?	218
	3. Wer darf Tarifverträge abschließen und welche Wirkung haben Tarifverträge?	220

4. Die ‚Tarifrunden' 224
  5. Ergebnisse der Tarifpolitik 228
  6. Gibt es Grenzen im bestehenden Tarifvertragssystem? 231
     a) Eingeschränkte Gestaltungsfreiheit 238
     b) Die Umsetzung von Tarifverträgen – ein besonderes Problem 241
  7. Tarifpolitik – ökonomisch und politisch beeinflußt 243
  8. Tarifverträge – Instrument legaler Konfliktregulierung 245

XII. *Wie werden Löhne und Gehälter in Tarifverträgen bestimmt?* 246
  1. Lohnfindungsmethoden – Garanten für den ‚gerechten' Lohn? 246
  2. Welche Verfahren der Arbeitsbewertung und Entgeltdifferenzierung sind in der Praxis anzutreffen? 247
     a) Die analytische Methode... 247
     b) ... und ihre Gefahren 250
     c) Die summarische Methode... 252
     d) ... beinhaltet auch noch ungelöste Probleme 254
  3. Abgruppierungsschutz als erster Schritt... 256
  4. ... auf dem Weg zu einheitlichen Entgelttarifverträgen 258

XIII. *Streik und Aussperrung* 262
  1. Welche Formen von Streik und Aussperrung gibt es? 263
  2. Welche Bedeutung haben Streik und Aussperrung in der Bundesrepublik? 265
  3. Welchen Verlauf nehmen Arbeitskämpfe? 269
  4. Welche rechtlichen Grundlagen haben die Arbeitskampfmittel? 274
     a) Die rechtlichen Grenzen des Streiks 274
     b) Die rechtlichen Möglichkeiten der Aussperrung 276
  5. Auswirkungen von Arbeitskämpfen... 278
     a) ... auf Volkswirtschaft und Unternehmen 278
     b) ... auf die abhängig Beschäftigten 279
     c) ... auf die Gewerkschaften 282
  6. Gibt es eine Parität im Arbeitskampf? 283

XIV. *Die Arbeitsgerichtsbarkeit* 287
  1. Entwicklung und Stellenwert der Arbeitsgerichtsbarkeit 287
  2. Aufbau der Arbeitsgerichtsbarkeit 288
  3. Das arbeitsgerichtliche Verfahren 289
  4. Kritische Anmerkungen zum arbeitsgerichtlichen Verfahren 296

XV. *Register* 299

Vorwort

Die Normierung der Arbeitsbeziehungen, wie wir sie heute in der Bundesrepublik vorfinden, ist das Ergebnis von über hundertjährigen Auseinandersetzungen im tarifpolitischen wie auch parlamentarischen Bereich. Der Weg zu diesem Ziel war dabei keineswegs gradlinig: den Fortschritten im Bereich der Arbeitsbeziehungen – mehr soziale Sicherheit für die Arbeitnehmer sowie Festschreibung der Rechte ihrer Interessenvertretungen – folgten allzu häufig wieder Rückschläge. Die Erfahrungen aus den letzten Jahren der Weimarer Republik sind hier Warnung und Mahnung zugleich: Festigung und Ausbau demokratischer Gesellschaftsstrukturen sind auf Dauer nicht ohne eine grundlegende demokratische Gestaltung der Arbeitsbeziehungen in Betrieben, Verwaltungen und Unternehmen zu gewährleisten.

Nach nunmehr über zehnjähriger Massenarbeitslosigkeit gerät derzeit neben den sozialen Versicherungseinrichtungen zunehmend auch die Arbeitsgesetzgebung und Arbeitsrechtsprechung unter verstärkten Legitimationsdruck. Ging es in dieser Auseinandersetzung zunächst darum, das Arbeitsrecht ‚gelenkiger' zu machen und sogenannte ‚beschäftigungs- bzw. ausbildungshemmende Vorschriften' zu korrigieren, also das Individualarbeitsrecht insgesamt zu deregulieren – vor allem im Bereich des Jugend- und Frauenarbeits-, des Schwerbehinderten- und Kündigungsschutzrechts –, so waren die harten Arbeitskämpfe des Jahres 1984 um den tariflichen Einstieg in die 35-Stunden-Woche Anlaß zu weitergehenden Vorstößen. Mit der angestrebten Novellierung der Betriebsverfassung, der Forderung, Urabstimmungen vor gewerkschaftlichen Streiks auch auf unorganisierte Arbeitnehmer auszudehnen und die Tarif- und Arbeitskampfpolitik insgesamt stärker mittels staatlicher Rahmen-Gesetzgebung zu ‚ordnen', würden Kernpunkte gewerkschaftlicher Interessenvertretung nicht nur ‚am Rande' berührt. Befinden sich die Arbeitsbeziehungen in der Bundesrepublik damit auf dem Weg zu einer ‚Sozialpartnerschaft per Zwang'? – Dies werden die vor uns liegenden Jahre der Auseinandersetzung auf diesem Gebiet zeigen müssen.

In einer solchen Phase des Umbruchs ist es um so wichtiger, denjenigen, die sich im Rahmen ihrer Aus- und Weiterbildung, als Arbeitnehmer in Betrieb und Verwaltung oder ‚nur' aus Interesse an der arbeits- und sozialpolitischen Diskussion mit diesem Themenbereich beschäftigen, die Möglichkeit einer zuverlässigen Information über die wesentlichen Bereiche der Arbeitswelt in der Bundesrepublik zu geben – das schließt eine engagierte Kommentierung durchaus mit ein. Allzu häufig wissen die abhängig Beschäftigten viel zu wenig über ihre individuellen Rechte im Betrieb sowie die Handlungsspielräume ihrer betrieblichen und überbetrieblichen Interessenvertretungen.

Mit dem vorliegenden Handbuch werden die zentralen Bereiche der Arbeitsbeziehungen in kompakter und dennoch überaus verständlicher Form dargestellt.

Begrüßenswert ist hierbei besonders die geglückte Einbettung arbeits- und sozialrechtlicher Regelungen in ihren sozialen und ökonomischen Zusammenhang. Dies ist sicherlich nicht zuletzt darauf zurückzuführen, daß dieses Handbuch weitgehend aus unserer gemeinsamen Lehr- und Forschungspraxis am sozialpolitischen Seminar der Kölner Universität sowie der Lehrtätigkeit der Autoren an der Sozialakademie Dortmund hervorgegangen ist. Für alle an den bundesdeutschen Arbeitsbeziehungen Interessierten bietet es somit eine solide Informations- und praxisorientierte Diskussionsgrundlage.

Köln, im März 1985   Prof. Dr. Otto Blume

I. Gewerkschaften und Arbeitgeberverbände

Gewerkschaften und Arbeitgeberverbänden kommt in der Arbeits- und Sozialordnung der Bundesrepublik eine entscheidende Bedeutung zu. Dies ist nicht etwa in dem Sinne gemeint, daß sie neben Religionsgemeinschaften, Vertretern sonstiger Verbände, der Wissenschaft oder Parteien an der institutionalisierten Gremienarbeit des sog. ‚öffentlichen Lebens' beteiligt sind, daß ihre Vertreter also in Rundfunkräten, Selbstverwaltungsorganen und dergleichen mehr ‚ausgewogen' repräsentiert sind – die Einschätzung ihrer herausragenden Bedeutung hat ihre Grundlagen vielmehr im ‚vor-institutionellen' Raum.

Die Auseinandersetzung zwischen abhängig Beschäftigten und Unternehmerschaft ist durch die gesamte Geschichte der kapitalistischen Wirtschaftsordnung zu verfolgen; diese Auseinandersetzung war und ist der Treibsatz für die Entwicklung des Arbeits- und Arbeitsschutzrechts sowie fast der gesamten Sozialpolitik. Auf gewerkschaftlicher Seite wird durchgängig die Auffassung anzutreffen sein, daß die heutige Arbeits- und Sozialordnung das Ergebnis langer und harter Kämpfe der organisierten Arbeitnehmerschaft ist; die Arbeitgeberseite wird in diesem Punkt hingegen gerade ihre gesellschaftspolitische Verantwortung herausstellen, die zusammen mit einem marktwirtschaftlichen Wirtschaftssystem die heutige Gestalt der Arbeits- und Sozialordnung hervorgebracht habe.

Nun sind die jeweiligen Ursachen für die konkrete Ausgestaltung ‚des Sozialstaats' sicherlich vielfältig – zutreffend aber ist: es war und ist der ‚Klassenkampf' oder die ‚Sozialpartnerschaft' zwischen Kapital und Arbeit, die in den jeweiligen Abschnitten der deutschen Geschichte maßgeblichen Einfluß auf die Ausgestaltung des Arbeitslebens hatten bzw. haben. Betriebsvereinbarungen, Tarifverträge, aber auch Gesetze sind somit letztlich eine kurz- oder mittelfristige Festschreibung des Kräfteverhältnisses zwischen beiden ‚Blöcken'; die institutionalisierte Gremienarbeit, an der die Vertreter der Arbeitnehmer- und Arbeitgeberorganisationen beteiligt sind, ist dann nur noch eine Art Spiegelbild – wenn auch oft ein verzerrtes – ihres Verhältnisses im ‚vor-institutionellen' Raum.

Die interessenorientierte Politik von Gewerkschaften und Arbeitgeberverbänden muß vor dem Hintergrund der unterschiedlichen sozialen Stellung ihrer Mitgliedschaft eingeordnet werden. Die abhängig Beschäftigten sind in der herrschenden Wirtschaftsordnung auf den ‚Verkauf' ihrer Arbeitskraft angewiesen – die Arbeitskraft und deren Verkauf bildet häufig die einzige, zumindest aber die entscheidende Einkommensquelle zur Absicherung der Existenz von Arbeitern, Angestellten und ihrer Familien. Die Festlegung der Verkaufsbedingungen der Arbeitskraft entscheidet damit über die materiellen, aber auch über die immateriellen Arbeits- und Lebensbedingungen der abhängig beschäftigten Bevölkerung. Verteilungsfragen werden somit quasi automatisch zu Machtfragen zwischen Kapital und Arbeit, zwischen Arbeitgeberverbänden und Gewerkschaften. Die Auseinandersetzung um die Arbeits- und Sozialpolitik ist reich an Beispielen, die diese Einschätzung belegen.

Bis Anfang der siebziger Jahre schienen – begünstigt durch ein hohes Wirtschaftswachstum – Verteilungsfragen eine weniger bedeutende Rolle zu spielen. Zuwächse des Sozialprodukts wurden ohne größere Konflikte verteilt, konjunkturelle Krisen waren mit Ausnahme der Rezession 1966/67 kaum spürbar. Auch wenn es in den fünfziger und sechziger Jahren einige herausragende ökonomische Kämpfe zwischen Unternehmern und Gewerkschaften gab, so war diese Periode bundesdeutscher Geschichte doch durch ein vorwiegend sozialpartnerschaftliches Verhältnis zwischen Gewerkschaften und Arbeitgeberverbänden gekennzeichnet. Mit dem Kriseneinbruch 1974/75, verminderten Wachstumsraten und einem härter werdenden Verteilungskampf scheint sich dies geändert zu haben. Waren die großen Arbeitskämpfe der jüngsten Vergangenheit Auftakt für eine Periode ‚neuer Klassenkämpfe' in der Bundesrepublik? Macht sich in den Reihen der Gewerkschaften und der Arbeitgeberverbände angesichts von Wirtschaftskrise und Massenarbeitslosigkeit eine neue Militanz breit? – Dies mögen die folgenden Jahre zeigen; deutlich sind aber bereits heute Anzeichen dafür, daß der Abbau von (Schutz-) Rechten im arbeits- und sozialpolitischen Bereich, die Auseinandersetzung um die Verkürzung der Arbeitszeit und die Möglichkeiten für den Abbau der Massenarbeitslosigkeit ein sozialpartnerschaftliches Verhältnis zwischen Kapital und Arbeit in der nahen Zukunft zumindest nicht dominieren lassen werden.

1. ... Wie sie entstanden sind

Der Übergang von der handwerklichen zur industriellen Produktion und zu einem kapitalistisch strukturierten Wirtschaftssystem begann in Deutschland Anfang bis Mitte des vorigen Jahrhunderts. Der Anteil der Lohnarbeiter an allen Erwerbstätigen betrug um 1850 nur etwa zehn Prozent. Eine Arbeits- und Sozialordnung im heutigen Sinne existierte nicht; die Lohnarbeiter waren völlig rechtlos, auf die Festlegung von Löhnen und sonstigen Arbeitsbedingungen hatten sie keinerlei Einfluß.

Aus den bereits in den vierziger Jahren gegründeten regionalen Arbeiterbildungsvereinen gingen während der Revolution von 1848/49 überregionale Arbeiter- bzw. Handwerkerorganisationen hervor. Als erste berufsständische Organisationen schlossen sich die Buchdrucker und Zigarrenarbeiter zu nationalen Gewerkschaften zusammen. Nach dem Scheitern der Revolution von 1848, das mit Verboten der gerade entstandenen Arbeiterorganisationen einherging, konnten sich legale gewerkschaftliche Verbände erst wieder mit der Aufhebung der Koalitionsverbote in den deutschen Ländern Ende der sechziger Jahre entwickeln. Sie verstanden sich als Selbsthilfe- und Widerstandsorganisationen, als Schutz- und Kampforganisationen:

Karikatur aus „Der wahre Jakob": Vorwärts mit Dampf!

- Als *Selbsthilfe- und Schutzorganisation* bauten sie eigene Unterstützungseinrichtungen für die aus dem Arbeitsleben resultierenden Risiken Krankheit, Unfall, Arbeitslosigkeit oder auch Alter auf.

- Als *Widerstands- und Kampforganisation* setzten sie sich gegen Verschlechterungen und für Verbesserungen von Löhnen und sonstigen Arbeitsbedingungen ein. Um allerdings mit dem Mittel des Streiks dauerhafte Erfolge erzielen zu können, waren die damaligen gewerkschaftlichen Organisationen noch zu schwach.

Die Zeit der Halb-Legalität der Gewerkschaften dauerte nicht allzu lange; das *Sozialistengesetz* (1878–1890) traf nicht nur die Sozialdemokratische Partei, sondern auch die ihr nahestehenden Gewerkschaften. Diese kaiserlich-bismarcksche Politik von ‚Zuckerbrot und Peitsche', von erster vorsichtiger Sozialgesetzgebung und gleichzeitigem Verbot der ‚gemeingefährlichen Bestrebungen der Sozialdemokratie' hatte allerdings nicht die erhoffte Wirkung einer Integration der Arbeiterschaft in den Obrigkeitsstaat und der organisatorischen Vernichtung der Arbeiter- und Gewerkschaftsbewegung: Im Gegenteil – Sozialdemokratie und Gewerkschaften gingen aus der zwölfjährigen Phase der Illegalität stärker denn je hervor. Im Jahre 1890 konstituierte sich als Dachorganisation aller der SPD nahestehenden Gewerkschaften die *Generalkommission der Gewerkschaften Deutschlands*.

Neben diesen ‚Freien' Gewerkschaften gab es die liberalen *Hirsch-Dunckerschen Gewerkvereine*, die ihrem Selbstverständnis nach ein reformerisches Korrektiv auf der Grundlage des kapitalistischen Wirtschaftssystems bildeten; eine revolutionäre

Überwindung der bestehenden Ordnung wurde abgelehnt – ihr Einfluß auf die Arbeiterschaft blieb jedoch begrenzt. Der in den neunziger Jahren gegründete *Gesamtverband der christlichen Gewerkschaften Deutschlands* repräsentierte schließlich als Spitzenverband der christlichen Gewerkschaften die dritte Richtung der damaligen Gewerkschaftsbewegung.

Tabelle 1: Gewerkschafts-Mitglieder 1914

Freie Gewerkschaften	2 500 000
Christliche Gewerkschaften	340 000
Liberale Gewerkvereine	105 000

Die Gründung der gewerkschaftlichen Organisationen war allerdings noch nicht gleichbedeutend mit ihrer Anerkennung durch Staat und Unternehmer. Obwohl die Stärke der Gewerkschaften bis zum Jahre 1914 außerordentlich gewachsen war, verweigerte ihnen der Staat bis 1916 *(Kriegshilfsdienst-Gesetz)*, die Arbeitgeberschaft bis in das Revolutionsjahr 1918 *(Zentralarbeitsgemeinschaft)* die allgemeine Anerkennung. Der Generalsekretär des Zentralverbandes Deutscher Industrieller, A. Bueck, brachte die Haltung der Unternehmerschaft auf den Punkt, als er 1890 erklärte:

> „Niemals werden die deutschen Arbeitgeber mit Vertretern der Arbeiterorganisationen oder anderen außerhalb stehenden Leuten auf dem Fuße der Gleichberechtigung verhandeln! ... Jede Einmischung von Gewerkschaften, von Vertretern in Betriebsangelegenheiten wird von den Arbeitgebern entschieden zurückgewiesen. Verhandlungen mit den Genannten werden ein für alle Mal abgelehnt."
>
> *Quelle:* G. Kessler, Die Deutschen Arbeitgeberverbände, Leipzig 1907.

Diese Ablehnung macht zugleich auch die Funktion der *Arbeitgeberverbände* in ihrer Entstehungsgeschichte deutlich: Sie waren eine Reaktion auf die Bildung und Festigung gewerkschaftlicher Organisationen – also vorrangig *Anti-Streik-Vereine*. Die Entwicklung der Neugründungen derartiger Verbände in den achtziger und neunziger Jahren des vergangenen Jahrhunderts belegt dies eindringlich: Der starke Aufschwung der Gewerkschaftsbewegung nach dem Fall des Sozialistengesetzes sowie die an Zahl zunehmenden Streikaktionen ab der zweiten Hälfte der neunziger Jahre führten auf Arbeitgeberseite zu einer Welle von Verbandsneugründungen. Eine Untersuchung über die Entstehung von Arbeitgeberverbänden aus dem Jahre 1907 kommt dementsprechend zu dem Ergebnis: „Die Gewerkschaft ist überall die primäre, der Arbeitgeberverband die sekundäre Erscheinung. Die Gewerkschaft greift ihrer Natur nach an, der Arbeitgeberverband wehrt ab. . . Die Gewerkschaft ist in ihrer Jugendzeit vornehmlich Streikverein, der Arbeitgeberverband Antistreikverein. Je früher in einem Gewerbe eine Gewerkschaft auftritt, um so früher bildet sich ein ausgeprägter Arbeitgeberverband." (G. Kessler, a. a. O.)

Tabelle 2: Neugründungen von Arbeitgebervereinigungen 1882–1902

1882	0	1889	14	1896	11
1883	1	1890	29	1897	13
1884	1	1891	1	1898	19
1885	2	1892	0	1899	45
1886	2	1893	2	1900	50
1887	1	1894	1	1901	18
1888	4	1895	4	1902	15

Quelle: G. Kessler, Die Deutschen Arbeitgeberverbände, Leipzig 1907.

Hatten sich die Arbeiter aus der Erkenntnis zu Gewerkschaften zusammengeschlossen, daß nur in Solidarität und gemeinsamer Aktion Unterdrückung und Ausbeutung aufgehoben werden können, daß der Macht der Unternehmer nur im Kollektiv eigene Macht entgegengestellt werden kann, so war die Bildung von Arbeitgebervereinigungen gerade auf die Zerschlagung dieser Gegenmacht und die Wiederherstellung des ursprünglichen Machtungleichgewichts gerichtet. Die *Satzung* des im Jahre 1890 gegründeten *Gesamtverbandes Deutscher Metallindustrieller* sah denn auch als herausragende Aufgabe die Abwehr kollektiver Aktionen der Metallarbeiter vor:

„Zweck des Verbandes ist:

1. Das Wohl der in der Deutschen Metallindustrie beschäftigten Arbeiter fortgesetzt werktätig zu fördern;
2. unberechtigte Bestrebungen der Arbeitnehmer, welche darauf gerichtet sind, die Arbeitsbedingungen einseitig vorzuschreiben und insbesondere die zu diesem Zweck geplanten oder veranstalteten Ausstände gemeinsam abzuwehren und in ihren Folgen unschädlich zu machen;
3. andere wirtschaftliche, die gemeinsamen Interessen berührende Fragen zu beraten und die Anschauungen des Verbandes in geeigneter Weise zur Geltung zu bringen" (zitiert nach: G. Kessler, a. a. O.).

Neben der Anti-Streik-Funktion sahen die Verbände der Arbeitgeber ihre Aufgabe in einer Koordination von Höchst-Normen hinsichtlich der Arbeitsbedingungen:

> „Die konstituierende Verbandsversammlung setzt eine Reihe von Normalbestimmungen fest, in welcher die Normalsätze der Löhne der einzelnen Arbeiterkategorien, die Minimalsätze der Arbeitszeiten und sonstige allgemeine Arbeitsbedingungen festgesetzt werden. Jedes Mitglied ist bei Vermeidung von Strafe bis zur Höhe der Kaution verpflichtet, sich unbedingt an diese festgesetzten Normalbestimmungen zu halten und hierfür keinerlei Ausnahmen zu bewilligen. Änderungen dieser Normalbestimmungen können nur durch die Verbandsversammlung vorgenommen werden."
> (Satzung des Münchener Arbeitgeberverbandes des Holz-, Kohlen- und Transportgewerbes, um 1900; zitiert nach: G. Kessler, a. a. O.

sowie damit zusammenhängend der Abwehr von Tarifverträgen, die einen Einfluß der Arbeitnehmerorganisationen auf die Arbeitsbedingungen bedeutet hätten:

> „Die Innungsversammlung steht auf dem Standpunkt, daß der Abschluß von Tarifverträgen eines freien Handwerkers unwürdig ist. Mitglieder, die solche abschließen, werden wegen Verletzung der Standesehre in eine Ordnungsstrafe genommen und nach fruchtloser Ermahnung aus der Innung und deren Nebeneinrichtungen ausgeschlossen."
> (Beschluß der freien Fleischerinnung, Frankfurt 1901; zitiert nach G. Kessler, a. a. O.)

Daß einige Arbeitgeberverbände bei der Verfolgung ihrer Ziele auch zur Geheimbündelei neigten, zeigt das Beispiel des „Deutschen Arbeitgeberschutzverbandes für die gesamte Tonindustrie", dessen Existenz erst im Winter 1910/11 bekannt wurde, als deren „Geheime-Vertrauensstelle Dortmund" einen Lieferanten mit Boykott bedrohte, falls dieser „einen Arbeitnehmer von der Existenz unseres Verbandes wissen lasse".

Im Jahre 1904 schlossen sich die fachspezifischen Arbeitgeberverbände zusammen und bildeten zwei Dachorganisationen: die von der Schwerindustrie majorisierte *Hauptstelle der deutschen Arbeitgeberverbände*, die Verhandlungen mit den Gewerkschaften strikt ablehnte, und den *Verein Deutscher Arbeitgeberverbände*, in dem die Vereinigungen der verarbeitenden Industrie sowie nicht-industrielle Arbeitgeber organisiert waren. Beide Verbände schlossen sich 1913 zur *Vereini-*

gung *Deutscher Arbeitgeberverbände* (VDA) zusammen, dem organisatorischen Vorläufer der heutigen *Bundesvereinigung der Deutschen Arbeitgeberverbände* (BDA).

2. Die Gewerkschaften

Nach 1945 gestaltete sich die Neugründung von Gewerkschaften sehr schwierig: Die Besatzungsmächte der Westzonen ließen zunächst nur auf lokaler Ebene gewerkschaftliche Organisationen zu; erst im April 1947 konnte in der britischen Zone mit dem ‚Deutschen Gewerkschaftsbund' ein überlokaler Zusammenschluß gebildet werden. In der amerikanischen und französischen Zone wurden zentrale Organisationen nur auf Länderebene zugelassen. Aus diesen Gewerkschaftsbünden der ersten Nachkriegsjahre ging am 13. Oktober 1949 der *Deutsche Gewerkschaftsbund* als Dachorganisation der Einzelgewerkschaften hervor.

Die Bildung von Gewerkschaften im Nachkriegsdeutschland war keine einfache Neugründung im Sinne einer Wiederherstellung organisatorischer Verhältnisse der Weimarer Zeit. Aus der Erfahrung, daß die Spaltung der Arbeiter- und Gewerkschaftsbewegung die Machtübernahme der Faschisten wesentlich begünstigt hatte, war bereits sehr bald die Einsicht gewachsen, daß eine weltanschauliche und berufsständische Zersplitterung der Gewerkschaftsbewegung endgültig der Vergangenheit angehören müsse. Damit war das Ziel einer von politischen Parteien unabhängigen und Arbeiter, Angestellte und Beamte gleichermaßen organisierenden *Einheitsgewerkschaft* vorgegeben. Diese politische Einheit fand ihre Entsprechung auf organisatorischer Ebene im Prinzip des *Industrieverbandes*: ein Betrieb, *eine* Gewerkschaft, unabhängig von der beruflichen Tätigkeit der zu organisierenden Belegschaftsmitglieder.

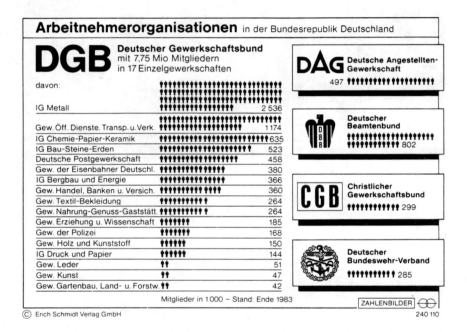

Durchgängig realisiert werden konnte dieses Prinzip der Einheitsgewerkschaft allerdings nicht. In einer Entschließung des 1. Kongresses der DAG (Februar 1947) hieß es: „Die Angestellten fordern ... eine einheitliche Angestelltengewerkschaft als Organisation für alle Angestellten Deutschlands. Sie lehnen das Prinzip der Industriegewerkschaften unter Einschluß der Angestellten ab und rufen die Angestellten aller Berufsgruppen auf, sich in der *Deutschen Angestelltengewerkschaft* zusammenzuschließen."

Mit der Gründung der Deutschen Angestelltengewerkschaft wurden wieder berufsständische Elemente in der Gewerkschaftsbewegung der Bundesrepublik sichtbar.

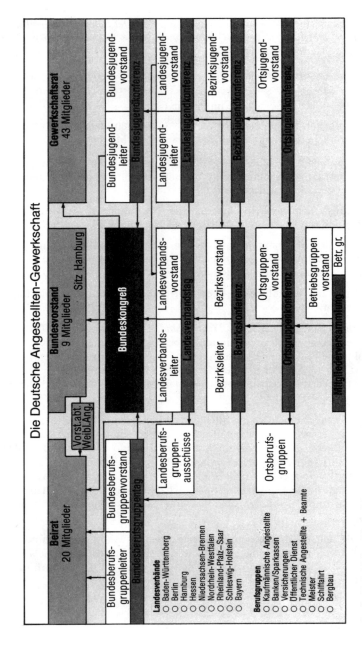

Quelle: E.-P. Müller, Die Sozialpartner, Köln 1980, S. 153.

In die gleiche Richtung wiesen die Gründung des *Deutschen Beamtenbundes – Gewerkschaft der Berufsbeamten* (DBB, 1950) sowie des *Christlichen Gewerkschaftsbundes Deutschlands* (CGB, 1959).

Die *Deutsche Angestelltengewerkschaft* hat in ihren acht Bundesberufsgruppen zur Zeit rd. 500 000 Mitglieder, was rd. 5% der gewerkschaftlich organisierten Arbeitnehmer entspricht.

Laut Satzung gehört zu den Aufgaben der DAG die Wahrung der wirtschaftlichen, sozialen, beruflichen und kulturellen Interessen ihrer Mitglieder durch:

- Mitbestimmung bei der Gestaltung der Gehalts- und der übrigen Arbeitsbedingungen, insbesondere durch den Abschluß von Tarifverträgen unter Anwendung aller gewerkschaftlichen Mittel;

- Demokratisierung der Wirtschaft und der Verwaltung sowie Verhütung und Bekämpfung von staats- und verfassungsgefährdenden Einflüssen;

- Sicherung der Mitbestimmungsrechte in allen wirtschaftlichen und sozialen Fragen, Vertretung der Arbeitnehmerinteressen in den für die Wirtschaft bestehenden und einzurichtenden Körperschaften;

- Aufklärung der Öffentlichkeit über die wirtschaftliche und soziale Lage der Angestellten.

Der *Christliche Gewerkschaftsbund Deutschlands* organisiert rd. 300 000 Mitglieder (3% der gewerkschaftlich organisierten Arbeitnehmer); seine sozial- und gesellschaftspolitische Bedeutung ist jedoch eher gering. Der Christliche Metallarbeiter-Verband (CMV) – eine der mitgliederstärksten Einzelgewerkschaften des CGB – erhielt z. B. bei den Betriebsratswahlen 1984 im Metallbereich lediglich 0,6% aller Mandate.

Dem *Deutschen Beamtenbund* schließlich gehören rd. 800 000 Mitglieder an (gut 8% der gewerkschaftlich organisierten Arbeitnehmer). Der Beamtenbund hat der Forderung nach einem Streikrecht für Beamte eine eindeutige Absage erteilt und verfolgt seine Interessenpolitik hauptsächlich durch Einflußnahme auf Parlamente, Regierung und Öffentlichkeit. Von vielen Seiten wird dem DBB daher auch die Gewerkschaftseigenschaft abgesprochen; es handele sich bei ihm – so seine Kritiker – eher um eine Standesorganisation als um eine Gewerkschaft.

DAG, CGB und DBB repräsentieren heute rd. 1,6 Mio. Arbeitnehmer gegenüber rd. 8 Mio. in den Reihen der DGB-Gewerkschaften. Über 80% der gewerkschaftlich organisierten Arbeitnehmer sind also Mitglied der Einheitsgewerkschaft.

Der Deutsche Beamtenbund

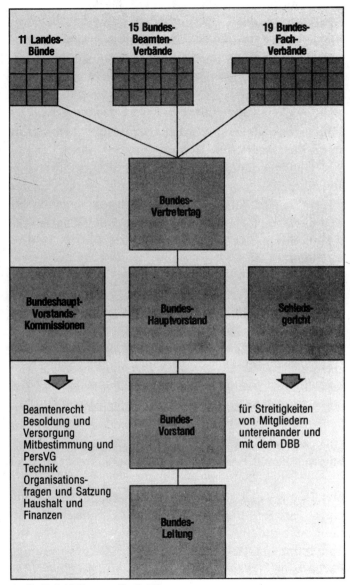

Quelle: E.-P. Müller, a. a. O., S. 159.

Der *Deutsche Gewerkschaftsbund* ist die Dachorganisation der 17 in ihm zusammengeschlossenen Einzelgewerkschaften. Hauptzweck des Bundes ist die Vertretung der „gesellschaftlichen, wirtschaftlichen, sozialen und kulturellen Interessen der Arbeitnehmer". Der DGB gliedert sich regional in 9 Landesbezirke, 227 Kreise, 121 Zweigbüros und 1600 Ortskartelle. Seine Organe sind:

- Bundeskongreß,
- Bundesausschuß,
- Bundesvorstand und
- Revisionskommission.

Der *Bundeskongreß* als höchstes Organ findet alle vier Jahre statt; er setzt sich aus den Delegierten der 17 Einzelgewerkschaften zusammen. Seine Aufgaben sind u. a. die Festlegung von Richtlinien für die Gewerkschaftspolitik, der Beschluß von Satzungsänderungen, Anträgen usw., die Wahl des Geschäftsführenden Bundesvorstandes sowie der Revisionskommission.

Übersicht 1: Die Einzelgewerkschaften des DGB

DGB	Deutscher Gewerkschaftsbund
	Industriegewerkschaft Bau-Steine-Erden
	Industriegewerkschaft Bergbau und Energie
	Industriegewerkschaft Chemie-Papier-Keramik
	Industriegewerkschaft Druck und Papier
	Gewerkschaft der Eisenbahner Deutschlands
	Gewerkschaft Erziehung und Wissenschaft
	Gewerkschaft Gartenbau, Land- und Forstwirtschaft
	Gewerkschaft Handel, Banken und Versicherungen
	Gewerkschaft Holz und Kunststoff
	Gewerkschaft Kunst
	Gewerkschaft Leder
	Industriegewerkschaft Metall
NGG	Gewerkschaft Nahrung – Genuss – Gaststätten
ötv	Gewerkschaft Öffentliche Dienste, Transport und Verkehr
	Gewerkschaft der Polizei
	Deutsche Postgewerkschaft
	Gewerkschaft Textil – Bekleidung

Quelle: DGB

Organisationsschema des Deutschen Gewerkschaftsbundes

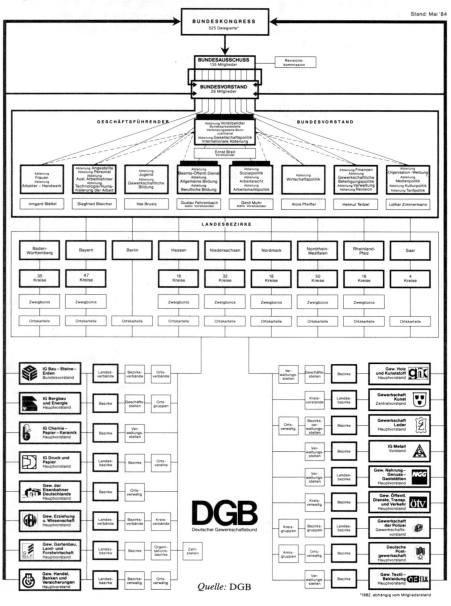

Tabelle 3: DGB-Gewerkschaften
Entwicklung der Mitgliederzahlen

	1962	1970	1983
IG BSE	443 583	504 230	523 129
IG BE	504 153	387 301	366 328
IG CPK	526 565	598 831	635 276
IG Drupa	145 887	148 325	144 344
GdED	434 431	413 087	379 534
GEW	88 470	119 738	185 490
GGLF	78 149	46 085	42 249
HBV	126 613	157 671	360 372
GHK	148 023	129 721	149 724
Kunst	31 768	34 138	46 668
Leder	86 147	62 253	50 684
IG Metall	1 903 690	2 223 467	2 535 644
NGG	281 623	247 163	263 525
ÖTV	983 734	977 031	1 173 525
GdP	90 942	117 307	167 572
DPG	306 786	360 961	457 929
GTB	340 806	302 545	263 920
DGB gesamt	6 430 428	6 712 547	7 745 913

Quelle: DGB

Der *Bundesausschuß* ist das höchste Organ des Bundes zwischen den Kongressen; er setzt sich aus 135 Mitgliedern zusammen: dem Bundesvorstand (26), den Landesbezirksvorsitzenden (9) sowie 100 von den Einzelgewerkschaften zu entsendenden Mitgliedern. Die Aufgaben des vierteljährlich zusammentretenden Bundesausschusses sind u. a.: Stellungnahmen zu gewerkschaftspolitischen und organisatorischen Fragen, Beschluß des Haushalts des Bundes, Bestätigung der Mitglieder der Landesbezirksvorstände, Beschluß über Aufnahme oder Ausschluß einer Gewerkschaft.

Der *Bundesvorstand* setzt sich aus den Vorsitzenden der 17 Einzelgewerkschaften und aus dem Geschäftsführenden Bundesvorstand zusammen; er vertritt den Gewerkschaftsbund nach innen und nach außen. Zu den Aufgaben des Bundesvorstands zählen u. a.:

- die sich aus der Satzung und den Beschlüssen der Organe ergebenden gewerkschaftspolitischen und organisatorischen Aufgaben und Aufträge zu erfüllen;
- darauf zu achten, daß die Satzung eingehalten wird und eine vertrauensvolle Zusammenarbeit im Bund erfolgt;
- die Personal- und Finanzhoheit aller Einrichtungen des Bundes auszuüben;
- den Bundeskongreß auszuschreiben;
- über die Abberufung eines Mitgliedes des Vorstandes eines DGB-Landesbezirks oder DGB-Kreises aus seinem Amt zu entscheiden.

Die vom Bundeskongreß gewählte, aus drei Mitgliedern bestehende *Revisionskommission* überwacht die Kassenführung und die Jahresabrechnung des Bundes und erstattet dem Bundesausschuß und dem Bundeskongreß Bericht.

Programmatik des DGB

Die gesellschaftlichen, wirtschaftlichen, sozialen und kulturellen Vorstellungen des DGB wurden bisher in drei *Grundsatzprogrammen* (1949, 1963, 1981) sowie in vier *Aktionsprogrammen* (1955, 1965, 1972, 1979) niedergelegt. Standen im Grundsatzprogramm von 1949, geboren aus den Erfahrungen mit Nationalsozialismus und Krieg, noch die Forderungen nach

- zentraler volkswirtschaftlicher Planung,
- Überführung der Schlüsselindustrien in Gemeineigentum und
- Mitbestimmung der organisierten Arbeitnehmerschaft

gleichberechtigt im Vordergrund, so schränkte das 1963er Programm die Forderungen nach Planung und Sozialisierung stark ein. Die Diskussion und schließliche Verabschiedung des neuen Grundsatzprogramms im Jahre 1981 war deutlich geprägt durch die Erfahrungen der Arbeitnehmerorganisationen in den siebziger Jahren: Wirtschaftskrise und Stagnation, Massenarbeitslosigkeit und rasch zunehmender Einsatz neuer Techniken zwecks Rationalisierung in Produktion und Verwaltung. So wundert es nicht, wenn sich die neuen Forderungen wieder stärker an das Grundsatzprogramm von 1949 anlehnen:

„Durchdrungen von der Verantwortung gegenüber ihren Mitgliedern und dem ganzen Volke bekennen sich der Deutsche Gewerkschaftsbund und seine Gewerkschaften zu den unveräußerlichen Rechten des Menschen auf Freiheit und Selbstbestimmung. Sie erstreben eine Gesellschaftsordnung, in der die Würde des Menschen geachtet wird . . . Die stolzen Erfolge der Arbeiterbewegung in der Vergangenheit, die den Aufbruch der Menschheit in eine bessere Zukunft eingeleitet haben, bedeuten eine Verpflichtung für die Zukunft . . . Freie und unabhängige Gewerkschaften sind eine Voraussetzung jeder demokratischen Gesellschaft. Die Gewerkschaften haben sich ihre Existenz, ihre Aktionsspielräume und ihre Rechte selbst erkämpft. Jeder Angriff auf ihre Autonomie und ihre Handlungsfreiheit ist zugleich ein Angriff auf die Grundlagen der Demokratie . . . Freiheit und Selbstbestimmung schließen das Recht auf Arbeit und Bildung ein . . . Das Grundgesetz trifft keine Entscheidung für eine bestimmte Wirtschaftsordnung. Das Sozialstaatsgebot fordert aber eine an den Interessen der Arbeitnehmer orientierte Wirtschafts- und Gesellschaftspolitik . . . Der soziale Rechtsstaat beinhaltet den ständigen Auftrag, nicht die Vorrechte weniger zu schützen und die bestehenden Machtverhältnisse zu bewahren, sondern durch soziale und gesellschaftliche Reformen die Voraussetzungen für die Entfaltung der Grundrechte aller Menschen zu schaffen . . . Als Selbsthilfe- und Kampforganisation bieten die Gewerkschaften ihren Mitgliedern Schutz vor den Folgen der wirtschaftlichen und gesellschaftlichen Unterlegenheit. Als soziale und gesellschaftliche Bewegung haben sie die Aufgabe, die Ursachen der wirtschaftlichen Abhängigkeit und gesellschaftlichen Unterlegenheit der Arbeitnehmer zu beseitigen. Schutz- und Gestaltungsfunktion der Gewerkschaften bilden eine unauflösliche Einheit."

(Aus der Präambel des DGB-Grundsatzprogramms von 1981)

Vorrangigen Stellenwert im 1981er Programm haben die Forderungen nach:

- Verbot der Aussperrung,
- einheitlichem Personalrecht im öffentlichen Dienst,
- Ausbau der Mitbestimmung,
- Humanisierung der Arbeit,
- Erstellung eines volkswirtschaftlichen Rahmenplans unter Beteiligung der Gewerkschaften,
- Errichtung einer Investitionsmeldestelle,
- Erhaltung und Ausbau des öffentlichen Besitzes an Wirtschaftsunternehmen,
- Verbot der Privatisierung öffentlicher Dienstleistungen,

- Alleinvertretung der Arbeitnehmerinteressen in den Selbstverwaltungsorganen der Sozialversicherung durch die Gewerkschaften,
- Einführung des Vorsorge- und Verursacherprinzips beim Umweltschutz,
- überbetrieblicher Finanzierung der Berufsbildung sowie
- öffentlich-rechtlicher Gestaltung neuer Medien.

3. Die Arbeitgeberverbände

Im Mai 1947 wurde von Vertretern der Arbeitgeberverbände des vereinigten Wirtschaftsgebiets (britische und amerikanische Zone) eine ‚Arbeitsgemeinschaft der Arbeitgeber der Westzonen' gegründet, aus der über mehrere Umwege im November 1950 die *‚Bundesvereinigung der Deutschen Arbeitgeberverbände'* (BDA) hervorging. Heute sind in den Wirtschaftsbereichen Industrie, Banken und Versicherungen rd. 80% der Arbeitgeber organisiert; sie beschäftigen rd. 90% aller Arbeitnehmer der Bundesrepublik.

Die verbandsmäßige Organisierung der Arbeitgeber ist damit sehr viel geschlossener und straffer als auf Seiten der Arbeitnehmer:

- zum einen gibt es keine Konkurrenzorganisationen zur BDA,
- zum anderen ist der Organisationsgrad der Arbeitgeber sehr viel höher als der der Arbeitnehmer.

Vergleichbar dem DGB als Dachorganisation der Einheitsgewerkschaft besteht bei der BDA keine Möglichkeit der Mitgliedschaft von Einzelpersonen oder Unternehmen, sondern nur von Verbänden; es sind dies

- 46 *Fachverbände*

und

- 12 *Landesverbände.*

Die *Fachverbände* gliedern sich nach Wirtschaftszweigen; so haben z. B. die vier Fachverbände des Handels (Hauptgemeinschaft des Deutschen Einzelhandels, Bundesarbeitsgemeinschaft der Mittel- und Großbetriebe des Einzelhandels, Bundesverband des Deutschen Groß- und Außenhandels sowie der Zentralverband der genossenschaftlichen Großhandels- und Dienstleistungsunternehmen) selbst wiederum zusammen 41 Mitgliedsverbände; diese 41 Verbände organisieren die Einzelunternehmen des Handels. Den z. Zt. 46 Fachspitzenverbänden der BDA gehören knapp 400 Facharbeitgeberverbände an. Die 12 überfachlichen *Landesverbände* spiegeln die regionale Gliederung der BDA wider; diesen Landesverbänden sind 468 regionale Arbeitgeberverbände angeschlossen.

Mitglieder der Bundesvereinigung der Deutschen Arbeitgeberverbände

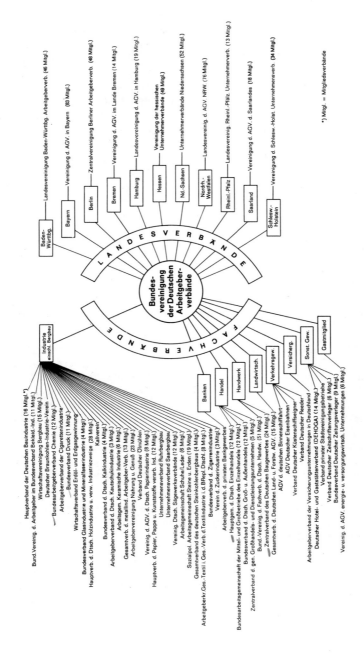

Quelle: Jahresbericht der BDA 1984.

Nicht Mitglied der BDA sind der *Arbeitgeberverband der Eisen- und Stahlindustrie* sowie die *öffentlichen Arbeitgeber*; für die Eisen- und Stahlindustrie wird dies damit begründet, daß auch Arbeitsdirektoren, die nach dem Montan-Mitbestimmungsgesetz als Arbeitnehmervertreter im Vorstand sind, der Tarifkommission des Arbeitgeberverbandes angehören. Damit aber sei der Arbeitgeberverband der Eisen- und Stahlindustrie – so die Argumentation – nicht mehr ‚gegnerfrei'.

Organe der BDA sind:

- Mitgliederversammlung,
- Vorstand,
- Präsidium sowie
- Geschäftsführung.

Die jährlich stattfindende *Mitgliederversammlung*, zusammengesetzt aus den Vertretern der beteiligten Organisationen, hat u. a. folgende Zuständigkeiten: Wahl des Präsidenten sowie der Präsidiumsmitglieder, Genehmigung des Haushaltsplans der Bundesvereinigung sowie Satzungsänderungen.

Der *Vorstand* besteht in der Hauptsache aus den Vorsitzenden der Mitgliedsverbände und ist für alle Angelegenheiten der BDA zuständig; insbesondere beschließt er die Richtlinien für die Arbeit der Bundesvereinigung.

Das *Präsidium* der BDA setzt sich u. a. zusammen aus dem Präsidenten, seinen bis zu sieben Stellvertretern sowie bis zu 16 weiteren Mitgliedern, die von der Mitgliederversammlung aus dem Kreis der Vorstandsmitglieder gewählt werden. Bei der Zusammensetzung des Präsidiums ist die Dominanz der Industrievertreter gegenüber den Vertretern anderer Wirtschaftszweige satzungsmäßig festgeschrieben: „Im Präsidium sollen insgesamt sieben Vertreter dem Wirtschaftszweig Industrie, fünf den übrigen Wirtschaftszweigen und fünf den überfachlichen Landeszusammenschlüssen der Bundesvereinigung angehören. Drei Vizepräsidenten sollen dem Wirtschaftszweig Industrie angehören." Aufgabe des Präsidiums ist die Leitung der Tätigkeit der Bundesvereinigung im Rahmen der Richtlinien des Vorstands.

Die *Geschäftsführung* schließlich hat die Aufgabe, die laufenden Geschäfte der Bundesvereinigung zu erledigen; ihre Mitglieder werden auf Vorschlag des Präsidenten vom Vorstand berufen, also nicht gewählt.

„Die Bundesvereinigung hat die Aufgabe, solche gemeinschaftlichen sozialpolitischen Belange zu wahren, die über den Bereich eines Landes oder den Bereich eines Wirtschaftszweiges hinausgehen und die von grundsätzlicher Bedeutung sind." Diese Aufgabenstellung der BDA (§ 2 der Satzung) weist auf eine strikte Arbeitsteilung der Unternehmerverbände hin, wie sie auf Arbeitnehmerseite nicht vorzufinden ist.

In den vergangenen Jahren griff die BDA mehrfach mittels sog. Denkschriften in die aktuelle sozialpolitische Diskussion ein und erhob dabei u. a. folgende Forderungen:

Übersicht 2:   *Sozialpolitische Forderungen der BDA*

- Nettolohnorientierung der Renten
- individueller Krankenversicherungsbeitrag der Rentner
- Aktualisierung der Rentenanpassung
- Reduzierung der Heilmaßnahmen in der Rentenversicherung
- Anrechnung von Kuren auf den Urlaub
- Verschärfung der Voraussetzungen für den Bezug von Berufs- und Erwerbsunfähigkeitsrenten
- Ausschluß von Krankenversicherungsleistungen bei ‚leichten' Gesundheitsstörungen
- verstärkter Einsatz des vertrauensärztlichen Dienstes
- Kostenbeteiligung des kranken Arbeitnehmers an der Lohnfortzahlung
- Selbstbeteiligung bei grundsätzlich allen Leistungen der Krankenversicherung
- Abschläge bei der Lohn- und Gehaltsfortzahlung im Falle kürzerer Arbeitsunfähigkeit
- Karenztage bei der Entgeltfortzahlung im Krankheitsfalle
- Einführung eines Teilarbeitsfähigkeitsattests
- Senkung der Unterstützungssätze bei Arbeitslosigkeit
- Verschärfung der Voraussetzungen bei der Anerkennung als Schwerbehinderter
- Senkung der betrieblichen Beschäftigungspflichtquote für Schwerbehinderte
- Lockerung des Kündigungsschutzes für Schwerbehinderte
- Gewährung von Hinterbliebenen-Renten erst ab einem bestimmten Lebensalter
- Übergang zum Kostenerstattungssystem in der Krankenversicherung
- ersatzlose Streichung der Gewährung von Sterbegeld
- sämtliche Lohnersatzleistungen sollen der Beitragspflicht zur Sozialversicherung unterworfen werden
- Ausschluß von Wegeunfällen aus dem Zuständigkeitsbereich der Unfallversicherung

- Nachrangigkeit von Unfallrenten gegenüber Leistungen der Rentenversicherung
- Abschaffung des Kindergeldes für das erste Kind
- weitere Senkung des Leistungsniveaus der Sozialhilfe
- Ausbau flexibler Arbeitszeiten
- Erleichterung des Abschlusses befristeter Arbeitsverträge
- Einfrieren der Ausbildungsvergütungen
- Erleichterungen bei Kündigungen
- Abbau der Schutzrechte Jugendlicher
- Beschränkung des materiellen Inhalts von Sozialplänen auf nachweisbare wirtschaftliche Nachteile der Arbeitnehmer

Diese hauptsächlich auf die Ausgestaltung staatlicher Sozialgesetzgebung gerichteten Forderungen führten zu einer Konfrontation mit den Gewerkschaften, welche die Arbeitgeberverbände auf dem ‚Weg in eine andere Republik' sehen. Auf tarifpolitischem Gebiet trug bereits Ende der siebziger Jahre der BDA-„*Katalog der zu koordinierenden lohn- und tarifpolitischen Fragen*" – in der Öffentlichkeit bekannt als ‚Tabu-Katalog' der Arbeitgeber – zu einer starken Verstimmung des Verhältnisses zu den Gewerkschaften bei. Obwohl laut Satzung der BDA die Selbständigkeit der Mitglieder auf tarifpolitischem Gebiet nicht eingeschränkt werden darf, soll mit dem ‚Tabu-Katalog' eine zentrale Lenkung der Tarifpolitik auf Arbeitgeber-Seite erreicht werden. In den Kernfragen der Lohn- und Tarifpolitik kann hiernach seitens der einzelnen Mitgliedsverbände kaum noch ohne vorherige Konsultation des Präsidiums bzw. des Vorstands der BDA ein Zugeständnis an die Gewerkschaften gemacht werden.

Die BDA ist ausschließlich für die Sozialpolitik zuständig und Gesprächspartner der Gewerkschaften, wenn es um Tarifverträge geht. Demgegenüber ist der *Bundesverband der Deutschen Industrie* der bedeutendste Dachverband auf dem Gebiet der Wirtschaftspolitik; er vertritt die Interessen der Industrie gegenüber Parlament und Öffentlichkeit, ist aber nicht tarifpolitischer Kontrahent der Gewerkschaften.

Die dritte Säule des Verbandswesens der Unternehmen bilden die auf Zwangsmitgliedschaft beruhenden *Industrie- und Handelskammern* sowie die *Landwirtschafts-* und *Handwerkskammern*. Die Kammern erfassen alle in ihrem Bereich tätigen Unternehmen. Sie sind Selbstverwaltungsorgane der Wirtschaft, die der staatlichen Aufsicht unterliegen. Finanziert werden sie durch Pflichtbeiträge der Mitglieder. Ihnen kommt die Aufgabe zu, die Mitglieder zu beraten und bei betriebswirtschaftlichen Entscheidungen zu unterstützen; sie schlichten Unternehmenskonflikte und erstellen Gutachten für die Mitglieder, führen die Berufsausbildung durch und überwachen sie.

Quelle: E. Bizer u. a., Wirtschaft – Wirke mit!, Augsburg o. J., S. 31.

Das Machtverhältnis zwischen Arbeitgeberverbänden und Gewerkschaften wird auch in Zukunft entscheidenden Einfluß auf die Ausgestaltung der Arbeits- und Sozialordnung der Bundesrepublik haben. Die Praxis des *Arbeitsrechts*, die im folgenden näher geschildert wird, spiegelt daher immer auch die unterschiedlichen Interessen dieser beiden Gesellschaftsgruppen wider, die sich entsprechend ihrem sozialen, ökonomischen und gesellschaftlichen Kräfteverhältnis in unterschiedlicher Gewichtung in arbeitsrechtlichen Normen niederschlagen.

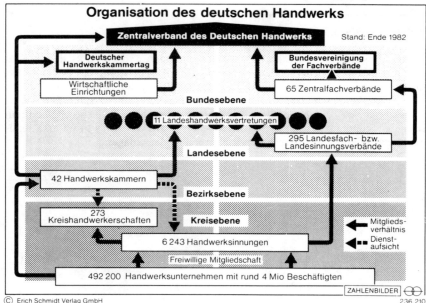

II. Arbeitsrecht – wer kennt sich da schon aus?

Als Sonderrecht für die abhängig Beschäftigten ist das bundesdeutsche Arbeitsrecht eine recht schwierige Materie. Trotz der bis in die Weimarer Zeit zurückreichenden Bemühungen gibt es bis heute kein abschließendes Arbeitsgesetzbuch, welches das Recht der Arbeit vereinheitlicht oder zumindest doch seine wesentlichen Normen vereinigt – etwa vergleichbar dem Sozialgesetzbuch (SGB) für das staatliche Sozialrecht. Die arbeitsrechtlichen Bestimmungen sind vielmehr über sehr viele Einzelgesetze verstreut wie beispielsweise:

- Grundgesetz (GG)
- Bürgerliches Gesetzbuch (BGB)
- Handelsgesetzbuch (HGB)
- Gewerbeordnung (GewO)
- Kündigungsschutzgesetz (KSchG)
- Mutterschutzgesetz (MuSchG)
- Jugendarbeitsschutzgesetz (JArbSchG)
- Lohnfortzahlungsgesetz (LohnFG)
- Schwerbehindertengesetz (SchwbG)

  u. v. a. m.

Hinzu kommen zu diesen, mehr für das *Individualarbeitsrecht* wesentlichen Gesetzen, jene, die sich auf das *kollektive Arbeitsrecht* beziehen, also in der Hauptsache:

- Tarifvertragsgesetz (TVG)
- Personalvertretungsgesetz (PersVG)
- Betriebsverfassungsgesetz (BetrVG)
- Mitbestimmungs-Gesetze (Montan-MitbestG, MitbestErgG, MitbestG '76)

Neben dieser Zersplitterung des Arbeitsrechts haben vor allem Tarifverträge häufig über die gesetzlichen Bestimmungen hinausgehende Regelungen geschaffen – ein Tatbestand, der für die hiervon betroffenen Arbeitnehmer von nicht zu unterschätzender materieller und sozialer Bedeutung ist, der andererseits aber auch die arbeitsrechtliche Materie im Einzelfall zusätzlich verkompliziert. Hinzu kommt noch, daß in Arbeitsgesetzen oft Begriffe auftauchen, die eine ganz spezifische und mit der Umgangssprache nicht immer übereinstimmende Bedeutung haben.

1. Wer ist Arbeitnehmer?

In vielen arbeitsrechtlichen Gesetzen findet sich z. B. der folgende Wortlaut:

> „Arbeitnehmer im Sinne dieses Gesetzes sind Arbeiter und Angestellte sowie die zu ihrer Berufsausbildung Beschäftigten." (BetrVG, § 5 I)

Nun ist es in den meisten Fällen ohne große Schwierigkeiten auszumachen, ob jemand Arbeitnehmer ist oder nicht. Dennoch ist diese scheinbare Eindeutigkeit des Gesetzestextes nur oberflächlich, da hier die Arbeitnehmer-Eigenschaft durch Begriffe eingegrenzt wird, die selbst wiederum der Erklärung bedürfen: Wer ist Arbeiter und wer ist Angestellter? Wie sieht es z. B. mit dem Status von ‚freien Mitarbeitern' in Rundfunk- und Fernsehanstalten, Lehrern an weiterführenden Schulen, Mitarbeitern bei Zeitungen usw. aus? Sind sie in jedem Fall Arbeitnehmer oder sind sie tatsächlich sog. ‚freie Mitarbeiter', für die die Arbeitnehmerschutzrechte eventuell nicht gelten? Schließlich hängt auch die Zuständigkeit der Arbeitsgerichte davon ab, ob jemand Arbeitnehmer ist oder nicht.

Um in solchen Zweifelsfällen entscheiden zu können, hat die Rechtsprechung mehrere Kriterien und Indizien entwickelt, die den Status des Arbeitnehmers eingrenzen sollen:

Übersicht 3:

Von der Rechtsprechung aufgestellte Kriterien zur Prüfung der Arbeitnehmer-Eigenschaft

- *Arbeitnehmer ist, wer aufgrund eines privatrechtlichen Vertrages im Dienste eines anderen zur Arbeit verpflichtet ist, . . .*

– privatrechtlicher Vertrag	• Keine Arbeitnehmer sind folglich jene Personen, die aufgrund eines *öffentlich-rechtlichen* Vertrages Dienste leisten wie z. B. Beamte und Richter, obwohl sie zweifellos zu den abhängig Beschäftigten zählen.
	• Keine Arbeitnehmer sind weiterhin – wegen fehlender vertraglicher Verpflichtungen – mithelfende Familienangehörige, Ordensleute und Diakonissen, die freiwillig aus religiösen oder karitativen Gründen arbeiten und auch Strafgefangene.
– Leistung von Arbeit	• Der Begriff Arbeit im arbeitsrechtlichen Sinne ist schwer zu definieren; im wesentli-

chen stellt er darauf ab, daß eine aktive Tätigkeit geleistet wird – ev. aber auch eine passive wie z. B. Arbeitsbereitschaft –, die planmäßig, erfolgsorientiert und fremdbestimmt erfolgt. Damit leisten u. a. die beschäftigten Rehabilitanden oder auch Geisteskranke keine Arbeit in diesem Sinne.

- im Dienste eines anderen
  - Keine Arbeitnehmer sind somit Freiberufler wie z. B. Ärzte oder Anwälte, die zwar *für* andere, aber nicht *im Dienste* anderer arbeiten. Diese Personengruppe fällt daher unter die Selbständigen.

- ... *wer weisungsgebunden oder in den Betrieb eingegliedert ist oder dem Dienstberechtigten (Arbeitgeber) seine ganze Arbeitskraft schuldet.*

- Umfang der Weisungsgebundenheit
  - Handelsvertreter z. B. können sowohl selbständige Kaufleute als auch Arbeitnehmer sein, obwohl ihre konkrete Tätigkeit vollkommen identisch sein mag. Je mehr ein Handelsvertreter allerdings bezüglich dessen, was er tut und wann er arbeitet – also in sachlicher und zeitlicher Hinsicht – weisungsgebunden ist, um so mehr spricht dies für seinen Arbeitnehmer-Status.

- Eingliederung in den Betrieb
  - Ist jemand in den Betrieb des Arbeitgebers eingegliedert, so spricht dies ebenfalls für einen Arbeitnehmer-Status.

- Schulden der ganzen Arbeitskraft
  - Auch dieses Kriterium spricht für eine Arbeitnehmer-Eigenschaft.

Sind diese Kriterien in ihrer Mehrzahl erfüllt, so wird eine Arbeitnehmereigenschaft zu bejahen sein; besteht dagegen keine *persönliche*, wohl aber eine *wirtschaftliche* Abhängigkeit vom Betrieb, so kann es sich bei dieser Personengruppe um sog. ‚arbeitnehmerähnliche Personen' handeln, für die auch eine Reihe von Arbeitnehmer-Schutzrechten Gültigkeit haben (vgl. Übersicht 4).

2. Wer ist Arbeiter und wer ist Angestellter?

Einer der wesentlichen Gründe für die zunächst sehr starke Unterscheidung zwischen Arbeitern und Angestellten war der Versuch einer Spaltung der abhängig Beschäftigten; indem Angestellte eine privilegierte Stellung erhielten, wurden

Arbeiter gleichzeitig diskriminiert. Der auch heute noch häufig hervorgehobene Unterschied von ‚körperlicher' und ‚geistiger' Tätigkeit verliert aber immer mehr an Gewicht, denn auf der einen Seite führt die zunehmende Mechanisierung z. B. von Büroarbeit und auf der anderen Seite die soziale Angleichung der Arbeiter an die Angestellten zur Einebnung von noch bestehenden Unterschieden. Bewußt differenziert wird heute eher am oberen Ende der Unternehmenshierarchie: den ‚einfachen' sind die ‚leitenden' Angestellten übergeordnet.

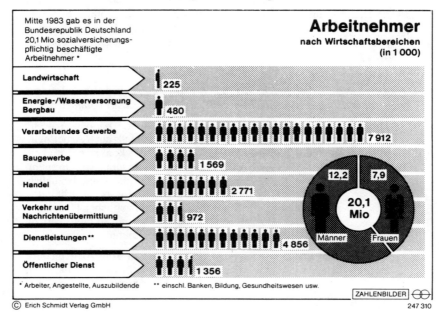

Der Begriff ‚Arbeiter' wird im Arbeitsrecht durchweg „negativ" eingegrenzt: Arbeiter sind alle Arbeitnehmer, die nicht Angestellte sind. Allerdings existiert auch keine allgemeingültige Definition des Angestellten-Status – vielmehr greift man hierbei auf das Berufsgruppenschema des Angestelltenversicherungsgesetzes (AVG) aus dem Jahre 1924 zurück, wo u. a. die folgenden Tätigkeiten als charakteristisch für den Angestelltenstatus aufgeführt werden:

- technische Angestellte in Betrieb, Büro und Verwaltung sowie Werkmeister,
- Büroangestellte – einschließlich Werkstattschreiber –, die nicht ausschließlich mit Botengängen, Reinigung, Aufräumung usw. beschäftigt werden,
- Handlungsgehilfen, Angestellte für kaufmännische Dienste, Gehilfen und Praktikanten in Apotheken,
- Bühnenmitglieder und Musiker,

- Angestellte in Berufen der Erziehung, des Unterrichts, der Fürsorge sowie der Kranken- und Wohlfahrtspflege,
- Schiffsführer, Offiziere des Decks- und Maschinendienstes, Schiffsärzte, Funkoffiziere, Zahlmeister, Verwalter und Verwaltungsassistenten sowie die in einer ähnlich gehobenen oder höheren Stellung befindlichen Mitglieder der Schiffsbesatzung von Binnenschiffen oder deutschen Seefahrzeugen sowie
- Bordpersonal der Zivilluftfahrt.

Übersicht 4
Wichtige Begriffe des Arbeitsrechts im Überblick

Arbeitnehmer	Eines der Hauptkennzeichen ist die *persönliche Abhängigkeit* vom Arbeitgeber, die sich vor allem in einem hohen Grad an Weisungsgebundenheit niederschlägt.
Arbeitnehmerähnliche Personen	Liegt keine persönliche, wohl aber eine *wirtschaftliche Abhängigkeit* vor und ist die soziale Stellung dieser Personen derjenigen von Arbeitnehmern angenähert, so handelt es sich in der Regel um arbeitnehmerähnliche Personen. Beispiele sind etwa: Heimarbeiter oder Einfirmenvertreter. Diese Personengruppe kann z. B. Ansprüche vor den Arbeitsgerichten geltend machen; für Heimarbeiter können darüber hinaus auch Tarifverträge geschlossen werden.
Arbeiter	Arbeiter sind jene Arbeitnehmer, die nicht Angestellte sind.
Angestellte	Der Angestelltenstatus eines Arbeitnehmers ergibt sich überwiegend aus dem Berufsgruppenkatalog des Angestelltenversicherungsgesetzes (AVG).
Leitender Angestellter	Angestellte, die Arbeitgeberfunktionen ausüben oder hochqualifizierte, sehr verantwortungsvolle Arbeiten für das Unternehmen leisten.
Arbeitgeber	Arbeitgeber ist, wer mindestens einen Arbeitnehmer beschäftigt; sowohl natürliche wie auch juristische Personen (AG, öffentliche Körperschaft) können Arbeitgeber sein.
Betrieb	Im Vordergrund eines Betriebes steht der arbeitstechnische Zweck (Produktionseinheit).
Unternehmen	Ein Unternehmen kann aus mehreren Betrieben bestehen; im Vordergrund steht nicht so sehr der arbeitstechnische, sondern der wirtschaftliche oder ‚ideelle' Zweck (wirtschaftliche Einheit).

Tabelle 4: Erwerbstätige nach ihrer Stellung im Beruf (in 1000)

Jahr	Erwerbstätige insgesamt	Selbständige	Mithelfende Familienangehörige	davon: Abhängig Beschäftigte		
				Beamte[1]	Angestellte	Arbeiter
1960	26 247	3 327	2 663	1 467	6 160	12 630
1970	26 668	2 690	1 732	1 945	7 800	12 501
1980	26 302	2 361	955	2 330	9 614	11 042
1983	25 187	2 353	872	2 383	9 530	10 049

1) einschließlich Soldaten

Quelle: BMA, Arbeits- und Sozialstatistik 1984.

Der Anteil der Selbständigen an allen Erwerbstätigen geht kontinuierlich zurück, die Zahl der abhängig Beschäftigten nimmt dagegen zu. Aber auch innerhalb dieser Gruppe sind Strukturverschiebungen zu erkennen: die Zahl der Arbeiter sinkt, die der Beamten und insbesondere die der Angestellten nimmt stark zu.

Weiterhin werden Bestimmungen des HGB (kaufmännische Angestellte), der GewO (gewerbliche Angestellte) sowie des Seemannsgesetzes zur Abgrenzung herangezogen.

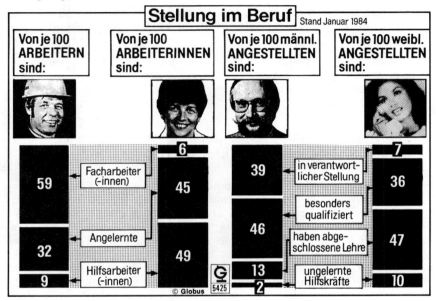

Trotz der zunehmenden Angleichung der beiden Beschäftigtengruppen bestehen weiterhin arbeitsrechtliche Unterschiede u. a. folgender Art:
- Angestellte haben längere Kündigungsfristen als Arbeiter (vgl. Übersicht 11),
- für Angestellte gibt es sowohl im BetrVG als auch im MitbestG '76 einen sog. ‚Minderheitenschutz' (vgl. Kap. VIII.),
- in einigen Punkten der Entgeltfortzahlung im Krankheitsfalle sind Arbeiter schlechter gestellt als Angestellte (vgl. Übersicht 22).

Innerhalb der Gruppe der Angestellten nehmen die *leitenden Angestellten* eine besondere Stellung ein; sie üben entweder Arbeitgeberfunktionen aus oder aber leisten Arbeiten, die mit hoher Qualifikation und Verantwortung verbunden sind. Arbeitsrechtliche Unterschiede zu den übrigen Angestellten ergeben sich vor allem aus den folgenden Punkten:
- bei einer außerordentlichen Kündigung (vgl. Kap. V.) werden an den ‚wichtigen Grund' geringere Anforderungen gestellt als bei den restlichen Angestellten; dies vor allem wegen eines unterstellten besonderen Vertrauensverhältnisses zwischen Arbeitgeber und leitenden Angestellten.

- In der Regel können für Überstunden des leitenden Angestellten keine Vergütungen verlangt werden, da die Arbeitszeitordnung (vgl. Kap. IV.) für diese Personengruppe nicht gilt.
- Obwohl sie Arbeitnehmerstatus haben, können leitende Angestellte zu den Arbeits- und Sozialgerichten als Arbeitgebervertreter berufen werden (vgl. Kap. XIV.).
- Von der betrieblichen Mitbestimmung sind sie ausgeschlossen, nehmen aber im Rahmen der Unternehmensmitbestimmung (MitbestG '76) eine Schlüsselrolle auf der ‚Arbeitnehmer-Bank' (!) ein (vgl. Kap. X.).

3. Auf welche Grundlagen können sich Arbeitnehmer bei der Geltendmachung ihrer Rechte berufen?

Abhängige Arbeit bildet für den übergroßen Teil der etwa 20 Millionen Arbeiter und Angestellten sowie ihrer Familien die entscheidende wirtschaftliche Existenzgrundlage; auch die meisten sozialen Sicherungsleistungen sind an ein vorausgegangenes oder noch bestehendes Arbeitsverhältnis gekoppelt. Darüber hinaus prägt die Arbeit in starkem Maße die soziale und psychische Lage der abhängig Beschäftigten. Dies sind nur einige Punkte, die die Notwendigkeit unterstreichen, den Inhalt des Verhältnisses Arbeitgeber/Arbeitnehmer nicht ausschließlich der (ungleichen) Verhandlungsmacht zweier formal gleichberechtigter ‚Partner' zu überlassen. Neben dem Arbeitsvertrag, der das Arbeitsverhältnis begründet, wirken eine Reihe weiterer Regelungen zum Schutz der Arbeitnehmer auf das Arbeitsverhältnis ein, beispielsweise Gesetze, Tarifverträge, Betriebsvereinbarungen oder auch von der Rechtsprechung gesetzte Normen. Widersprechen sich die Regelungen in diesen unterschiedlichen Rechtsquellen – z. B.: 18 Urlaubstage laut Bundesurlaubsgesetz, aber 30 Urlaubstage nach einschlägigem Tarifvertrag – so geht die jeweils höhere der jeweils niedrigeren bzw. die für den Arbeitnehmer günstigere der für ihn ungünstigeren Regelung vor; Gewerkschaftsmitglieder hätten demnach einen Rechtsanspruch auf 30 Urlaubstage.

Arbeitsrechtliche Gesetze können unterschiedliche Wirkungsintensität haben: es gibt Gesetze, die a) zwingend sind, die b) durch Tarifverträge oder auch c) durch den Arbeitsvertrag änderbar sind; gleiches gilt für das sog. Richterrecht.

- *Zwingendes Recht* kann weder durch Tarifvertrag noch durch Betriebsvereinbarung oder den Arbeitsvertrag verändert werden; dies trifft z. B. auf fast sämtliche Arbeitsschutz-Regelungen zu. Zwingendes Recht ist jedoch meist nur in dem Sinne zwingend, daß es nicht zuungunsten der Beschäftigten geändert werden kann; Besserstellungen als im Gesetz vorgesehen sind damit nicht ausgeschlossen.

- Anders verhält es sich mit den *durch Tarifvertrag änderbaren Gesetzen*; von diesen kann durch Kollektivvereinbarungen auch zum Nachteil der Beschäftigten abgewichen werden – z. B. kann die Höhe des fortzuzahlenden Lohnes im Krankheitsfall durch Tarifvertrag niedriger bemessen werden als dies im Lohnfortzahlungs-Gesetz geregelt ist. Die Begründung, daß durch derartige Änderungen den Tarifparteien die Möglichkeit gegeben werden soll, den Besonderheiten einzelner Wirtschaftszweige Rechnung zu tragen, ist allerdings strittig.

- Schließlich gelten die *durch Arbeitsvertrag änderbaren gesetzlichen Normen* nur dann, wenn im Arbeitsvertrag nichts Abweichendes vereinbart worden ist.

Übersicht 5:
Rechtliche Grundlagen für die Geltendmachung von Arbeitnehmerrechten

Gesetz	Z. B. zum Schutz besonderer Personengruppen (Jugendliche, werdende Mütter oder Schwerbehinderte), zum Schutz vor übermäßiger gesundheitlicher Gefährdung während der Arbeit, Regelungen über Erholungsurlaub, Berufsausbildung, Lohnfortzahlung, Kündigungsschutz
Tarifvertrag	Lohn- und Gehaltstarifverträge, Lohnrahmen-, Manteltarifverträge sowie weitere Kollektivvereinbarungen zu unterschiedlichen Gegenstandsbereichen (z. B. Rationalisierungsschutzabkommen). Ansprüche aus Tarifverträgen können grundsätzlich nur die tarifgebundenen Arbeitnehmer geltend machen!
Betriebsvereinbarung	Zu allen Fragen, bei denen der Betriebsrat ein Mitbestimmungsrecht hat, können Betriebsvereinbarungen zwischen Arbeitgeber und Betriebsrat abgeschlossen werden. Darüber hinaus sind freiwillige Betriebsvereinbarungen etwa bezüglich zusätzlicher Maßnahmen zur Unfallverhütung, der Errichtung von Sozialeinrichtungen oder zur Förderung von Vermögensbildung der Beschäftigten möglich. Ansprüche aufgrund einer Betriebsvereinbarung können grundsätzlich alle Arbeitnehmer des Betriebes geltend machen.

Arbeitsvertrag	Im Arbeitsvertrag können jene Bereiche frei geregelt werden, die nicht zwingend durch Gesetz, Tarifvertrag oder Betriebsvereinbarung vorgegeben sind. Eventuell kann von diesen Bestimmungen zugunsten des Arbeitnehmers abgewichen werden.
Betriebliche Übung	Auch aus betrieblicher Übung können Rechtsansprüche des Arbeitnehmers entstehen. So können etwa ständig und vorbehaltlos gezahlte Anwesenheitsprämien oder auch – mindestens dreimal hintereinander – vorbehaltlos gezahlte Weihnachtsgratifikationen, Treueprämien, Zusatzurlaub usw. vom Arbeitgeber nicht einseitig gestrichen werden.
Richterrecht	Viele Gesetzeslücken werden durch Entscheidungen der Arbeitsgerichte, Landesarbeitsgerichte oder des Bundesarbeitsgerichts (BAG), also durch Richterrecht geschlossen. Auch dieses Richterrecht kann damit im Einzelfall Grundlage für die Geltendmachung von Arbeitnehmerrechten sein.

Wer sich bei der Inanspruchnahme seiner Rechte auf ein Gesetz beruft, muß also wissen, ob es zwingendes Recht setzt. Ist dies nicht der Fall oder besteht bezüglich des anstehenden Problems keine gesetzliche Regelung, so müssen einschlägige Tarifverträge, Betriebsvereinbarungen oder auch der Arbeitsvertrag zur Klärung der Frage herangezogen werden.

III. Rechte und Pflichten aus dem Arbeitsverhältnis

Ein Arbeitsverhältnis wird in den meisten Fällen durch den Abschluß eines Arbeitsvertrages begründet, aus dem sich Rechte und Pflichten der Vertragsparteien ergeben. Bereits bei der Anbahnung des Arbeitsverhältnisses (Stellenausschreibung, Bewerbung, Vorstellung) bestehen bestimmte Verpflichtungen für den Arbeitgeber wie auch für den Arbeitnehmer.

1. Was ist bei der Anbahnung eines Arbeitsverhältnisses zu beachten?

Im Jahre 1980 wurde im BGB eine Vorschrift verankert, wonach der Arbeitgeber Arbeitsplätze weder öffentlich noch intern nur für Männer oder Frauen ausschreiben darf. Da dies allerdings nur eine sog. ‚Sollvorschrift' und damit nicht zwingend ist, kommt bezüglich ihrer Einhaltung gerade den Betriebs- und Personalräten eine besondere Überwachungsfunktion zu.

a) Pflichten des Arbeitgebers

Neben diesem Gebot der geschlechtsneutralen Stellenausschreibung obliegen dem Arbeitgeber bei der Anbahnung eines Arbeitsverhältnisses insbesondere folgende Pflichten:

- Der Arbeitgeber hat über die Anforderungen des in Aussicht gestellten Arbeitsplatzes zu unterrichten, soweit sich diese nicht aus der Sachlage von selbst ergeben.

- Bewerbungsunterlagen unterliegen der besonderen Sorgfaltspflicht des Arbeitgebers; er hat über sie Stillschweigen zu bewahren. Die Unterlagen sind dem Bewerber wieder auszuhändigen, sobald feststeht, daß kein Arbeitsvertrag zustande kommt.

- Beim Vorstellungsgespräch darf der Arbeitgeber nicht die Erwartung wecken, es komme auf jeden Fall zum Vertragsabschluß. Kündigt der Bewerber in einem solchen Fall seinen bisherigen Vertrag und kommt es dann doch nicht zu einer Einstellung, so ist der Arbeitgeber ihm gegenüber zum Schadenersatz verpflichtet.

- Fordert der Arbeitgeber einen Bewerber zur Vorstellung auf, so ist er verpflichtet, dessen Vorstellungskosten zu ersetzen.
- Das Fragerecht des Arbeitgebers beschränkt sich auf solche Tatsachen, die für das Arbeitsverhältnis von Wichtigkeit sind. Fragen, die die Privatsphäre des Bewerbers betreffen, sind zwar nicht unüblich, jedoch nicht zulässig. Nach Konfessions-, Partei- oder Gewerkschaftszugehörigkeit darf grundsätzlich nicht gefragt werden. Ausnahmen sind jeweils nur bei Bewerbungen in kirchlichen Einrichtungen, bei Parteien oder Gewerkschaften gestattet.
- Die gleichen Pflichten wie den Arbeitgeber treffen bei Einstellungsuntersuchungen auch den untersuchenden Arzt; sollte er aus seiner Tätigkeit zusätzliche Informationen erhalten, so darf er diese nur weitergeben, wenn auch der Arbeitgeber sie hätte erfragen dürfen.
- Über das Vorstellungsgespräch hinausgehende Ermittlungen, etwa beim früheren Arbeitgeber, dürfen nicht durchgeführt werden.

Nach § 99 BetrVG ist vom Arbeitgeber bei jeder Einstellung – oder auch Versetzung – die Zustimmung des Betriebsrats einzuholen. Dies mag auf den ersten Blick als gravierende Einschränkung der ‚Personalhoheit' des Arbeitgebers erscheinen; das BetrVG schränkt jedoch die Möglichkeiten einer Zustimmungsverweigerung des Betriebsrats sehr stark ein. Zwar sind somit in einigen wenigen Fällen Einstellungen zu verhindern, nicht jedoch umgekehrt auch erzwingbar. Die Entscheidung darüber, *ob* und *wer* eingestellt wird, bleibt demnach letztlich beim Arbeitgeber (vgl. Kap. VIII.).

b) Pflichten des Arbeitnehmers

Die Pflichten des Arbeitnehmers bei den Vorverhandlungen bestehen hauptsächlich in der wahrheitsgemäßen Beantwortung zulässiger Fragen des Arbeitgebers, wie beispielsweise nach den beruflich-fachlichen Fähigkeiten, Kenntnissen und Erfahrungen, nach dem beruflichen Werdegang sowie nach Prüfungs- oder Zeugnisnoten. Zur weiteren Verdeutlichung noch einige Beispiele:

- Leidet der Bewerber an körperlichen Beeinträchtigungen, die ihn an der Ausübung der vereinbarten Tätigkeit hindern, so ist er verpflichtet, von sich aus hierauf zu verweisen.
- Eine Bewerberin braucht von sich aus *nicht* auf eine vorhandene Schwangerschaft hinzuweisen. Auf die Frage des Arbeitgebers muß sie diese nur dann mitteilen, wenn sie mit Sicherheit davon weiß.
- Eine Schwerbehinderteneigenschaft muß nur auf eine Frage hin oder in dem Falle offenbart werden, wenn der Bewerber erkennt, daß er die vorgesehene Tätigkeit nicht ausüben kann.

- Auskünfte über Vermögensverhältnisse sind nur in den Fällen erforderlich, in denen die zukünftige Tätigkeit im Umgang mit Geld besteht oder die Gefahr der Bestechung gegeben ist.
- Fragen nach Vorstrafen dürfen bei Geringfügigkeit oder einer mehr als fünf Jahre zurückliegenden Verurteilung negativ beantwortet werden.

Schließlich muß dem Bewerber bei allen unzulässigen Fragen des Arbeitgebers nicht nur das Recht auf Verweigerung einer Antwort zugestanden werden – dies wird beim Arbeitgeber immer den Eindruck erwecken, der Bewerber habe ‚Dreck am Stecken' –, sondern auch das Recht, auf eine unzulässige Frage wahrheitswidrig zu antworten. Nur so sind letztendlich ungerechtfertigte Benachteiligungen zu vermeiden.

2. Welche Rechte und Pflichten ergeben sich aus dem Arbeitsverhältnis?

„Durch den Dienstvertrag wird derjenige, welcher Dienste zusagt, zur Leistung der versprochenen Dienste, der andere Teil zur Gewährung der vereinbarten Vergütung verpflichtet." (§ 611 I BGB)

Die Hauptpflichten, die sich aus dem das Arbeitsverhältnis begründenden Arbeitsvertrag – einer Unterart des im BGB geregelten Dienstvertrages – ergeben, sind demnach die Pflicht zur Arbeitsleistung durch den Beschäftigten sowie die Pflicht zur Lohn- bzw. Gehaltszahlung durch den Arbeitgeber. Die Rechte des einen Teils sind die Pflichten des anderen und umgekehrt. Nun kann aber ein Arbeitsvertrag nicht alle Einzelheiten und Eventualfälle des Arbeitsverhältnisses festschreiben – ganz abgesehen davon, daß ein solcher Vertrag nicht unbedingt der Schriftform bedarf, um dennoch gültig zu sein. Häufig wird deshalb in Arbeitsverträgen, die somit nur einen Rahmen liefern können, neben einigen personellen Besonderheiten – wie etwa der Lohngruppe – auf vom Arbeitgeber einseitig aufgestellte *Allgemeine Arbeitsbedingungen* oder *Betriebsordnungen* verwiesen, die dann in gleicher Weise wie der Vertrag das Arbeitsverhältnis prägen – oft zuungunsten des Arbeitnehmers, wie die folgenden Beispiele auf Seite 48 zeigen.

Weiterhin können auch die oben bereits erwähnten ‚betrieblichen Übungen' (vgl. Übersicht 5) das Arbeitsverhältnis beeinflussen. Alle darüber hinausgehenden, noch verbleibenden Freiräume, die nicht zwingend durch Gesetz, Tarifvertrag oder Betriebsvereinbarung geregelt sind, können durch das sog. *Direktionsrecht des Arbeitgebers* ausgefüllt werden; hierdurch werden die arbeitsvertraglichen Pflichten des Arbeitnehmers in der jeweiligen Situation konkretisiert.

- Die Firma behält sich vor, dem Arbeitnehmer eine andere zumutbare Arbeit im Betrieb zuzuweisen, sofern sie seinen Vorkenntnissen entspricht. Nach Ablauf eines Monats richtet sich die Vergütung nach der neu zugewiesenen Tätigkeit.

- Der Arbeitnehmer ist verpflichtet, Mehr- und Überarbeit zu leisten, soweit dies gesetzlich zulässig ist. Durch die vereinbarte Bruttovergütung ist eine etwaige Über- oder Mehrarbeit abgegolten.

- Der Arbeitnehmer darf eine Nebenbeschäftigung während des Bestands des Arbeitsverhältnisses nur mit vorheriger schriftlicher Genehmigung der Firma übernehmen.

- Im Falle der Nichtaufnahme oder vertragswidrigen Beendigung der Tätigkeit verpflichtet sich der Arbeitnehmer, der Firma eine Vertragsstrafe in Höhe eines Monatseinkommens zu zahlen. Die Firma ist berechtigt, einen weitergehenden Schaden geltend zu machen.

Quelle: W. Däubler, Das Arbeitsrecht, Bd. 2, Reinbek 1979.

a) Pflichten des Arbeitnehmers

Die *Pflicht zur Arbeitsleistung* trifft den abhängig Beschäftigten persönlich, d. h. er darf keinen ‚Ersatzmann' zur Arbeit schicken, wenn er einmal verhindert ist – dem steht positiv zur Seite, daß er dies auch nicht braucht, etwa im Falle von Krankheit. Die Pflicht zur Arbeitsleistung besteht darüber hinaus nur gegenüber dem vertragschließenden Arbeitgeber; dieser kann seinen Anspruch auf Arbeitsleistung nicht an jemand anderen übertragen – es sei denn, dies ist ausdrücklich vertraglich festgelegt (Leiharbeit).

Die *Art der zu leistenden Arbeit* geht letztendlich aus dem Arbeitsvertrag hervor bzw. unterliegt dem Weisungsrecht des Arbeitgebers. Hierbei gilt vom Grundsatz her: je allgemeiner eine Tätigkeit im Arbeitsvertrag umschrieben ist, um so umfassender wird das Weisungsrecht des Arbeitgebers sein – und umgekehrt.

- Ist jemand z. B. arbeitsvertraglich als Buchhalter eingestellt, so kann ihm ohne Änderungskündigung keine andere Arbeit – etwa als Verkäufer – zugewiesen werden; nur in Ausnahme- oder Notfällen kann dies kurzfristig verlangt werden. Ist er dagegen als Hilfsarbeiter eingestellt, so können ihm eine ganze Reihe unterschiedlicher Tätigkeiten zugewiesen werden.

Auch bei sehr umfassendem Direktionsrecht des Arbeitgebers ist die Zuweisung eines anderen Arbeitsplatzes aber nur dann zulässig, wenn die entsprechende Tätigkeit nicht schlechter bezahlt wird.

Der *Umfang der Arbeitsleistung* wird hauptsächlich bestimmt durch die Intensität der Arbeitsverausgabung sowie durch ihren zeitlichen Rahmen. Zwar ist der Arbeitnehmer nach der Rechtsprechung des BAG nicht dazu berechtigt, seine Arbeitskraft bewußt zurückzuhalten – andererseits braucht er sich aber auch nicht so zu verausgaben, daß er Raubbau mit seinen Kräften treibt. Auch kann der Arbeitgeber – abgesehen von Not- und Ausnahmefällen – allein aufgrund seines Direktionsrechts keine Überstunden anordnen; das gleiche gilt für Kurzarbeit mit Lohnminderung. Soweit im Betrieb ein Betriebsrat existiert, hat dieser ein Mitbestimmungsrecht bezüglich der vorübergehenden Verkürzung oder Verlängerung der betriebsüblichen Arbeitszeit. Dies macht deutlich, daß die Mitbestimmungsrechte der betrieblichen Interessenvertretung das Direktionsrecht des Arbeitgebers einschränken können. Eine Mehrarbeit, die den Rahmen der Arbeitszeitordnung – 48 Wochenstunden – überschreitet, kann der Arbeitnehmer verweigern.

Diesen verschiedenen Aspekten der Hauptpflicht des Beschäftigten stehen eine ganze Reihe sog. *Nebenpflichten* zur Seite (vgl. Übersicht 6). Abgeleitet werden sie aus der ‚Treuepflicht' des Beschäftigten gegenüber seinem Arbeitgeber, die darin bestehen soll, sich nach besten Kräften für die Interessen des Arbeitgebers sowie des Betriebes einzusetzen und beide vor Schäden zu bewahren. Diese Treuepflicht wird um so enger ausgelegt, je stärker die ‚persönliche' Beziehung zwischen den beiden Vertragsparteien ist. So werden etwa die Anforderungen aus diesen Nebenpflichten bei einem ungelernten Arbeiter niedriger sein als bei einem Prokuristen.

Die arbeitsrechtliche *Verschwiegenheitspflicht* z. B. verbietet dem Beschäftigten die unbefugte Mitteilung von Geschäfts- und Betriebsgeheimnissen an Dritte; zu diesen ‚Geheimnissen' werden u. a. gezählt: Bilanzen, Kunden- und Preislisten, Kreditwürdigkeit oder auch technisches Know-how. Anders als bei der strafrechtlichen soll es für die Verletzung der arbeitsrechtlichen Verschwiegenheitspflicht nicht einmal erforderlich sein, daß der Arbeitnehmer ihr aus Eigennutz zuwiderhandelt oder etwa um dem Arbeitgeber zu schaden. Eng verbunden mit der Verschwiegenheitspflicht ist die *Unterlassungspflicht* bezüglich ruf- und kreditschädigender Mitteilungen über den Arbeitgeber – dies selbst dann, wenn die Mitteilungen an Dritte nachweislich der Wahrheit entsprechen.

Verletzt der Arbeitnehmer seine Pflichten aus dem Arbeitsverhältnis, so können folgende Rechtsfolgen eintreten:

- Lohnminderung,
- Kündigung,
- Schadenersatz sowie eventuell
- Betriebsbußen.

Letztere werden häufig bei leichteren Arbeitspflichtverletzungen oder geringen Verstößen gegen die Ordnung des Betriebes verhängt; sie können die Gestalt förmlicher Verweise, von Geldbußen oder Lohn-/Gehaltskürzungen annehmen. Allerdings kann die Androhung von Betriebsbußen nicht einseitig durch den Arbeitgeber erfolgen, sie bedarf vielmehr der vorherigen Regelung in einem Tarifvertrag oder einer Betriebsvereinbarung. Dies bedeutet, daß ohne eine derartige tarifvertragliche Regelung und in Betrieben ohne Betriebsrat keine Betriebsbußen verhängt werden dürfen. In den Fällen, in denen eine rechtmäßige Bußordnung besteht, fließen die Bußgelder nicht dem Arbeitgeber zu, sondern sind an betriebliche Sozial- oder karitative Einrichtungen abzuführen.

Übersicht 6:

Die Pflichten aus dem Arbeitsverhältnis

Arbeitnehmer	Arbeitgeber
(Hauptpflicht)	
• Arbeitsleistung – Art – Umfang – Dauer	• Lohn- und Gehaltszahlung
(Nebenpflichten)	
• ‚Treuepflicht' u. a.: – Verschwiegenheitspflicht – Unterlassung von ruf- und kreditschädigenden Mitteilungen – Verbot der Schmiergeldannahme – Wettbewerbsverbot – Pflicht zur Anzeige drohender Schäden	• ‚Fürsorgepflicht' u. a.: – Schutz für Leben und Gesundheit des Arbeitnehmers – Beschäftigungspflicht – Fürsorge für Eigentum des Arbeitnehmers – Gleichbehandlungsgrundatz – Gewährung von Erholungsurlaub

b) Pflichten des Arbeitgebers

Ebensowenig wie ein Arbeitsvertrag sämtliche Pflichten des Arbeitnehmers festschreibt, ist dies für die Pflichten des Arbeitgebers die Regel. Seine Hauptpflicht, die Zahlung von Lohn bzw. Gehalt, wird daher in einer Reihe von Punkten konkretisiert:

- Die Vergütung wird erst fällig, wenn die Arbeitsleistung erbracht worden ist; damit ist der Arbeitnehmer grundsätzlich zur Vorleistung verpflichtet.

- Die Lohnansprüche des Arbeitnehmers verjähren nach zwei Jahren, doch sind in vielen Tarifverträgen noch kürzere Ausschlußfristen vereinbart.
- Für Mehrarbeit – d. h. jene Arbeitszeit, die über die gesetzliche Arbeitszeit von 48 Wochenstunden hinausgeht – ist ein 25%iger Zuschlag zu zahlen.
- In vielen Fällen besteht ein Anspruch auf Entgeltzahlung auch dann, wenn keine Arbeit geleistet wurde:
  - an gesetzlichen Feiertagen, die nicht auf einen Sonntag oder arbeitsfreien Samstag fallen;
  - bei vorübergehender Verhinderung des Arbeitnehmers wie z. B. im Falle der Eheschließung, der Geburt oder des Todes naher Angehöriger, bei gerichtlichen Vorladungen oder der goldenen Hochzeit der Eltern;
  - verweigert der Arbeitgeber die Annahme der Arbeitsleistung – zu deren Annahme er sich ja vertraglich verpflichtet hat –, so verliert der Arbeitnehmer dadurch nicht seinen Entgeltanspruch;
  - auch im Falle von Krankheit werden Lohn bzw. Gehalt weitergezahlt.

Da das Arbeitsentgelt in der Regel die materielle Existenzgrundlage der abhängig Beschäftigten ist, existieren weitere gesetzliche Normen zum Schutz von Lohn und Gehalt. So ist etwa ihre Pfändung nur in beschränktem Umfang möglich. Bei Konkurs des Betriebes erhalten die Beschäftigten für eventuell noch ausstehende Zahlungen der letzten drei Monate vor Konkurseröffnung ein Konkursausfallgeld durch das zuständige Arbeitsamt. Auch den Arbeitgeber treffen *Nebenpflichten* aus dem Arbeitsverhältnis; wurden diese beim Arbeitnehmer hauptsächlich aus seiner besonderen ‚Treuepflicht' gegenüber dem Arbeitgeber abgeleitet, so beim Arbeitgeber aus dessen ‚Fürsorgepflicht' gegenüber den abhängig Beschäftigten. Diese – auch in § 75 II BetrVG festgeschriebene Pflicht – besagt allgemein, daß der Arbeitgeber bei allen Maßnahmen das Interesse des Arbeitnehmers wahrzunehmen und ihm Schutz und Fürsorge zukommen zu lassen hat. Dies bedeutet im einzelnen u. a.:

- Schutz für Leben und Gesundheit des Arbeitnehmers;
- Fürsorge für das in den Betrieb eingebrachte Eigentum des Arbeitnehmers;
- die ordnungsgemäße Abführung von Lohnsteuer und Sozialversicherungsbeiträgen;
- auch die Beschäftigungspflicht zählt hierzu, denn nur in Ausnahmefällen darf der Arbeitnehmer ohne seine Zustimmung unter Fortzahlung der Vergütung von der Arbeit freigestellt werden;
- Verbot der Maßregelung des Arbeitnehmers, etwa weil dieser in zulässiger Weise seine Rechte ausübt;

- Förderung der freien Entfaltung der Persönlichkeit des Arbeitnehmers;
- Verschwiegenheitspflicht bezüglich Tatsachen, an deren Geheimhaltung der Arbeitnehmer ein berechtigtes Interesse hat.

Schließlich, und dies ist besonders hervorzuheben, wurde von der Rechtsprechung als tragendes Ordnungselement der *arbeitsrechtliche Gleichbehandlungsgrundsatz* entwickelt, der – allgemein formuliert – eine sachfremde Schlechterstellung einzelner Arbeitnehmer verbietet. Diesem Gleichbehandlungsgrundsatz widerspricht es jedoch nicht, wenn einzelne Arbeitnehmer aus sachfremden Gründen besser gestellt werden.

- Zahlt der Arbeitgeber einigen Arbeitnehmern nur deshalb nicht den betriebsüblichen Lohn, weil es sich um ‚unbequeme' Kollegen handelt, so widerspricht dies dem arbeitsrechtlichen Gleichbehandlungsgrundatz. Erlaubt ist hingegen eine günstigere Behandlung derjenigen Arbeitnehmer, die ihm – aus welchen Gründen auch immer – ‚genehm' sind.

Verletzt der Arbeitgeber seine Pflichten aus dem Arbeitsverhältnis vorsätzlich oder fahrlässig, so kann der hiervon betroffene Arbeitnehmer

- seine Arbeitskraft zurückhalten,
- den Arbeitsvertrag fristlos kündigen,
- die Erfüllung der Pflichten des Arbeitgebers verlangen oder auch
- Schadenersatzansprüche geltend machen.

Ansprüche, die aus einem Arbeitsunfall entstehen, richten sich gegen die gesetzliche Unfallversicherung.

Vergleicht man diese ‚Sanktionsmöglichkeiten' des abhängig Beschäftigten mit denen des Arbeitgebers und hält man sich weiterhin die sozialen Abhängigkeitsverhältnisse im Betrieb sowie die disziplinierenden Wirkungen von Wirtschaftskrise und Massenarbeitslosigkeit vor Augen, so besitzen diese Möglichkeiten der individuellen Gegenwehr allerdings fast stets einen nur formalen Charakter.

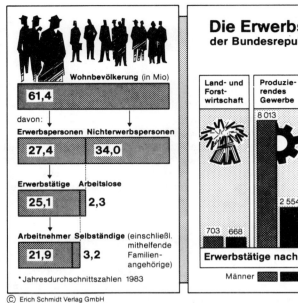

Die Erwerbsbevölkerung
der Bundesrepublik Deutschland*

Wohnbevölkerung (in Mio): 61,4

davon:
- Erwerbspersonen: 27,4
- Nichterwerbspersonen: 34,0

- Erwerbstätige: 25,1
- Arbeitslose: 2,3

- Arbeitnehmer: 21,9
- Selbständige (einschließl. mithelfende Familienangehörige): 3,2

*Jahresdurchschnittszahlen 1983

© Erich Schmidt Verlag GmbH

Erwerbstätige nach Wirtschaftsbereichen (in 1 000)

	Land- und Forstwirtschaft	Produzierendes Gewerbe	Handel und Verkehr	Sonstige (Dienstleistungen)
Männer	703	8 013	2 596	4 316
Frauen	668	2 554	2 009	4 328

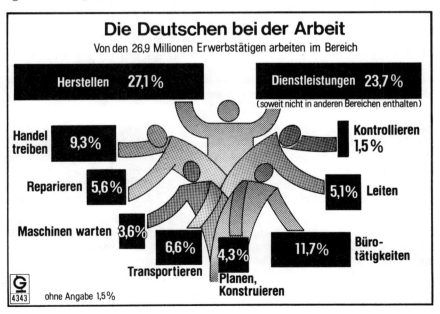

Die Deutschen bei der Arbeit
Von den 26,9 Millionen Erwerbstätigen arbeiten im Bereich

- Herstellen 27,1 %
- Dienstleistungen 23,7 % (soweit nicht in anderen Bereichen enthalten)
- Handel treiben 9,3 %
- Kontrollieren 1,5 %
- Reparieren 5,6 %
- Leiten 5,1 %
- Maschinen warten 3,6 %
- Transportieren 6,6 %
- Planen, Konstruieren 4,3 %
- Bürotätigkeiten 11,7 %
- ohne Angabe 1,5 %

IV. Arbeitszeit

Für die soziale Lage der Arbeitnehmer und ihrer Familien sind Umfang und Dauer der Arbeitszeit von zentraler Bedeutung. Sie legen den Rahmen fest, innerhalb dessen die Arbeitnehmer dem Unternehmen zur Verfügung stehen, ihre Arbeitskraft gegen Entgelt im Produktionsprozeß einsetzen müssen und damit umgekehrt auch die verbleibende Freizeit. Darüber hinaus hat das Arbeitszeitvolumen nicht unerheblichen Einfluß auf den körperlichen Verschleiß und Gesundheitszustand der Arbeitnehmer sowie – bei gegebenem Stundenlohn – auf das Arbeitseinkommen der abhängig Beschäftigten.

1. Geschichte und Entwicklung der Arbeitszeitbegrenzung

Der Kampf um Arbeitszeitverkürzung stand an der Wiege der Arbeiter- und Gewerkschaftsbewegung. Die historische Begründung der Forderung nach Begrenzung des Arbeitstages war hierbei hauptsächlich gesundheitspolitischer Natur. Um die Überforderung der abhängig Beschäftigten im Arbeitsprozeß zu begrenzen, mußte den Unternehmern die Möglichkeit genommen werden, die Arbeitskräfte zeitlich nahezu unbegrenzt auszunutzen. Im Vordergrund stand daher die Verkürzung der täglichen Arbeitszeit, um die Arbeitnehmer vor einem allzu schnellen Gesundheitsverschleiß zu schützen und ihnen ausreichend Zeit für Ruhe und Regeneration zu verschaffen. Erst wenn dies gewährleistet ist, bleibt auch Zeit für die Befriedigung persönlicher Bedürfnisse, für soziale, politische und kulturelle Tätigkeiten.

Neben diesem *Humanisierungsaspekt* der Arbeitszeitverkürzung und dem der *Erfüllung von Lebensinteressen und -bedürfnissen* war jedoch von Anbeginn klar, daß die Arbeitszeit-Frage nicht nur die individuelle Lebenslage der Arbeitnehmer und ihrer Familien verbessern sollte; Arbeitszeitverkürzung war immer auch ein wesentliches Instrument, um die vorhandene Arbeit durch Umverteilung zu verknappen und damit die *Konkurrenz unter den Arbeitskräften einzuschränken*.

Diesen Arbeitnehmerinteressen standen von Anfang an die Interessen der Unternehmer gegenüber, die im ‚Produktionsfaktor Arbeit' lediglich eine Kostengröße sahen, die es möglichst intensiv und lange zu ‚nutzen' galt. Arbeitstage mit 14 und mehr Stunden waren in den frühkapitalistischen Zeiten des vorigen Jahrhunderts keine Seltenheit. Ungeheuere Mißstände waren an der Tagesordnung, der Gesundheitszustand der arbeitenden Bevölkerung – und hier insbesondere der der Kinder, Jugendlichen und Frauen – war katastrophal.

> „In den Kohlen- und Eisenbergwerken . . . arbeiten Kinder von 4, 5, 7 Jahren; die meisten sind indes über 8 Jahre alt. Sie werden gebraucht, um das losgebrochene Material von der Bruchstelle nach dem Pferdeweg oder dem Hauptschacht zu transportieren, und um die Zugtüren, welche die verschiedenen Abteilungen des Bergwerks trennen, bei der Passage von Arbeitern und Material zu öffnen und wieder zu schließen. Zur Beaufsichtigung dieser Türen werden meist die kleinsten Kinder gebraucht, die auf diese Weise 12 Stunden täglich im Dunkeln einsam in einem engen, meist feuchten Gang sitzen müssen . . . Der Transport der Kohlen . . . dagegen ist eine sehr harte Arbeit, da dies Material in ziemlich großen Kufen ohne Räder über den holprigen Boden der Stollen fortgeschleift werden muß . . . und durch Gänge, die zuweilen so eng sind, daß die Arbeiter auf Händen und Füßen kriechen müssen. Zu dieser Arbeit werden daher ältere Kinder und heranwachsende Mädchen genommen. Das Loshauen, das von erwachsenen Männern oder starken Burschen von 16 Jahren und darüber geschieht, ist ebenfalls eine ermüdende Arbeit.
>
> Die gewöhnliche Arbeitszeit ist 11–12 Stunden, oft länger, und sehr häufig wird die doppelte Zeit gearbeitet, so daß sämtliche Arbeiter 24, ja nicht selten 36 Stunden hintereinander unter der Erde und in Tätigkeit sind. Feste Mahlzeiten sind meist unbekannt, so daß die Leute essen, wenn sie Hunger und Zeit haben . . .
>
> Daß ein Grubenarbeiter nach dem 45. oder gar 50. Lebensjahr seine Beschäftigung noch verfolgen kann, kommt äußerst selten vor. Mit 40 Jahren, wird allgemein angegeben, fängt ein solcher Arbeiter an, in sein Greisenalter zu treten. Dies gilt von denen, die Kohlen loshauen; die Auflader, die fortwährend schwere Blöcke in die Kufen zu heben haben, altern schon mit dem 28. oder 30. Jahre, so daß es ein Sprichwort gibt: die aufladen, werden alte Männer, ehe sie jung sind."
>
> Friedrich Engels, Die Lage der arbeitenden Klasse in England

Erst als sich 1839 Militär- gegenüber liberalistischen Wirtschaftspolitikern durchsetzten, trat das *„Preußische Regulativ über die Beschäftigung jugendlicher Arbeiter in Fabriken"* in Kraft. Dies war der erste zaghafte Versuch, die Arbeitszeit für bestimmte Gruppen gesetzlich zu begrenzen. Auslöser hierbei war nicht etwa die soziale Fürsorge des preußischen Obrigkeitsstaates, sondern der durch den körperlichen Zustand vieler Jugendlicher bedingte Engpaß bei der Rekrutierung der preußischen Soldaten. Die Arbeit von Kindern unter zehn Jahren (!) in Fabriken und Bergwerken wurde verboten, die Arbeitszeit der Zehn- bis Sechzehnjährigen auf zehn Stunden täglich begrenzt und die Nachtarbeit für diese Altersgruppe untersagt. Nach und nach wurden die Altersgrenzen in den folgenden Jahren heraufgesetzt und Frauen zur Untertagearbeit nicht mehr zugelassen. Mit dem Arbeitsschutzgesetz von 1891 wurde Kinderarbeit bis zum 13. Lebensjahr verboten und die Arbeitszeit für Frauen auf zehn Stunden am Tag begrenzt. Mit Ausnahme einiger gewerkschaftlicher Kampferfolge im Bergbau und vereinzelten Großindustrien gab es dagegen für Männer noch keine normierte Arbeitszeitbegrenzung. Erst 1910 war in den meisten Industriebereichen der 10-Stunden-Tag durchgesetzt.

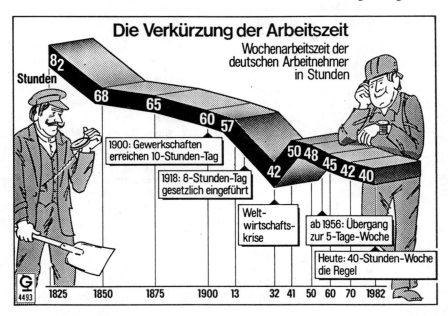

Mit der Novemberrevolution und der Demobilmachungsverordnung von 1918/19 wurde die tägliche Arbeitszeit dann generell auf acht Stunden täglich begrenzt – dies allerdings an sechs Tagen, so daß die 48-Stunden-Woche die Regel wurde. Schon 1923 wurde diese Norm entscheidend verändert: zukünftig konnte an 30 Tagen im Jahr die Arbeitszeit anders verteilt – sprich: verlängert – werden. Ab 1927 mußten dann allerdings Zuschläge für diese Mehrarbeit gezahlt werden. Unter den Bedingungen der Rüstungsproduktion brachte der Nationalsozialismus 1938 eine gesetzliche Neufassung der Arbeitszeitnormen, die im wesentlichen die bereits praktizierten Bedingungen der Weimarer Republik übernahm. Seitdem ist die Arbeitszeitordnung (AZO) in Kraft; sie schreibt den Rechtszustand von 1938 bis auf den heutigen Tag fort. Das im Entwurf vorliegende Arbeitszeit- und Frauenarbeitsschutzgesetz schränkt die gesetzliche Sonn- und Feiertagsruhe weiter ein und hebt das bisherige Nachtarbeitsverbot für Arbeiterinnen faktisch auf; der Entwurf beinhaltet also gegenüber dem bisherigen Rechtszustand nicht zu übersehende Verschlechterungen.

Zahlreiche tarifvertragliche Regelungen waren seit der Gründung der Bundesrepublik erforderlich, um die reguläre Wochenarbeitszeit auf 40 Stunden an fünf Tagen für den überwiegenden Teil der Arbeitnehmer zu realisieren. Anders als in der Weimarer Republik konzentrierten die Gewerkschaften sich bei der Durchsetzung arbeitszeitpolitischer Forderungen auf ihre eigenen Handlungsmöglichkeiten. Je nach Verhandlungsposition in einzelnen Branchen wurde die Arbeitszeit sukzessiv verkürzt; sie erreichte Mitte der siebziger Jahre in fast sämtlichen Bereichen 40 Stunden in der Woche.

2. Wie lange wird gearbeitet?

Betrachtet man diese tariflichen Regelungen als ‚Normal-Arbeitszeit', so überrascht der hohe Anteil jener Beschäftigten mit längerer bzw. kürzerer Arbeitszeit. Sowohl unterschiedliche Formen von *Teilzeitarbeit* als auch ein immer noch beträchtliches Kontingent von *Überstunden* führen dazu, daß das Spektrum der tatsächlichen Arbeitszeitstrukturen sehr viel breiter ist, als es der tarifliche ‚Normal-Arbeitstag' vermuten läßt.

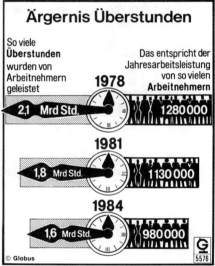

Ein Großteil der Arbeitnehmer arbeitet weniger als 40 Stunden in der Woche. Es sind vor allem verheiratete Frauen und Mütter, die u. a. wegen fehlender familienbegleitender Einrichtungen auf Teilzeitbeschäftigung angewiesen sind, um Familien- und/oder Erziehungsaufgaben wahrnehmen zu können. Hauptsächlich die Unternehmen des Dienstleistungssektors bieten in starkem Maße Teilzeitarbeitsplätze an; rd. 15% aller Arbeitnehmer gehen in diesen Wirtschaftsbereichen einer Teilzeitbeschäftigung nach.

Demgegenüber arbeitet über ein Drittel aller Beschäftigten *mehr* als 40 Stunden in der Woche. Trotz Massenarbeitslosigkeit werden immer noch in erheblichem Umfang Überstunden geleistet. Auf jeden Arbeitnehmer kamen 1982 nach Erhebungen des Instituts für Arbeitsmarkt- und Berufsforschung der Bundesanstalt für Arbeit im statistischen Durchschnitt fast 90 Stunden Mehrarbeit, dies sind insgesamt ca. 2 Milliarden Stunden in einem Jahr. Rein rechnerisch entspricht dieses Arbeitszeitvolumen einer Beschäftigtenzahl von 1,2 Mio. Personen, die bei Verzicht auf Mehrarbeit hätten beschäftigt werden können. Unter Berücksichtigung des Mehrarbeitsvolumens ist somit die 40-Stunden-Woche für einen Großteil der abhängig Beschäftigten noch längst nicht realisiert.

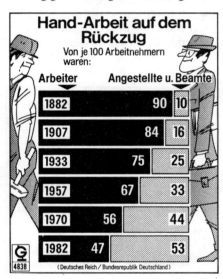

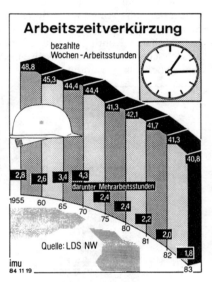

3. Zu welchen Zeiten wird gearbeitet?

Neben der *Dauer* der Arbeitszeit ist ihre *Lage* von besonderer Bedeutung für die Arbeitnehmer, denn von ihr hängt die verbleibende Tageszeit ab, die u. a. für Familie, Freizeitgestaltung, Teilnahme am sozialen, kulturellen und politischen Leben usw. zur Verfügung steht.

Für etwa ein Drittel der abhängig Beschäftigten hat morgens um 7.00 der Arbeitstag bereits begonnen, für fast 10% sogar schon um 6.00 Uhr. Es sind in erster Linie Arbeiter, deren Arbeitstag um diese Uhrzeit bereits läuft. Im Unterschied zu ihren angestellten oder beamteten Kollegen können sie nur in seltenen Fällen auf die Möglichkeit der *Gleitzeit* zurückgreifen. Von 100 männlichen Arbeitnehmern können 14 um eine Kernzeit von in der Regel sechs Stunden (9.00–15.00 Uhr) ‚gleiten'.

Über drei Millionen Beschäftigte müssen auch an Sonn- und Feiertagen arbeiten, da z. B. Versorgungs- oder Verkehrsbetriebe die Erbringung ihrer Dienstleistungen am Wochenende nicht einfach einstellen können.

Berücksichtigt man des weiteren die Zeiten z. B. für den Weg zur Arbeit oder die nicht auf die Arbeitszeit anrechenbaren Pausen, so liegt die *arbeitsgebundene Zeit* für jeden zweiten Arbeitnehmer bei über zehn Stunden täglich.

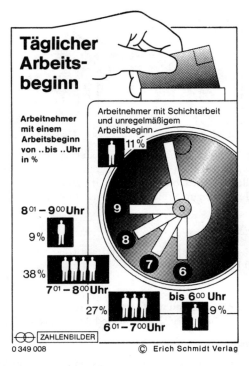

Ein sozialpolitisches Problem ganz besonderer Art bilden *Schicht- und Nachtarbeit*. Um einen Stillstand der Produktion zu vermeiden, streben viele Betriebe eine über den ‚Normalarbeitstag' hinausgehende Auslastung der Maschinen an. Teils ist dies technisch bedingt wie z. B. im Stahlbereich, wo der Schmelzrhythmus mehr als acht Stunden beträgt und die Haltbarkeit des feuerfesten Materials bei starkem Temperaturwechsel sinkt, teils spielen wirtschaftliche Überlegungen eine dominante

Rolle, da mit der längeren täglichen Nutzung der Maschinen die Stückkosten je Produkteinheit gesenkt werden können. Überall dort, wo diese volle Auslastung von Maschinen allein durch Überstunden nicht mehr gewährleistet werden kann, breitet sich die Tendenz zur Schichtarbeit aus. Drei Formen der Schichtarbeit dominieren:

- *2-Schicht-Betrieb*

  In der Regel täglich außer sonn- und feiertags von 6.00 bis 14.00 Uhr und von 14.00 bis 22.00 Uhr.

- *3-Schicht-Betrieb*

  An 5 Tagen in der Woche und wöchentlichem Schichtwechsel von üblicherweise 6.00 bis 14.00 Uhr, 14.00 bis 22.00 Uhr und 22.00 bis 6.00 Uhr.

- *4-Schicht-Betrieb*

  Vollkontinuierlicher Schichtbetrieb auch an Sonn- und Feiertagen mit wöchentlichem Schichtwechsel und anschließender Freischicht.

Schicht- und Nachtarbeit passen den Menschen an Maschinenrhythmen und nicht die Maschinenlaufzeit an den menschlichen Lebensrhythmus an. Die Folge ist eine Störung biologischer wie auch sozialer Funktionen. Arbeits- und Ruhezeiten laufen nicht mehr parallel zur ‚inneren Uhr'; der natürliche Rhythmus von Anspannung und Erholung im Tagesverlauf wird unterbrochen. Selbst bei jungen Menschen, deren Belastungstoleranz noch vergleichsweise hoch ist, wird so die Anpassungsfähigkeit des Organismus überfordert; nicht selten klagen Nacht- und Schichtarbeiter über Schlafstörungen, Magenbeschwerden, Nervosität und Appetitlosigkeit. Ein erhöhter Krankenstand und vorzeitiges Ausscheiden aus dem Erwerbsleben sind Folgen dieser ‚unnatürlichen' Arbeitszeitsysteme.

Insgesamt sind z. Z. etwa 3,7 Millionen Arbeitnehmer von mindestens einer der genannten Formen der Schichtarbeit betroffen. Besonders hoch liegt ihr Anteil im produzierenden Gewerbe und im öffentlichen Dienst wie z. B. bei Bahn, Post, Polizei, im Gesundheitswesen und beim öffentlichen Nahverkehr.

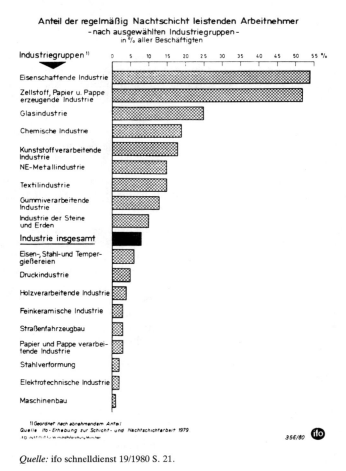

Quelle: ifo schnelldienst 19/1980 S. 21.

4. Gesetzliche Arbeitszeitnormen . . .

Der im Jahre 1839 zaghaft begonnene Arbeitsschutz durch Arbeitszeitbegrenzung mündete hundert Jahre später in die Arbeitszeitordnung (AZO) von 1938. Mit ihr wurden zeitliche Grenzen festgelegt, innerhalb derer Arbeitskräfte in Betrieben und Unternehmen eingesetzt werden dürfen. Ergänzt wird diese sehr allgemeine Ordnung durch spezielle Normen und Verordnungen, die Regelungen für besonders schutzbedürftige Personengruppen umfassen, hierzu gehören u. a.:

- Mutterschutz
- Jugendarbeitsschutz
- Schwerbehindertengesetz
- Gewerbeordnung

Auch die Novellierung der AZO durch das Arbeitszeitgesetz sieht den achtstündigen Arbeitstag an sechs Werktagen, also die 48-Stunden-Woche, als *regelmäßige Arbeitszeit* vor. Diese ‚Regelmäßigkeit' wird allerdings in vielfacher Hinsicht durchbrochen:

- Schwankungen der Arbeitszeit können durch eine Verlängerung der täglichen Arbeitszeit auf bis zu zehn Stunden ausgeglichen werden, wenn im *Durchschnitt* der 8-Stunden-Tag eingehalten wird.

- Ausgefallene Arbeitsstunden können mit täglich zwei Zusatzstunden auf die übrigen Werktage verteilt werden, wenn dadurch der 8-Stunden-Tag im Wochendurchschnitt nicht überschritten wird.

Da die AZO von der 48-Stunden-Woche als regelmäßiger Arbeitszeit ausgeht, gilt auch nur jene Arbeitszeit als Mehrarbeit, die über diese wöchentliche Grenzmarke hinausgeht; ein gesetzlicher Anspruch auf Überstundenzuschläge besteht folglich erst ab der 49. Wochenstunde. Die Tarifverträge sehen weit günstigere Regelungen vor: Mehrarbeitszuschläge müssen danach meist schon ab der 40. bzw. 42. Arbeitsstunde gezahlt werden. Da die Tarifpolitik Vorrang hat, greift die Arbeitszeitordnung lediglich als absolute Obergrenze. Bildet der 8-Stunden-Tag schon aus den genannten Gründen keine fixe Grenze, so wird er durch die Eröffnung vielfältiger Mehrarbeitsmöglichkeiten noch zusätzlich durchlöchert:

- Mehrarbeit darf an 30 Tagen im Jahr bis zu zwei Stunden täglich, bzw. zehn Stunden wöchentlich geleistet werden.

- Bei Vor- und Abschlußarbeiten (z. B. Entladen von Fahrzeugen) kann Mehrarbeit auch über zwei Stunden täglich geleistet werden.

- In Notfällen oder außergewöhnlichen Situationen wie z. B. bei drohendem Verderb von Rohstoffen oder Lebensmitteln gilt die AZO und damit auch die gesetzliche Begrenzung von Mehrarbeit überhaupt nicht.

Übersicht 7:

Arbeitszeitordnung (AZO) aus dem Jahre 1938
– Auszüge –

Zweiter Abschnitt
Arbeitszeit im allgemeinen

§ 3 Regelmäßige Arbeitszeit

Die regelmäßige werktägliche Arbeitszeit darf die Dauer von acht Stunden nicht überschreiten.

§ 4 Andere Verteilung der Arbeitszeit

(1) Wird die Arbeitszeit an einzelnen Werktagen regelmäßig verkürzt, so kann die ausfallende Arbeitszeit auf die übrigen Werktage derselben sowie der vorhergehenden oder der folgenden Woche verteilt werden. Dieser Ausgleich ist ferner zulässig, soweit die Art des Betriebes eine ungleichmäßige Verteilung der Arbeitszeit erfordert; das Gewerbeaufsichtsamt kann bestimmen, ob diese Voraussetzung vorliegt.

(2) Die durch Betriebsfeiern, Volksfeste, öffentliche Veranstaltungen oder aus ähnlichem Anlaß an Werktagen ausfallende Arbeitszeit kann auf die Werktage von fünf zusammenhängenden, die Ausfalltage einschließenden Wochen verteilt werden. Dasselbe gilt, wenn in Verbindung mit Feiertagen die Arbeitszeit an Werktagen ausfällt, um den Gefolgschaftsmitgliedern eine längere zusammenhängende Freizeit zu gewähren.

(3) Die tägliche Arbeitszeit darf bei Anwendung der Vorschriften der Abs. 1 und 2 zehn Stunden täglich nicht überschreiten. Das Gewerbeaufsichtsamt kann eine Überschreitung dieser Grenze zulassen.

§ 6 Arbeitszeitverlängerung an dreißig Tagen

Die Gefolgschaftsmitglieder eines Betriebes oder einer Betriebsabteilung dürfen an dreißig Tagen im Jahr über die regelmäßige Arbeitszeit hinaus mit Mehrarbeit bis zu zwei Stunden täglich, jedoch nicht länger als zehn Stunden täglich beschäftigt werden.

§ 14 Außergewöhnliche Fälle

(1) Die Vorschriften der §§ 3 bis 13 über Dauer der Arbeitszeit, arbeitsfreie Zeiten und Ruhepausen finden keine Anwendung auf vorübergehende Arbeiten in Notfällen und in außergewöhnlichen Fällen, die unabhängig vom Willen der Betroffenen eintreten und deren Folgen nicht auf andere Weise zu beseitigen sind, besonders wenn Rohstoffe oder Lebensmittel zu verderben oder Arbeitserzeugnisse zu mißlingen drohen.

(2) Dasselbe gilt, wenn eine verhältnismäßig geringe Zahl von Gefolgschaftsmitgliedern an einzelnen Tagen mit Arbeiten beschäftigt wird, deren Nichterledigung das Ergebnis der Arbeit gefährden oder einen unverhältnismäßigen wirtschaftlichen Schaden zur Folge haben würde und wenn dem Betriebsführer andere Vorkehrungen nicht zugemutet werden können.

Greift kein günstigerer Tarifvertrag, etwa weil Arbeitgeber oder Arbeitnehmer nicht tarifgebunden sind, so sind – ausgehend von der heute weitgehend realisierten 40-Stunden-Woche – rund 400 Überstunden im Jahr zumutbar, ohne daß dadurch die Grenzen der AZO überschritten wären.

Bundesarbeitsgericht: 400 Überstunden sind zumutbar

KASSEL (dpa) Arbeitnehmern können laut Entscheidung des Bundesarbeitsgerichts (BAG) nach der noch geltenden Arbeitszeitordnung von 1938 über 400 Überstunden pro Jahr zugemutet werden. Zwar lege die Arbeitszeitordnung in § 6 fest, daß jährlich nur 60 Überstunden geleistet werden dürfen, doch beziehe sich dies nicht auf die 40-, sondern eine 48-Stunden-Woche. Dies bedeute neben den 60 Überstunden noch wöchentlich acht Überstunden, die das Gesetz ermögliche. Die Richter machten die Tarifvertragsparteien jedoch darauf aufmerksam, daß es ihre Sache sei, den sozialpolitischen Fortschritt der Arbeitszeitverkürzung gegen Unterlaufen abzusichern.
(Az.: 1 ABR 90/79).

aus: Westdeutsche Allgemeine Zeitung v. 29. 7. 81

Nicht angerechnet auf die Arbeitszeit werden die nach der AZO vorgeschriebenen Ruhepausen. Sie liegen für männliche Arbeitnehmer grundsätzlich bei 30 Minuten am Tag, bei Frauen und Jugendlichen steigt ihre Dauer mit der Länge des Arbeitstages. Darüber hinaus schreibt die AZO für Erwachsene eine mindestens 11stündige arbeitsfreie Zeit zwischen zwei Arbeitsschichten vor. Zuständig für die Überwachung dieser wie auch der anderen AZO-Normen sind die *Gewerbeaufsichtsämter*.

Tabelle 5:

Vorgeschriebene Ruhepausen

Arbeits-Stunden	Männer	Frauen	Jugendliche
4½–6	–	20 Minuten	30 Minuten
6 –8	30 Minuten	30 Minuten	60 Minuten
8 –9	30 Minuten	45 Minuten	entfällt, da
über 9	30 Minuten	60 Minuten	über 8 Stunden

Im Herbst 1984 legte die Bundesregierung den Entwurf eines neuen Arbeitszeitgesetzes vor, der die gesetzliche 48-Stunden-Woche festschreibt. Das überholte Arbeitszeitrecht wird damit nicht an die zwischenzeitlich eingetretenen tarifvertraglichen Regelungen und die arbeitsmarktpolitischen Erfordernisse angepaßt, vielmehr sind einige Verschlechterungen zu befürchten. So soll

- die werktägliche Arbeitszeit über Wochen hinweg auf 10 Stunden ausgedehnt werden können;

- bei Vor- und Abschlußarbeiten lediglich eine durchschnittliche Arbeitszeit von täglich 9 Stunden innerhalb eines Zeitraums von 12 Wochen eingehalten werden müssen. Über das ganze Jahr hin kann die gesetzliche Wochenarbeitszeit hier 54 Stunden die Woche betragen;

- die bestehende Begrenzung der täglichen Arbeitszeit an Tagen vor Sonn- und Feiertagen auf höchstens 8 Stunden entfallen;

- die gesetzlich zulässige Mehrarbeit nicht herabgesetzt werden;

- das Nachtarbeitsverbot für Frauen von bisher 10 auf 7 aufeinanderfolgende Stunden nach freier Wahl des Arbeitgebers verkürzt werden;

- die Pausenregelung für Frauen verschlechtert werden;

- das Beschäftigungsverbot für Arbeitnehmerinnen im Bauhauptgewerbe gelockert werden.

Negative Auswirkungen auf den Arbeitsmarkt und die gesundheitliche Situation der Arbeitnehmer sind zu befürchten.

5. ... tarifvertragliche Regelungen ...

Sehr viel größere Bedeutung als diese gesetzlichen haben mittlerweile die *tarifvertraglichen* Regelungen zur Arbeitszeit erlangt. Die arbeitszeitlichen Höchstgrenzen der AZO sind folglich seit langem überholt, eine Anpassung der gesetzlichen Regelung an die Praxis des tarifvertraglich Fixierten wäre längst überfällig. Dies gilt vor allem hinsichtlich des in einer Situation der Massenarbeitslosigkeit viel zu hohen Überstundenkontingents, das nicht zuletzt durch die veralteten AZO-Normen ermöglicht wird. Das arbeitszeitpolitische Instrument der Überstunden kommt den Interessen der Unternehmen insofern entgegen, als hierdurch ein flexibler Personaleinsatz wie auch eine Umgehung von Neueinstellungen ermöglicht wird. Daneben ist für ihre Bereitschaft zur Leistung von Mehrarbeit für einen Teil der Arbeitnehmer das zusätzliche Arbeitsentgelt ausschlaggebend. Zunehmend gehen die Gewerkschaften in ihrer Tarifpolitik allerdings dazu über, die betrieblichen Mehrarbeitsspielräume einzuschränken:

- rund ein Drittel aller Tarifverträge schreibt Höchstgrenzen für Mehrarbeit fest;

- jeder zweite Tarifvertrag sieht den *freiwilligen* Ausgleich von Mehrarbeit durch Freizeit vor;

- mehrheitlich sind 25%ige Zuschläge vorgeschrieben, die auch im Falle des Freizeitausgleichs zu zahlen sind.

Nur durch derartige kollektivvertragliche Regelungen – insbesondere in Form des Freizeitausgleichs – können die problematischen gesundheitlichen und beschäftigungspolitischen Folgewirkungen der Mehrarbeit in Grenzen gehalten werden.

Mit der Kündigung der die wöchentliche Arbeitszeit regelnden Tarifverträge zum 31. Dezember 1983 hatten die DGB-Gewerkschaften IG Metall, Gewerkschaft Handel, Banken und Versicherungen, IG Druck und Papier sowie die Gewerkschaft Holz und Kunststoff ihre Offensive zum Einstieg in die *35-Stunden-Woche* begonnen. Die Arbeitgeberverbände hatten ihrerseits bereits frühzeitig entschiedenen Widerstand gegen diese Forderung angekündigt. Bereits in ihrem „Tabu-Katalog" aus dem Jahre 1978 hielt die Bundesvereinigung der Deutschen Arbeitgeberverbände (BDA) fest:

- „Die Verteilung der wöchentlichen Arbeitszeit auf die einzelnen Wochentage muß der freien betrieblichen Disposition überlassen bleiben und darf nicht tarifvertraglich festgelegt werden, wobei jedoch zu beachten ist, daß das wöchentliche Arbeitszeitvolumen möglichst gleichmäßig auf mindestens fünf Arbeitstage umgelegt werden muß."

- „Auch für den Fall einer anderen Verteilung der Wochenarbeitszeit im Zusammenhang mit dem Vor- oder Nachholen von ausfallender oder ausgefallener Arbeitszeit muß der sonst arbeitsfreie Wochentag zur Verfügung stehen und darf seinen Charakter als Werk- bzw. Arbeitstag nicht verlieren. Je mehr in diesem Zusammenhang arbeitsfreie Samstage zu ‚Quasi-Feiertagen' werden, desto eher können sich hierbei auch Konsequenzen für die tarifvertraglichen Zuschlagsregelungen durch Gewährung von Zuschlägen zum normalen Arbeitsentgelt an Samstagen ergeben."

- „Vielfach versuchen die Gewerkschaften, durch Einführung zusätzlicher Pausen eine Verkürzung der wöchentlichen Arbeitszeit durchzusetzen. Zusätzliche bezahlte Pausen können auf eine generelle Unterschreitung der 40-Stunden-Woche hinauslaufen und begegnen dann grundsätzlichen Bedenken."

- „Nachdem bis Ende des Jahres 1974 für mehr als 80% der Arbeitnehmer die 40-Stunden-Woche vereinbart wurde, ist eine weitere Reduzierung des Arbeitsvolumens durch Verkürzung der Wochenarbeitszeit unter 40 Stunden keinesfalls zu verantworten."

- „Die Frage der Urlaubsverlängerung steht in engem Zusammenhang mit dem Problem der Arbeitszeitverkürzung. Sie muß daher in den gleichen volkswirtschaftlichen Gesamtzusammenhängen gesehen und behandelt werden. In keinem Falle darf dann die 6-Wochen-Grenze überschritten werden."

Tabelle 6: Tarifvertragliche regelmäßige Wochenarbeitszeit 1973–1984

Jahr[1])	Eine regelmäßige Wochenarbeitszeit von											Durchschnittliche Wochenarbeitszeit
	38	38,5	39	40	41	41,5	42	42,5	43	44	45	
	Stunden hatten … % der tariflich erfaßten Arbeitnehmer											Stunden
1973	–	–	–	68,9	2,9	3,9	15,8	1,8	1,9	1,5	3,3	40,74
1974	–	–	–	87,1	1,8	1,6	3,2	0,5	1,9	2,8	1,1	40,34
1975	–	–	–	90,6	1,6	0,7	1,5	0,4	1,6	2,7	0,9	40,27
1976	–	–	–	91,5	0,9	0,5	2,0	0,4	1,3	2,8	0,6	40,24
1977	–	–	–	92,2	1,0	0,4	2,2	0,4	1,7	1,6	0,5	40,21
1978	–	–	–	92,6	1,5	0,4	2,5	0,4	2,1	0,4	0,1	40,17
1979	–	–	–	93,5	1,4	0,2	2,5	0,4	1,9	–	0,1	40,14
1980	–	–	–	94,0	1,4	–	3,5	0,4	0,7	–	–	40,12
1981	–	–	–	94,9	2,4	0,1	2,2	0,3	0,1	–	–	40,08
1982	–	–	–	96,3	3,1	–	0,3	0,3	–	–	–	40,04
1983	–	–	–	98,8	1,1	–	0,0	0,1	–	–	–	40,01
1984	1,1	–	–	98,9	–	–	0,0	0,0	–	–	–	39,98

1) Jeweils 1. Oktober.

Quelle: L. Clasen, Arbeitsbedingungen 1984, in: Bundesarbeitsblatt 3/1985, S. 9.

Bei diesen Ausgangspositionen war die tarifpolitische Konfrontation in der Arbeitszeitfrage vorprogrammiert. Auch wenn die vorhandene Arbeit nicht mehr zur Beschäftigung aller Arbeitnehmer ausreicht, würden die Arbeitgeber einer Umverteilung und Verkürzung der Arbeitszeit ihren konzentrierten Widerstand entgegensetzen.

Dennoch konnten die Gewerkschaften nach harten Arbeitskämpfen von bis zu zwölf Wochen Dauer in der Tarifrunde '84 kürzere Wochenarbeitszeiten durchsetzen. In der Eisen- und Stahlindustrie beträgt die regelmäßige wöchentliche Arbeitszeit seit dem 1. Oktober 1984 38 Stunden. In der Metallindustrie traten die geänderten tariflichen Regelungen über die Arbeitszeit am 1. April 1985 in Kraft; sie sehen folgendes vor:

- die tarifliche wöchentliche Arbeitszeit ohne Pausen beträgt 38,5 Stunden;
- durch Betriebsvereinbarung können für Teile des Betriebes, für Gruppen von Arbeitnehmern oder für einzelne Arbeitnehmer unterschiedliche wöchentliche Arbeitszeiten zwischen 37 und 40 Stunden als individuelle regelmäßige Arbeitszeit festgelegt werden, wobei im betrieblichen Durchschnitt 38,5 Stunden erreicht werden müssen;
- die individuelle regelmäßige Arbeitszeit kann gleichmäßig oder ungleichmäßig innerhalb eines Ausgleichszeitraums von zwei Monaten verteilt werden.

Der Tarifvertrag ermöglicht folglich unterschiedliche Formen der Arbeitszeitverkürzung. In der Automobilindustrie arbeitet die überwiegende Mehrheit der Arbeitnehmer jedoch 38,5 Stunden in der Woche; nur selten wird die Arbeitszeitverkürzung in zusätzlichen Freischichten durchgeführt.

6. ... und der Einfluß von Betriebsräten auf die Arbeitszeit

Als betriebliche Interessenvertretung hat der Betriebsrat die Aufgabe, über die Einhaltung von Arbeitnehmerschutzrechten – wozu auch das Arbeitszeitrecht zählt – zu wachen. Darüber hinaus wird ihm in Arbeitszeitfragen ein erzwingbares Mitbestimmungsrecht eingeräumt. Ohne seine Zustimmung können die in § 87 I BetrVG aufgeführten Maßnahmen (u. a. Kurz- und Mehrarbeit) nicht durchgeführt werden; kommt es hierüber zu keiner Einigung zwischen Unternehmensleitung und Betriebsrat, so kann die Einigungsstelle angerufen werden, deren Spruch dann die fehlende Einigung zwischen Arbeitgeber und Betriebsrat ersetzt.

Bei Ausübung dieser Mitbestimmungsrechte sind allerdings die gesetzlichen und tarifvertraglichen Normen zu berücksichtigen; sie gelten als die höherrangigen Regelungen, die auch durch Betriebsvereinbarungen nicht verdrängt werden können. Die tarifvertraglich festgelegten Arbeitszeiten gelten als zwingender Rahmen, den der Betriebsrat zu berücksichtigen hat. Dennoch verbleibt ihm ein nicht zu unterschätzender Handlungsspielraum in Arbeitszeitfragen.

Unbestritten ist, daß der Betriebsrat bei der *Verteilung der Arbeitszeit* mitbestimmen, d. h. den gesetzlich oder tarifvertraglich vorgegebenen Rahmen innerbetrieblich umsetzen und konkretisieren kann. So darf die Unternehmensleitung nicht einseitig festlegen, wann die gesetzlich oder tarifvertraglich fixierte Arbeitsverpflichtung zu erbringen ist. Im einzelnen stehen dem *Betriebsrat in Arbeitszeitfragen* die folgenden *Mitbestimmungsrechte* zu:

- bei der Festlegung von Beginn und Ende der Arbeitszeit
- bei der Verteilung der Arbeitszeit auf die einzelnen Arbeitstage (z. B. Entscheidung über die 4- oder 5-Tage-Woche)
- bei der Einführung und dem Abbau von Schichtarbeit
- bei der Änderung des Schichtsystems
- bei der Einführung gleitender Arbeitszeit
- bei der vorübergehenden Verkürzung (Kurzarbeit) oder Verlängerung (Überstunden) der Arbeitszeit.

Über die Verteilung der Arbeitszeit hinaus steht dem Betriebsrat also auch ein Mitbestimmungsrecht über den *Umfang* von Kurzarbeit und Überstunden zu. Seine Einflußmöglichkeiten beziehen sich hierbei sowohl auf das zu variierende Arbeitszeitvolumen wie auch auf den Zeitpunkt, ab wann und von welchen Personen die zusätzliche oder geringere Arbeitsleistung zu erbringen ist. Zuvor können die Betriebsräte eine Klärung herbeiführen, ob und in welchem Umfang etwa Überstunden überhaupt erforderlich sind oder ob nicht zusätzliche Arbeitskräfte eingestellt werden können.

Ist ein Unternehmen nicht tarifgebunden, so greift – der neueren Rechtsprechung des Bundesarbeitsgerichts zufolge – dieses Mitbestimmungsrecht des Betriebsrats erst nach Ausschöpfung der 48-Stunden-Woche, da als regelmäßige Arbeitszeit nicht die tatsächliche Normalarbeitszeit, sondern die gesetzlich zulässige Höchstarbeitszeit nach der AZO gilt. Mit dem BAG-Beschluß vom 22. Februar 1983 wird dieses Mitbestimmungsrecht nochmals durchlöchert. Danach kann der Betriebsrat nicht mehr in jedem Fall verlangen, daß Überstunden bis zur betrieblichen Einigung unterbleiben. Vernachlässigt die Unternehmensleitung also das Mitbestimmungsrecht, ohne dabei grob fahrlässig zu handeln, so kann sie diesem Beschluß zufolge, ohne rechtliche Sanktionen befürchten zu müssen, *einseitig* Überstunden anordnen.

V. Kündigungsschutz

Die Sicherung und Erhaltung von Arbeitsplätzen ist für die Arbeitnehmerschaft und ihre Familien von existenzieller Bedeutung. Gerade in Zeiten hoher Arbeitslosigkeit sind soziale Schutzmaßnahmen, die auf die Bestandssicherung des Arbeitsverhältnisses abzielen, besonders notwendig. In der Hauptsache sind es die in Übersicht 8 genannten Gründe, die zur Beendigung eines Arbeitsverhältnisses führen können.

Kündigungen bilden also lediglich *eine*, wenn auch die von den materiellen und sozialen Auswirkungen her wohl gravierendste Form des Arbeitsplatzverlustes. Das Kündigungsschutzgesetz (KSchG) aus dem Jahre 1969 versucht das Prinzip der Kündigungsfreiheit auf Arbeitgeberseite einzuschränken, indem es vorschreibt, daß Kündigungen, die sozial ungerechtfertigt sind, keine Rechtswirksamkeit haben. Nun steht allerdings nicht jedes Arbeitsverhältnis unter diesem gesetzlichen Schutz; *Zeitverträge* z. B. enden automatisch nach ihrem Fristablauf, ohne daß überhaupt eine Kündigung ausgesprochen werden muß. Ebenso bieten *Aufhebungsverträge* der Arbeitgeberseite die Möglichkeit, Arbeitnehmer aus dem Betrieb zu verdrängen, ohne Kündigungsschutzvorschriften beachten zu müssen. Viele Arbeitnehmer verzichten damit „freiwillig" auf Schutzrechte, weil sie diese entweder nicht kennen oder aber die Höhe der in Aussicht gestellten Abfindung eine ‚einvernehmliche' Aufhebung des Arbeitsverhältnisses als das ‚kleinere Übel' im Vergleich zur Führung eines lange Zeit in Anspruch nehmenden Kündigungsschutzprozesses erscheinen läßt.

Aber auch in vielen Fällen, in denen das Kündigungsschutzgesetz Geltung hat, stellt sich die Frage, ob es seiner Zielsetzung, nämlich einen Bestandsschutz des Arbeitsverhältnisses zu gewährleisten, überhaupt gerecht werden kann.

1. Für wen gilt das Kündigungsschutzgesetz?

Einer Untersuchung des Max-Planck-Instituts für ausländisches und internationales Privatrecht (hierauf beziehen sich auch die folgenden Zahlenangaben) zufolge wurden im Jahre 1978 von den Unternehmen der privaten Wirtschaft, also ohne öffentlichen Dienst, rd. 1,2 Mio. Kündigungen ausgesprochen. Damit wurden die Arbeitsverhältnisse von 7,4 v. H. der sozialversicherungspflichtig Beschäftigten auf Veranlassung des Arbeitgebers gekündigt. Allein diese Größenordnungen machen deutlich, daß der derzeitige gesetzliche Kündigungsschutz mit Sicherheit eines nicht leisten kann, nämlich einen Schutz vor Kündigungen zu garantieren.

Übersicht 8:

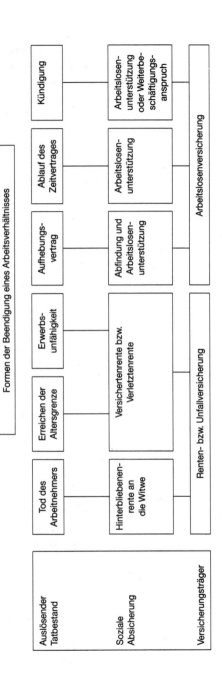

Um als Arbeitnehmer überhaupt unter den Geltungsbereich des KSchG zu fallen, dürfen u. a. die folgenden Bedingungen *nicht* erfüllt sein:

- Es handelt sich um ein von vornherein befristetes Arbeitsverhältnis, das durch Zeitablauf automatisch endet.
- Es besteht ein vereinbarter Auflösungsgrund – etwa Wiederherstellung der Arbeitsfähigkeit einer vertretenen kranken Arbeitskraft –, dessen Eintreten ebenfalls zu einer automatischen Beendigung des Arbeitsverhältnisses führt.
- Das Arbeitsverhältnis wurde in gegenseitigem Einvernehmen zwischen Arbeitgeber und Arbeitnehmer beendet.
- Die Kündigung wurde als Arbeitskampfmaßnahme des Arbeitgebers vorgenommen.
- Der Arbeitnehmer arbeitet in einem Betrieb mit fünf oder weniger Beschäftigten (ohne Auszubildende und ohne Teilzeitbeschäftigte, deren Arbeitszeit wöchentlich zehn Stunden oder monatlich 45 Stunden nicht übersteigt).
- Das Arbeitsverhältnis des Arbeitnehmers in demselben Betrieb/Unternehmen besteht zum Kündigungszeitpunkt weniger als sechs Monate.

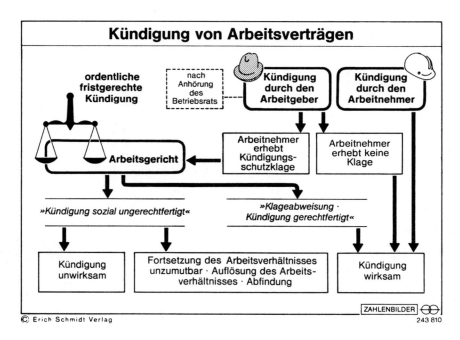

Liegt auch nur eine dieser Bedingungen vor, so greift das KSchG nicht mehr. Besonders negative Auswirkungen hat dies für den Bestandsschutz des Arbeitsverhältnisses von Beschäftigten in Kleinbetrieben; immerhin fast jede 5. Kündigung von Arbeitgeberseite betraf 1978 Beschäftigte in Betrieben mit bis zu fünf Arbeitnehmern. Mit dem Entwurf eines Beschäftigungsförderungsgesetzes vom Herbst 1984 will die Bundesregierung den Geltungsbereich dieses Gesetzes weiter eingrenzen. Danach sollen Teilzeitarbeitskräfte nicht mehr auf die Beschäftigtenzahl angerechnet werden. Zudem soll den Unternehmen der Abschluß von Zeitverträgen mit Arbeitslosen oder Ausbildungsabsolventen erleichtert werden, indem ein sachlicher Grund für den Abschluß dieser Arbeitsverträge nicht mehr erforderlich sein soll.

Über den allgemeinen Kündigungsschutz hinaus sehen Arbeitsförderungsgesetz (AFG) und KSchG einen *Massenentlassungsschutz* vor – allerdings nur für Betriebe mit mehr als 20 Arbeitnehmern. In den Fällen, in denen in

- Betrieben mit 21 bis 59 Arbeitnehmern

 mehr als 5 Arbeitnehmer

- Betrieben mit 60 bis 499 Arbeitnehmern

 10% oder mehr als 25 Arbeitnehmer

- Betrieben mit 500 und mehr Arbeitnehmern

 mindestens 30 Arbeitnehmer

innerhalb von 30 Kalendertagen entlassen werden sollen, muß der Arbeitgeber dem Arbeitsamt vorher Anzeige erstatten; solange dies nicht oder nur fehlerhaft geschehen ist, sind sämtliche anzeigepflichtigen Entlassungen unwirksam.

2. Welche Kündigungsgründe gibt es?

Ausgehend von der Überlegung, daß die Sicherung des Arbeitsplatzes für die materielle und soziale Existenz des Arbeitnehmers von zentraler Bedeutung ist, könnte man aus der Formulierung des § *1 I KSchG* „Die Kündigung des Arbeitsverhältnisses gegenüber einem Arbeitnehmer . . . ist rechtsunwirksam, wenn sie sozial ungerechtfertigt ist" schließen, daß arbeitgeberseitige Kündigungen in der Bundesrepublik kaum eine Rolle spielen und Sorgen um den Erhalt des Arbeitsplatzes nur in kritischen Situationen berechtigt zu sein scheinen. Eine solche erste Vermutung läßt sich allerdings nicht bestätigen. Möglicherweise sozial ungerechtfertigt sind laut Gesetz nämlich nur solche Kündigungen, deren Grund *nicht* in der Person oder dem Verhalten des Arbeitnehmers liegt. Grundsätzlich möglich sind demnach noch alle Kündigungen, die

- personen-
 oder
- verhaltensbedingte

Gründe geltend machen können.

Übersicht 9:

Wichtigste Regelungen des Entwurfs eines Beschäftigungsförderungsgesetzes 1985

Gegenstandsbereich	Ziel der Regierung	Gesetzes-Änderungen	Bisherige Rechtslage	Kritik der Opposition und Gewerkschaften
Befristete Arbeitsverträge	Verminderung des Einstellungsrisikos bzw. der potentiellen Entlassungskosten für Arbeitgeber, dadurch Anreiz zur Einstellung von Arbeitslosen statt Ausweichen in Konjunkturaufschwung statt Ausweichen in Überstunden	Befristete Arbeitsverträge bis zur Dauer eines Jahres können mit vorher Arbeitslosen sowie Ausbildungsabsolventen abgeschlossen werden. Bei Unternehmensneugründungen bis 20 Beschäftigten kann die Dauer dieser Verträge auf 2 Jahre verlängert werden (befristet bis 1991)	befristete Arbeitsverträge nur bei Vorliegen „sachlicher Gründe"	Keine zusätzliche Beschäftigung, weiterer Ersatz von Dauerarbeitsplätzen (Stammbelegschaften) durch vorübergehende Beschäftigungsverhältnisse mit geringen sozialen Schutzrechten (Randbelegschaften)
Leiharbeit	Arbeitgeber sollen vermehrt anstelle von Überstunden Leiharbeiter einstellen, Leiharbeiter sollen Chance auf Dauerarbeitsplatz erhalten	Die Höchstdauer der Überlassung eines Leiharbeitnehmers wird auf 6 Monate erweitert (befristet bis Dez. 1991)	Höchstdauer der Überlassung 3 Monate	Weitere Ausdehnung der Leiharbeit widerspricht verfassungsmäßigen Grundsätzen, schwächt Kampf gegen illegale Arbeitnehmerüberlassung und verschlechtert Vermittlungsmöglichkeiten der Bundesanstalt für Arbeit
Sozialpläne	Verminderung des Einstellungsrisikos bzw. der potentiellen Entlassungskosten für Arbeitgeber, dadurch Anreiz zur raschen Einstellung von Arbeitnehmern im Konjunkturaufschwung	Die bei Nichteinigung über einen Sozialplan angerufenen Einigungsstellen erhalten Richtlinien für Ausgestaltung des Sozialplans. Abfindungsleistungen sollen stärker von tatsächlicher Lage der Entlassenen und von Bereitschaft zur Annahme zumutbarer Arbeit abhängig werden. Neugegründete Unternehmen können innerhalb der ersten 4 Jahre nicht zu Sozialplänen gezwungen werden.	Bisher weitgehendes Interpretationsrecht allgemeiner Gesetzesbegriffe („soziale Belange, wirtschaftliche Vertretbarkeit") durch Einigungsstellen und eher pauschale Regelungen	Verstärkte Verschiebung der Lasten von Betriebsänderungen auf Arbeitnehmer, Schwächung der Betriebsräte und Erleichterung von Entlassungen sind abzulehnen.

Lohnfortzahlung bei Krankheit	Beseitigung von Einstellungshemmnissen für bestimmte Gruppen in Kleinbetrieben	Die Ausgaben für Lohnfortzahlungen werden von Arbeitgebern mit bis zu 20 Beschäftigten über eine Umlage finanziert. Bei Berechnung der Beschäftigtenzahl sollen Teilzeitbeschäftigte nur noch eingeschränkt und Schwerbehinderte nicht mehr berücksichtigt werden. Fortzahlung der Ausbildungsvergütung wird in das Umlageverfahren einbezogen. Krankenkassen können Umlageverfahren auf Betriebe bis 30 Beschäftigte erweitern und Mutterschaftsgeld in die Umlage einbeziehen.	Teilzeitbeschäftigte und Schwerbehinderte werden voll gezählt. Fortzahlung der Ausbildungsvergütung wird auch in Kleinbetrieben durch Einzelbetrieb getragen. Aufstockung des Mutterschaftsgeldes wird durch Einzelbetriebe getragen.	Keine Einwände
Teilzeitarbeit	Durch rechtliche Ausgestaltung des Teilzeitarbeitsverhältnisses Ausweitung des Umfangs der Teilzeitarbeit	Verbot der ungleichen Behandlung von Teilzeitbeschäftigten außer bei Vorliegen „sachlicher Gründe". Pflicht zur Information des Teilzeitbeschäftigten über frei werdende andere Arbeitsplätze. Bei variablen Arbeitszeiten Mitteilung mindestens 4 Tage im voraus. Bei Job-sharing faktisch weitgehende Vertretungspflicht; keine Kündigung bei Ausfall eines Partners. Tarifvertragliche Regelungen haben Vorrang vor gesetzlichen Bestimmungen.	keine besondere gesetzliche Regelung	Gesetz führt zur Vernichtung heute noch vorhandener Vollzeitarbeitsplätze und macht bestimmte Arbeitszeitmodelle wie „Job-sharing" und „Arbeit auf Abruf" erst salonfähig.
Ausbildungsstellenvermittlung	Bereitstellung zusätzlicher Ausbildungsplätze	Die Bundesanstalt für Arbeit kann anderen Personen oder Institutionen Aufträge zur unentgeltlichen Vermittlung in berufliche Ausbildungsstellen und zur Gewinnung zusätzl. Ausbildungsplätze erteilen (befristet bis 1991)	Ausschließliches Recht der Bundesanstalt auf Vermittlung in Ausbildungsstellen (Vermittlungsmonopol)	Umfassende Information und Beratung durch die öffentliche Beratungs- und Vermittlungstätigkeit der Bundesanstalt gewährleistet. Gefahr der Verbreitung von „Partikularismus und Beziehungswirtschaft".

© Arbeitsmarktchronik 18/1984 – Wissenschaftszentrum Berlin

Gesetzlich zugelassene Kündigungsgründe

Betriebsbedingte Gründe

z.B.:
- Absatzschwierigkeiten
- Rationalisierungs-/Mechanisierungsmaßnahmen
- Änderung des Produktionsverfahrens
- Rohstoff- oder Energiemangel
- Betriebseinschränkungen

usw.

Personenbedingte Gründe

z.B.:
- fehlende Eignung des Arbeitnehmers
- mangelhafte oder abnehmende Leistungsfähigkeit
- häufige oder langandauernde Krankheit
- Alkoholabhängigkeit

usw.

Verhaltensbedingte Gründe

z.B.:
- unterlassene oder unberechtigte Krankmeldung
- Schwarzfahrten mit Firmenfahrzeugen
- unentschuldigtes Zuspätkommen zur Arbeit
- Beleidigung des Arbeitgebers

usw.

■ = Überschneidungsbereiche

In der Kündigungspraxis dominieren jene Gründe, die auf die Person oder das Verhalten des Arbeitnehmers zurückgeführt werden; immerhin ⅔ der arbeitgeberseitigen Kündigungen berufen sich auf diese Gründe. Als häufigste Begründung werden angeführt:

- Leistungs- und Eignungsminderung 65,2%
- Unentschuldigtes Fernbleiben von der Arbeit 34,8%
- Krankheit 30,4%

Nicht selten werden für eine Kündigung mehrere Gründe angeführt; dies vor allem deshalb, um das Nachschieben von Kündigungsgründen im Kündigungsschutzprozeß zu vermeiden.

Die obigen Daten lassen allerdings noch keinen Rückschluß auf das tatsächliche Fehlverhalten der betroffenen Arbeitnehmer zu, denn häufig verbergen sich hinter personen- oder verhaltensbedingten Kündigungen personalpolitische ‚Ausdünnungsstrategien'. Nicht von ungefähr hat denn auch jeder zweite betroffene Arbeitnehmer den Eindruck, daß die offiziell geäußerten Gründe nicht allein ausschlaggebend waren für die Kündigung.

Die breitgefächerte Begründungspalette für arbeitgeberseitige Kündigungen versagt einen Schutz vor Verlust des Arbeitsplatzes nicht nur in den Fällen, in denen die Person oder das Verhalten des Arbeitnehmers einer Weiterbeschäftigung entgegensteht, sondern auch dann, wenn die Ursache für den Wegfall eines Arbeitsplatzes im Verantwortungsbereich der Geschäftsleitungen zu suchen ist. Der gesetzliche Kündigungsschutz ist in Zeiten guter Konjunktur und geringer Arbeitsmarktprobleme entstanden und erscheint daher eher nur für solche wirtschaftlichen ‚Gutwetterlagen' geeignet. Einzelbetriebliche, hauptsächlich an (Personal-)Kostensenkung orientierte ökonomische Ziele und sozialpolitische Erfordernisse klaffen daher z. Z. besonders weit auseinander.

Nun muß allerdings nicht jede Kündigung eine Entlassung des Arbeitnehmers zur Folge haben. Eine besondere Form bildet die sogenannte *Änderungskündigung*; zwar handelt es sich auch hierbei nach wie vor um eine Kündigung, doch wird von Arbeitgeber-Seite gleichzeitig das Angebot gemacht, das Arbeitsverhältnis zu geänderten Bedingungen fortzuführen. Lehnt der Arbeitnehmer allerdings das Angebot ab, so endet sein Arbeitsverhältnis mit Ablauf der Kündigungsfrist. Die Bedeutung dieser auf die Änderung des Vertragsinhalts und der Arbeitsbedingungen abzielenden Kündigungsform weist eine steigende Tendenz auf; z. Z. erfolgt etwa jede 10. Kündigung in Form einer Änderungskündigung.

3. Die Kündigungspraxis – welche Arbeitnehmer werden zuerst entlassen?

Die Kündigungspraxis der Unternehmen weist deutliche Unterschiede bezüglich einzelner Arbeitnehmergruppen auf; besonders stark von Kündigungen betroffen sind u. a.:

- Arbeiter, auf die ¾ aller Kündigungen entfallen. Hierbei wird Facharbeitern meist aus betriebsbedingten, an- und ungelernten Arbeitern hingegen eher aus personen- oder verhaltensbedingten Gründen gekündigt.
- Frauen, auf die über ⅔ aller Kündigungen entfallen.
- Ausländer, deren Anteil an den Gekündigten 2,5mal höher liegt, als ihr Anteil an den Beschäftigten beträgt.
- Schwerbehinderte, obwohl gerade sie zu jenen Arbeitnehmern mit besonderem Kündigungsschutz zählen.
- Arbeitnehmer in kleineren Betrieben, da diese nicht oder nur unzureichend vom Kündigungsschutz erfaßt sind.

Deutlich weniger betroffen sind hingegen Angestellte, ältere Arbeitnehmer sowie Beschäftigte in Großbetrieben. Diese unterschiedliche Verteilung der Kündigungen macht deutlich, daß im allgemeinen sozial schwächere Arbeitnehmergruppen sehr viel stärker von Entlassung bedroht sind.

Da der gesetzliche Kündigungsschutz somit kaum dazu geeignet ist, die Herausbildung von ‚Problemgruppen' auf dem Arbeitsmarkt zu verhindern, ist er auch kein geeignetes Instrument gegen jene personalpolitischen Strategien in vielen Unternehmen, die auf die Bildung „olympiareifer Mannschaften" in den Betrieben abzielen. Nach wie vor werden diejenigen Arbeitskräfte zuerst entlassen, auf die aus betriebsökonomischen Gründen am ehesten verzichtet werden kann und deren „Wiederbeschaffung" über den Arbeitsmarkt keine größeren Probleme aufwirft.

Daß das geltende Kündigungsschutzrecht personalpolitische Arbeitgeber-Entscheidungen kaum beeinflußt, belegt auch eine Unternehmensbefragung des Max-Planck-Instituts. Auf die Frage: „Haben Sie dann, wenn Ihnen die Beendigung von Arbeitsverhältnissen unumgänglich erschien, bisher immer oder regelmäßig Wege gefunden, diese Absicht zu verwirklichen?" verteilten sich die Antworten wie folgt:

Tabelle 7:
Verhalten des Arbeitgebers bei beabsichtigter Beendigung von Arbeitsverhältnissen

Verwirklichen der Beendigungsabsicht	%
Ja, immer	28,0
Eine derartige Situation ist bisher nicht entstanden	26,0
Ja, meistens	20,1
Ja, mit ganz seltenen Ausnahmen	10,9
Nein, ich war durch das geltende KSchR gehindert	7,0
Nein, wegen menschlicher oder sozialer Verantwortung gegenüber dem Arbeitnehmer	3,9
Nein, wegen des KSchR und wegen der Verantwortung gegenüber dem Arbeitnehmer	3,9
Nein, ich war durch die Rücksichtnahme auf das Betriebsklima gehindert	0,2

Quelle: J. Falke u. a., Kündigungspraxis und Kündigungsschutz in der Bundesrepublik Deutschland, Bonn 1981, Bd. I, S. 157.

Nur äußerst selten hinderte das Kündigungsschutzrecht also die Arbeitgeber-Seite, das Arbeitsverhältnis mit einem Arbeitnehmer zu beenden. Bei gut 60% der befragten Unternehmen spielten rechtliche und soziale Aspekte bei Kündigungen nicht die zu erwartende Rolle.

4. Wie steht es mit der Berücksichtigung sozialer Gesichtspunkte?

Wird eine Kündigung aus *personen- oder verhaltensbedingten Gründen* ausgesprochen, so wird die Verursachung hierfür beim jeweils betroffenen Arbeitnehmer vermutet. Neben der Frage, ob die vom Arbeitgeber angeführten Gründe eine Kündigung rechtfertigen, sind zusätzliche soziale Aspekte *nicht* zu berücksichtigen. Anders hingegen bei Kündigungen, die aus *betriebsbedingten Gründen* ausgesprochen werden; hier kann dem Arbeitnehmer keine in seiner Person oder in seinem Verhalten liegende Arbeitsvertragsverletzung zugeschrieben werden. Bei *betriebsbedingten Kündigungen* sieht das KSchG daher die Berücksichtigung und Abwägung einer Reihe *sozialer* Aspekte vor, die in der Praxis dazu führen, daß unter vergleichbaren Arbeitskräften diejenigen ‚herausgefiltert' werden, die am wenigsten schutzbedürftig sind.

An erster Stelle sollen diejenigen Arbeitnehmer entlassen werden, die vom Verlust des Arbeitsplatzes weniger hart betroffen sind. Bei der Auswahl sollen nicht so sehr betriebliche Interessen im Vordergrund stehen – diese kommen ja schon in der betriebsbedingten Kündigung selbst zum Ausdruck –, sondern die sozialen Folgen

Übersicht 10: Sozialauswahlverfahren bei betriebsbedingten Kündigungen

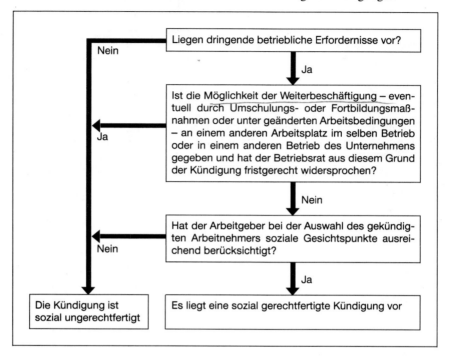

für die Betroffenen, allerdings mit einer Ausnahme, nämlich: „wenn betriebstechnische, wirtschaftliche oder sonstige berechtigte betriebliche Bedürfnisse die Weiterbeschäftigung eines oder mehrerer bestimmter Arbeitnehmer bedingen und damit der Auswahl nach sozialen Gesichtspunkten entgegenstehen" (§ 1 III S. 2 KSchG).

Selbst bei der sozialen Auswahl gemäß KSchG können damit noch Arbeitgeber-Interessen die Oberhand gewinnen. Schließlich – und dies relativiert das gesamte Sozialauswahlverfahren doch erheblich – trägt der gekündigte Arbeitnehmer die Beweislast für die Tatsachen, die die Kündigung wegen nicht ausreichender sozialer Auswahl als sozial ungerechtfertigt erscheinen lassen.

Im Auswahlverfahren selbst sollen sowohl die persönlichen Verhältnisse wie auch die sonstigen Lebensumstände der für die betriebsbedingte Kündigung in Betracht gezogenen Arbeitnehmer berücksichtigt werden. Das Gesetz selbst zeigt keine konkreten Anhaltspunkte auf, so daß die Prüfkriterien weitgehend von der Rechtsprechung aufgestellt werden. Das Landesarbeitsgericht Hamm z. B. schematisierte die Auswahlkriterien bis vor drei Jahren wie folgt:

Tabelle 8: Sozialauswahlkriterien des Landesarbeitsgerichts Hamm

Anknüpfungspunkt	Lebensumstände	Punktwert
1. Lebensalter	bis 20 Jahre	0
	bis 30 Jahre	1
	bis 40 Jahre	2
	bis 50 Jahre	3
	über 50 Jahre	5
2. Betriebszugehörigkeit	für jedes Jahr	4
3. Kinderzahl	für jedes Kind	5
4. Schwerbehinderte		10
5. Doppelverdiener		10./.

Ein derart normiertes Verfahren ist jedoch äußerst problematisch; hier finden Wertvorstellungen Eingang in die Rechtsprechung, die der sozialen Situation der Betroffenen kaum gerecht werden. Insbesondere verheiratete Frauen, die selbst bei niedrigem Einkommen des Ehemannes als Doppelverdiener diskriminiert werden, fallen durch die richterliche Entscheidung der sozialen Auslese zum Opfer.

1982 hat das BAG festgelegt, daß die gerichtliche Überprüfung der sozialen Auswahl bei einer betriebsbedingten Kündigung nicht aufgrund einer vom Arbeitsgericht selbst entwickelten Tabelle erfolgen darf. Die Dauer der Betriebszugehörigkeit, das Lebensalter etc. dürfen danach nicht mehr nach einem Punktsystem, sondern nur noch individuell bewertet werden.

5. Für wen gelten welche Kündigungsfristen?

Soll ein Arbeitnehmer entlassen werden, so müssen gesetzliche Kündigungsfristen beachtet werden. Sie beabsichtigen eine zeitliche Streckung bis zur Beendigung des Arbeitsverhältnisses, also die Verwirklichung eines Minimums an Bestandsschutz, nicht jedoch die Verhinderung der Entlassung. Wird eine Kündigung fristgerecht ausgesprochen, so endet das Arbeitsverhältnis erst nach Ablauf dieser Schutzfrist. Wird die zeitliche Befristung vom Arbeitgeber allerdings nicht eingehalten, so kann er das Arbeitsverhältnis erst zum jeweils nächstmöglichen Termin lösen. Einzelvertraglich können die gesetzlichen Kündigungsfristen beliebig *verlängert*, meist jedoch nur durch Tarifvertrag *verkürzt* werden.

Nach wie vor unterscheiden sich die gesetzlichen Kündigungsfristen je nach dem sozialen Status der Arbeitnehmer. Für Arbeiter gelten prinzipiell kürzere Fristen

Übersicht 11: Gesetzliche Kündigungsfristen für Arbeiter und Angestellte

Arbeitnehmergruppe	Kündigungsfrist	Zusatzbedingung[1])
Arbeiter		
• allgemein	2 Wochen zu jedem Termin	–
• für langjährig Erwerbstätige	1 Monat zum Monatsende	5 Jahre Betriebszugehörigkeit
	2 Monate zum Monatsende	8 Jahre Betriebszugehörigkeit
	3 Monate zum Quartalsende	20 Jahre Betriebszugehörigkeit
Angestellte		
• allgemein	6 Wochen zum Quartalsende	–
• für langjährig Erwerbstätige	3 Monate zum Quartalsende	5 Jahre Betriebszugehörigkeit
	4 Monate zum Quartalsende	8 Jahre Betriebszugehörigkeit
	5 Monate zum Quartalsende	10 Jahre Betriebszugehörigkeit
	6 Monate zum Quartalsende	12 Jahre Betriebszugehörigkeit

1) Die Betriebszugehörigkeitsdauer wird bei Arbeitern frühestens mit dem vollendeten 35. Lebensjahr, bei Angestellten frühestens mit dem vollendeten 25. Lebensjahr angerechnet.

als für Angestellte. Arbeiter werden vom Gesetzgeber als weniger schutzbedürftig betrachtet; ihre jahrhundertealte Schlechterstellung findet auch heute noch ihren gesetzlichen Niederschlag.

Bei Arbeitern erlischt der Beschäftigungsanspruch im allgemeinen bereits zwei Wochen nach Zugang der Kündigung; Angestellte können hingegen nur zum Quartalsende und mit einer 6wöchigen Frist gekündigt werden. Zwar verlängern sich diese Fristen für beide Arbeitnehmergruppen mit der Dauer ihrer individuellen Betriebszugehörigkeit, an der Diskriminierung der Arbeiter ändert sich dadurch jedoch nichts. Darüber hinaus wird ihre Betriebszugehörigkeitsdauer erst ab dem 35. Lebensjahr berücksichtigt (§ 622 Abs. 2 BGB) – bei Angestellten hingegen ab dem 25. Lebensjahr (§ 2 AngKSchG). Dies bedeutet, daß ein Arbeiter frühestens ab dem 55. Lebensjahr (= 20 Jahre Betriebszugehörigkeit) einen fristmäßigen Kündigungsschutz erreichen kann, der dem Angestellten bereits mit dem 30. Lebensjahr (= 5 Jahre Betriebszugehörigkeit) zusteht.

Liegen schwerwiegende Kündigungsgründe vor, so versagen selbst diese gesetzlichen Fristen; in diesen Fällen endet das Arbeitsverhältnis sofort, der Arbeitnehmer kann also fristlos entlassen werden. Als *wichtiger Grund* für derartige Kündigungen gelten u. a.:

- Entzug des Führerscheins eines Berufsfahrers
- Annahme von Schmiergeldern
- Teilnahme an spontanen Streiks
- grobe Beleidigungen
- störende parteipolitische Betätigung im Betrieb
- unzumutbare eigenmächtige Überschreitung des Urlaubs

Eine *außerordentliche Kündigung* ist allerdings nur bei Vorliegen personen- oder verhaltensbedingter Gründe und *nicht* aus betriebsbedingten Gründen zulässig. Bevor es zu einer fristlosen Kündigung kommen kann, muß der Arbeitnehmer in der Regel verwarnt oder abgemahnt worden sein.

	Ordentliche Kündigung	Außerordentliche Kündigung
Kündigungsfristen	gesetzliche	keine
Kündigungsgründe	personen-, verhaltens- oder betriebsbedingter Art	personen- oder verhaltensbedingter Art

Übersicht 12: Kündigungsfristen für besonders schutzbedürftige Personengruppen

Personengruppe	Kündigungsart	Kündigungsfrist	Zusatzbedingung/ Ausnahmeregelungen
1. Schwerbehinderte mit einer Erwerbsminderung von über 50% sowie ihnen Gleichgestellte	ordentlich	4 Wochen	vorherige Zustimmung der Hauptfürsorgestelle
	außerordentlich	–	Zustimmungspflicht der Hauptfürsorgestelle
2. Schwangere	ordentlich	Kündigungsverbot während der Schwangerschaft und des Mutterschaftsurlaubs	Ausnahmen sind möglich bei Zustimmung der Gewerbeaufsicht
	außerordentlich	Kündigungsverbot	Ausnahmen sind möglich bei Zustimmung der Gewerbeaufsicht
3. Mitglieder des Betriebsrats und der Jugendvertretung	ordentlich	Kündigungsverbot während der Amtszeit sowie ein Jahr danach	–
	außerordentlich	–	Zustimmungspflicht des Betriebsratsgremiums
4. Wehr- und Zivildienstleistende	ordentlich	Kündigungsverbot während der Dienst- und Übungszeiten	–
	außerordentlich	–	–
5. Auszubildende	ordentlich	Kündigungsverbot nach Beendigung der Probezeit	–
	außerordentlich	–	–

In der Praxis überwiegen die ordentlichen Kündigungen, obwohl immerhin jede 5. Unternehmenskündigung fristlos erfolgt.

Für einzelne *Arbeitnehmergruppen, die als besonders schutzbedürftig gelten*, existiert ein erweiterter Kündigungsschutz derart, daß z. B.

- längere Kündigungsfristen gelten oder die ordentliche Kündigung gänzlich ausgeschlossen wird;
- die Wirksamkeit von Kündigungen an die vorherige Zustimmung staatlicher Instanzen gebunden wird oder
- die außerordentliche Kündigung erheblich erschwert ist.

Ergänzt und erweitert wird der gesetzliche Kündigungsschutz durch eine Vielzahl tarifvertraglicher Regelungen. In der Mehrzahl zielen sie auf eine Verbesserung des Bestandsschutzes von Arbeitsverhältnissen ab, doch existieren auch noch Manteltarifverträge, die die gesetzlichen Normen unterschreiten, wie z. B. im Baugewerbe.

Von den die Arbeitnehmer begünstigenden tariflichen Regelungen werden in der Hauptsache *Arbeiter* erfaßt; eine Angleichung des Kündigungsschutzes an den der Angestellten soll hergestellt werden. Darüber hinaus streben die Gewerkschaften eine allgemeine Erweiterung des Kündigungsschutzes für ältere Arbeitnehmer an. Bereits existierende derartige Regelungen orientieren sich dabei zumeist am Lebensalter und der Betriebszugehörigkeitsdauer. Ziel ist ein Schutz der älteren Arbeitnehmer vor ordentlichen Kündigungen, so daß der tarifliche Schutz Kündigungen nur noch bei Vorliegen schwerwiegender Gründe zuläßt.

Die unterschiedlichen, durch Tarifvertrag erweiterten Schutzregelungen verteilen sich wie folgt auf einzelne Wirtschaftsbereiche (s. Tab. 9 auf S. 86).

6. Welchen Einfluß hat der Betriebsrat auf Kündigungen?

Als weitere Maßnahme zur Sicherung des Arbeitsverhältnisses des abhängig Beschäftigten hat der Gesetzgeber im BetrVG vorgesehen, daß die betriebliche Interessenvertretung der Arbeitnehmer in das Ablaufverfahren von Kündigungen eingeschaltet wird.

> „Der Betriebsrat ist vor jeder Kündigung zu hören. Der Arbeitgeber hat ihm die Gründe für die Kündigung mitzuteilen. Eine ohne Anhörung des Betriebsrats ausgesprochene Kündigung ist unwirksam." (§ 102 I BetrVG)

Vor jeder – ordentlichen wie außerordentlichen – Kündigung ist also der Betriebsrat zu hören und sind ihm die Gründe für die Kündigung mitzuteilen; ohne

Tabelle 9: Tarifvertragliche Kündigungsschutzregelungen nach Wirtschaftsbereichen 1978 in vH

Wirtschaftssektor	Kündigung bedarf der Schriftform	Kündigung muß unter Angabe von Gründen erfolgen	Ausschluß der ordentlichen Kündbarkeit für bestimmte AN-Gruppen	Verdienstsicherung für ältere Arbeitnehmer	Rationalisierungsschutzregelungen
Industrie	50,4	19,4	62,0	47,9	24,8
Handel	53,2	21,0	46,9	35,1	6,7
Handwerk	45,7	17,0	37,1	27,8	5,3
Dienstleistung	41,6	9,7	47,4	17,5	11,3
Insgesamt	49,3	16,5	51,9	38,0	17,9

Quelle: J. Falke u. a., Kündigungspraxis und Kündigungsschutz in der Bundesrepublik Deutschland, Bonn 1981, Band II, S. 954.

eine solche Anhörung ist die Kündigung unwirksam. Zumindest kurzfristig kann somit aufgrund einer eventuellen Verletzung formaler Erfordernisse seitens des Arbeitgebers eine Kündigung wirksam hinausgezögert, nicht jedoch verhindert werden. Dies hat also nichts mit einer tatsächlichen Einflußnahme des Betriebsrats zu tun. Einfluß nehmen würde nämlich bedeuten, daß dem Betriebsrat zumindest die Möglichkeit gegeben wird, einer Kündigung wirksam zu widersprechen.

Dies ist aber nur in sehr engen, vom BetrVG fest vorgeschriebenen Grenzen und nur bei ordentlichen Kündigungen aus den folgenden Gründen möglich:

1. wenn der Arbeitgeber bei der Auswahl der zu kündigenden Arbeitnehmer soziale Gesichtspunkte nicht oder nicht ausreichend berücksichtigt hat, oder

2. die Kündigung gegen bestehende personelle Auswahlrichtlinien bei Einstellungen, Versetzungen, Umgruppierungen und Kündigungen verstößt, oder

3. der zu kündigende Arbeitnehmer an einem anderen Arbeitsplatz – u. U. auch nach zumutbaren Umschulungs- oder Fortbildungsmaßnahmen – weiterbeschäftigt werden kann, oder

4. eine Weiterbeschäftigung unter geänderten Arbeitsbedingungen möglich ist und der Arbeitnehmer damit einverstanden ist.

Aber auch wenn der Betriebsrat aus diesen Gründen widersprochen hat, kann damit der Ausspruch einer arbeitgeberseitigen Kündigung nicht verhindert werden. Die tatsächlichen Einflußmöglichkeiten des Betriebsrats sind folglich sehr gering:

- die vom Gesetz anerkannten Widerspruchsgründe sind eng gefaßt;
- trotz erfolgter Anhörung und trotz Widerspruchs des Betriebsrats kann der Arbeitgeber kündigen;
- nur bei etwa jeder 3. bis 4. Kündigung, der der Betriebsrat widersprochen hat, sind die Arbeitgeber zur Rücknahme der Kündigung bereit;
- schließlich erfolgen ⅔ aller Kündigungen in Betrieben ohne Betriebsrat.

Doch selbst dort, wo ein Betriebsrat existiert, werden von ihm in relativ geringem Maße die Interessen der zu kündigenden Arbeitnehmer wahrgenommen und aktiv vertreten. So hat das Max-Planck-Institut folgendes Verhalten von Betriebsräten gegenüber Arbeitgeber-Kündigungen festgestellt:

- 66 v. H. der Betriebsräte stimmen der arbeitgeberseitigen Kündigung ausdrücklich zu;
- 20 v. H. ‚reagieren' schweigend, was als Zustimmung gilt;
- 6 v. H. äußern Bedenken und nur
- 8 v. H. erheben Widerspruch.

Nicht nur, daß damit in 86 v. H. der Fälle der Betriebsrat ausdrücklich oder stillschweigend einer Kündigung von Arbeitnehmern zustimmt; in vielen Fällen ist es auch noch so, daß der Betriebsrat(-svorsitzende) das Kündigungsschreiben des Arbeitgebers mit unterzeichnet. In der Betriebsöffentlichkeit entsteht somit der Eindruck, daß Kündigungen von Geschäftsleitung *und* Betriebsrat ausgesprochen werden.

Die Einbeziehung der betrieblichen Interessenvertretung in das Ablaufverfahren bei Kündigungen birgt per saldo in seiner derzeitigen Ausgestaltung mehr Probleme als tatsächliche Einflußmöglichkeiten. Eine Beteiligung des Betriebsrats am Sozialauswahlverfahren – statt Arbeitnehmer A soll aus ‚sozialen Gründen' nach Auffassung des Betriebsrats Arbeitnehmer B entlassen werden – drängt ihn stets in die Rolle eines ‚Mittäters'.

7. Gibt es einen Anspruch auf Weiterbeschäftigung für die Dauer des Kündigungsschutzprozesses?

Die Frage, ob der geltende Kündigungsschutz eine arbeitsplatzsichernde Funktion haben kann, zeigt sich letztlich daran, ob der gekündigte Arbeitnehmer bis zur endgültigen rechtlichen Klärung einen Anspruch auf Weiterbeschäftigung an seinem bisherigen Arbeitsplatz hat oder nicht. Verliert er nämlich seinen Arbeitsplatz schon vor der endgültigen gerichtlichen Entscheidung, so ist die Chance einer Rückkehr nach gewonnenem Rechtsstreit in den Betrieb und erst recht auf den alten Arbeitsplatz äußerst gering. Zum einen wird auf dem alten Arbeitsplatz, soweit er nicht wegfällt, weitergearbeitet und zum anderen wird sich der gekündigte Arbeitnehmer für die Dauer des Kündigungsschutzprozesses eine neue Arbeitsstelle suchen müssen, um materiell überleben zu können. Dies führt mit der Zeit zu einer stärkeren ‚Entfernung' vom alten Arbeitsplatz.

Ein gesetzlicher Weiterbeschäftigungsanspruch besteht nur in Betrieben mit einem Betriebsrat, und zwar auch dann nur unter den folgenden Bedingungen:

- der Betriebsrat hat der ordentlichen Kündigung aus einem der unter Punkt 6. genannten Gründe frist- und ordnungsgemäß widersprochen *und*
- der Arbeitnehmer hat vor dem Arbeitsgericht Feststellungsklage dahingehend erhoben, daß das Arbeitsverhältnis durch die Kündigung nicht aufgelöst ist, *und*
- der Arbeitnehmer vom Arbeitgeber die Weiterbeschäftigung verlangt.

Nur wenn alle drei Voraussetzungen erfüllt sind, hat der gekündigte Arbeitnehmer einen Weiterbeschäftigungsanspruch bei unveränderten Arbeitsbedingungen bis zum rechtskräftigen Abschluß des Rechtsstreits.

Aber selbst in diesen Fällen kann sich der Arbeitgeber noch durch eine einstweilige Verfügung des Gerichts von der Verpflichtung zur Weiterbeschäftigung des

Übersicht 13:

Unternehmenskündigungen und Weiterbeschäftigungsanspruch 1978 in der privaten Wirtschaft

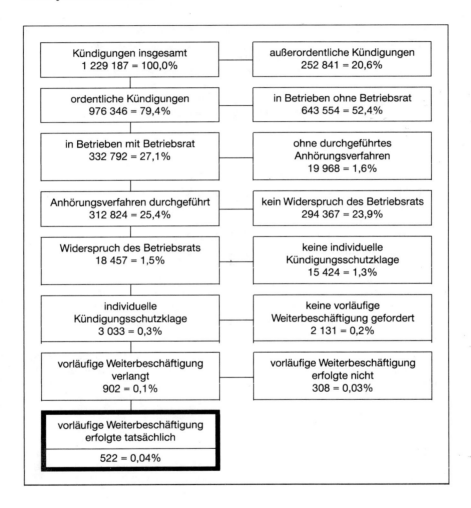

Quelle: J. Falke u. a., a. a. O.

Arbeitnehmers entbinden lassen. Aufgrund dieser gesetzlichen Hürden besteht also so gut wie keine Aussicht für einen gekündigten Arbeitnehmer, während des laufenden Kündigungsschutzprozesses auch tatsächlich weiterbeschäftigt zu werden: Auf 10 000 insgesamt gekündigte Arbeitnehmer entfielen 1978 gerade vier (!) Arbeitnehmer, die tatsächlich auch einen Weiterbeschäftigungsanspruch realisieren konnten. Von einem Bestandsschutz des Arbeitsverhältnisses kann angesichts dieser Relation keine Rede sein. Ob die Entscheidung des BAG von Anfang 1985, die es dem Arbeitgeber nach in 1. Instanz verlorenem Kündigungsschutzprozeß erschwert, den Arbeitnehmer nicht weiter zu beschäftigen, sich in der Praxis als wirksam erweist, wird sich in Zukunft erst noch zeigen müssen. Von den im Jahre 1978 gekündigten 1,2 Mio. Arbeitnehmern reichten nämlich nur 0,3% eine Kündigungsschutzklage ein; die BAG-Entscheidung hat damit nur für diesen sehr kleinen Teil der gekündigten Arbeitnehmer positive Auswirkungen.

8. Wie verlaufen Kündigungsschutzprozesse und wie erfolgreich sind Kündigungsschutzklagen?

Will sich ein Arbeitnehmer rechtlich gegen eine Kündigung zur Wehr setzen, so muß er vor dem Arbeitsgericht Klage erheben mit dem Begehren, festzustellen, daß das Arbeitsverhältnis durch die Kündigung nicht aufgelöst ist. Diese Kündigungsschutzklage muß er spätestens drei Wochen nach Zugang der Kündigung erheben – ansonsten ist die Kündigung auf jeden Fall wirksam. Auch wenn der Betriebsrat der Kündigung berechtigt widersprochen hat, kann nicht etwa die Interessenvertretung, sondern muß der *einzelne Arbeitnehmer* als Kläger vor Gericht auftreten; dies gilt selbst in den Fällen, in denen *bei Massenentlassungen* gegen gesetzliche Vorschriften verstoßen wurde.

Pro Jahr werden bei den Arbeitsgerichten ca. 100 000 Kündigungssachen erledigt, davon 22,2% durch Klagerücknahme. Bevor es zu einem Urteilsverfahren kommt, findet ein sogenannter *Gütetermin* zwischen den beteiligten Parteien, also zwischen Arbeitnehmer und Arbeitgeber, vor dem vorsitzenden Arbeitsrichter statt. In diesen Güteterminen wurden nach Stichproben des Max-Planck-Instituts weitere 17,7% der anhängigen Kündigungsschutz-Sachen des Jahres 1978 durch einen Vergleich zwischen den Parteien erledigt, so daß es erst gar nicht zu einem Urteilsverfahren kam. Selbst im daran anschließenden Kammertermin wurden noch 39,7% der Kündigungssachen durch einen Vergleich erledigt, obwohl die vom Max-Planck-Institut befragten Arbeitsrichter in 40% der Fälle zum Zeitpunkt des Vergleichs die Kündigung schon als unwirksam einstuften.

Lediglich 20,2% der Fälle wurden 1978 durch streitiges Urteil erledigt. Kommt das Gericht in diesen Fällen zu dem Ergebnis, daß die Kündigung unwirksam ist, das Arbeitsverhältnis also weiterbesteht, so muß der Arbeitnehmer grundsätzlich wieder/weiter- beschäftigt werden. Ist dies allerdings für den Arbeitgeber unzumutbar, so kann er bei Gericht den Antrag stellen, das Arbeitsverhältnis gegen Zahlung einer Abfindung aufzulösen. Das Gericht hat diesem Antrag stattzugeben und eine nach Lebensalter und Betriebszugehörigkeit gestaffelte Abfindung festzulegen. Also selbst in den Fällen, in denen eine Kündigungsschutzklage Erfolg hat, kann sich der Arbeitgeber immer noch eines ‚unliebsamen' Mitarbeiters entledigen.

All diese Möglichkeiten der Unternehmen sind mit ein Grund dafür, daß gekündigte Arbeitnehmer nicht die für das ‚Durchstehen' eines Kündigungsschutzprozesses erforderliche individuelle Konfliktbereitschaft aufbringen. Die Folge ist, daß der gesetzliche Kündigungsschutz in der Praxis zu einem *‚Abfindungs-Poker'* verkommt, der keinen Bestandsschutz des Arbeitsverhältnisses bietet, sondern lediglich eine ‚Entschädigung', die meist nicht einmal dazu reicht, die folgende Zeit der Arbeitslosigkeit zu überstehen.

VI. Betrieblicher Arbeitsschutz

1. Belastungen in der Arbeitswelt

Gesundheitliche Gefahren drohen an vielen Arbeitsplätzen – vor allem in der Industrie. Staub- und Hitzeeinwirkungen oder körperliche Schwerstarbeit sind auch heute noch häufig anzutreffen. Andere Arbeitsplätze wiederum zeichnen sich durch monotone, sich stets wiederholende Taktarbeiten oder auch durch ungünstige Klimaeinwirkungen aus. Untersuchungen des Instituts für Arbeitsmarkt- und Berufsforschung haben ergeben, daß

- nach wie vor knapp vier Millionen Arbeitnehmer häufig oder gar ständig körperliche Schwerarbeit verrichten müssen;
- etwa ebensoviele Arbeitnehmer praktisch immer oder doch häufig in gebückter Körperhaltung tätig sind;
- mehr als sechs Millionen Arbeitnehmer unter Lärmeinwirkungen arbeiten müssen.

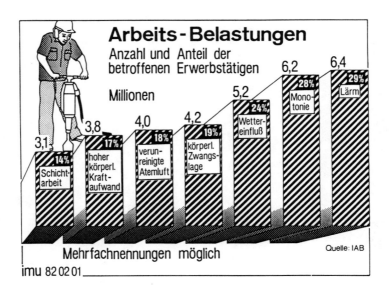

Nun sind derart ungünstige Arbeitsbedingungen nicht an allen Arbeitsplätzen im gleichen Umfang anzutreffen:

- besonders betroffen sind die Bereiche Landwirtschaft, der Bau- und Metallsektor sowie das Reinigungsgewerbe, weniger dagegen der Verwaltungs- und Dienstleistungsbereich;
- Arbeitsbelastungen häufen sich in den Arbeitsfeldern Metallerzeugung, bei Fleischern, Zimmerern und Maurern – nur geringe ‚klassische' Belastungen verzeichnen die relativ attraktiven Berufe der Techniker, Ingenieure und Kaufleute;
- die Arbeitsplätze von ohnehin schon benachteiligten Personengruppen – z. B. Ausländer, Ungelernte – weisen oft auch besondere Belastungen auf.

Arbeitsplätze, an denen die Beschäftigten gleichzeitig drei und mehr Belastungsarten ausgesetzt sind, sind keine Seltenheit; Experten schätzen ihre Zahl auf 3,8 bis 7,5 Millionen. Entgegen den häufig gehegten Erwartungen haben die Arbeitsbelastungen im langfristigen Zeitablauf kaum abgenommen. Es vollzieht sich vielmehr eine Belastungsverschiebung von den physischen hin zu den psychisch-nervlichen Belastungen; in der durchrationalisierten Arbeitswelt nehmen Leistungsdruck, Streß und nervliche Belastungen erheblich zu. Kontinuierlich zurückgegangen ist lediglich die körperliche Schwerstarbeit, während die Bedeutung fast aller übrigen Belastungsfaktoren eine steigende Tendenz aufweist. Die Mechanisierung und Technisierung der Arbeitswelt führt also keineswegs durchgängig zu einem generellen Belastungsabbau.

2. Wie krank fühlen sich Arbeitnehmer?

Häufig nehmen die Beschäftigten diese Gefahren als gegeben hin oder erkennen deren Ernsthaftigkeit nicht, wie beispielsweise die Hinnahme von Lärmeinwirkungen zeigt. Hier werden die Folgeschäden in der Tat erst sehr spät sichtbar, quasi dann, wenn es schon zu spät ist. Andererseits gilt aber auch: treten erste Beschwerden auf, so werden sie nicht selten als individuelles Problem empfunden. Magenbeschwerden oder Übelkeit, Kopfschmerzen oder Schwindelgefühl, Nervosität oder Hustenreiz werden nur selten auf die betrieblichen Arbeitsbedingungen zurückgeführt. Alle diese Symptome aber können Reaktionen auf arbeitstägliche Belastungen bilden.

Aus Unwissenheit oder auch aus Angst um den Arbeitsplatz wird individuelles gesundheitliches Unbehagen im Betrieb kaum thematisiert; subjektiv fühlt sich die Mehrzahl der Arbeitnehmer ‚normal' belastet, wie eine Untersuchung der IG Metall zum Wohlbefinden der Arbeitnehmer erbrachte. 3 v. H. der Beschäftigten fühlen sich demnach sehr wenig belastet, aber immerhin 29 v. H. empfinden die Belastungen als sehr stark.

Ganz richtig, der Dreher Josef Kapzig aus Hamburg-Altona braucht sich an seiner computergesteuerten Werkzeugmaschine nicht mehr so mühsam zu bücken wie an den Drehbänken, mit denen er es 25 Jahre lang zu tun hatte. Seine Kreuzschmerzen haben sich verflüchtigt. Sein Lohn ist gewachsen, noch mehr sein Gewicht. Hinweise, daß es ihm jetzt besser gehen muß. Hängt alles mit der Maschine zusammen, die ihn auf eine ihm unbegreiflich neue Weise zermürbt.

Dieser Automat wird mit den Werkstücken dreimal so schnell fertig. Wie, das nimmt das Auge nicht mehr wahr. Dieses Arbeitstempos wegen werden die Werkzeuge mit Motorhilfe eingelegt, die Muskulatur kann abschlaffen.

Dazu trägt Kapzig bei der Arbeit eine Sonnenbrille. Das ist nicht Angabe, wie manche meinen. Die Brille, glaubt er, bewahrt ihn vor dem kostspieligen Mißgeschick, auf dem spiegelnden Bildschirm Daten ungenau abzulesen.

Früher, als er noch leichter war, hat er Fußball gespielt. Doch in den zwei Jahren seines Umgangs mit der Mikroelektronik ist ihm der Mumm zum Sport abhanden gekommen. Nicht nur der Mumm zum Sport.

Es kostet ihn Überwindung, darüber zu sprechen. Für undefinierbare Probleme seiner Arbeit und das, was er davon nicht los wird, hütet er einen Intimbereich. Allmählich begreift Kapzig, daß dieser neue Job ihn viel mehr als der frühere auslaugt, bei dem er noch Hand an jedes Werkzeug legte und die passende Drehzahl nach der Verfärbung der aufglühenden Metallspäne bemaß.

Es gibt Arbeiter, die haben sich eine Art Scheibenwischer ausgedacht, um von den Vorgängen, auf die sie nicht mehr einwirken können, wenigstens etwas zu sehen. Aber die beschummeln sich selbst. Denn jetzt heißt es eben zuvor die richtigen Programme eintippen, nach einem eingedrillten, leider ebenfalls unergründlichen Schlüssel.

Manchmal reicht eines für 1000 Teile, die der Automat dann hintereinander in einer heulenden Tour entsprechend zurichtet. Kapzig könnte vielleicht sogar Zeitung lesen dabei, falls sich das mit seinem Bild von Arbeit vertrüge.

Dann wieder hat er viermal an einem Tag ein völlig neues Programm aufs Magnetband zu übertragen. Das macht ihn zittrig, da verfolgt ihn viermal die Angst, daß er „was übersehen hat, und es knallt". Crashs an solchen Maschinen sind gefährlich und unheimlich teuer.

Kollegen, mit denen sich so was beruhigend bereden ließe, sind nicht wie früher in Reichweite. Josef Kapzig findet, in gewisser Weise isoliere ihn der Fortschritt. Und er zwinge einen außerdem schon wieder zu grübeln, „wie das in ein paar Jahren sein wird".

Niemals mehr, sagte Josef Kapzig, schaltet er wirklich, wie früher, ab. Nicht einmal im Schlaf. Aber bücken muß er sich wirklich nur noch ganz selten.

aus: Der Spiegel Nr. 36/1982.

Betriebliche Vorsorgeuntersuchungen zeigen erschreckende Ergebnisse; die hessischen Betriebskrankenkassen mußten bei einer Reihenuntersuchung im Jahre 1979 feststellen, daß die überwiegende Zahl der nach den Betriebsunterlagen als gesund geltenden Arbeitnehmer gesundheitlich ‚angeschlagen' war:
- nur ⅕ der angeblich Gesunden war auch tatsächlich gesund; 80 v. H. mußten in ärztliche Behandlung;
- für jeden 5. Arbeitnehmer wurden Sanatoriumskuren beantragt;
- 3 v. H. der vermeintlich Gesunden mußten vom Arbeitsplatz weg in ein Krankenhaus eingeliefert werden.

Die Skala der festgestellten Gesundheitseinschränkungen reichte über Herz- und Gefäßkrankheiten bis hin zum Leistenbruch; die Symptome gingen also weit über Bagatellstörungen hinaus. Diese alarmierenden Ergebnisse offenbaren, daß es um die Gesundheit der Arbeitnehmer nicht zum Besten steht – subjektives Gefühl und objektiver Gesundheitszustand klaffen oft deutlich auseinander.

3. „Wo gehobelt wird, fallen Späne"

a) Welcher Zusammenhang besteht zwischen Arbeitswelt und Krankheit?

Ob und inwieweit die objektiven Belastungsfaktoren auf den Gesundheitszustand eines Menschen einwirken, kann nicht immer mit Exaktheit bestimmt werden; gleiche Belastungsmerkmale können unterschiedliche Krankheitssymptome hervorrufen. Tagtäglich wirken vielfältige Reize auf den Menschen ein, die sein gesundheitliches Wohlbefinden positiv oder negativ beeinflussen. Der Gesundheitszustand ist kein eindimensionaler Prozeß, sondern Ergebnis einer Vielzahl von Einwirkungen; nur sehr schwer kann das Krankheitsgeschehen in seine einzelnen Verursachungsbestandteile – etwa Umwelteinflüsse, Arbeitsbedingungen etc. – zerlegt werden. Je nach körperlicher und/oder psychischer Konstitution werden diese Einflußfaktoren in unterschiedlicher Weise erfahren (z. B. als Über- oder Unterforderung); gleiche objektive Belastungen rufen daher meist unterschiedliche Reaktionen hervor. Zudem sind die Kompensations- und Bewältigungsmöglichkeiten individuell recht unterschiedlich; je nach Wohnsituation und Arbeitsweg z. B. können Streßsituationen über die Arbeitszeit hinaus verschärft oder auch abgebaut werden.

Die Arbeitswelt ist für die gesundheitliche Situation der Arbeitnehmer deshalb von zentraler Bedeutung, weil sie einen Großteil ihres Lebens am Arbeitsplatz verbringen und hier von ihnen z. T. Hochleistung verlangt wird. Arbeitsunfälle und Berufskrankheiten dokumentieren noch immer die Gefährlichkeit der Arbeitswelt. Fehlen z. B. notwendige Erholungsphasen, so führen Ermattungszustände sehr schnell zu Verschleißerscheinungen. Sollen Krankheiten weitgehend vermieden werden, so müssen An- und Entspannung in einem angemessenen Verhältnis zueinander stehen. Die prägende Wirkung der Arbeitswelt geht weit über die tägliche Arbeitszeit hinaus und hat direkte Rückwirkungen auch auf den Freizeitbereich. So wird beispielsweise mit dem Arbeitseinkommen und der Arbeitszeit zugleich auch über die Erholungsspielräume und einen wesentlichen Teil des sozialen Umfeldes mitentschieden. Diese prägende Wirkung der Arbeitswelt auch auf die Freizeit und beider Bereiche auf die gesundheitliche Verfassung ist nicht umstritten, Differenzen bestehen aber über den Umfang arbeitsbedingter Krankheiten. Bislang haben sich Arbeitswissenschaft und -medizin dieser Fragestellung erst in recht unzureichender Weise genähert. Immer noch fällt es in konkreten Situationen schwer, einen wissenschaftlichen Nachweis über Zusammenhänge zwischen Arbeitswelt und Krankheit zu führen.

Übersicht 14: Lärm und Krankheitssymptome

Lärmstufen	kurzfristige Reaktion	Krankheitssymptome
30–35 Phon	psychische Reaktionen	
65–90 Phon	psychische Reaktionen und Reaktionen des vegetativen Nervensystems	• Gehörschäden • Nervosität
90–120 Phon	psychische Reaktionen, Reaktionen des vegetativen Nervensystems und Taubheitserscheinungen, die bei häufiger Wiederholung über mehrere Jahre zur Innenohrschädigung führen	• Kopfschmerzen • Magenbeschwerden • Kreislaufprobleme
über 120 Phon	alle vorangehenden Wirkungen und direkte Schädigung der Nervenzellen durch die Haut hindurch	

So sind die Folgen von Lärmeinwirkungen nur sehr schwer im Frühstadium feststellbar; Schädigungen erfolgen langsam und schleichend, so daß der Einfluß bestimmter Tätigkeiten nur vermutet werden kann. Besonders schwierig gestaltet sich der Nachweis kausaler Beziehungen bei häufigem Arbeitsplatzwechsel.

Bekannt ist allerdings, daß Arbeitshetze häufig zu Herz- und Kreislaufbeschwerden führt und Blutdruckschwankungen, Kopf- und Magenbeschwerden hervorrufen können. Lärm führt zur Veränderung der Magen- und Darmtätigkeit und kann Magenschmerzen und -entzündungen nach sich ziehen. Nervosität, Kopfschmerzen und Kreislaufprobleme können ebenfalls in ursächlichem Zusammenhang mit der Lärmsituation stehen.

Übersicht 15: Belastungen der Arbeitswelt und Krankheit

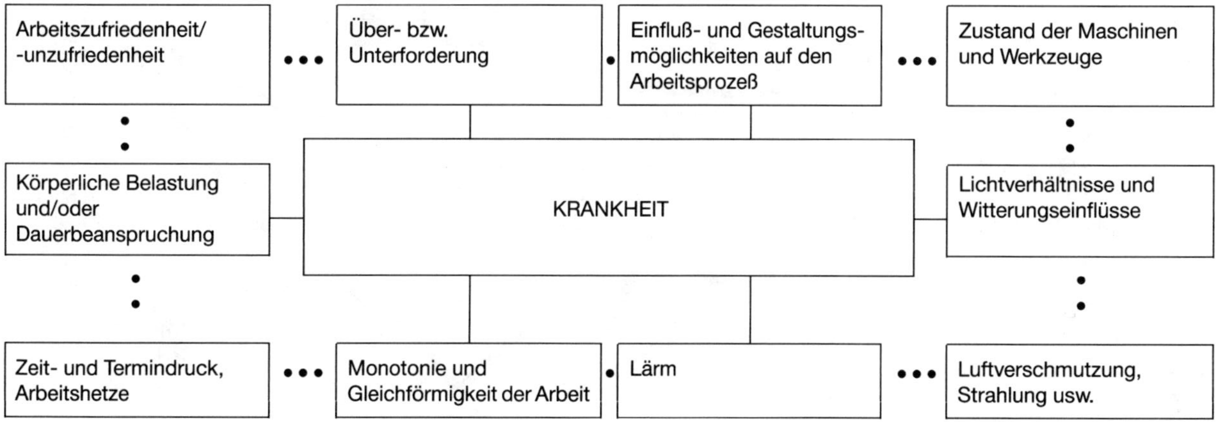

Arbeitszufriedenheit/ -unzufriedenheit	Über- bzw. Unterforderung	Einfluß- und Gestaltungsmöglichkeiten auf den Arbeitsprozeß	Zustand der Maschinen und Werkzeuge
		KRANKHEIT	Lichtverhältnisse und Witterungseinflüsse
Körperliche Belastung und/oder Dauerbeanspruchung	Monotonie und Gleichförmigkeit der Arbeit	Lärm	Luftverschmutzung, Strahlung usw.
Zeit- und Termindruck, Arbeitshetze			

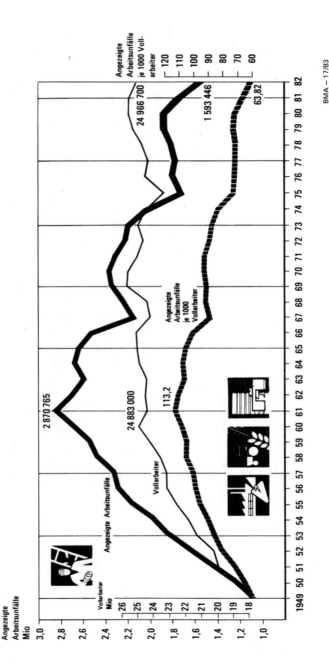

Angezeigte Arbeitsunfälle
und Häufigkeit der angezeigten Arbeitsunfälle je 1 000 Vollarbeiter seit 1949

Quelle: Unfallverhütungsbericht 1982, Bundestags-Drucksache 10/618. Bei den Vollarbeitern handelt es sich um rechnerische Werte, die sich daraus ergeben, daß mit Hilfe der Zahl der Arbeitsstunden oder der Versicherten eine Zahl von Vollbeschäftigten, d. h. von Personen errechnet wird, die das ganze Jahr hindurch eine versicherte Tätigkeit ausüben.

b) Wie hoch ist die Arbeitsunfallhäufigkeit?

In der Bundesrepublik ereignet sich alle 16 Sekunden ein Arbeitsunfall, alle 2,5 Stunden muß ein Mensch dabei sein Leben lassen. 13 Mio. Arbeitstage, so haben die gewerblichen Berufsgenossenschaften ermittelt, gehen jährlich durch Arbeitsunfälle verloren. Ihren absoluten Höchststand erreichten die angezeigten Unfälle im Jahre 1961; ingesamt wurden damals knapp 3,2 Mio. Arbeitsunfälle registriert – gegenüber 1,7 Mio. 1983. Von 1000 Arbeitskräften sind z. Z. etwa 70 in einen Unfall verwickelt; 3304 dieser Unfälle verliefen 1983 tödlich.

Den weitaus größten Anteil der Arbeitsunfälle registrieren die gewerblichen Berufsgenossenschaften, die Unfallversicherungsträger des produzierenden Gewerbes. Dies deutet bereits darauf hin, daß die Beschäftigten in Abhängigkeit von der Wirtschaftsbranche einem unterschiedlichen Unfallrisiko ausgesetzt sind. Zu den gefahrenträchtigsten Bereichen zählen der Bergbau, der Bausektor, die Holzindustrie sowie die Eisen- und Stahlindustrie. Dabei sind Schwerarbeiter mehr als doppelt so häufig in einen Unfall verwickelt als Arbeitnehmer mit körperlich leichterer Arbeit. Vergleichsweise gering ist das Unfallrisiko dagegen in den Verwaltungsberufen oder auch im Gesundheitswesen.

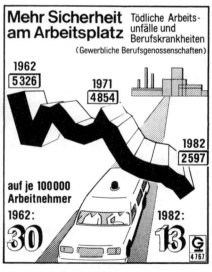

Im langfristigen Vergleich ist eine deutlich abnehmende Tendenz der angezeigten Arbeitsunfälle nachweisbar. Dieser relativ starke Rückgang läßt sich zu einem Großteil aus der Verschiebung der Beschäftigtenstruktur erklären: Industriesektoren mit ausgeprägtem Unfallrisiko beschäftigen immer weniger Arbeitskräfte, die weniger unfallträchtigen Dienstleistungsbereiche dagegen immer mehr. Zudem führen Mechanisierung und Automatisierung der Produktion zur Abnahme körperlich schwerer Arbeit und damit auch zum Rückgang des Unfallrisikos. Darüber hinaus hat auch die konjunkturelle Entwicklung Auswirkungen auf das Unfallgeschehen – dies dokumentieren die deutlichen Einschnitte in der Verlaufskurve der angezeigten Unfälle in den Jahren 1966/67, 1974/75 und 1981/82. Diese Zahlen dürfen allerdings nicht zu einer vorschnellen und zu positiven Gesamtbeurteilung führen: sog. „Bagatellunfälle" mit lediglich bis zu drei Tagen Arbeitsunfähigkeit als Folge gehen nämlich nicht in die Statistik ein.

c) Wie entwickelt sich die Zahl der Berufskrankheiten?

Neben den Arbeitsunfällen werden auch ‚schleichende Verschleißerscheinungen' unter bestimmten Bedingungen den arbeitsbedingten Erkrankungen zugerechnet. Anerkannt sind solche Berufskrankheiten aber nur dann, wenn sie auch ausdrücklich in die Berufskrankheitenverordnung aufgenommen sind. Im Jahre 1982 wurden offiziell 37 366 Fälle von Berufskrankheiten gemeldet. In den siebziger Jahren zeigte sich hier ein bedrohlicher Anstieg; zwischenzeitlich scheint dieser Trend allerdings gestoppt zu sein, obwohl die Zahl der angezeigten Fälle immer noch über dem Niveau von Anfang der siebziger Jahre liegt.

Zu den häufigsten Berufskrankheiten zählen Hauterkrankungen und Lärmschwerhörigkeit, Silikose (Staublunge), Infektionskrankheiten, Erkrankungen der Atemwege und der Sehnenscheiden. Berufskrankheit Nummer eins bilden erstmals die Hauterkrankungen; sie verdrängten inzwischen die Lärmschwerhörigkeit, die bislang vorrangige Bedeutung hatte. Stark rückläufig ist insbesondere die Silikose – eine Folge des Rückgangs der im Bergbau Beschäftigten sowie der zwischenzeitlich erreichten Technisierung der Arbeit in Berg- und Hüttenwerken. Diese Veränderungen des Berufskrankheitenspektrums verweisen aber auch auf die aktuellen Gefahrenzonen im Produktionsprozeß: offensichtlich wird auch heute noch immer sehr viel mit gefährlichen und schädigenden Stoffen gearbeitet. Aufgrund des restriktiven Anerkennungsverfahrens von Berufskrankheiten, das eine Aussicht auf Entschädigungsleistungen erst bei einer Minderung der Erwerbsfähigkeit von mindestens 20 v. H. begründet, sind die statistisch ausgewiesenen Zahlen nach unten verzerrt. Darüber hinaus führen Erkrankungen, die nicht in den Berufskrankheitenkatalog aufgenommen sind, wenn überhaupt, dann nur über langwierige Sozialgerichtsprozesse zu Entschädigungen.

d) Welche Bedeutung haben arbeitsbedingte Erkrankungen?

Der Berufskrankheiten-Katalog ist nicht mehr in der Lage, das tatsächliche Ausmaß arbeitsbedingter Erkrankungen zu erfassen. So werden z. B. jene besonderen Belastungsmomente weitgehend ausgeklammert, die durch den technisch-organisatorischen Wandel sowie die Zunahme psychisch-nervlicher Beanspruchun-

gen hervorgerufen werden. Gerade diese Faktoren aber sind es, die heute vermehrt zu arbeitsbedingten Erkrankungen führen. Beleg hierfür ist u. a. der kontinuierliche Anstieg der Frührenten, die wegen Berufs- oder Erwerbsunfähigkeit gezahlt werden müssen. Obwohl diese Frührenten eigentlich die Ausnahme sein sollten, werden sie immer mehr zur Regel. Besonders hoch ist der Anteil in Berufen mit überwiegend körperlicher Arbeit; mehr als jeder zweite Arbeiter geht mittlerweile über diese Rentenform in den Ruhestand. Ganz so groß ist der berufliche Verschleiß in den Angestellten-Berufen offenbar nicht. Aber auch hier scheidet wenigstens ein Drittel der Arbeitskräfte wegen gesundheitlicher Beeinträchtigung vorzeitig aus dem Erwerbsleben aus. Besonders gefährdet sind Herz und Kreislauf sowie der menschliche Bewegungsapparat, also Gelenke, Knochen, Wirbelsäule.

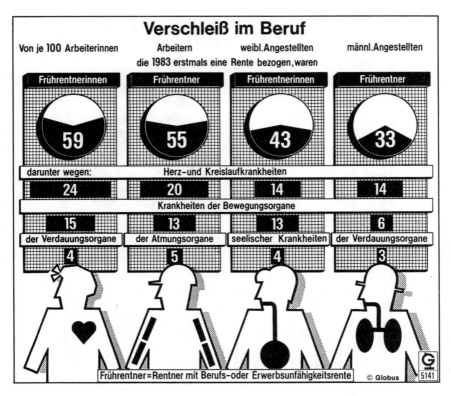

Zu ähnlichen Ergebnissen gelangen die Statistiken der Krankenkassen. Die von ihnen registrierten Krankheitsfälle treten bei bestimmten Berufs- und Tätigkeitsgruppen regelmäßiger und häufiger auf als bei anderen Arbeitnehmergruppen. Die folgende Tabelle gibt einen Überblick über die Schwankungsbreite des Krankenstandes zwischen verschiedenen Arbeitsbereichen (s. Tab. 10 auf S. 103).

Der Krankenstand der Arbeitnehmer – dies ist aus der Tabelle zu ersehen – steht in engem Zusammenhang mit dem jeweiligen Arbeitsbereich. Am höchsten ist das Krankheitsrisiko in der Instandhaltung der Zuckerindustrie. Die Arbeitskräfte sind hier sechsmal so häufig krank wie die Verwaltungsanstellten der Papierindustrie. Allerdings kann der Krankenstand nicht allein auf die körperliche Schwere der Arbeit zurückgeführt werden, sondern es müssen gleichzeitig weitere Belastungsmomente wie Akkordlohn, Fließbandarbeit, Klimabelastung, monotone Tätigkeit oder psychische Beanspruchung berücksichtigt werden. Der Zusammenhang von Krankheitshäufigkeit und jeweiliger Berufstätigkeit ist jedoch eindeutig belegbar, auch wenn die konkreten krankheitsverursachenden Faktoren nicht immer exakt separiert werden können. Die Gesundheitsrisiken der Arbeitswelt dürfen daher nicht nur eindimensional an den akuten und hervorstechenden Gefährdungen gemessen werden; vielmehr muß die gesamte Arbeitsumwelt hinsichtlich ihrer krankmachenden Bedingungen in die Betrachtung einbezogen werden. Nicht so sehr einzelne Belastungsfaktoren, sondern die Häufung einer Vielzahl unterschiedlicher – je für sich vielleicht ‚vernachlässigbarer' – Belastungsmomente führt auf die Dauer zu arbeitsbedingten Erkrankungen.

Tabelle 10: Arbeitsbereiche mit hoher und niedriger Anzahl von Arbeitsunfähigkeitsfällen pro 100 Versicherte

Arbeitsbereich	AU-Häufigkeit/ 100 Vers.
Instandhaltung (Zuckerindustrie)	309,1
Textilbearbeitung (Metallindustrie)	273,7
Montage (Metall)	254,9
Vorbereitung (Steine/Erden)	252,8
Lehrwerkstatt (Metall)	247,9
Schweißerei (Metall)	234,9
Allgemeine Dienste (Druck)	228,0
Gießerei (Metall)	226,2
Weiterverarbeitung (Druck)	224,8
Herstellung I (Süßwaren)	211,7
Formgebung (Steine/Erden)	206,3
Spinnerei (Textil)	201,9
Schweißerei (Schiffbau)	197,6
Stahlerzeugung (Hüttenwesen)	78,9
Hohlglasproduktion	76,8
Brennerei (Steine/Erden)	74,7
Verwaltung (Handel)	66,1
Angestellte, Verwaltung (Papierindustrie)	55,8

Quelle: B. Braun u. a., Krankheit und arbeitsbedingte Belastungen, in: Soziale Sicherheit 10/1982.

4. Wie hoch sind die gesellschaftlichen Kosten?

Der arbeitsbedingte Verschleiß menschlicher Arbeitskraft geht mit enormen betriebs- und volkswirtschaftlichen Kosten einher. Allein die gesetzlichen Unfallversicherungsträger mußten 1982 zur Verhütung und Entschädigung von Unfällen und Berufskrankheiten 11,9 Mrd. DM aufwenden. Alle anderen mit der Arbeitswelt in Zusammenhang stehenden Gesundheitsschäden gehen zu Lasten der gesetzlichen Kranken- oder Rentenversicherung, zu einem kleineren Teil der Arbeitslosenversicherung (z. B. berufliche Rehabilitation). Diese Versicherungszweige müssen die nicht näher zuordnenbaren Folgekosten betrieblicher Verschleißprozesse tragen; die entsprechenden Kosten sind jedoch nur sehr schwer bezifferbar. Experten schätzen die gesellschaftlichen Gesamtkosten von Arbeitsunfällen und Berufskrankheiten auf etwa 35 Mrd. DM.

Diese Schäden in Milliardenhöhe entstehen trotz erheblicher Aufwendungen für den Arbeitsschutz. Experten beziffern den jährlichen Wert der personenbezogenen Schutzausrüstungen auf etwa 1,2 Mrd. DM; für den technischen Arbeitsschutz werden die Ausgaben auf etwa 3,5 Mrd. DM geschätzt. Insgesamt, so nehmen die Fachleute an, werden jährlich 6 bis 7 Mrd. DM für den Arbeitsschutz aufgewendet. Sicherheitstechnische Investitionen und arbeitsmedizinische Vorkehrungen sind nun aber auch aus betriebswirtschaftlicher Sicht nicht nur Kostenfaktoren, sondern können auch zu einem gewinnsteigernden Moment werden: so verwies eine Untersuchung in den deutschen Ford-Werken noch Anfang der siebziger Jahre auf die Wirtschaftlichkeit des werksärztlichen Dienstes; aus der werksärztlichen Tätigkeit wurden Kosteneinsparungen von mindestens 2,82 Mio. DM errechnet und das Kosten-Ertrags-Verhältnis mit 1 : 1,84 errechnet – 1 DM Aufwand für Arbeitssicherheit brachte also 1,84 DM an Ertrag.

5. Welche Aufgaben hat die Unfallversicherung?

Die gesetzliche Unfallversicherung ist zuständig für materielle Entschädigungsleistungen wie auch für die Verhütung von Arbeitsunfällen und Berufskrankheiten. Vorrang hat dabei die Verhütung von Unfall- und Gesundheitsgefahren in der Arbeitswelt, und erst in zweiter Linie soll sie bei Schadensfällen die Erwerbstätigkeit des Verletzten wieder herzustellen suchen bzw. finanzielle Unterstützungsleistungen gewähren. Die Unfallversicherung erfüllt damit zugleich schadensverhütende wie schadensausgleichende Aufgaben; sie gewährt also direkte Sozialleistungen, verfügt aber auch über eigene Eingriffskompetenzen in den Betrieben. Damit ist ihr Aufgabenspektrum wesentlich weiter gefaßt als das der anderen Sozialversicherungsträger, denn über die Arbeitsschutzbestimmungen und deren Kontrolle kann sie direkt auf die Gesundheitsrisiken am Arbeitsplatz Einfluß nehmen.

Aufwendungen der Träger der gesetzlichen Unfallversicherung seit 1949

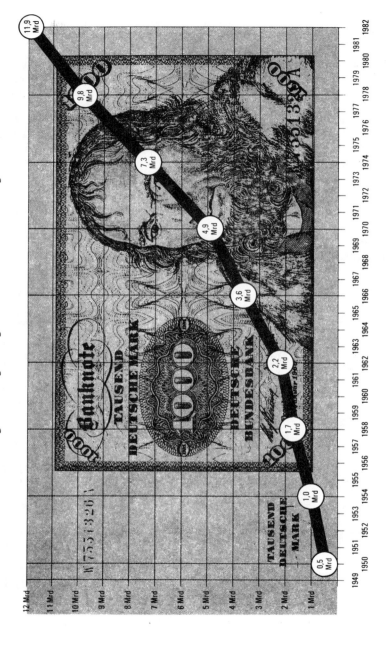

Quelle: BTDr 10/618 (Unfallverhütungsbericht) S. 9.

a) Organisation und Finanzierung der Unfallversicherung

Die Unfallversicherung ist eine gesetzliche Pflichtversicherung, in der die Unternehmen alle beschäftigten Arbeitnehmer versichern müssen. Infolge der Ausweitung des Unfallversicherungsschutzes zu Anfang der siebziger Jahre bezieht sich dieser Versicherungsschutz auch auf Kinder während des Kindergartenbesuchs, Lernende während der Berufsausbildung und Schüler oder Studenten während des Schul- bzw. Hochschulbesuchs. Damit sind gegenwärtig über 40 Millionen Personen versichert. Anders als die Arbeitslosen- und Rentenversicherung gliedert sich die Unfallversicherung in eine Vielzahl autonomer Träger; zu den wichtigsten zählen:

- 35 gewerbliche Berufsgenossenschaften,
- 19 landwirtschaftliche Berufsgenossenschaften,
- 13 Gemeindeunfallverbände.

Die Berufsgenossenschaften sind nach Gewerbezweigen gegliedert, um gezielt hinsichtlich der jeweiligen Branchenbesonderheiten agieren zu können.

Die Finanzierung der Versicherung erfolgt allein über Unternehmensbeiträge; im Unterschied zu den anderen Sozialversicherungszweigen wird also kein Arbeitneh-

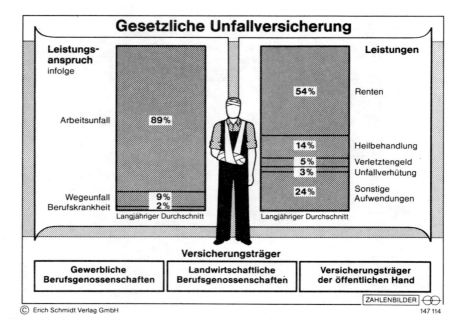

mer-Beitrag erhoben. Diese Besonderheit erklärt sich aus dem Wesen der Unfallversicherung, die grundsätzlich die zivilrechtliche Haftung des Unternehmers gegenüber den beschäftigten Arbeitnehmern abdeckt. Die Beitragshöhe richtet sich nach den entstehenden Aufwendungen; sie muß also so bemessen sein, daß der Ausgabenaufwand abgedeckt werden kann. Die von den Unfallversicherungsträgern in Form einer Umlage erhobenen Beiträge orientieren sich an dem konkreten Unfallgeschehen der einzelnen Betriebe. Die zu zahlenden Beiträge richten sich nach der Zahl der Versicherten, dem gezahlten Arbeitsentgelt sowie der Gefährlichkeit der zu verrichtenden Arbeit. Je nach Umfang und Schwere der angezeigten Arbeitsunfälle werden die Unternehmen in Gefahrenklassen eingestuft, denen ein entsprechend differenzierter Beitragssatz entspricht. Die Beiträge sind daher recht unterschiedlich und schwanken in Abhängigkeit von der Unfallquote zwischen den in einer Berufsgenossenschaft zusammengeschlossenen Betrieben.

Durch eine derartige Beitragsstaffelung soll das betriebliche Interesse am Unfallschutz und am Ausbau von Sicherungsmaßnahmen gefördert werden. Jeder vermiedene Arbeitsunfall führt zu einer „Prämienrückerstattung" und schlägt sich in einer Beitragseinsparung nieder.

b) Welche Bedeutung haben Entschädigungsleistungen?

Die Unfallversicherung ersetzt Schäden, die durch Arbeits-/Wegeunfälle oder Berufskrankheit entstanden sind; die Leistungen umfassen medizinische Behandlung, berufsfördernde Maßnahmen zur Rehabilitation sowie die Gewährung von Lohnersatzleistungen (Verletztengeld). Das Leistungsspektrum der Unfallversicherung ist also ähnlich ausgestaltet wie das der übrigen Sozialversicherungszweige; Abgrenzungs- und Konkurrenzprobleme sind daher unumgänglich.

Gegenwärtig haben fast 800 000 Personen einen Anspruch auf Verletztenrente aus der gesetzlichen Unfallversicherung. Hinzu kommen nochmals 200 000 Hinterbliebene, die durch den Tod des Familienernährers auf materielle Unterstützung aus der Versicherung angewiesen sind; sie erhielten 1983 zusammen 6,7 Mrd. DM an Rentenzahlungen. Aussicht auf Gewährung einer Verletztenrente besteht allerdings erst dann, wenn die Erwerbsfähigkeit über die 13. Woche hinaus um mindestens 20 v. H. gemindert ist – andernfalls gehen die Unfallopfer nach dem Bezug von Verletztengeld ‚leer' aus. Eine Entschädigung durch die Unfallversicherung entfällt, wenn die Krankheitssymptome nicht eindeutig auf die Arbeitswelt zurückgeführt werden können.

Mit der Definition von „Arbeitsunfall" und „Berufskrankheit" wird folglich zugleich über die Aufgabenteilung zwischen den Versicherungszweigen und die Aufbringung von Sozialleistungen entschieden: unternehmensfinanzierte Umlagen hier (Unfallversicherung) – paritätische Beitragsentrichtung durch Unternehmen und Arbeitnehmer dort (restliche Zweige der Sozialversicherung). Durch die enge Fassung des Berufskrankheitenkatalogs finden bisher viele im Steigen begriffene

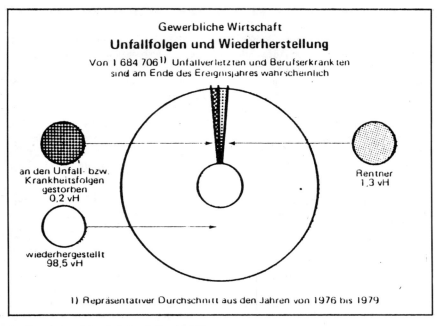

Quelle: Arbeitsunfallstatistik für die Praxis, 1983.

arbeitsbedingte Erkrankungen keinen Eingang in die entsprechende Verordnung – aufgefangen werden sie folglich durch die Kranken- und Rentenversicherung. Die Finanzierung arbeitsbedingter Gesundheitsschäden wird infolgedessen immer stärker auf die Solidargemeinschaft der Arbeitnehmer verlagert.

c) Unfallversicherung und Arbeitsschutz

Damit die Unfallversicherungsträger auch vorbeugende und schadenverhütende ‚Präventivpolitik' betreiben können, wird ihnen als Selbstverwaltungseinrichtung eine autonome Befugnis zur Setzung von Arbeitsschutznormen zuerkannt. Sie können Vorschriften erlassen, die für die Mitgliedsunternehmen verpflichtend sind, und sie überwachen zugleich deren Einhaltung, etwa durch Besichtigungen vor Ort. Die Unfallverhütungsvorschriften regeln z. B.

- welche organisatorischen Maßnahmen das Unternehmen zur Verbesserung des Arbeitsschutzes durchführen muß,
- wie die Betriebsanlagen zu gestalten sind, damit Unfälle vermieden werden,
- wie eine wirksame ‚Erste Hilfe' gewährleistet werden kann,
- inwieweit betriebsärztliche Untersuchungen durchzuführen sind.

Etwa 2400 technische Aufsichtsbeamte überwachen die Einhaltung bzw. Umsetzung der Unfallverhütungsvorschriften und beraten die Unternehmen über unfallverhütende Maßnahmen. Die Hälfte dieses Aufsichtsdienstes ist vor Ort mit der Kontrolle der betrieblichen Unfallsicherheit betraut. Verstoßen Unternehmen oder Arbeitnehmer gegen diese Vorschriften, können Geldbußen in Höhe von bis zu 20 000 DM verhängt werden. Droht unmittelbar Gefahr, so können die Aufsichtsbeamten direkt Maßnahmen einleiten und Anordnungen zur Beseitigung der Unfallquelle treffen.

6. Das Arbeitsschutzsystem

Das historisch gewachsene Arbeitsschutzsystem der Bundesrepublik zeichnet sich durch einen *zweigleisigen Aufbau* aus: selbstverwaltete Unfallversicherungsträger einerseits und Staat andererseits nehmen parallel zueinander gleichgerichtete Aufgaben im Arbeitsschutz wahr. Das Ergebnis sind Überschneidungen sowohl beim Vorschriftenwesen wie bei der Kontrolle von Arbeitsschutzmaßnahmen. Die Tätigkeitsfelder von Berufsgenossenschaften und staatlichen Einrichtungen überlappen sich in starkem Maße. Einzelne Sachverhalte sind teils mehrfach geregelt, andere wiederum nur sehr ungenügend oder gar nicht. Vergleichbar sind nicht nur die Rechtsetzungsbefugnisse, sondern ebenso die wahrzunehmenden Aufsichtsfunktionen. Doppelarbeit und ein kaum noch durchschaubares Arbeitsschutzsystem sind die Folge. Dieser in Europa einmalige Aufbau ist nur im historischen Kontext zu verstehen.

a) *Warum ist das Arbeitsschutzsystem zweigleisig aufgebaut?*

Als erste Arbeitsschutzvorschrift wurde 1839 in Preußen das „Regulativ über die Beschäftigung jugendlicher Arbeiter in Fabriken" erlassen; aus militär- und bildungspolitischen Gründen sollte die Kinderarbeit zurückgedrängt werden. 14 Jahre später wurden das Verbot der Kinderarbeit erweitert und staatliche Fabrikinspektionen installiert, die auf freiwilliger Basis die gesetzlichen Vorschriften überwachen sollten. Diese Fabrikinspektionen waren die Vorläufer der heutigen Gewerbeaufsichtsämter. Nur zögernd wurden die Aufgaben und polizeilichen Befugnisse dieser Arbeitsschutzbehörden ausgebaut, denn die Unternehmen fürchteten um ihre Alleinherrschaft im Betrieb.

Mit der zunehmenden Industrialisierung stieg auch die soziale Gefährdung der arbeitenden Menschen stetig an. Die aus Handwerk und Landwirtschaft in die Industrie strömenden Beschäftigten waren mit den komplizierten Gerätschaften und Maschinen nicht vertraut. Erst im Jahre 1871 wurde die Haftpflicht der Kapitalbesitzer auch auf die Arbeitskräfte ausgedehnt. Bis dahin mußten die Arbeitnehmer das Gesundheitsrisiko allein tragen; im Krankheitsfalle und bei Unfall waren sie völlig ungeschützt. Nunmehr sollte das Unternehmen für verunglückte Arbeiter ebenso haften wie für beschädigte Waren – dies allerdings nur dann, wenn ihm der Arbeitnehmer ein direktes Verschulden nachweisen konnte.

Übersicht 16: Entwicklungsetappen des Arbeitsschutzes

1. Phase 1839–1891	2. Phase 1892–1914	3. Phase 1918–1932	4. Phase 1933–1945	5. Phase 1950–1967	6. Phase 1968–1982	7. Phase ab 1983
• Preußisches Regulativ • Fabrikinspektion • Gewerbeordnung • Unfallversicherung	• Arbeitsschutzverordnungen für Anlagen bestimmter Art • Übernahme der Unfallversicherung in die RVO	• Verordnungen für überwachungsbedürftige Anlagen • Entwurf eines Arbeitsschutzgesetzes • 8-Stunden-Tag • Berufskrankheiten werden als Arbeitsunfälle anerkannt	• Trennung von Arbeitszeitbestimmungen für Jugendliche und Erwachsene • Rücknahme vieler Arbeitsschutzvorschriften	• Wiederherstellung des Rechtszustandes von vor 1933 • Neuordnung bei überwachungsbedürftigen Anlagen	• Neuordnung und Ausbau von Arbeitsschutzvorschriften (z. B. Maschinenschutz, Jugendarbeitsschutz, Arbeitsstoff-, und Arbeitsstättenverordnung • Entwurf eines Arbeitsschutzgesetzes	• Rücknahme von Einzelbestimmungen beim Jugendarbeitsschutz • „Auflockerung" von Schutznormen durch das sog. Beschäftigungsförderungsgesetz

Im Jahre 1884 wurde als Teil der Bismarckschen Sozialpolitik schließlich die gesetzliche Unfallversicherung geschaffen; ihrer Selbstverwaltung wurde ein autonomes Satzungsrecht verliehen. Zwischenzeitlich ist die Bedeutung der erlassenen Vorschriften weit über den in der Reichsversicherungsordnung (RVO) festgelegten Rahmen hinausgewachsen. Mehr und mehr wurden die Unfallverhütungsvorschriften zur Ausfüllung der gesetzlichen Rahmenbestimmungen herangezogen und haben die Funktion allgemein anerkannter Regeln der Technik.

In der Weimarer Republik wurde erstmals eine Vereinheitlichung des zergliederten und unübersichtlichen Arbeitsschutzsystems ins Auge gefaßt; das nationalsozialistische Regime setzte diesen Bestrebungen u. a. aus kriegswirtschaftlichen Gründen allerdings schnell wieder ein Ende. Nach dem Zweiten Weltkrieg richteten sich die Aktivitäten zunächst auf die Wiederherstellung des alten Rechtszustandes von vor 1933. In den siebziger Jahren wurden dann eine Reihe neuer und umfassender Rechtsvorschriften erlassen, die den Arbeitsschutz verbreiterten und verallgemeinerten. Der Entwurf eines Arbeitsschutzgesetzes und damit die Vereinheitlichung von Schutznormen ist inzwischen allerdings wieder in Frage gestellt; im Bereich des Jugendarbeitsschutzes wurden bereits einzelne Schutzbestimmungen abgebaut, um – so die Begründung – einen Beitrag zum Abbau der Jugendarbeitslosigkeit zu leisten:

- der rechtlich mögliche Arbeitsbeginn wurde von 7.00 auf 6.00 Uhr vorverlegt;
- in mehrschichtigen Betrieben können Jugendliche generell bis 23.00 Uhr beschäftigt werden;
- im Bäckerhandwerk dürfen 16jährige bereits ab fünf Uhr und 17jährige ab vier Uhr beschäftigt werden;
- wenn an einzelnen Tagen weniger als 8 Stunden gearbeitet wird, kann die tägliche Ausbildung auf achteinhalb Stunden verlängert werden;
- wenn die Wochenarbeitszeit von 40 Stunden in einem Zeitraum von 2 Monaten ausgeglichen wird, kann die tägliche Arbeitszeit bis zu 9 Stunden und die wöchentliche auf 44 Stunden verlängert werden;
- im Gaststättengewerbe wurde die tägliche Schichtzeit auch bei Sonntagsarbeit generell auf 11 Stunden erhöht.

b) Was regeln die staatlichen Arbeitsschutzgesetze?

Die Rechtsvorschriften zum Arbeitsschutz werden größtenteils vom Bund erlassen; derzeit existieren weit über 40 den Arbeitsschutz betreffende Gesetze. Hinzu kommen landesrechtliche Vorschriften, die zumeist mit dem Baurecht in Zusammenhang stehen; teils bilden dabei die Maschinen und Arbeitsstoffe, teils die Arbeitszeit oder die betriebliche Organisation den Kernpunkt der Vorschriften. Technische Vorschriften dienen vor allem dazu, Sicherheitsaspekte bereits bei der Planung und Konstruktion von Maschinen und Anlagen zu berücksichtigen; andere Verordnungen wiederum formulieren Mindestanforderungen für Sicherheit und Hygiene der einzelnen Arbeitsplätze oder für den Einsatz z. B. von Chemikalien.

Übersicht 17:

Gesetz-Sammlung
für die
Königlichen Preußischen Staaten.

— No. 12. —

Regulativ
über
die Beschäftigung jugendlicher Arbeiter in Fabriken.
D. d. den 9. März 1839.

§. 1. Vor zurückgelegtem neunten Lebensjahre darf niemand in einer Fabrik oder bei Berg-, Hütten- und Pochwerken zu einer regelmäßigen Beschäftigung angenommen werden.

§. 2. Wer noch nicht einen dreijährigen regelmäßigen Schulunterricht genossen hat, oder durch ein Zeugnis des Schulvorstandes nachweiset, daß er seine Muttersprache geläufig lesen kann und einen Anfang im Schreiben gemacht hat, darf vor zurückgelegtem sechszehnten Jahr zu einer solchen Beschäftigung in den genannten Anstalten nicht angenommen werden.

Eine Ausnahme hiervon ist nur da gestattet, wo die Fabrikherren durch Errichtung und Unterhaltung von Fabrikschulen den Unterricht der jungen Arbeiter sichern. Die Beurtheilung, ob eine solche Schule genüge, gebührt den Regierungen, welche in diesem Falle auch das Verhältniß zwischen Lern- und Arbeitszeit zu bestimmen haben.

§. 3. Junge Leute, welche das sechszehnte Lebensjahr noch nicht zurückgelegt haben, dürfen in diesen Anstalten nicht über zehn Stunden täglich beschäftigt werden.

Die Orts-Polizei-Behörde ist befugt, eine vorübergehende Verlängerung dieser Arbeitszeit zu gestatten, wenn durch Naturereignisse oder Unglücksfälle der regelmäßige Geschäftsbetrieb in den genannten Anstalten unterbrochen und ein vermehrtes Arbeitsbedürfnis dadurch herbeigeführt worden ist.

Die Verlängerung darf täglich nur eine Stunde betragen und darf höchstens für die Dauer von vier Wochen gestattet werden.

§. 4. Zwischen den im vorigen Paragraphen bestimmten Arbeitsstunden ist den genannten Arbeitern Vor- und Nachmittags eine Muße von einer Viertelstunde und Mittags eine ganze Freistunde und zwar jedesmal auch Bewegung in freier Luft zu gewähren.

noch Übersicht 17

§. 5. Die Beschäftigung solcher jungen Leute vor 5 Uhr Morgens und nach 9 Uhr Abends, so wie an den Sonn- und Feiertagen, ist gänzlich untersagt.

§. 6. Christliche Arbeiter, welche noch nicht zur heiligen Kommunion angenommen sind, dürfen in denjenigen Stunden, welche ihr ordentlicher Seelsorger für ihren Katechumenen- und Konfirmanden-Unterricht bestimmt hat, nicht in den genannten Anstalten beschäftigt werden.

§. 7. Der Eigenthümer der bezeichneten Anstalten, welche junge Leute in denselben beschäftigen, sind verpflichtet, eine genaue und vollständige Liste, deren Namen, Alter, Wohnort, Eltern, Eintritt in die Fabrik enthaltend, zu führen, dieselbe in dem Arbeits-Lokal aufzubewahren und den Polizei- und Schulbehörden auf Verlangen vorzulegen.

§. 8. Zuwiderhandlungen gegen diese Verordnung sollen gegen die Fabrikherren, oder deren mit Vollmacht versehenen Vertreter durch Strafen von 1 bis 5 Thalern für jedes vorschriftswidrig beschäftigte Kind geahndet werden.

Die unterlassene Anfertigung oder Fortführung der im §. 7. vorgeschriebenen tabellarischen Liste wird zum ersten Male mit einer Strafe von 1 bis 5 Thalern geahndet; die zweite Verletzung dieser Vorschrift wird mit einer Strafe von 5 bis 50 Thalern belegt. Auch ist die Orts-Polizei-Behörde befugt, die Liste zu jeder Zeit anfertigen oder vervollständigen zu lassen. Es geschieht dies auf Kosten des Kontravenienten, welche zwangsweise im administrativen Wege beigetrieben werden können.

§. 9. Durch vorstehende Verordnung werden die gesetzlichen Bestimmungen über die Verpflichtung zum Schulbesuch nicht geändert. Jedoch werden die Regierungen da, wo die Verhältnisse die Beschäftigung schulpflichtiger Kinder in den Fabriken nöthig machen, solche Einrichtungen treffen, daß die Wahl der Unterrichtsstunden den Betrieb derselben so wenig als möglich störe.

§. 10. Den Ministern der Medizinal-Angelegenheiten, der Polizei und der Finanzen bleibt es vorbehalten, diejenigen besondern sanitäts-, bau- und sittenpolizeilichen Anordnungen zu erlassen, welche sie zur Erhaltung der Gesundheit und Moralität der Fabrikarbeiter für erforderlich halten. Die hierbei anzudrohenden Strafen dürfen 50 Thaler Geld- oder eine diesem Betrag entsprechende Gefängnisstrafe nicht übersteigen.

Berlin, den 9. März 1839.

Königliches Staats-Ministerium.
Friedrich Wilhelm, Kronprinz.
Frh. v. Altenstein. v. Kamptz. Mühler. v. Rochow. v. Nagler. Graf v. Alvensleben. Frh. v. Werther. v. Rauch.

Übersicht 18: Überblick über das Arbeitsschutzsystem

Sachgebiet	Vorschriften und Bestimmungen	Inhalte/Normen
1. Maschinen, Geräte, technische Anlagen	• Gewerbeordnung • Gerätesicherheitsgesetz • Maschinenschutzgesetz	• Standsicherheit • ergonomische Gestaltung • transportgerechte Gestaltung
2. Arbeitsstätten einschließlich Betriebshygiene	• Gewerbeordnung • Arbeitsstättenverordnung	• Mindestgröße der Arbeitsräume • Beleuchtung und Lüftung • Raumtemperatur • Flucht- und Rettungswege • Sozial- und Sanitäreinrichtungen
3. gefährliche Arbeitsstoffe sowie Strahlen	• Arbeitsstoffgesetz • Sprengstoffgesetz • Strahlenschutzverordnung	• Kennzeichnung, Verpackung und Umgang mit gefährlichen Stoffen
4. Arbeitszeit	• Arbeitszeitordnung • Ladenschlußgesetz • Gesetz über Arbeitszeit in Bäckereien und Konditoreien	• werktägliche Arbeitszeit • tägliche und wöchentliche Ruhezeiten • Pausen und Arbeitszeitlänge
5. Schutz besonderer Personengruppen	• Heimarbeitsgesetz • Jugendarbeitsschutz-, Mutterschutzgesetz, Schwerbehindertengesetz, Arbeitnehmerüberlassungsgesetz	• Beschäftigungsverbote • ärztliche Untersuchungen • Pausen und Arbeitszeitlänge
6. Organisation des Arbeitsschutzes im Betrieb	• Arbeitssicherheitsgesetz • Gewerbeordnung • Betriebsverfassungs- und Personalvertretungsgesetz	• Aufgabenfelder, Handlungskompetenz und Zusammenarbeit von Fachkräften für Arbeitssicherheit, Betriebs- und Personalräten

Allgemein formulieren diese Schutzvorschriften einen gesetzlichen Mindeststandard, der von allen Unternehmen zu erfüllen ist. Als abstrakte Rahmenvorschriften sind sie jedoch meist noch konkretisierungsbedürftig, denn Gesetze lassen sich nur sehr schwer allgemeingültig und gleichzeitig so konkret formulieren, daß der komplexen und sich wandelnden (technischen) Materie immer im notwendigen Umfang Rechnung getragen werden kann. Aus diesem Grunde ist das Rahmengesetz auf den jeweils nachgeordneten Ebenen praxisorientiert auszufüllen.

Die Folge dieses gegliederten Regelungssystems ist eine Vielzahl von ausführenden Verordnungen, die zudem noch relativ schnellebig sind. So existieren beispielsweise zu den 14 Paragraphen des Gerätesicherheitsgesetzes rd. 1000 technische Vorschriften; diese füllen den gesetzlichen Rahmen aus und definieren die eigentlichen sicherheitstechnischen Anforderungen.

In den Gesetzen selbst werden die Schutzziele nur allgemein umrissen; hiernach sind Unternehmen beispielsweise dazu verpflichtet,

- die Arbeitsräume und Gerätschaften so einzurichten und die Arbeitszeit so zu regeln, „daß der Handlungsgehilfe gegen eine Gefährdung seiner Gesundheit, soweit es die Natur des Betriebes gestattet, geschützt ist" (§ 62 Handelsgesetzbuch);
- „den Betrieb so zu regeln, daß die Arbeitnehmer gegen Gefahren für Leben und Gesundheit soweit geschützt sind, wie es die Natur des Betriebes gestattet" (§ 120 Gewerbeordnung);
- Gesundheitsgefahren an Maschinen und Geräten soweit zu vermeiden, „wie es die Art der bestimmungsgemäßen Verwendung gestattet" (§ 31 Maschinenschutzgesetz).

Bezug genommen wird weiterhin auf die

- „allgemein anerkannten Regeln der Technik" (Maschinenschutzgesetz) und die „gesicherten arbeitsmedizinischen und sicherheitstechnischen Erkenntnisse" (Arbeitssicherheitsgesetz).

Die Überwachung der Arbeitsschutzgesetze liegt bei den Gewerbeaufsichtsämtern; ihnen kommt die Funktion einer staatlichen ‚Arbeitsschutzpolizei' zu: ihre Aufsichtsbeamten verfügen über die Befugnisse einer Ortspolizeibehörde. Jederzeit können sie Anlagen und Arbeitsschutzbestimmungen überprüfen und bei Nichtbeachtung Bußgelder verhängen und Strafanzeigen erstatten. Anders als die Berufsgenossenschaften ist diese staatliche Behörde regional und nicht branchenmäßig gegliedert; in den etwa 75 Ämtern arbeiten rd. 3000 Aufsichtsbeamte.

c) Wie werden die Arbeitsschutznormen ausgefüllt?

Weder der Staat noch die Berufsgenossenschaften können alle notwendigen Details selbst regeln; die Zuarbeit von Experten ist notwendig. Man orientiert sich hier

Übersicht 19: Schematische Darstellung des Aufbaus von technischen und organisatorischen Vorschriften und Regeln im Arbeitsschutzrecht

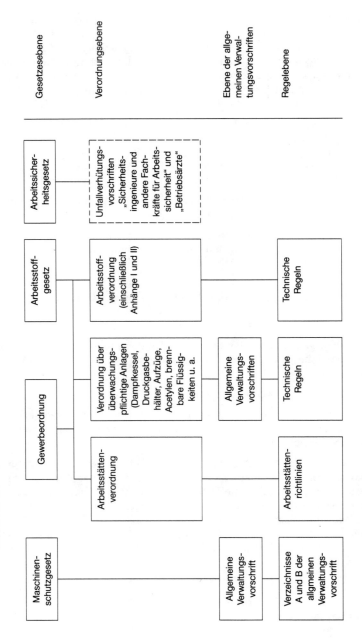

Quelle: A. Mertens, Der Arbeitsschutz und seine Entwicklung, Dortmund 1978, S. 31.

weitgehend an den sicherheitstechnischen Regeln einiger Institutionen wie etwa dem Deutschen Institut für Normung (DIN), dem Verband Deutscher Elektrotechniker (VDE) sowie dem Deutschen Verein der Gas- und Wasserfachmänner. In diesen Institutionen gab es 1978 bereits knapp 4000 Arbeitsausschüsse, in denen 41 000 Personen (Hersteller, Wissenschaftler, Versicherte usw.) ehrenamtlich tätig waren. Auf diese Weise sollen unterschiedliche Standpunkte und Meinungen in die Willensbildung einfließen und erst, wenn die Mehrheit der Experten die diskutierten Regeln akzeptiert, werden sie anerkannt und gelten als in der Praxis erprobt.

Überraschenderweise wird den Arbeitnehmern und ihren Interessenvertretern in diesen für sie äußerst wichtigen Gremien nur eine untergeordnete Rolle eingeräumt. In dem arbeitsschutzpolitisch wichtigen DIN-Ausschuß für Ergonomie z. B. müssen sich die Gewerkschaften mit 15 von ca. 400 Sitzen begnügen. Die Entscheidungsfindung dieser Gremien wird aber wesentlich von ihrer Zusammensetzung bestimmt.

Übersicht 20: Arbeitsschutz und Unfallverhütungsrecht

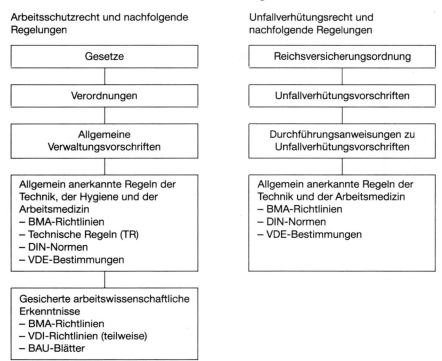

Quelle: A. Mertens, Der Arbeitsschutz und seine Entwicklung, Dortmund 1978, S. 51.

d) Wie ist der betriebliche Arbeitsschutz organisiert?

Die Durchführung der über 40 Arbeitsschutzgesetze und einiger tausend Unfallverhütungsvorschriften obliegt dem Unternehmen. Es ist der Adressat der gesetzlichen Auflagen, die innerbetrieblich durchzuführen und umzusetzen sind. Diese innerbetriebliche Ausfüllung der Arbeitsschutzvorschriften ist dafür besonders ausgebildeten Personen übertragen. Zu ihren Aufgaben zählt sowohl die sicherheitstechnische Überwachung von Maschinen und Geräten wie auch die arbeitsmedizinische Betreuung der Arbeitnehmer.

Diesbezüglich von zentraler Bedeutung ist das Arbeitssicherheitsgesetz von 1973; hiernach muß der Unternehmer sowohl Betriebsärzte wie auch technische Fachkräfte für Arbeitssicherheit einstellen, die ihn bei der Wahrnehmung der Arbeitsschutz-Aufgaben unterstützen. Das Gesetz geht dabei von einem hohen Anspruch aus: Betriebsärzte und technische Fachkräfte haben darüber zu wachen, daß

1. die Arbeitsstätten und Gerätschaften den sicherheitstechnischen Anforderungen entsprechen und
2. sich die Beschäftigten entsprechend den Anforderungen des Arbeitsschutzes und der Unfallverhütung verhalten;
3. zugleich sollen sie den Unternehmer in allen Fragen des Gesundheitsschutzes und „der Arbeitssicherheit einschließlich der menschengerechten Gestaltung der Arbeit" unterstützen und
4. den Arbeitsschutz durchführen sowie die Unfallverhütung beobachten.

Ihr Aufgabenfeld umfaßt also nicht nur die Unfallverhütung, sondern zielt auch auf die menschengerechte Gestaltung der Arbeit ab. Diese Aufgabendefinition beinhaltet einen weit gefaßten Arbeitsschutzbegriff: Es sollen nicht nur Arbeitsunfälle verhindert, sondern nach Möglichkeit soll auch jede Überforderung während der Arbeit vermieden werden.

Insgesamt sind die Handlungsmöglichkeiten von Betriebsarzt und Fachkräften für Arbeitssicherheit relativ weit gesteckt. Entsprechend ihrer Aufgabenteilung konzentrieren sich

- die Fachkräfte für Arbeitssicherheit auf die sicherheitstechnische Überprüfung der Betriebsanlagen und der technischen Arbeitsmittel,
- der Betriebsarzt schwerpunktmäßig auf die medizinische Untersuchung und Betreuung der Arbeitnehmer.

Damit diese Aufgabenbereiche verbunden bleiben, sind beide Gruppen zur Zusammenarbeit verpflichtet. Um den Erfahrungsaustausch zwischen den betrieblichen Akteuren zu garantieren und ihre Arbeit zu koordinieren, ist darüber hinaus ein Sicherheitsausschuß zu bilden, in dem neben den Fachkräften auch Unternehmer und Betriebsrat vertreten sind. Als weitere Gruppe sieht das Gesetz Arbeitnehmer des Betriebes als Sicherheitsbeauftragte vor, die sich vor Ort um Arbeitsschutz und Vermeidung von Gesundheitsgefahren kümmern.

e) Die Praxis des betrieblichen Arbeitsschutzes

In der Praxis wird der hohe Anspruch der Gesetzesnormen jedoch nur unvollständig eingelöst:

- die direkten staatlichen Kontroll- und Eingriffsinstrumente sind relativ spärlich ausgeprägt,
- die fixierten Normen weisen Defizite und Lücken auf,
- gesetzliche Vorschriften werden nicht zwangsläufig voll umgesetzt, weil u. a. betriebliche Widerstände bestehen,
- Belegschaften beachten bestehende Gesundheitsgefahren nicht im erforderlichen Umfang.

Das Arbeitssicherheitsgesetz beispielsweise gilt nicht für alle Betriebe gleichermaßen; fast jeder zweite Arbeitnehmer wird vom Geltungsbereich dieses Gesetzes nicht erreicht: Medizinische Arbeitsschützer müssen erst dann tätig werden, wenn für sie mindestens Arbeit von 60 Stunden oder mehr pro Jahr und Betrieb anfällt. Wann diese Einsatzzeiten erreicht sind, richtet sich nicht nur nach der Beschäftigtenzahl, sondern ebenso nach dem Gesundheitsrisiko der Arbeitnehmer bzw. der Unfallhäufigkeit im Betrieb. Abgestimmt auf die jeweilige Besonderheit der Wirtschaftsbranchen legen die Berufsgenossenschaften die Zeiten fest, die sich der Arbeitsmediziner durchschnittlich dem einzelnen Arbeitnehmer widmen soll. Ob und wie lange die professionellen Arbeitsschützer im Betrieb anwesend sind, ist abhängig von der Beschäftigtenzahl und der Unfallträchtigkeit. Hierin liegt der Grund, warum z. B. Arbeitnehmer in Verwaltungsberufen kaum je einen Betriebsarzt zu Gesicht bekommen.

Von den z. Z. rd. 10 000 *Betriebsärzten* sind lediglich etwa 2500 hauptberuflich tätig. Die Mehrzahl der Arbeitsmediziner sind Freiberufler, die den Betrieben nur zeitlich befristet zur Verfügung stehen. Daneben kann die arbeitsmedizinische Versorgung aber auch überbetrieblichen Zentren anvertraut werden:

- so gründeten die Berufsgenossenschaften in eigener Trägerschaft rd. 120 überbetriebliche arbeitsmedizinische Dienste,
- Unternehmen bzw. private Vereinigungen stellen etwa 100 derartige Einrichtungen zur Verfügung
- und die Technischen Überwachungsvereine führen ca. 30 Zentren in eigener Regie.

Die Unternehmen verfügen also über mindestens drei Alternativen, um die arbeitsmedizinische Betreuung nach dem Arbeitssicherheitsgesetz zu gewährleisten. Nun besitzt nicht jeder Betriebsarzt qua Amtseinsetzung auch die notwendigen arbeitsmedizinischen Qualifikationen; bereits ein Grundkurs von zwei Wochen Dauer gilt für die fachliche Ausbildung von Arbeitsmedizinern als ‚ausreichend'. Eine Mitbestimmung der betrieblichen Interessenvertretung ist aber nur im Falle der Festeinstellung eines Betriebsarztes vorgesehen – in allen anderen Fällen ist die Bestellung des Arztes mitbestimmungsfrei.

Etwas positiver sieht die Versorgung der Betriebe mit *Sicherheitsfachkräften* aus, denn ihr Einsatz kann – im Unterschied zu dem von Arbeitsmedizinern – besser den betrieblichen Gegebenheiten angepaßt werden. Das gesetzliche Erfordernis, daß es sich bei den Fachkräften für Arbeitssicherheit um Ingenieure, Techniker oder Meister handeln muß, deckt sich mit den ohnehin bestehenden betrieblichen Notwendigkeiten. Andererseits begründet diese Tatsache natürlich auch Rollenkonflikte in den Fällen, in denen der Sicherheitsfachkraft gleichzeitig leitende Unternehmensaufgaben übertragen sind.

Gegenwärtig gibt es etwa 60 000 Sicherheitsfachkräfte; hierbei handelt es sich um

- etwa 14 000 Ingenieure, die zu 20% hauptberuflich im Arbeitsschutz eingesetzt sind,
- etwa 12 000 Techniker, davon 17% hauptberuflich als Sicherheitsfachkraft,
- etwa 34 000 Meister, von denen 10% ausschließlich im Arbeitsschutz eingesetzt sind.

Die Einsatzzeiten dieser Fachkräfte werden von den Berufsgenossenschaften nach dem gleichen Berechnungsverfahren bestimmt wie die der Mediziner. Die auf den ersten Blick vielleicht hoch erscheinende Zahl der Arbeitsschutz-Akteure reduziert sich damit bei näherer Betrachtung auf sehr viel bescheidenere Größenordnungen. So kommen z. B. Untersuchungen zu dem Ergebnis, daß in nur ¼ aller Betriebe regelmäßig arbeitsmedizinische Untersuchungen durchgeführt werden und die Einsatzzeiten von Sicherheitsfachkräften im Büro- und Verwaltungsbereich pro Jahr und Arbeitnehmer rechnerisch zwischen 12 Sekunden (!) und höchstens 2 Stunden schwanken.

f) Aufgabenwahrnehmung der überbetrieblichen Aufsichtsdienste

Gewerbeaufsicht und Berufsgenossenschaften führen jährlich rd. 500 000 Betriebsbesichtigungen durch; dies reicht allerdings nicht aus, um alle Betriebe bezüglich der Einhaltung von Arbeitsschutzvorschriften systematisch zu überprüfen. Jährlich werden nur rd. 20% aller Betriebe besichtigt, wobei sich der Schwerpunkt der Aufsichtsdienst-Aktivitäten auf die Großunternehmen konzentriert. Die Nichtbeachtung von Arbeitsschutz-Normen dürfte aber in Klein- und Mittelbetrieben ausgeprägter sein als in Großbetrieben.

Tabelle 11: Regelmäßige arbeitsmedizinische Untersuchungen durch den Betriebsarzt nach Betriebsgrößenklassen (in % der Befragten)

In Betrieben mit... AN	– 50	– 100	– 500	– 1000	– 2000	> 2000	Gesamt
regelmäßige Untersuchungen ja	16,4	25,9	25,6	24,4	21,2	28,4	25,3
nein	83,3	74,1	74,4	75,6	78,8	71,6	74,6

Quelle: R. Rosenbrock, Arbeitsmediziner und Sicherheitsexperten im Betrieb, Frankfurt/New York 1982, S. 141.

Wie notwendig diese betrieblichen ‚Revisionsmaßnahmen' sind, läßt sich daran erkennen, daß die Gewerbeaufsichtsbeamten durchschnittlich drei Verstöße pro Betriebsbesichtigung feststellen. Bestehen unmittelbare Gefahren für Leben und Gesundheit der Arbeitnehmer, können die Beamten Ge- oder Verbote erlassen. Kommt das Unternehmen diesen Anordnungen nicht nach, so können die Auflagen auf dem Verwaltungswege durchgesetzt werden. Zusätzlich haben die Gewerbeaufsichtsämter die Möglichkeit,

- die Betroffenen zu verwarnen,
- einen Bußgeldbescheid zu erlassen und
- bei Verdacht auf strafbare Handlungen Strafanzeige zu erstatten.

Die Unfallversicherungsträger verfügen über ähnliche Handlungs- und Sanktionsmöglichkeiten. Abweichend von den Gewerbeaufsichtsämtern können die Berufsgenossenschaften allerdings die Anordnung nicht autonom durchsetzen, sondern sind auf die Mithilfe der über polizeiliche Befugnisse verfügenden Gewerbeaufsichtsbeamten angewiesen.

Tabelle 12: Von den Aufsichtsdiensten besichtigte Betriebe/Unternehmen im Jahre 1982 nach Größenklassen

Zahl der versicherten Arbeitnehmer	Gewerbeaufsicht		Gewerbliche Berufsgenossenschaft	
	Betriebe insgesamt	Anteil an Betriebsgröße in vH	Unternehmen insgesamt	Anteil an Betriebsgröße in vH
1– 19	288 784	17,5	259 254	17,7
20–199	49 770	39,6	54 509	48,8
200–999	7 241	63,4	7 349	75,9
1000 u. m.	1 258	83,1	1 453	81,9

Quelle: eigene Berechnungen nach Unfallverhütungsbericht 1982, BT-Drucksache 10/618.

Übersicht 21: Aufsichtstätigkeit der Gewerbeaufsichtsämter im Jahre 1982

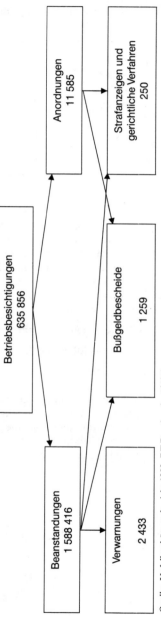

Quelle: Unfallverhütungsbericht 1982, BT-Drucksache 10/618.

VII. Die Entgeltfortzahlung im Krankheitsfall

Der Gesundheitszustand des Arbeitnehmers kann seine wirtschaftliche Stellung in erheblichem Maße beeinflussen: Die Pflichten aus dem Arbeitsverhältnis können nicht mehr erfüllt werden, der Tausch Arbeitsleistung – Lohn wird unterbrochen und die ökonomische Existenzsicherung des Arbeitnehmers ist gefährdet. Daher ist die materielle Absicherung bei Krankheit ein wichtiges Element der sozialen Sicherung. Grundsätzlich sind hier zwei unterschiedliche Unterstützungssysteme denkbar:

- der Lohn(ersatz) kann durch die aus Beiträgen finanzierte Krankenversicherung gewährt (sozialrechtliche Lösung)

oder

- durch den Arbeitgeber in Form der Lohn-/Gehaltsfortzahlung gesichert werden (arbeitsrechtliche Lösung).

Welche dieser Lösungen zu verwirklichen sei, war lange Zeit – und ist neuerdings wieder – heftig umstritten.

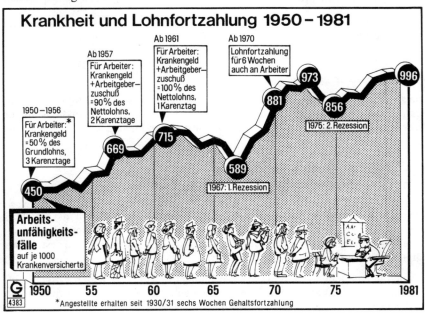

Als im Jahre 1970 das Lohnfortzahlungsgesetz in Kraft trat, hatten die Auseinandersetzungen über Form und Zuständigkeit der Einkommenssicherung für die *Arbeiter* im Krankheitsfall bereits Jahrzehnte gedauert.

Angestellte dagegen erhalten bei Krankheit schon länger – zum Teil seit über 100 Jahren – eine Gehaltsfortzahlung von seiten ihres Arbeitgebers. Bereits 1861 wurde dieser Anspruch den *kaufmännischen* Angestellten gesetzlich garantiert; aber auch schon vorher entsprach es weitgehend den „Gepflogenheiten" unter den Arbeitgebern, das Gehalt für ihre zahlenmäßig noch nicht sehr ins Gewicht fallenden „Privatbeamten" auch im Krankheitsfalle weiterzuzahlen. 30 Jahre später wurde diese Fürsorgepflicht der Unternehmer auf die *technischen* Angestellten ausgeweitet. Mit Verabschiedung des Bürgerlichen Gesetzbuches im Jahre 1896 wurde dieser Anspruch auch für die übrigen Angestellten festgeschrieben – gleichzeitig aber den Unternehmen ein arbeitsvertraglicher Ausschluß dieser Verpflichtung eröffnet. Erst in der Weltwirtschaftskrise 1930/31 wurde diese Ausschlußmöglichkeit beseitigt und die Unternehmer generell zu einer 6wöchigen Gehaltsfortzahlung verpflichtet. Damit entfiel für diese Zeitspanne gleichzeitig auch die Verpflichtung der Krankenkassen zur Zahlung von Krankengeld, welches bis dahin auch bei Gehaltsfortzahlung zu gewähren war.

Arbeiter waren im Krankheitsfall lange Jahre hindurch schlechter gestellt als Angestellte. Erst im Laufe der fünfziger und sechziger Jahre wurden – vor allem durch einen mehrwöchigen Streik der schleswig-holsteinischen IG Metall vorangetrieben –

- das Krankengeld von ursprünglich 50 v. H. des Grundlohns durch Arbeitgeberzuschüsse stufenweise auf 100 v. H. des Nettolohns angehoben

und auch

- die Karenztage beseitigt.

Die angestrebte gesetzliche Lösung ließ allerdings noch bis 1969/70 auf sich warten. Erst ab diesem Zeitpunkt ist die materielle Absicherung im Krankheitsfall für Arbeiter und Angestellte weitgehend übereinstimmend geregelt.

1. Welche materielle Sicherung besteht bei krankheitsbedingter Arbeitsunfähigkeit?

Für beide Arbeitnehmergruppen muß der Arbeitgeber das volle Arbeitsentgelt bis zu sechs Wochen weiterzahlen, ohne daß der Arbeitnehmer für diese „Vergütung ohne Gegenleistung" vor- oder nacharbeiten muß. Er wird vielmehr so gestellt, als hätte er seine Arbeitspflicht erfüllt, d. h.:

- auch Überstunden gehen in die Berechnung des fortzuzahlenden Entgelts ein, wenn sie in der Vergangenheit regelmäßig geleistet wurden und auch während der Dauer der Arbeitsunfähigkeit anfallen;

- bei leistungsbezogenem Entgelt wird der Durchschnittsverdienst der letzten drei Monate zugrunde gelegt;

- auch Gefahren-, Erschwernis- und Nachtzulagen sowie Sachbezüge oder freiwillige betriebliche Sozialleistungen werden weitergezahlt.

Kurzfristig Erkrankte sind damit ökonomisch abgesichert; da nicht nur das Netto-, sondern das sozialversicherungspflichtige Bruttoeinkommen fortgezahlt wird, bleibt der Arbeitnehmer während der Krankheitszeit in der Renten-, Kranken- und Arbeitslosenversicherung beitragszahlendes Mitglied und erleidet dadurch auch in diesen Sicherungssystemen keine Nachteile.

2. Wer hat unter welchen Voraussetzungen Anspruch auf Entgeltfortzahlung?

Einzige Voraussetzung für einen Anspruch auf Lohn- oder Gehaltsfortzahlung ist das Bestehen eines Arbeitsverhältnisses sowie das Vorliegen krankheitsbedingter Arbeitsunfähigkeit.

Keine Rolle spielen damit etwa:

- das Vorliegen der Sozialversicherungspflicht,

- die Höhe des Einkommens,

- das Alter des Arbeitnehmers oder

- die Dauer seiner Betriebszugehörigkeit.

Auch ist keine Wartezeit – etwa vergleichbar der Renten- oder Arbeitslosenversicherung – erforderlich, um einen Anspruch auf Entgeltfortzahlung zu erlangen. Von diesen Grundsätzen wird allerdings bei *Arbeitern* teilweise abgewichen; sie haben *keinen Anspruch* auf Lohnfortzahlung, *wenn*:

- das Arbeitsverhältnis auf höchstens 4 Wochen begrenzt ist

  oder

- die Beschäftigungsdauer 10 Wochenstunden bzw. 45 Arbeitsstunden im Monat nicht überschreitet.

Diese Arbeiter werden somit auf das Krankengeld der gesetzlichen Krankenkasse verwiesen; besteht aber keine Krankenversicherungspflicht, so muß das Einkommensrisiko bei arbeitsunfähiger Erkrankung individuell getragen werden. Auch *Heimarbeiter* und *Schwangere* haben nur bedingt Anspruch auf Entgeltfortzahlung. Diese Personengruppen erhalten Krankengeld bzw. Mutterschaftsgeld und können lediglich den Differenzbetrag zu ihrem normalerweise erzielten Arbeitseinkommen vom Arbeitgeber verlangen.

Tabelle 13:

Pflichtversicherte Mitglieder in der Gesetzlichen Krankenversicherung
mit Entgeltfortzahlungsanspruch 1983

	Mit Anspruch auf Entgeltfortzahlung für mindestens 6 Wochen	ohne Anspruch auf Entgeltfortzahlung
insgesamt	18 118 095	73 022
davon:		
– Männer in vH	56,9	23,5
– Frauen in vH	43,1	76,5

Quelle: Bundesarbeitsblatt 3/1985, S. 161, sowie eigene Berechnungen.

Von den über 18 Millionen pflichtversicherten Personen in der Gesetzlichen Krankenversicherung haben lediglich 73 000 keinen Anspruch auf Entgeltfortzahlung, erhalten aber bei Arbeitsunfähigkeit Krankengeld. Hiervon sind vor allem *Arbeiterinnen* betroffen, die mehrere „geringfügige Beschäftigungen" nebeneinander ausüben und damit zwar krankenversicherungspflichtig sind, bei denen aber die Dauer der einzelnen Arbeitsverhältnisse je für sich unterhalb der oben genannten wöchentlichen bzw. monatlichen Schwellenwerte für die Lohnfortzahlung liegt.

3. Spielen die Ursachen der Erkrankung eine Rolle?

Krankheitsbedingte Arbeitsunfähigkeit liegt vor, wenn dem Arbeitnehmer eine Ausübung seiner Tätigkeit aus gesundheitlichen Gründen nicht mehr möglich ist oder aber eine Weiterarbeit eine baldige Verschlechterung des Gesundheitszustands befürchten läßt. Für die Entgeltfortzahlungspflicht des Arbeitgebers ist es hierbei gleichgültig, wann und bei welcher Gelegenheit der Arbeitnehmer erkrankt ist, ob die Erkrankung mit der Arbeitsleistung im Zusammenhang steht oder aus einem Verkehrs- oder Sportunfall während der Freizeit resultiert. Ausschlaggebend ist daher grundsätzlich allein der Tatbestand der Arbeitsunfähigkeit und nicht ihre konkrete Ursache.

Bei grobem Fehlverhalten allerdings spielt die Verschuldensfrage eine Rolle. Schwerwiegendes Eigenverschulden des Arbeitnehmers schließt den Lohnfortzahlungsanspruch nämlich aus; leichtfertiges Verhalten führt dagegen nicht zum Verlust des Entgeltanspruchs. Entbunden wird der Arbeitgeber von seiner Leistungsverpflichtung u. a. in den folgenden Fällen:

- bei Verkehrsunfällen wegen grob fahrlässigem Verstoß gegen Verkehrsvorschriften (z. B. Trunkenheit am Steuer);

- bei Verletzungen, die auf Schlägereien zurückzuführen sind;
- bei Erkrankungen durch Schwarz- und Nebenarbeit;
- bei gesundheitswidrigem Verhalten während des Genesungsprozesses;
- bei besonders gefährlichen Sportarten, die die Leistungsfähigkeit des Arbeitnehmers wesentlich übersteigen.

Nur in diesen und gleichgelagerten Fällen führt also die Ursache der Erkrankung zu einem Verlust des Anspruchs auf Entgeltfortzahlung im Krankheitsfall.

4. Wie lange und wie oft wird Entgeltfortzahlung gewährt?

Alle bestehenden gesetzlichen Bestimmungen sehen die Entgeltfortzahlung für eine Zeit von maximal sechs Wochen vor. Bei einer 5-Tage-Woche besteht der Anspruch für 30 Arbeitstage, bei einer 6-Tage-Woche für 36 Arbeitstage. Innerhalb dieser Frist ist für Arbeiter und Angestellte eine nahtlose Weiterzahlung der Arbeitsvergütung garantiert. Karenztage vor dem Einsetzen der Entgeltfortzahlung gibt es auch für Arbeiter heute nicht mehr. Auf die 6wöchige Anspruchsdauer dürfen weder

- Mutterschutzfristen noch
- bezahlter oder unbezahlter Urlaub oder
- vor- und nachgearbeitete Tage usw.

angerechnet werden. *Kein Anspruch* auf Entgeltfortzahlung besteht dagegen für Erkrankungen während eventueller *Streiktage* und *Aussperrungszeiten*.

Wird ein Arbeitnehmer häufiger kurzfristig wegen derselben Krankheit arbeitsunfähig, so werden diese Zeiten zusammengezählt. Ist die Anspruchsdauer von sechs Wochen ausgeschöpft, so erlischt auch die Lohn- oder Gehaltsfortzahlungspflicht des Arbeitgebers. Ein Anspruch entsteht erst dann wieder, wenn die neuerliche Arbeitsunfähigkeit durch eine andere Krankheit ausgelöst wird bzw. – bei gleicher Krankheitsursache – zwischenzeitlich über einen längeren Zeitraum hinweg wieder gearbeitet wurde. Je nach Krankheitsursache und Dauer der Arbeitsunfähigkeit können daher folgende Fälle auftreten:

- Ist eine häufigere Arbeitsunfähigkeit durch unterschiedliche Krankheiten verursacht, so erwirbt der Arbeitnehmer jeweils einen neuen Entgeltfortzahlungsanspruch für die Dauer von maximal sechs Wochen.
- Bei wiederholter Arbeitsunfähigkeit durch dasselbe Leiden bzw. Gebrechen *erlischt* der Anspruch auf Entgeltfortzahlung nach insgesamt sechs Wochen. Einen neuen Anspruch erwirbt der Arbeitnehmer erst, wenn er zwischenzeitlich mindestens sechs Monate gearbeitet hat oder seit der Ersterkrankung mehr als

zwölf Monate vergangen sind. Sinn dieser Befristung ist es, die Belastungen der Unternehmen bei Fortsetzungserkrankungen möglichst auf eine bestimmte Zeit pro Jahr zu begrenzen. Wegen derselben Krankheit besteht daher innerhalb eines Jahres ein Entgeltfortzahlungsanspruch für eine Dauer von höchstens zwölf Wochen.

- Verlängert sich eine Arbeitsunfähigkeit wegen einer zweiten, hinzutretenden Krankheit über die 6-Wochen-Frist hinaus, so gelten die Krankheitsursachen nach herrschender Rechtslehre als eine *Einheit*. Ein neuer Anspruch wird demnach *nicht* ausgelöst.

> **Beispiele:**
> Der Arbeiter Karl Müller erkrankt vom 6. bis 18. Dezember 1982 (= 2 Wochen) und vom 31. Januar bis zum 26. Februar 1983 (= 4 Wochen) wegen Mageninfektion. Sein Lohn muß während dieser Zeiten der Arbeitsunfähigkeit weitergezahlt werden, da die Schutzfrist nicht überschritten wird.
>
> Bei erneuter Arbeitsunfähigkeit wegen derselben Krankheit vom 4. bis 9. April 1983 besteht wegen Überschreitens der 6-Wochen-Frist kein Anspruch auf Weiterzahlung des Lohns; Karl Müller erhält für diese Woche von seiner Krankenkasse Krankengeld. Ein neuer Lohnfortzahlungsanspruch gegen den Arbeitgeber lebt erst wieder auf, wenn Karl Müller wenigstens bis zum 5. September 1983 ununterbrochen gearbeitet hat. Ist dies nicht der Fall, so muß erst ein Zeitraum von 12 Monaten seit der Ersterkrankung verstrichen sein; spätestens am 7. Dezember hat Karl Müller bei Mageninfektion wieder einen Lohnfortzahlungsanspruch von 6 Wochen.
>
> Erkrankt er zwischenzeitlich wegen eines Armbruchs (20. Juni bis 30. Juli 1983 = 6 Wochen), so hat er einen Anspruch auf Lohnfortzahlung, da die Arbeitsunfähigkeit auf eine andere Krankheitsursache zurückzuführen ist.

Arbeitnehmer, die während eines Jahres die gleiche Anzahl von Arbeitsunfähigkeitstagen aufweisen, können also sehr unterschiedliche Ansprüche auf Entgeltfortzahlung haben: wegen derselben Ursache Erkrankte haben höchstens zweimal im Jahr Anspruch auf Entgeltfortzahlung für jeweils 6 Wochen, während bei wegen unterschiedlicher Ursachen Erkrankten jede neu auftretende Arbeitsunfähigkeit einen eigenen Anspruch auf Entgeltfortzahlung auslöst.

5. Tarifverträge und Entgeltfortzahlung

Der gesetzlich garantierte Entgeltfortzahlungsanspruch endet nach sechs Wochen; dauert jedoch die Erkrankung eines Arbeitnehmers länger, so erhält er bis zur 78. Krankheitswoche Krankengeld aus der gesetzlichen Krankenversicherung. Die Einkommenssicherung im Krankheitsfall ist damit wie folgt geregelt:

Entgeltfortzahlung durch den Arbeitgeber	6 Wochen
Krankengeld durch die Krankenkasse	72 Wochen
Einkommenssicherung bei Krankheit für maximal	78 Wochen

Die Berechnungsmethoden für die Höhe dieser beiden Unterstützungsarten unterscheiden sich allerdings erheblich:

- die Entgeltfortzahlung berücksichtigt das Bruttoeinkommen, das der Arbeitnehmer erzielt hätte, wenn er nicht arbeitsunfähig erkrankt wäre;

- die Krankenkasse aber zahlt nur 80 v. H. des versicherungspflichtigen Bruttoeinkommens – maximal aber die Höhe des bisherigen Nettoeinkommens.

Alle Arbeitnehmer, deren monatliches Einkommen oberhalb der Versicherungspflichtgrenze in der gesetzlichen Krankenversicherung liegt (1984 = 3900 DM monatlich), erhalten somit ein Krankengeld, das unterhalb des bisherigen Nettoverdienstes liegt. Außerdem wurden bis einschließlich 1983 vom Krankengeld keine Sozialversicherungsbeiträge abgeführt, so daß Arbeitnehmer ab der 7. Krankheitswoche weder in der Renten- noch in der Arbeitslosenversicherung beitragspflichtig waren. Seit 1984 hat sich dieser Zustand geändert; nunmehr werden vom Krankengeld Beiträge für diese Versicherungszweige abgeführt – allerdings um den Preis, daß das verfügbare Krankengeld um rd. 11,5 v. H. sinkt. Damit ist eine Sicherung des vormaligen (Netto-)Einkommens bei längerer Krankheit nicht mehr garantiert.

Beispiel: Einkommenseinbußen eines alleinverdienenden verheirateten Arbeitnehmers ohne Kinder im Krankheitsfalle mit einem regelmäßigen monatlichen Arbeitslohn von 2500 DM und einmaligen Sonderzahlungen von 3750 DM

Einkommensart	materielles Leistungsniveau (netto) DM	Einbußen gegenüber Arbeitsentgelt		Einbußen gegenüber beitragsfreiem Krankengeld	
		DM	in %	DM	in %
durchschnittl. monatlicher Arbeitslohn	1 989,20	–	–	–	–
Krankengeld (alt)	1 788,25	200,95	10,1	–	–
Krankengeld seit 1. 1. 1984	1 581,70	407,50	20,5	206,55	11,55

Dies wird z. T. gedoch dadurch kompensiert, daß jeder zweite Arbeitnehmer aufgrund einschlägiger Tarifverträge einen längeren als den gesetzlichen Entgeltfortzahlungsanspruch hat. Meist ist dieser erweiterte Anspruch nach der Dauer der Betriebszugehörigkeit der Arbeitnehmer gestaffelt und steigt in Einzelfällen bis auf 78 Wochen.

Tabelle 14:

Anteil der Arbeitnehmer mit tarifvertraglichem Anspruch auf Entgeltfortzahlung über die gesetzliche 6-Wochen-Frist hinaus, in v. H.

	1981	1982
insgesamt	51	54
bei Arbeitsunfähigkeit wegen Arbeitsunfall	56	60

Quelle: BMAS, Tarifvertragliche Arbeitsbedingungen im Jahre 1982, vervielfältigtes Manuskript, Bonn 1983.

Nachdem seit 1970 auch für Arbeiter die Lohnfortzahlung gesetzlich geregelt war, schienen derartige Tarifverträge überflüssig zu werden. Zwar verlagerten sie Kosten von der Krankenkasse, die Krankengeldzahlungen einspart, auf die Unternehmen und entlasteten damit die Solidargemeinschaft – doch waren diese Verlagerungen für die Masse der Arbeitnehmer kaum spürbar. Mit der Absenkung des Krankengeldes ab 1984 erhalten diese Tarifverträge aber wieder erhöhte Bedeutung, denn sie sichern den von ihnen erfaßten Arbeitnehmern das bisherige (Netto-) Einkommen auch über die gesetzliche 6-Wochen-Frist hinaus.

6. Krankmeldung und Kontrolle der Arbeitsunfähigkeit

Um einen Entgeltfortzahlungsanspruch geltend machen zu können, muß der erkrankte Arbeitnehmer unverzüglich den Arbeitgeber benachrichtigen. Mitzuteilen sind die Erkrankung selbst und die voraussichtliche Dauer der Abwesenheit; in der Regel muß diese Anzeige am ersten Krankheitstag erfolgen. *Arbeiter* müssen außerdem bis zum dritten Krankheitstag eine ärztliche Bescheinigung über die Arbeitsunfähigkeit vorlegen. Erst dieses Attest gilt als Nachweis der Erkrankung und Voraussetzung für die Lohnfortzahlung. Im Unterschied zu den Angestellten müssen sie auch bei kurzfristigen Erkrankungen eine ärztliche Bescheinigung vorlegen. *Angestellten* wird dagegen immer noch mehr Verantwortungsbewußtsein zugesprochen, da für sie keine ausdrückliche gesetzliche Verpflichtung besteht, eine ärztliche Bescheinigung über die Arbeitsunfähigkeit während der ersten drei Tage vorzulegen.

Der Arbeitgeber kann die Entgeltfortzahlung nur verweigern, wenn der Arbeitnehmer diesen Verpflichtungen oder einer Vorladung zum *vertrauensärztlichen Dienst* der Krankenkasse nicht nachkommt. Hat der Arbeitgeber begründete Zweifel an einer ärztlichen Arbeitsunfähigkeitsbescheinigung, so kann er über die zuständige Krankenkasse die Einschaltung eines Vertrauensarztes verlangen, der den Gesundheitszustand des Arbeitnehmers erneut begutachtet. Mit Inkrafttreten des Lohnfortzahlungsgesetzes wurde die Kontrollfunktion des vertrauensärztlichen Dienstes erheblich reduziert und von der bis dahin üblichen Praxis der Massenvorladung Abstand genommen. Dieses Instrument erwies sich nämlich als unwirksames Mittel, den Krankenstand zu regulieren oder zu begrenzen. Die hohen Vorladequoten von bis zu 40 v. H. der Erkrankten wirkten zwar disziplinierend, hatten aber auf die Entwicklung des Krankenstandes keinen nennenswerten Einfluß. Trotzdem wurde die Kontrollinstanz „vertrauensärztlicher Dienst" im Jahre 1983 wieder ausgebaut, um – so die Begründung – die mißbräuchliche Inanspruchnahme der Entgeltfortzahlung einzuschränken.

Tabelle 15:
Begutachtung erkrankter Arbeitnehmer durch den vertrauensärztlichen Dienst in vH des Krankenstandes

Jahr	Begutachtungsfälle in vH des Krankenstandes
1955	27,3
1960	41,4
1965	36,5
1970	5,6
1975	4,8
1980	4,9

Quelle: M. Schlegel, Krankenstand, in: Die Ortskrankenkasse, Nr. 15/1982, S. 518.

7. Welche unterschiedlichen Regelungen bestehen noch zwischen Arbeitern und Angestellten im Krankheitsfall?

Obwohl die Arbeiter durch das Lohnfortzahlungsgesetz in den wichtigsten Punkten mit den Angestellten gleichgestellt wurden, bestehen nach wie vor Unterschiede, die nicht am Gefährdungstatbestand, sondern am sozialen Status ansetzen und die durch die Besserstellung der Angestellten letztlich die Arbeiter diskriminieren. Dies zeigt sich vor allem in den folgenden Punkten:

Übersicht 22:

Anspruchsvoraussetzungen für die Entgeltfortzahlung bei Arbeitern und Angestellten

Arbeiter	Angestellte
• die Arbeit muß aufgenommen worden sein	• der Vertrag muß geschlossen, die Arbeit aber noch nicht aufgenommen worden sein
• die Beschäftigungsdauer muß mehr als 10 Wochenstunden bzw. 45 Stunden im Monat betragen	• keine vergleichbare Regelung
• bei Aushilfstätigkeiten muß die Beschäftigungsdauer mehr als 4 Wochen betragen	• keine vergleichbare Regelung
• für die ersten drei Krankheitstage muß ein ärztliches Attest vorgelegt werden	• für die ersten drei Krankheitstage ist ein ärztliches Attest nicht erforderlich
• der Lohnfortzahlungsanspruch für eine Schonzeit im Anschluß an eine Kur setzt die Arbeitsunfähigkeit voraus	• bei Angestellten wird das Gehalt in solchen Fällen auch bei Arbeitsfähigkeit weitergezahlt

Arbeiter haben also strengere Voraussetzungen für die Inanspruchnahme der Entgeltfortzahlung zu erfüllen als Angestellte. Dies gilt sowohl bezüglich des begünstigten Personenkreises, des Beginns der Lohnfortzahlung wie auch der Pflicht zur Krankmeldung und des Nachweises der Arbeitsunfähigkeit. Diese Relikte aus der Vergangenheit haben selbst die Reformbestrebungen der siebziger Jahre überdauert. Für die Mehrzahl der Arbeiter wirken sich die aufgeführten Unterschiede allerdings nur selten aus.

8. Die Entwicklung des Krankenstandes

Die Einkommenssicherung der Arbeitnehmer im Krankheitsfall verursacht bei den Unternehmen Kosten; daher werden in letzter Zeit verstärkt Forderungen nach einer „Auflockerung" der Entgeltfortzahlung laut. Der im Konjunkturverlauf schwankende Krankenstand dient hierbei als ausreichender Beleg für die Existenz und das Ausufern einer angeblichen Flut von Mißbrauchsfällen. Nun kann ein *Zusammenhang zwischen gesamtwirtschaftlicher Entwicklung und der Höhe des Krankenstandes* nicht geleugnet werden; deutlich ausgeprägt war diese Wechselwirkung zwischen ungünstiger Arbeitsmarktlage und sinkendem Krankenstand insbesondere in den fünfziger und sechziger Jahren (vgl. Schaubild S. 123). Auch mit den Kriseneinbrüchen 1974/75 und seit 1980 ist der Krankenstand der Versicherten kontinuierlich gesunken. Waren 1980 noch 5,9% krank gemeldet, so verminderte sich der Krankenstand bis 1983 auf 4,6% der Arbeitnehmer.

Durchschnittlich wird jeder Arbeitnehmer einmal im Jahr krank und muß im Schnitt ca. 20 Tage von der Arbeit fernbleiben. Die durchschnittliche Dauer eines Arbeitsunfähigkeitsfalles nimmt dabei mit dem Alter zu. Arbeitnehmer im Alter von 55 bis 60 Jahre beispielsweise sind etwa dreimal so lange krank wie ihre Arbeitskollegen im Alter von 15 bis 20 Jahren.

Was den Kranken fehlt, darüber gibt eine Auswertung des Bundesverbandes der Betriebskrankenkassen für 1983 Aufschluß:

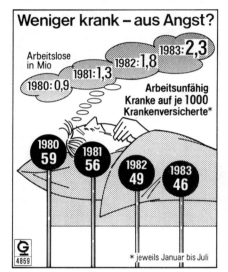

Danach sind Erkrankungen der Atmungsorgane, also Erkältungen und Bronchitis, die Krankheitsursache Nr. 1; 28% aller Krankmeldungen entfallen hierauf. An zweiter Stelle rangieren mit 20% Rücken-, Gelenk- und Muskelkrankheiten, wie Ischiasschmerzen, Bandscheibenbeschwerden, Kreuzschmerzen, Rheuma sowie Gelenk- oder Sehnenscheidenentzündungen. In jedem siebten Fall führen Prellungen, Quetschungen und sonstige Verletzungen zur Krankmeldung. Mit elf Prozent klagen die Arbeitnehmer auch recht häufig über Magenkrankheiten.

Die Schwankungen des Krankenstandes im Konjunkturverlauf als Hinweis für die mißbräuchliche Inanspruchnahme der Entgeltfortzahlung zu interpretieren, erscheint aus folgenden Gründen problematisch:

- Zum einen haben nach wie vor die behandelnden Ärzte einen entscheidenden Einfluß auf die Entwicklung des Krankenstandes. Da sie die Arbeitsunfähigkeit attestieren müssen, ist hier bereits ein wirksamer Mißbrauchsfilter vorhanden.
- Zum anderen sinkt der Krankenstand in Krisenzeiten hauptsächlich wegen einer zunehmenden Angst vor Arbeitsplatzverlust. Bekanntlich bilden krankheitsbe-

dingte Fehlzeiten gerade in wirtschaftlichen Krisen ein Selektionskriterium für Entlassungen. Der in letzter Zeit überaus starke Rückgang von Kuranträgen ist u. a. ein Beleg dafür, daß viele Arbeitnehmer nach dem Motto „Nur nicht auffallen" handeln. Auch eine im Auftrag des Bundesministeriums für Arbeit und Sozialordnung durchgeführte Untersuchung weist aus, daß von den seit 1975 aus dem Beschäftigungssystem ausgeschiedenen älteren Arbeitnehmern 40 v. H. des öfteren und weitere 40 v. H. manchmal ihrer Arbeit trotz Krankheit nachgegangen sind. Derartige Ergebnisse deuten eher auf ein übersteigertes, weil gesundheitsschädigendes Pflichtbewußtsein als auf Mißbräuche hin.

- Daß dies nicht nur für ältere Arbeitnehmer gilt, zeigen die Ergebnisse einer Untersuchung des Landesverbandes der Betriebskrankenkassen Hessens aus dem Jahre 1979. Von 3500 untersuchten Arbeitnehmern aus zehn Großbetrieben

    – bedurften 80 v. H. einer ärztlichen Behandlung,

    – wurden für 21 v. H. Sanatoriumskuren beantragt und

    – mußten 3 v. H. direkt vom Arbeitsplatz ins Krankenhaus eingewiesen werden.

- Wenn Arbeitnehmer massenhaft ungerechtfertigt „krankfeiern" würden, dann müßte mit Inkrafttreten des Lohnfortzahlungsgesetzes und der starken Einschränkung von Vorladungen zum vertrauensärztlichen Dienst Anfang der siebziger Jahre ein enormer Anstieg des Krankenstandes festzustellen sein; der Krankenstand blieb jedoch auf dem gleichen Niveau wie in den Vorjahren. Eine Langfristbetrachtung zeigt sogar einen seit 1960 tendenziell sinkenden Krankenstand.

- In Krisenzeiten sind gesundheitlich beeinträchtigte Arbeitnehmer stärker von Arbeitslosigkeit betroffen bzw. scheiden durch Frühverrentung aus dem Erwerbsleben aus, so daß der Krankenstand der im Betrieb Verbleibenden statistisch sinken muß.

9. Die Kosten der Entgeltfortzahlung

Die Kosten der Lohn- und Gehaltsfortzahlung tragen die Unternehmen; ihre jeweilige Höhe wird dabei maßgeblich beeinflußt vom Krankheitsrisiko der Belegschaft, der Krankheitsdauer und dem Einkommen der Arbeitnehmer. Für 1980 wurden diese Kosten von der Bundesregierung mit gut 27 Mrd. DM ausgewiesen. Hinzu kamen weitere 500 Mio. DM für tarifvertragliche oder freiwillige Beihilfen im Krankheitsfall. Für jene Arbeitnehmer, denen kein Anspruch auf Entgeltfortzahlung zustand oder die bereits die 6-Wochen-Frist überschritten hatten, zahlten die Krankenkassen darüber hinaus noch einmal rd. 7 Mrd. DM Krankengeld.

Damit belief sich der Anteil der durch die Unternehmen finanzierten Entgeltfortzahlung an den Gesamtkosten für die Gesundheitssicherung in der Bundesrepublik im Jahre 1980 auf gut 18 v. H.

Tabelle 16:

Kosten der Lohn- und Gehaltsfortzahlung in Unternehmen des Produzierenden Gewerbes mit zehn und mehr Arbeitnehmern 1978

	je Arbeitnehmer in DM	Summe in Mrd. DM	Anteil in vH der Lohn- und Gehaltssumme
insgesamt	1309	9,4	4,2
Arbeiter	1387	7,0	5,1
Angestellte	1129	2,4	2,7

Quelle: Statistisches Bundesamt, Personalkostenerhebung 1978, eigene Berechnungen.

Durch die Entgeltfortzahlung wurden die Unternehmen pro Arbeitnehmer und Jahr in 1978 mit gut 1300 DM belastet. Infolge ihres höheren Gesundheitsrisikos lag dieser Wert für Arbeiter etwas höher, für Angestellte dagegen niedriger. Bezogen auf das Bruttoeinkommen der Arbeitnehmer müssen die Unternehmen mit Zusatzkosten von gut 4 v. H. kalkulieren, d. h. für je 100 DM Arbeitsentgelt zwischen 4 und 5 DM. Diese Durchschnittswerte schwanken für die einzelnen Betriebe je nach Krankenstand und Lohn- bzw. Gehaltssumme. Insbesondere in Kleinbetrieben können hierdurch finanzielle Probleme entstehen, da wegen der geringen Zahl von Beschäftigten selbst eine geringfügige Erhöhung des Krankenstandes zu einem vergleichsweise großen Arbeitskräfteausfall führt. Um dieses Kostenrisiko aufzufangen, wurde für kleinere Betriebe mit bis zu 20 Arbeitskräften – eine Erweiterung auf bis zu 30 Arbeitnehmer per Satzung der Krankenkasse wird erwogen – ein Ausgleichsverfahren geschaffen. Diese Betriebe versichern sich gegenseitig gegen das Risiko krankheitsbedingten Arbeitskräfteausfalls. Gemeinsam finanzieren sie einen Ausgleichsfonds entsprechend ihrer Lohn- und Gehaltssumme. Bei Risikoeintritt werden 80 v. H. der durch Entgeltfortzahlung entstehenden Kosten aus diesem Fonds erstattet; nur die verbleibenden 20 v. H. müssen unmittelbar aus eigenen Mitteln gedeckt werden. Damit bleibt auch für diese Betriebe noch das betriebswirtschaftliche Interesse an einem niedrigen Krankenstand erhalten.

Auf der politischen Ebene werden die Forderungen nach einer „Auflockerung" der Entgeltfortzahlung im Krankheitsfalle in letzter Zeit immer lauter; ihren Grund finden sie weniger in der angeblichen Häufigkeit der vorgetragenen „Mißbrauchsfälle" (s. o.) als vielmehr in dem Interesse der Unternehmen an Kostensenkung. Das Einkommensrisiko soll im Krankheitsfall wieder mehr auf den kranken Arbeitnehmer verlagert werden:

- durch die Wiedereinführung von Karenzfristen soll der Arbeitnehmer während der ersten drei Tage keinen Lohn- oder Gehaltsfortzahlungsanspruch mehr haben;
- für krankheitsbedingte Arbeitsausfalltage soll das Entgelt nicht mehr in voller Höhe erstattet werden;
- die Entgeltfortzahlung der Unternehmen soll entsprechend der Regelung bei der Krankengeldzahlung der gesetzlichen Krankenversicherung ausgestaltet werden (vgl. Übersicht 2).

Die Verwirklichung dieser Forderungen würde einer Rückentwicklung eines Rechtszustandes gleichkommen, der für Angestellte immerhin bereits seit über fünfzig Jahren Gültigkeit hat.

VIII. Betriebliche Mitbestimmung

1. Historische Entwicklung

Die Forderung nach institutioneller Vertretung von Arbeitnehmerinteressen auf der betrieblichen Ebene hat eine lange Tradition; dennoch bildete sie zu Beginn der Arbeiterbewegung keinen Schwerpunkt der Auseinandersetzung – es war vielmehr die Durchsetzung des Koalitionsrechts und der Tarifautonomie, auf die sich die Arbeiterbewegung in ihren Anfängen konzentrieren mußte. Die Frage nach Mitbestimmung auf betrieblicher oder Unternehmensebene stellte sich ihr daher seinerzeit überhaupt nicht – zumindest nicht im Rahmen der bestehenden, sondern höchstens einer zukünftigen, nicht-kapitalistischen Produktionsweise. Bezeichnenderweise war es das liberal-patriarchalische Bürgertum, das im Zusammenhang mit der Behandlung der ‚sozialen Frage' auch eine Mitwirkung der Arbeiter im Wirtschaftsleben in die Diskussion brachte.

- Als die *Frankfurter Nationalversammlung 1848* beschloß, eine neue *Gewerbeordnung* zu erlassen, sah ein Minoritätenentwurf – der allerdings nie eine Mehrheit erhielt – u. a. die Bildung von Fabrikausschüssen mit folgender Aufgabenstellung vor:

  „1. Vermittlung bei Streitigkeiten zwischen Arbeitgebern und Arbeitnehmern; 2. Entwerfung und Aufrechterhaltung der besonderen Fabrikordnung; 3. Einrichtung und Verwaltung der Kranken-Unterstützungskasse; 4. Überwachung der Fabrikkinder, sowohl in sittlicher Beziehung in der Fabrik selbst, als hinsichtlich des Schulbesuches; 5. Vertretung der Fabrik in den Fabrikräthen."

  Trotz des Scheiterns dieses Entwurfs billigten eine Reihe von Unternehmen die Einrichtung von Fabrikausschüssen auf freiwilliger Basis in der Hoffnung, eine Integration der Arbeitnehmer und damit ein Heraushalten von Sozialdemokratie und Gewerkschaften aus den Betrieben zu erreichen. Dieser Versuch einer Kanalisierung von Interessengegensätzen in wirtschaftsfriedliche Bahnen ist durch die gesamte Geschichte bis auf den heutigen Tag zu verfolgen.

- Infolge eines mehrwöchigen Bergarbeiterstreiks schuf die *Novelle des Preußischen Berggesetzes (1905)* die Möglichkeit, in Bergbaubetrieben mit mehr als 100 Arbeitnehmern Arbeiterausschüsse zu bilden; ihr ‚Einfluß' beschränkte sich jedoch auf bestimmte Informations- und Anhörungsrechte in sozialen und personellen Fragen.

- Das *„Gesetz betreffend den vaterländischen Hilfsdienst"* (1916) führte zur obligatorischen Errichtung von Ausschüssen der Arbeiter und erstmals auch der Angestellten in Betrieben mit mehr als 50 Arbeitnehmern. Dies war der ‚Tropfen sozialen Öls', der den Arbeitnehmern u. a. ihre Dienstverpflichtung in rüstungs- und kriegswichtigen Versorgungsbetrieben akzeptabel machen sollte. Die Ausschüsse hatten die Befugnis, dem Arbeitgeber Wünsche und/oder Beschwerden der Belegschaft hinsichtlich sozialer Angelegenheiten vorzutragen; bei Nichteinigung konnte eine Schlichtungsstelle angerufen werden, deren ‚Spruch' aber lediglich der Charakter eines Vorschlages zukam.

  Bis zu diesem Zeitpunkt war die Position der Unternehmerschaft so stark, daß sie selbst Zugeständnisse in wirtschaftsfriedlichen Bahnen – zumindest auf Reichsebene – nicht für erforderlich hielt. Andererseits hatte aber auch die Arbeiter- und Gewerkschaftsbewegung bereits soviel an revolutionärer Zielsetzung ‚abgelegt', daß es ihrerseits keinen durchschlagenden Protest gegen die Errichtung der Ausschüsse im Rahmen des ‚Vaterländischen Hilfsdienstgesetzes' mehr gab.

- Dieser Versuch der Integration der Arbeitnehmer in die Kriegswirtschaft (Burgfriedenspolitik) schlug jedoch letztlich fehl (Massenstreiks in der Rüstungsindustrie Anfang 1918); auf betrieblicher und örtlicher Ebene bildeten sich – zum Teil aus den früheren Fabrikausschüssen – Arbeiterräte, die die Streikforderungen der Belegschaften vertraten. Die Ereignisse im Herbst 1918 (Kieler Matrosenaufstand, Novemberrevolution) führten dann zur Errichtung von *Arbeiter- und Soldatenräten* in einer ganzen Reihe von Städten mit Schwerpunkt in Berlin, Mitteldeutschland und im Ruhrgebiet. Mitte November 1918 wurde die *„Zentrale Arbeitsgemeinschaft der industriellen und gewerkschaftlichen Arbeitgeber und Arbeitnehmer Deutschlands"* gegründet, die – vor dem Hintergrund der revolutionären Ereignisse – eine Reihe von Zugeständnissen der Arbeitgeber an die Gewerkschaften brachte:

  – sie wurden als Vertreter der Arbeitnehmer anerkannt;

  – Koalitionsfreiheit und Tarifautonomie wurden garantiert;

  – die Bildung von Arbeiterausschüssen wurde vereinbart.

- Mit dem Scheitern der Novemberrevolution und dem Wiedererstarken der konservativen Kräfte schwanden wieder die Möglichkeiten einer grundlegenden Demokratisierung der Wirtschaft – eine Möglichkeit, die faktisch allerdings bereits mit der Annahme der ‚Arbeitsgemeinschafts'-Politik aufgegeben worden war. Ihren Niederschlag fand diese Entwicklung im *Betriebsrätegesetz (BRG) von 1920*, das in Betrieben *und* Verwaltungen mit mehr als 20 Arbeitnehmern die Errichtung eines Betriebsrates vorsah. Zwar standen diesem in sozialen und personellen Angelegenheiten eine Reihe von Mitbestimmungsrechten zu, in wirtschaftlichen Angelegenheiten hatte er jedoch nur Informations- und Beratungsrechte. Andererseits brachte die Formulierung der allgemeinen Aufgaben des Betriebsrats dessen gesetzlich normierte Zwitterstellung im betrieblichen Alltag – nämlich einerseits Interessenvertretung der Arbeitnehmer, andererseits aber Unterstützung des Arbeitgebers – zum Ausdruck (§ 66 BRG):

„Der Betriebsrat hat die Aufgabe:

1. In Betrieben mit wirtschaftlichen Zwecken die Betriebsleitung durch Rat zu unterstützen, um dadurch mit ihr für einen möglichst hohen Stand und für möglichste Wirtschaftlichkeit der Betriebsleitungen zu sorgen. (...)

3. Den Betrieb vor Erschütterungen zu bewahren . . ."

Letzteres bezog sich hauptsächlich auf das Verbot der Organisierung und/oder Förderung von Arbeitskämpfen.

- Mit dem *„Gesetz zur Ordnung der nationalen Arbeit"* von 1934 wurde das Betriebsrätegesetz aufgehoben, nachdem zuvor bereits die Arbeiterparteien verboten und die Gewerkschaften zerschlagen worden waren:

„§ 1
Im Betrieb arbeiten Unternehmer als Führer des Betriebes, die Angestellten und Arbeiter als Gefolgschaft gemeinsam zur Förderung der Betriebszwecke und zum gemeinsamen Nutzen von Volk und Staat.

§ 2
Der Führer des Betriebes entscheidet der gesamten Gefolgschaft gegenüber in allen betrieblichen Angelegenheiten (...) Er hat für das Wohl der Gefolgschaft zu sorgen. Diese hat ihm die in der Betriebsgemeinschaft gegründete Treue zu halten (...)"

- Nach dem Ende der NS-Herrschaft knüpften die Alliierten zunächst an die Weimarer Verhältnisse an; das *Kontrollratsgesetz Nr. 22 (Betriebsrätegesetz) von 1946* enthielt lediglich allgemeine Vorschriften

  – über die Bildung von Betriebsräten nach demokratischen Grundsätzen,

  – über Aufgaben und Befugnisse sowie den Schutz der Betriebsräte

  – und die Verpflichtung der Betriebsräte, ihre Aufgaben in Zusammenarbeit mit den anerkannten Gewerkschaften durchzuführen.

Die nähere Ausgestaltung sowohl des Wahlverfahrens als auch der Funktion des Betriebsrates im einzelnen war der Regelung durch die Beteiligten selbst überlassen: sie „bestimmen im Rahmen dieses Gesetzes ihre Aufgaben und das dabei zu befolgende Verfahren selbst". Die wenig später folgenden Betriebsrätegesetze verschiedener Länder enthielten relativ weitgehende Mitbestimmungsrechte auch in wirtschaftlichen Angelegenheiten.

> **Betriebsrätegesetz für das Land Hessen (1948)**
>
> „Er (der Betriebsrat) ist berufen, nach Maßgabe dieses Gesetzes im Benehmen mit den Gewerkschaften gleichberechtigt mit dem Arbeitgeber in sozialen, personellen und *wirtschaftlichen* Fragen mitzubestimmen." (§ 30)

- Verglichen hiermit war das *Betriebsverfassungs-Gesetz (BetrVG) von 1952* ein deutlicher Rückschritt und damit auch ein Spiegelbild der restaurativen Entwicklung, denn den Betriebsräten wurde ein Mitbestimmungsrecht lediglich in sozialen und (eingeschränkt) in personellen Angelegenheiten, *nicht* dagegen in wirtschaftlichen Fragen zugestanden; an den grundsätzlichen Entscheidungsstrukturen in der Wirtschaft änderte das Gesetz also nichts. Hinzu kam, daß der Geltungsbereich des BetrVG 1952 auf die Privatwirtschaft beschränkt war, durch die Ausklammerung des öffentlichen Dienstes also die Einheitlichkeit betrieblicher Interessenvertretung in der gesamten Wirtschaft durchbrochen wurde. Die Beschneidung der Möglichkeiten betrieblicher Interessenvertretungspolitik kommt schließlich sehr deutlich in

- dem Gebot der ‚vertrauensvollen Zusammenarbeit' zwischen Betriebsrat und Arbeitgeber und

- in der Trennung zwischen Betriebsräten und Gewerkschaften und damit der Herausbildung betriebsegoistischer Tendenzen

zum Ausdruck. Dieser im Gesetz angelegten Spaltung betrieblicher und gewerkschaftlicher Interessenvertretung versuchten die Gewerkschaften in den Folgejahren durch den Aufbau von betrieblichen Vertrauensleutekörpern gegenzusteuern. Trotz der Defizite blieb das Gesetz bis zu seiner Reform in Jahre 1972 20 Jahre lang normativer Rahmen für die Austragung betrieblicher Konflikte.

2. Für welche Betriebe und Arbeitnehmer gilt das Betriebsverfassungsgesetz?

Wie schon die Bezeichnung des Gesetzes zum Ausdruck bringt, bezieht es sich auf den ‚Betrieb', also auf die kleinste organisatorische Einheit, und nicht etwa auf das Unternehmen. Nach der Rechtsprechung des BAG werden mit dem ‚Betrieb' bestimmte *arbeitstechnische Zwecke*, mit dem ‚Unternehmen' hingegen *wirtschaftliche Zwecke* verfolgt. Obwohl ein wirtschaftlicher Zweck wohl kaum ohne technische Arbeitsorganisation erzielt werden kann und ein arbeitstechnischer Selbst-Zweck ökonomisch letztlich keinen Sinn macht, wird durch diese rein gedankliche Trennung nachträglich eine formal-juristische Legitimation für den Ausschluß des Betriebsrats von wirtschaftlichen Entscheidungen geliefert: das Handlungsfeld des Betriebsrats bleibt der Betrieb und nicht die wirtschaftliche Sphäre.

Doch selbst ein Betrieb in diesem Sinne fällt nicht automatisch unter das Gesetz:
- zunächst müssen im Betrieb mindestens fünf Arbeitnehmer ständig, d. h. nicht etwa als Aushilfs- oder Saisonkräfte, beschäftigt sein. Von diesen müssen wiederum drei Arbeitnehmer für den Betriebsrat wählbar sein, d. h. vor allem: sie müssen dem Betrieb mindestens sechs Monate lang angehören. Durch diese Ausgrenzung von Kleinbetrieben werden rd. ein bis zwei Millionen abhängig Beschäftigte von jeder betriebsverfassungsrechtlichen Interessenvertretung ausgeschlossen;
- keine Bedeutung hat das BetrVG für den gesamten öffentlichen Dienst; hier gelten die ‚schlechteren' Normen der Personalvertretungsgesetze des Bundes und der Länder;
- „Dieses Gesetz findet keine Anwendung auf Religionsgemeinschaften und ihre karitativen und erzieherischen Einrichtungen . . ." (§ 118 II BetrVG). Hierzu zählen u. a. der Caritasverband, das Diakonische Werk oder u. U. auch Schulen, Kranken- und Waisenhäuser sowie Altersheime, sofern es sich bei ihnen um Einrichtungen von Religionsgemeinschaften handelt – allein in kirchlichen Verbänden sind über 600 000 Beschäftigte tätig.

Durch diese Ausnahmen werden insgesamt ca. fünf bis sechs Millionen Arbeitnehmer nicht vom Geltungsbereich des BetrVG erfaßt; lediglich der öffentliche Dienst verfügt in Form der Personalvertretung über einen Teil-Ersatz.

Da weiterhin – solange sich die Arbeitnehmer oder eine im Betrieb vertretene Gewerkschaft nicht ‚rühren' – kein Zwang zur Errichtung eines Betriebsrats besteht, gelten die betriebsverfassungsmäßigen Rechte nur für jene Betriebe, in denen auch tatsächlich ein Betriebsrat existiert – überall dort, wo dies nicht der Fall ist, greift auch das Gesetz nicht. Dies hat zur Folge, daß die Normen der Betriebsverfassung *faktisch* nur für gut die Hälfte aller abhängig Beschäftigten Geltung besitzen – doch auch für diese nicht durchgängig in vollem Umfang: für Unternehmen und Betriebe, die politischen, koalitionspolitischen, konfessionellen, karitativen, erzieherischen, wissenschaftlichen oder künstlerischen Bestimmungen dienen oder die auf dem Gebiet der Berichterstattung oder der Meinungsbildung tätig sind, greift ein sog. *Tendenzschutz*, d. h. einige Mitwirkungs- und Mitbestimmungsrechte gelten hier überhaupt nicht oder nur mit Einschränkungen. Schließlich setzt die Wahrnehmung bestimmter Rechte eine Mindestzahl von Arbeitnehmern voraus; so erfordert die Mitbestimmung in personellen Angelegenheiten (§ 99) mehr als 20 wahlberechtigte Arbeitnehmer, die Bildung eines Wirtschaftsausschusses (§ 106) mehr als 100 ständig beschäftigte Arbeitnehmer im Unternehmen.

Die Zahl der Arbeitnehmer eines Betriebes entscheidet damit sowohl über die Betriebsratsfähigkeit, die Betriebsratsstärke wie auch die Möglichkeit zur Wahrnehmung bestimmter Beteiligungsrechte. Wer aber ist Arbeitnehmer im Sinne des BetrVG? Unabhängig von Geschlecht oder Staatsangehörigkeit findet das Gesetz Anwendung auf Arbeiter, Angestellte, Auszubildende, Anlernlinge, Volontäre, Praktikanten und auch Heimarbeiter, die in der Hauptsache für den Betrieb tätig sind. Freie Mitarbeiter, Strafgefangene oder Fürsorgezöglinge, die außerhalb der Anstalt beschäftigt werden, sowie Zivildienstleistende und Entwicklungshelfer, aber auch sog. leitende Angestellte fallen nicht unter das BetrVG – sie gelten nicht als Arbeitnehmer im Sinne des Gesetzes.

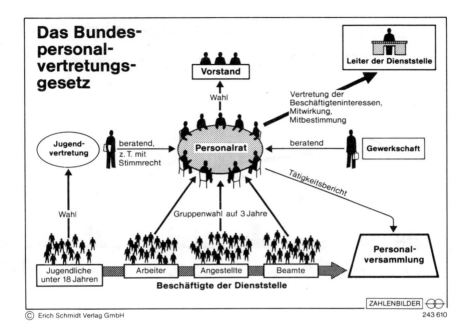

3. Organe der Betriebsverfassung

Neben dem Arbeitgeber, der als Interessenkontrahent gegenüber der betrieblichen Interessenvertretung immer auch gleichzeitig Organ der Betriebsverfassung ist, sind die folgenden Organe bzw. Institutionen hervorzuheben:

- Betriebsrat
- Jugendvertretung
- Betriebs-/Abteilungsversammlungen
- Wirtschaftsausschuß
- Einigungsstelle.

a) Der Betriebsrat

Der Betriebsrat als Gremium bildet die gesetzliche Repräsentation der Arbeitnehmer des Betriebes und nimmt auch deren betriebsverfassungsrechtliche Beteiligungsrechte – Informations-, Beratungs-, Mitwirkungs- und Mitbestimmungsrechte – wahr. Die unmittelbare Beteiligung der Arbeitnehmer beschränkt sich hingegen auf die Wahl des Betriebsrats, die Teilnahme an Betriebs- bzw. Abtei-

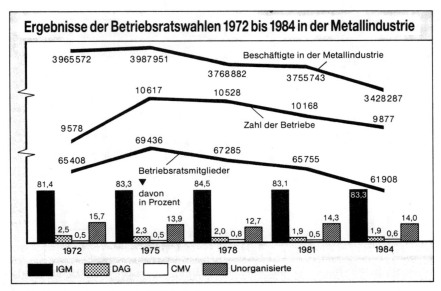

Quelle: Der Gewerkschafter, Nr. 10/1984, S. 2.

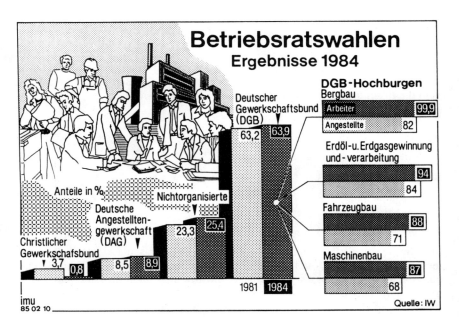

lungsversammlungen sowie die Ausübung bestimmter Einzelrechte, wie etwa Einsichtnahme in die Personalakte oder auch Beschwerderechte. Gewählt wird der Betriebsrat in geheimer Wahl und, soweit der Betriebsrat aus mehr als nur einer Person (Betriebsobmann) besteht, in getrennten Wahlgängen für Arbeiter und Angestellte (*Gruppenwahl*); hiervon kann nur abgewichen werden, wenn sich Arbeiter und Angestellte vorher in geheimer und getrennter Abstimmung für eine gemeinsame Wahl ausgesprochen haben.

Übersicht 23:

Aktives und passives Wahlrecht nach dem BetrVG	
wahlberechtigter Personenkreis (aktives Wahlrecht)	• alle Arbeitnehmer, die am Wahltag das 18. Lebensjahr vollendet haben; • zur Berufsausbildung Beschäftigte, also Auszubildende, Anlernlinge, Volontäre und Praktikanten; • Heimarbeiter, sofern sie in der Hauptsache für den Betrieb tätig sind; • Teilzeitbeschäftigte und auch Personen, die nur vorübergehend beschäftigt sind; • zu Wehrdienst oder Wehrübung einberufene Arbeitnehmer.
wählbarer Personenkreis (passives Wahlrecht)	• alle wahlberechtigten Personen, die dem Betrieb mindestens 6 Monate angehören.

Die Stärke des Betriebsrats, d. h. die Zahl seiner Mitglieder, richtet sich nach der Zahl der Arbeitnehmer des Betriebes; das Gesetz sieht hier folgende Staffelung vor:

Tabelle 17: Betriebsratsmitglieder nach der Zahl der Arbeitnehmer

Zahl der wahlberechtigten Arbeitnehmer	Zahl der BR-Mitglieder	Höchstzahl der Arbeitnehmer je BR-Mitglied
5– 20	1 (Betriebsobmann)	
21– 50	3	17
51– 150	5	30
151– 300	7	43
301– 600	9	67
601–1000	11	91
1001–2000	15	133
2001–3000	19	158
3001–4000	23	174
4001–5000	27	185
5001–7000	29	241
7001–9000	31	290

Quelle: IG Metall.

Für Betriebe mit über 9000 Arbeitnehmern erhöht sich für je angefangene 3000 die Zahl der Betriebsratsmitglieder um zwei Personen. Diese Staffelung macht auch deutlich, daß mit der Größe des Betriebes die Zahl der Arbeitnehmer je Betriebsrats-Mitglied steigt, ein Betriebsrats-Mitglied also eine wachsende Zahl von Arbeitnehmern zu ‚betreuen' hat.

Die laufenden Geschäfte des Betriebsrats werden im allgemeinen von seinem Vorsitzenden geführt, der den Betriebsrat auch nach ‚außen' – gegenüber Arbeitgeber und Belegschaft – vertritt; er beruft die Sitzungen des Betriebsrats ein, leitet sie und setzt die Tagesordnung fest. Entscheidungen fällen kann aber nur das Gremium in seiner Mehrheit. In Betriebsräten ab neun Mitgliedern muß ein Betriebsausschuß für die Führung der laufenden Geschäfte gebildet werden.

Darüber hinaus existieren in Großbetrieben eine Vielzahl von Ausschüssen, denen bestimmte Aufgaben zur selbständigen Entscheidung übertragen werden, z. B. Aufgaben im Bereich der personellen Mitbestimmung oder der Verwaltung von Sozialeinrichtungen.

Für die Durchführung ihrer Aufgaben sind die Mitglieder des Betriebsrats, ohne dadurch Nachteile zu erleiden, von der Arbeit zu befreien; in Betrieben mit mehr als 300 Arbeitnehmern ist darüber hinaus eine bestimmte Anzahl von Betriebsrats-Mitgliedern völlig von der Arbeit freizustellen.

b) Die Jugendvertretung

In Betrieben, in denen ein Betriebsrat besteht und mindestens fünf Jugendliche im Alter von unter 18 Jahren beschäftigt sind, können Jugendvertretungen gewählt werden; diese sollen den zum Betriebsrat nicht wahlberechtigten Jugendlichen eine aktive Teilnahme am Betriebsgeschehen ermöglichen. Die Besonderheiten dieses Vertretungsorgans bestehen darin, daß die Jugendvertretung die besonderen Interessen der unter 18jährigen nicht etwa gegenüber dem Arbeitgeber, sondern gegenüber dem Betriebsrat zu vertreten hat. Demzufolge heißt es im Gesetz:

„Zur Durchführung ihrer Aufgaben ist die Jugendvertretung durch den Betriebsrat rechtzeitig und umfassend zu unterrichten. Die Jugendvertretung kann verlangen, daß ihr der Betriebsrat die zur Durchführung ihrer Aufgaben erforderlichen Unterlagen zur Verfügung stellt."

Gegenüber dem Arbeitgeber ist also nach wie vor allein der Betriebsrat Interessenvertretung der Belegschaft – einschließlich der Jugendlichen. Um auf den Arbeitgeber einzuwirken, muß die Jugendvertretung demnach den Umweg über den Betriebsrat gehen.

Allgemeine Aufgaben der Jugendvertretung

„Die Jugendvertretung hat folgende allgemeine Aufgaben:

1. Maßnahmen, die den jugendlichen Arbeitnehmern dienen, insbesondere in Fragen der Berufsbildung, beim Betriebsrat zu beantragen;
2. darüber zu wachen, daß die zugunsten der jugendlichen Arbeitnehmer geltenden Gesetze, Verordnungen, Unfallverhütungsvorschriften, Tarifverträge und Betriebsvereinbarungen durchgeführt werden;
3. Anregungen von jugendlichen Arbeitnehmern, insbesondere in Fragen der Berufsbildung, entgegenzunehmen und, falls sie berechtigt erscheinen, beim Betriebsrat auf eine Erledigung hinzuwirken. Die Jugendvertretung hat die betroffenen jugendlichen Arbeitnehmer über den Stand und das Ergebnis der Verhandlungen zu informieren." (§ 70 I)

Übersicht 24: Die Jugendvertretung

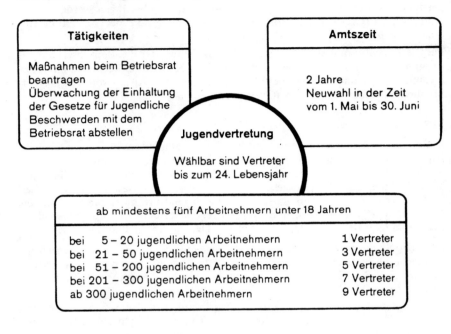

c) *Betriebs- und Abteilungsversammlungen*

Betriebs- und Abteilungsversammlungen gehören zu jenen betrieblichen Foren, auf denen die Anonymität der Gremienarbeit von Betriebsrat, diversen Ausschüssen usw. durchbrochen werden könnte; sie bieten die Möglichkeit eines breiten Informationsaustauschs sowie der Diskussion. Das Recht des Arbeitgebers und seiner Vertreter auf Teilnahme an den Versammlungen kann jedoch einer ‚schonungslosen' Meinungsäußerung im Wege stehen oder hinsichtlich einer ‚klärenden Aussprache' zwischen Belegschaft und Betriebsrat hinderlich sein.

Laut Gesetz hat der Betriebsrat in jedem Quartal eine Betriebsversammlung einzuberufen und auf ihr einen Tätigkeitsbericht zu erstatten. Die Erfahrungen zeigen jedoch, daß diese gesetzlich vorgesehene Mindestzahl von Betriebsversammlungen häufig nicht eingehalten wird; vielen betrieblichen Interessenvertretungen scheint eine Versammlung pro Jahr ausreichend zu sein.

Übersicht 25:

Die Betriebsversammlung

Drei Arten von Betriebsversammlungen

Betriebsversammlung	Teilversammlung	Abteilungsversammlung
Alle Arbeitnehmer des gleichen Betriebes kommen zur selben Zeit und am gleichen Ort zur Behandlung bestimmter Themen zusammen	Wenn wegen der Eigenart des Betriebes (z. B. Schichten) eine Versammlung aller Arbeitnehmer zum gleichen Zeitpunkt nicht stattfinden kann	Sie sind dann durchzuführen, wenn es um die Interessen der Arbeitnehmer in einzelnen Abteilungen geht, die auf der Versammlung aller Arbeitnehmer des Betriebes nicht eingehend besprochen werden können

- mindestens vier Betriebsversammlungen — davon ev. zwei als Abteilungsversammlungen — jährlich
- wenn es aus besonderen Gründen notwendig erscheint, können zwei weitere Betriebs- oder Abteilungsversammlungen pro Jahr durchgeführt werden
- darüber hinaus *muß* der Betriebsrat eine Betriebsversammlung einberufen:

– auf Antrag einer der im Betrieb vertretenen Gewerkschaften	– auf Antrag von mindestens ¼ der Arbeitnehmer des Betriebes	– auf Antrag des Arbeitgebers	– zur Wahl des Wahlvorstandes für die Betriebsratswahl

Teilnehmer	
• alle Arbeitnehmer des Betriebes bzw. der Abteilung • der Arbeitgeber • Beauftragte der im Betrieb vertretenen Gewerkschaft • Beauftragte des Arbeitgeberverbandes *Themen* „Die Betriebs- und Abteilungsversammlungen können Angelegenheiten einschließlich solcher tarifpolitischer, sozialpolitischer und wirtschaftlicher Art behandeln, die den Betrieb oder seine Arbeitnehmer unmittelbar betreffen."	• Der Betriebsrat beruft die Versammlung ein • Die Leitung der Versammlung hat der Betriebsratsvorsitzende; er übt auch das Hausrecht aus • Die Versammlung findet während der Arbeitszeit und im Betrieb statt • Alle Kosten – wie Löhne und Gehälter für die Zeit der Versammlung bzw. für Wegezeiten, Fahrtkosten, sachliche Kosten – muß der Arbeitgeber tragen.

Für Betriebsversammlungen hält das BetrVG folgende Punkte fest:

- sie finden während der Arbeitszeit statt; für die aufgewendete Zeit ist den Arbeitnehmern das Arbeitsentgelt weiter zu zahlen;
- Betriebsversammlungen werden vom Vorsitzenden des Betriebsrats geleitet; ihm steht auch das Hausrecht für die Dauer der Versammlung zu;

- teilnahmeberechtigt sind alle Arbeitnehmer ausschließlich der leitenden Angestellten; der Arbeitgeber und seine Vertreter – es kann auch ein Vertreter des Arbeitgeberverbandes hinzugezogen werden – sowie ein Beauftragter der im Betrieb vertretenen Gewerkschaften;
- der Betriebsrat hat seinen Tätigkeitsbericht zu erstatten;
- der Arbeitgeber oder sein Vertreter hat mindestens einmal pro Jahr in einer Betriebsversammlung über das Personal- und Sozialwesen des Betriebes sowie über dessen wirtschaftliche Lage und Entwicklung zu berichten.

Inhaltlich behandelt werden dürfen auf derartigen Versammlungen nur Themen, die den Betrieb oder seine Arbeitnehmer unmittelbar betreffen. Entgegen der naheliegenden Vermutung kann die Betriebsversammlung dem Betriebsrat zwar Anfragen vorlegen und auch zu seinen Beschlüssen Stellung nehmen – sie hat ihm gegenüber aber keinerlei Weisungsrecht.

d) Der Wirtschaftsausschuß

Der Wirtschaftsausschuß – nach dem BetrVG '52 noch halbparitätisch zusammengesetzt – ist heute ein reines Arbeitnehmerorgan, dessen Zusammensetzung vom Betriebsrat, bei Bestehen eines Gesamtbetriebsrats von diesem bestimmt wird. Aufgabe des Wirtschaftsausschusses ist die Beratung der wirtschaftlichen Angelegenheiten des Unternehmens mit dem Unternehmer bzw. einem seiner Vertreter sowie die unverzügliche und vollständige Berichterstattung an den Betriebsrat über jede Sitzung.

Der Wirtschaftsausschuß besitzt keinerlei Mitbestimmungsrechte, er fungiert vielmehr als sog. ‚Beratungsorgan'. Die Sitzungen des Wirtschaftsausschusses dienen letztlich nur als Diskussionsforen – andererseits ist er aber auch das entscheidende Organ zur umfassenden Informationsbeschaffung für den Betriebsrat über die wirtschaftlichen Angelegenheiten des Unternehmens (vgl. die Punkte 1.–10. der Übersicht 26). Werden vom Arbeitgeber Informationen zurückgehalten, so kann der Betriebsrat – nicht der Wirtschaftsausschuß – die Einigungsstelle anrufen; diese muß den Arbeitgeber zur Herausgabe der verlangten Informationen verpflichten, soweit es sich dabei nicht um Betriebs- oder Geschäftsgeheimnisse handelt.

e) Die Einigungsstelle

In all den Fällen, in denen der Betriebsrat ein Mitbestimmungsrecht hat (siehe unten Punkt 5 ff.), besteht bei Nichteinigung mit dem Arbeitgeber die Notwendigkeit einer institutionalisierten Konfliktregelung. Für fast alle derartigen Situationen sieht das BetrVG die Bildung einer sog. ‚Einigungsstelle' vor. Wer oder was aber ist die Einigungsstelle, wie setzt sie sich zusammen und welche Kompetenzen stehen ihr zu?

Übersicht 26: Der Wirtschaftsausschuß

Unternehmen mit mehr als 100 ständig beschäftigten Arbeitnehmern

Bildung eines Wirtschaftsausschusses

Die Mitglieder werden vom Betriebsrat bzw. Gesamtbetriebsrat für die Dauer seiner Amtszeit – in der Regel drei Jahre – bestimmt, können aber auch jederzeit wieder abberufen werden.	Der Wirtschaftsausschuß besteht aus mindestens drei, höchstens sieben Mitgliedern. Alle Mitglieder müssen dem Unternehmen angehören, ein Mitglied darüber hinaus auch dem Betriebsrat. Auch leitende Angestellte können Mitglieder des Wirtschaftsausschusses sein.	Der Wirtschaftsausschuß soll einmal monatlich zusammentreten. Der Unternehmer bzw. einer seiner Vertreter hat an den Sitzungen teilzunehmen.

Aufgaben des Wirtschaftsausschusses

- Beratung der wirtschaftlichen Angelegenheiten mit dem Unternehmer
- Unterrichtung des Betriebsrats

Zu den wirtschaftlichen Angelegenheiten gehören insbesondere:

1. Die wirtschaftliche und finanzielle Lage des Unternehmens.
2. Die Produktions- und Absatzlage.
3. Das Produktions- und Investitionsprogramm.
4. Rationalisierungsvorhaben.
5. Fabrikations- und Arbeitsmethoden, insbesondere die Einführung neuer Arbeitsmethoden.
6. Die Einschränkung oder Stillegung von Betrieben oder von Betriebsteilen.
7. Die Verlegung von Betrieben oder Betriebsteilen.
8. Der Zusammenschluß von Betrieben.
9. Die Änderung der Betriebsorganisation oder des Betriebszwecks.
10. Sonstige Vorgänge und Vorhaben, welche die Interessen der Arbeitnehmer des Unternehmens wesentlich berühren können.

Die Einigungsstelle besteht aus einer gleichen Anzahl von Beisitzern, die jeweils vom Arbeitgeber und Betriebsrat bestellt werden, sowie einem unparteiischen Vorsitzenden, auf dessen Person sich beide Seiten einigen müssen. Unabhängig vom jeweiligen betrieblichen Konfliktgegenstand, der den Anlaß zur Bildung einer Einigungsstelle gegeben hat, kann es auch bei deren Zusammensetzung zu Meinungsverschiedenheiten zwischen Arbeitgeber und Betriebsrat kommen: sowohl hinsichtlich der Person des Vorsitzenden als auch bezüglich der Zahl der Beisitzer; ist dies der Fall, so entscheidet das Arbeitsgericht. Die namentliche Benennung der Beisitzer hingegen ist allein Sache der jeweiligen Partei; hierbei kann der Betriebsrat auch außerbetriebliche Beisitzer (Gewerkschaftssekretäre) benennen.

Ist die Bildung der Einigungsstelle zustande gekommen, so wird das weitere Verfahren von ihrem Vorsitzenden bestimmt. Für die Verhandlung gelten hierbei u. a. folgende Grundsätze:

- der Vorsitzende leitet die Verhandlung;
- er stellt die Beschlußfähigkeit fest (sie ist auch dann gegeben, wenn nur eine Seite vollständig erscheint);
- die Einigungsstelle kann Beweise erheben, Zeugen vernehmen, die Vorlage von Unterlagen verlangen, Sachverständige hören und Gutachten einholen;
- nach mündlicher Beratung faßt die Einigungsstelle ihre Beschlüsse mit Stimmenmehrheit;
- kommt eine Mehrheit nicht zustande, so nimmt der Vorsitzende an der erneuten Abstimmung teil, so daß seine Stimme dann ausschlaggebend ist.

In den Fällen einer sog. ‚erzwingbaren' Mitbestimmung des Betriebsrats ersetzt der Spruch der Einigungsstelle die Einigung zwischen Betriebsrat und Arbeitgeber. Da die Einigungstelle nach ‚billigem Ermessen' entscheidet, kann ein eventuelles Überschreiten der Ermessensgrenze innerhalb von zwei Wochen beim Arbeitsgericht geltend gemacht werden.

Diese Möglichkeit der nachträglichen Überprüfung auf Einhaltung des Ermessensspielraums macht deutlich, daß die Einigungsstelle nicht mit einem arbeitsgerichtlichen Verfahren verwechselt werden darf; sie ist vielmehr ein Instrument zur Regelung betrieblicher Konflikte – es geht hier nicht um die Findung ‚objektiver' Entscheidungen, sondern um die Durchsetzung/Nichtdurchsetzung sehr unterschiedlicher Interessen, die im günstigsten Falle einen beiderseits akzeptierten Kompromiß zum Ergebnis haben.

In der betrieblichen Praxis spielen nach den sicherlich unvollständigen vorliegenden Untersuchungen Einigungsstellenverfahren nicht die herausragende Rolle, wie man vielleicht vermuten könnte. Hieraus den Schluß zu ziehen, daß z. B. bereits die Drohung des Betriebsrats mit der Einigungsstelle zu Zugeständnissen der Arbeitgeber-Seite führe, wäre sicherlich übertrieben. Vielfach ist die für eine solche

Auseinandersetzung erforderliche Konfliktbereitschaft auf Seiten der betrieblichen Interessenvertretung nicht vorhanden oder es bestehen pessimistische Erwartungen dahingehend, daß die Einigungsstelle ja auch gegen den Betriebsrat entscheiden könne. Dies trifft zwar zu, doch würde sich damit an der Lage der betroffenen Arbeitnehmer nichts ändern: Ob der Arbeitgeber eine Maßnahme nach gescheiterten Verhandlungen mit dem Betriebsrat durchführt oder nach einem Spruch der

Übersicht 27: Die Einigungsstelle

Ablauf eines Einigungsstellenverfahrens

Ausgangslage:

Der Arbeitgeber plant eine Maßnahme, die der erzwingbaren Mitbestimmung des Betriebsrats unterliegt; eine Einigung zwischen beiden Seiten ist nicht erzielbar	→	Auf Antrag einer Seite – in unserem Ausgangsfall wird dies der Betriebsrat sein, da er die Maßnahme überhaupt nicht oder nicht in der vom Arbeitgeber geplanten Form akzeptiert – wird die Einigungsstelle tätig

Bildung der Einigungsstelle

Nachdem der Betriebsrat den Beschluß zur Anrufung der Einigungsstelle gefaßt hat, schlägt er den unparteiischen Vorsitzenden sowie die Zahl der Beisitzer vor; eine Mitteilung hierüber geht an den Arbeitgeber	→	Kommt die erforderliche Einigung mit dem Arbeitgeber über die Person des Vorsitzenden und/oder die Zahl der Beisitzer nicht zustande, so entscheidet hierüber der Vorsitzende des Arbeitsgerichts

Verfahren vor der Einigungsstelle

	Einigungsstelle	
vom Betriebsrat bestellte Beisitzer	Vorsitzender (Geschäftsführung)	vom Arbeitgeber bestellte Beisitzer

Beratung:	• Da der Betriebsrat im vorliegenden Fall die Einigungsstelle angerufen hat, trägt er im Verfahren auch die Beweislast. • Grundlage der gemeinsamen Beratung vor der Einigungsstelle können sein: Zeugenaussagen, Urkunden/Unterlagen, Aussagen von Sachverständigen, Gutachten, Aussagen der Parteien (Arbeitgeber, Betriebsrat) usw.

	1. Abstimmung	2. Abstimmung
Abstimmung:	Bei der 1. Abstimmung enthält sich der Vorsitzende der Stimme	Kommt in der 1. Abstimmung keine Mehrheit zustande, so stimmt der Vorsitzende nach weiterer Beratung in der 2. Abstimmung mit

Einigungsstelle, die dem Betriebsrat keine Mitbestimmung zugesteht – die Auswirkungen auf die Arbeitnehmer bleiben die gleichen. Andererseits ist aber die Wahrscheinlichkeit, daß die Einigungsstelle dem Arbeitgeber für die Durchführung der von ihm geplanten Maßnahme zumindest einige Auflagen erteilt, die negative Auswirkungen auf die Arbeitnehmer mildern, sehr viel größer als eine 100%ige Bestätigung der ursprünglichen Ausgangsposition des Arbeitgebers.

Schließlich sind Verlauf und Ausgang eines Einigungsstellenverfahrens – eben weil es sich bei ihm um ein Instrument innerbetrieblicher Konfliktlösung handelt – auch immer vom ‚Kräfteverhältnis' der Parteien abhängig: Ein Betriebsrat, der vielleicht die besseren Argumente, aber nicht die Belegschaft hinter sich hat, wird über die Einigungsstelle eventuell weniger erreichen als jener, der sich auf das Engagement der Belegschaft stützen kann.

4. Interessenvertreter oder Mittler zwischen den Fronten – Rahmenbedingungen der Betriebsratsarbeit

An dieser Stelle erhebt sich die grundsätzliche Frage nach den Handlungsmöglichkeiten von Betriebsratstätigkeit. Das im BetrVG zum Ausdruck kommende Leitbild des Gesetzgebers ist eindeutig: durch eine weitgehende Normierung des Handlungsrahmens und die explizite Ausgrenzung effektiver Druckmittel soll der Betriebsrat auf ein kooperatives Verhalten festgelegt werden. Die so gezogenen Grenzen der Betriebsratstätigkeit werden vor allem in den folgenden Bestimmungen deutlich:

---

§ 2 I BetrVG

„Arbeitgeber und Betriebsrat arbeiten unter Beachtung der geltenden Tarifverträge vertrauensvoll . . . zum Wohle der Arbeitnehmer und des Betriebs zusammen."

§ 74 BetrVG

Arbeitgeber und Betriebsrat „haben über strittige Fragen mit dem ernsten Willen zur Einigung zu verhandeln und Vorschläge für die Beilegung von Meinungsverschiedenheiten zu machen."

„Maßnahmen des Arbeitskampfes zwischen Arbeitgeber und Betriebsrat sind unzulässig; . . . Arbeitgeber und Betriebsrat haben Betätigungen zu unterlassen, durch die der Arbeitsablauf oder der Frieden des Betriebs beeinträchtigt werden. Sie haben jede parteipolitische Betätigung im Betrieb zu unterlassen."

Was bedeutet nun ‚vertrauensvolle Zusammenarbeit' zum Wohle der Arbeitnehmer und des Betriebes vor dem Hintergrund der im allgemeinen unterschiedlichen Interessen von Arbeitnehmer und Arbeitgeber? Eine Interessenvertretung der Belegschaft, die immer auch das Wohl des Betriebes – und damit die Interessen des Arbeitgebers – zu berücksichtigen hat, enthält letztlich schon in der Interessenformulierung den Kompromiß. Wer Betriebsratstätigkeit auf das Wohl der Arbeitnehmer *und* des Betriebes festlegt, der läßt bestehende Interessengegensätze außen vor.

Unterstrichen wird dieses auf Kooperation ausgerichtete Modell des Gesetzes durch das Verbot jeglicher Arbeitskampfmaßnahmen zwischen Betriebsrat und Arbeitgeber; ja, nicht nur Maßnahmen des Arbeitskampfes, sondern darüber hinaus sämtliche Betätigungen, die den Arbeitsablauf oder den Betriebsfrieden beeinträchtigen, sind zu unterlassen. Auch wenn sich das Arbeitskampfverbot ‚nur' auf die Institution ‚Betriebsrat' und nicht auf einzelne seiner (gewerkschaftlich organisierten) Mitglieder bezieht, handelt es sich hierbei um die wohl schwerwiegendste Einschränkung der Durchsetzungsmöglichkeiten der Interessenvertretung. Andererseits – und hierin kommt der Widerspruch zwischen Modell und Wirklichkeit im Gesetz selbst zum Ausdruck – ist eine gesetzlich verordnete Pflicht zum Arbeitsfrieden ja nur dann überhaupt erforderlich, wenn die Interessen der ‚Betriebspartner' vom Grundsatz her gegensätzlich sind und ständig die Gefahr eines Aufbrechens von Konflikten besteht.

Durch die Festlegung auf ein wirtschaftsfriedliches Verhalten bleibt dem Betriebsrat nur die argumentative Ebene der Auseinandersetzung mit dem Arbeitgeber; nur in wenigen Fällen steht der Weg zur Einigungsstelle oder zum Arbeitsgericht offen – und auch hier finden wir wieder eine verfahrensmäßig normierte Form der Konfliktlösung. Die Reduzierung der Betriebsratstätigkeit auf die Verhandlungsebene weist deutliche Unterschiede zur Normierung der Arbeitsbeziehungen in anderen vergleichbaren Ländern auf; in Italien, Belgien, Frankreich oder auch Österreich ist eine ‚kämpferische' Lösung betrieblicher Konflikte keineswegs von vornherein ausgeschlossen.

Daß aber andererseits selbst der kooperativ ausgelegte Rahmen des Gesetzes noch Interessenvertretung ermöglicht, kommt in den diversen ‚Einbindungs-' oder ‚Umarmungsstrategien' vieler Arbeitgeber gegenüber ‚ihren' Betriebsräten zum Ausdruck. Im ‚Erfolgsfall' kann so der Betriebsrat zum ausführenden Organ der Personalabteilung avancieren. Der Handlungsspielraum der Interessenvertretung wird folglich nicht nur durch den vorgegebenen rechtlichen Rahmen, sondern in mindestens gleichem Umfange von dem Geflecht sozialer Beziehungen im Betrieb bestimmt.

Übersicht 28:

Wie ein Unternehmer den Betriebsrat sieht

In einer Information für Mitglieder des Verbandes Garten- und Landschaftsbau Rheinland e. V. – also des Arbeitgeberverbandes – vom 5. 3. 1981 stellt ein Unternehmer – Dieter Korthäuer aus Mülheim/Ruhr – seine Erfahrung mit dem Betriebsrat wie folgt dar:

Erfahrungen mit dem Betriebsrat aus der Sicht eines mittelständischen Unternehmens

von Dieter Korthäuer, Mülheim, Beisitzer im Vorstand des VGLR und Vorstandsmitglied der Landesarbeitsgemeinschaft Gartenbau und Landespflege NW (LAGL)

Vor 15 Jahren, bei einer Betriebsgröße von damals ca. 50 Mitarbeitern, stellte ich eine aus dem Tiefbaubereich kommende Pflasterkolonne ein. Diese Mitarbeiter waren gewerkschaftlich organisiert und setzten nach einiger Zeit Betriebsratswahlen durch, wobei einer dieser Gruppe auch zum Mitglied des Betriebsrates gewählt wurde. Die Anfangszeit war nicht ganz leicht, da es nicht zur Kooperation, sondern vielmehr zur Konfrontation kam. Dies besserte sich aber schnell, nachdem ich ein Mitglied des Betriebsrates ungeachtet seiner Betriebsratszugehörigkeit fristlos entließ, da ich ihn während des „Krankfeierns" bei der Schwarzarbeit erwischte. Die beiden anderen Mitglieder des Betriebsrates gaben mir dabei ihre volle Unterstützung.

Lange Jahre war dann ein Mitarbeiter aus der Stammbelegschaft Mitglied des Betriebsrates, der sich durch seine Ausgeglichenheit für diesen Posten bei den anderen Mitarbeitern beliebt machte. Fortan wurden alle sich ergebenden Probleme ruhig und sachlich angegangen und der Betriebsleitung in unregelmäßigen Abständen vorgetragen. Diese sachliche, konstruktive Arbeit erfaßte auch den Betriebsratsvorsitzenden und auf diese Weise wurde für die Mitarbeiter des Betriebes einiges erreicht. Z. B. wurde vor jedem neuen Lohnabschluß die Einstufung der meisten Lohnempfänger mit Für und Wider mit der Geschäftsleitung diskutiert und scheinbare Härten und Unbilligkeiten den entsprechenden Kollegen begreiflich gemacht.

Einige Male war es erforderlich, personenbedingte fristgemäße oder auch fristlose Kündigungen auszusprechen. Durch die rechtzeitige Unterrichtung des Betriebsrates und seine Zustimmung wurden die anhängigen Arbeitsgerichtsverfahren vor dem Arbeitsgericht regelmäßig schon im Vorfeld beigelegt.

Der Betriebsrat verstand und versteht es, die Mitarbeiter z. B. nicht nur über ihre Rechte aufzuklären, sondern auch über ihre Pflichten und deren Einhaltung anzumahnen. Viele Dinge, wie z. B. die Schlechtwettergeldregelung oder die Zahl der Urlaubstage, werden vom Betriebsrat den Mitarbeitern verständlich dargebracht, so daß nicht Mitarbeiter mit ihren Problemen den Betriebsleiter oder das Büro belästigen. Dennoch kommt es häufig vor, daß ich wegen irgendwelcher Dinge angesprochen werde. Ich verweise dann einfach an den Betriebsrat, der dieses Problem sicherlich löst. Sollte dies einmal nicht der Fall sein, stehe ich selbstverständlich als Gesprächspartner zur Verfügung.

Dem Betriebsrat habe ich es zu danken, daß vor etwa 10 Jahren unsere Lohnabrechnung auf die monatliche, bargeldlose Zahlung umgestellt werden konnte. Die Einhaltung der Sicherheitsvorschriften ist durch die Tätigkeit des Betriebsrates gewährleistet, desgleichen aber auch die Bereitstellung genügender und geeigneter Aufenthalts- und Waschräume. Auch zur Einhaltung der vereinbarten Arbeitszeit hat der Betriebsrat wesentlich beigetragen. Bei Auftragsflauten wurden die Mitarbeiter vom Betriebsrat über die Ursachen aufgeklärt und davon überzeugt, daß nur durch gemeinsames Handeln und Verhalten die Probleme gemeistert werden können. Diese Beispiele positiver Aspekte in der Tätigkeit des Betriebsrates könnte ich beliebig verlängern. Für einen Betriebsinhaber jedoch, der viele arbeitsrechtliche Vorschriften aus Unkenntnis oder möglicherweise vorsätzlich außer acht läßt, wird es jedoch schwer sein, mit einem aktiven und versierten Betriebsrat zusammenzuarbeiten. Dies sollte jedoch kein Grund dafür sein, die Institution des Betriebsrates kategorisch abzulehnen, sondern vielmehr Anregung sein, dieses Ordnungsinstrument im Rahmen der Möglichkeiten und Erfordernisse zu installieren.

Verband Garten-, Landschafts- und Sportplatzbau e. V., Rheinland

5. Beteiligungsrechte des Betriebsrats

Die gesetzlich zugestandenen Beteiligungsrechte des Betriebsrats konzentrieren sich auf ein abgestuftes System von Mitwirkung und Mitbestimmung in sozialen, personellen und wirtschaftlichen Angelegenheiten; sie reichen von reinen Informationsrechten des Betriebsrats bis hin zu erzwingbaren Mitbestimmungsrechten.

Ausschließlich Informationsrechte hat der Betriebsrat z. B. bei der Einstellung oder einer personellen Veränderung hinsichtlich der Personengruppe der leitenden Angestellten; meist beschränken sich seine Rechte jedoch nicht auf diese Ebene – Informationsrechte sind vielmehr die notwendige Vorstufe für weitergehende Beteiligungsrechte. Grundsätzlich nur Informations- und Beratungsrechte hat der Betriebsrat z. B. in Angelegenheiten der Unternehmenspolitik. Andererseits gibt es aber auch Maßnahmen, bei denen die gesamte Stufenleiter der Beteiligungsrechte in Anspruch genommen werden kann – so etwa bei den z. Zt. in vielen Unternehmen und Betrieben ablaufenden technisch-organisatorischen Umstellungen und ihren Auswirkungen auf die Beschäftigten. Zwar kann ein Betriebsrat solche Maßnahmen nicht verhindern, doch kann er in unterschiedlichem Maße Einfluß nehmen auf ihre konkrete Ausgestaltung und so negative Auswirkungen auf die Arbeitnehmer mindern. Kommt keine Einigung mit dem Arbeitgeber zustande, so entscheidet in den Fällen *erzwingbarer* Mitbestimmung die Einigungsstelle verbindlich.

Die einzelnen Ebenen der Beteiligungsrechte des Betriebsrats machen deutlich, daß nur in den wenigsten Fällen von einer wirklichen, d. h. erzwingbaren *Mitbestimmung* des Betriebsrats gesprochen werden kann. Wirtschaftliche Angelegen-

Übersicht 29: Betriebliche Arbeitnehmervertretungen – Ein historischer Überblick

Rechtsgrundlage / Regelungsbereich	Gesetz, betreffend die Abänderung einzelner Bestimmungen des allgemeinen Berggesetzes v. 14. 7. 1904	Betriebsrätegesetz (BRG) v. 4. 2. 1920	Gesetz zur Ordnung der Nationalen Arbeit v. 20. 1. 1934	Kontrollratsgesetz Nr. 22 (Betriebsrätegesetz) v. 10. 4. 1946	Betriebsverfassungsgesetz (BetrVG) v. 15. 1. 1972
1. Verpflichtung zur Zusammenarbeit	§ 80 f „… Ihm (dem ständigen Arbeiterausschuß, A/St) liegt es ob, darauf hinzuwirken, daß das gute Einvernehmen innerhalb der Belegschaft und zwischen der Belegschaft und dem Arbeitgeber erhalten bleibt oder wiederhergestellt wird."	§ 1 „Zur Wahrnehmung der gemeinsamen wirtschaftlichen Interessen der Arbeitnehmer (Arbeiter und Angestellte) dem Arbeitgeber gegenüber und zur Unterstützung des Arbeitgebers in der Erfüllung der Betriebszwecke sind in allen Betrieben, die in der Regel mindestens zwanzig Arbeitnehmer beschäftigen, Betriebsräte zu errichten."	§ 1 „Im Betrieb arbeiten der Unternehmer als Führer des Betriebes, die Angestellten und Arbeiter als Gefolgschaft gemeinsam zur Förderung der Betriebszwecke und zum gemeinsamen Nutzen von Volk und Staat." § 2 „Der Führer des Betriebes entscheidet der Gefolgschaft gegenüber in allen betrieblichen Angelegenheiten, soweit sie durch dieses Gesetz geregelt werden."	Artikel I „Zur Wahrnehmung der beruflichen, wirtschaftlichen und sozialen Interessen der Arbeiter und Angestellten in den einzelnen Betrieben wird hiermit die Einrichtung und Tätigkeit von Betriebsräten in ganz Deutschland gestattet."	§ 2 „Arbeitgeber und Betriebsrat arbeiten unter Beachtung der geltenden Tarifverträge vertrauensvoll und im Zusammenwirken mit den im Betrieb vertretenen Gewerkschaften und Arbeitgebervereinigungen zum Wohl der Arbeitnehmer und des Betriebes zusammen."
2. Friedenspflicht	§ 80 c „… Durch die Überwachung (der dem ständigen Arbeiterausschuß obliegenden Arbeitsordnung, A/St) darf eine Störung des Betriebes nicht herbeigeführt werden."	§ 68 „Bei der Wahrnehmung seiner Aufgaben hat der Betriebsrat dahin zu wirken, daß von beiden Seiten Forderungen und Maßnahmen unterlassen werden, die das Gemeininteresse schädigen."	§ 36 „Gröbliche Verletzungen … werden von den Ehrengerichten gesühnt. Derartige Verstöße liegen vor, wenn: … Angehörige der Gefolgschaft den Arbeitsfrieden im Betrieb durch böswillige Verhetzung der Gefolgschaft gefährden; sich insbesondere als Vertrauensmänner bewußt unzulässige Eingriffe in die Betriebsführung anmaßen oder der Gemeinschafts-"	Artikel V „Die Betriebsräte bestimmen im Rahmen dieses Gesetzes selbst ihre Aufgaben im einzelnen und die dabei zu verfolgenden Verfahren."	§ 74 „Maßnahmen des Arbeitskampfes zwischen Arbeitgeber und Betriebsrat sind unzulässig; … Arbeitgeber und Betriebsrat haben Betätigungen zu unterlassen, durch die der Arbeitsablauf oder der Friede des Betriebes beeinträchtigt werden."

3. Geheimhaltungspflicht		geist innerhalb der Betriebsgemeinschaft fortgesetzt böswillig stören."	
	§ 71 „Die Mitglieder des Betriebsausschusses oder des Betriebsrates sind verpflichtet, über die ihnen vom Arbeitgeber gemachten vertraulichen Angaben Stillschweigen zu wahren."	§ 36 „Gröbliche Verletzungen liegen vor wenn: . . . Mitglieder des Vertrauensrates vertrauliche Angaben, Betriebs- oder Geschäftsgeheimnisse, die ihnen bei Erfüllung ihrer Aufgaben bekanntgeworden und als solche bezeichnet worden sind, unbefugt offenbaren."	§ 79 „Die Mitglieder und Ersatzmitglieder des Betriebsrates sind verpflichtet, Betriebs- oder Geschäftsgeheimnisse, die ihnen wegen ihrer Zugehörigkeit zum Betriebsrat bekanntgeworden und vom Arbeitgeber ausdrücklich als geheimhaltungsbedürftig bezeichnet worden sind, nicht zu offenbaren und nicht zu verwerten. Dies gilt auch nach dem Ausscheiden aus dem Betriebsrat."
4. Gewerkschaftliche und parteipolitische Rechte	§ 66 „Der Betriebsrat hat die Aufgabe: . . . 3. den Betrieb vor Erschütterungen innerhalb der Arbeiterschaft sowie zwischen ihr und dem Arbeitgeber zu fördern und für die Wahrung der Vereinigungsfreiheit der Arbeitnehmerschaft einzutreten."	§ 35 „Jeder Angehörige einer Betriebsgemeinschaft . . . hat . . . seine volle Kraft dem Dienst des Betriebes zu widmen und sich dem gemeinen Wohle unterzuordnen."	Artikel VII „Die Betriebsräte führen ihre Aufgaben in Zusammenarbeit mit den anerkannten Gewerkschaften aus."
			§ 2 „Zur Wahrnehmung der in diesem Gesetz genannten Aufgaben und Befugnisse der im Betrieb vertretenen Gewerkschaften ist deren Beauftragten nach Unterrichtung des Arbeitgebers oder seines Vertreters Zugang zum Betrieb zu gewähren, soweit dem nicht unumgängliche Notwendigkeiten des Betriebsablaufs, zwingende Sicherheitsvorschriften oder der Schutz von Betriebsgeheimnissen entgegenstehen."
			§ 74 „Arbeitnehmer, die im Rahmen dieses Gesetzes Aufgaben übernehmen, werden hierdurch in der Betätigung für ihre Gewerkschaft auch im Betrieb nicht beschränkt."

heiten und Maßnahmen im Bereich der Unternehmenspolitik bilden den Hintergrund für personelle und soziale Auswirkungen; bezeichnenderweise ist es aber gerade der gesamte Bereich der wirtschaftlichen Angelegenheiten, in denen die Reichweite der Beteiligungsrechte der Arbeitnehmer-Interessenvertretung am unterentwickeltsten ist. Bestehen aber hinsichtlich der wirtschaftlichen Entscheidungen des Arbeitgebers keine wirksamen Beteiligungsrechte des Betriebsrats, so ist Mitbestimmung von vornherein auf nachgelagerte Bereiche verwiesen, kann also lediglich die Auswirkungen wirtschaftlicher *Allein*bestimmung des Unternehmers korrigieren und/oder negative Folgen mildern. Die Intensität der Mitbestimmungsrechte ist also abhängig von den Druckmöglichkeiten des Betriebsrats. Sie sind um so größer, je weiter der zu regelnde Konfliktbereich von den zentralen Unternehmensentscheidungen entfernt ist. Andererseits: Je größer die Betriebsratsbefugnisse sind, desto stärker ist gleichzeitig der den Sozialkontrahenten auferlegte Einigungszwang. Selbst bei erzwingbaren Mitbestimmungsrechten ist der Betriebsrat immer auf die Zustimmung der Kapitalseite oder der Einigungsstelle angewiesen.

a) *Mitbestimmung in sozialen Angelegenheiten*

In *sozialen Angelegenheiten* sieht das BetrVG eine *erzwingbare* Mitbestimmung des Betriebsrats vor. Führt der Arbeitgeber in derartigen Fällen eine Maßnahme einseitig durch, so ist sie allein aufgrund der Tatsache, daß der Betriebsrat seine ihm zustehenden Beteiligungsrechte nicht wahrnehmen konnte, unwirksam. Mitbestimmung in sozialen Angelegenheiten bedeutet auch: Initiativrecht des Betriebsrats, d. h. er kann *von sich aus* die *Initiative ergreifen*, um eine anstehende Maßnahme erstmals oder eine bereits seit längerem durchgeführte anders als bisher zu regeln. Der Arbeitgeber muß in solchen Fällen mit dem Betriebsrat verhandeln – in strittigen Fragen entscheidet die Einigungsstelle, deren Spruch die fehlende Einigung zwischen Arbeitgeber und Betriebsrat ersetzt. Unter die Gegenstände der sozialen Mitbestimmung fallen vor allem:

- Fragen der Ordnung des Betriebs und des Verhaltens der Arbeitnehmer des Betriebs; z. B. Einführung von Torkontrollen oder Stechuhren, Betriebsbußen, Ordnungsstrafen, Rauchverbote.

- Beginn und Ende der täglichen Arbeitszeit einschließlich der Pausen sowie Verteilung der Arbeitszeit auf die einzelnen Wochenarbeitstage; z. B. Einführung und Ausweitung der Gleitzeit, Schichtarbeit, Erholzeiten bei Akkord, Rufbereitschaft.

- Vorübergehende Verkürzung oder Verlängerung der betriebsüblichen Arbeitszeit; z. B. Einführung von Kurzarbeit, Anordnung von Überstunden sowie die Modalitäten bei deren Durchführung.

- Zeit, Ort und Art der Auszahlung der Arbeitsentgelte.

Übersicht 30: Beteiligungsrechte des Betriebsrats

M i t b e s t i m m u n g	erzwingbare Mitbestimmung	Ohne eine Einigung mit dem Betriebsrat darf der Arbeitgeber eine Maßnahme nicht durchführen; dies schließt das Initiativrecht des Betriebsrats ein, der von sich aus aktiv werden kann, um bestimmte Angelegenheiten (anders) zu regeln. Bei Nichteinigung mit dem Arbeitgeber entscheidet die Einigungsstelle.	• Fragen der Ordnung des Betriebs • Beginn und Ende der täglichen Arbeitszeit • vorübergehende Verlängerung/Verkürzung der betrieblichen Arbeitszeit • Fragen der Leistungs-/Verhaltenskontrolle der Arbeitnehmer mittels technischer Einrichtungen • Ausschreibung von Arbeitsplätzen • Aufstellung und Ausgestaltung eines Sozialplans
M i t w i r k u n g	Widerspruchs-/ Zustimmungsrechte	Über den Bereich der erzwingbaren Mitbestimmung hinaus ist der Arbeitgeber bei einer Reihe von Maßnahmen auf die Zustimmung des Betriebsrats angewiesen. Erhält er diese nicht, so entscheidet entweder die Einigungsstelle, oder der Arbeitgeber kann die nicht erfolgte Zustimmung des Betriebsrats durch das Arbeitsgericht ersetzen lassen. Widerspruchs-/Zustimmungsrechte fallen folglich nur teilweise unter den Bereich echter Mitbestimmung.	• eingeschränkte Widerspruchsmöglichkeit des Betriebsrats bei arbeitgeberseitigen Kündigungen • Zustimmungserfordernis bei personellen Einzelmaßnahmen wie Einstellung, Ein-/Umgruppierung und Versetzung • Maßnahmen im Bereich der Berufsausbildung • Personalfragebogen
	Beratungsrechte	Von der Durchsetzungsintensität her sind die Informations-, Anhörungs- und Beratungsrechte des Betriebsrats am schwächsten ausgeprägt. Zwar sind rechtzeitige und umfassende Informationen über geplante Arbeitgeber-Maßnahmen für eine effektive Betriebsratsarbeit unerläßlich – eine wirksame Beeinflussung derartiger Maßnahmen allein aufgrund der Wahrnehmung dieser 3 Beteiligungsrechte dürfte in der Praxis jedoch die Ausnahme sein. Eine Einflußnahme des Betriebsrats ist allerhöchstens in zeitlicher Hinsicht möglich, da der Arbeitgeber in einigen Fällen die geplanten Maßnahmen erst durchführen kann, nachdem er dem Betriebsrat die erforderlichen Informations-, Anhörungs- und Beratungsrechte gewährt hat.	• über Planung technischer Anlagen, von Arbeitsabläufen und Arbeitsplätzen sowie die Auswirkungen auf die Art der Arbeit sowie die Anforderungen an die Arbeitnehmer hat der Arbeitgeber mit dem Betriebsrat zu beraten • Personalplanung
	Anhörungsrechte		• bei arbeitgeberseitigen Kündigungen
	Informationsrechte		• allgemeiner Unterrichtungsanspruch des Betriebsrats, um seine gesetzlichen Aufgaben erfüllen zu können • Personalplanung • Unterrichtung des Wirtschaftsausschusses über die wirtschaftlichen Angelegenheiten des Unternehmens • Einstellung leitender Angestellter

- Aufstellung allgemeiner Urlaubsgrundsätze und des Urlaubsplans; Festsetzung der zeitlichen Lage des Urlaubs für einzelne Arbeitnehmer, wenn zwischen Arbeitgeber und den beteiligten Arbeitnehmern kein Einverständnis erzielt wird.
- Einführung und Anwendung von technischen Einrichtungen, die dazu bestimmt sind, das Verhalten oder die Leistung der Arbeitnehmer zu überwachen;

entscheidend für die Frage, ob ein Mitbestimmungsrecht des Betriebsrats besteht, ist die objektive Eignung der Einrichtungen zur Kontrolle der Arbeitnehmer und *nicht* der subjektive Wille des Arbeitgebers.

- Regelungen über die Verhütung von Arbeitsunfällen und Berufskrankheiten sowie über den Gesundheitsschutz im Rahmen der gesetzlichen Vorschriften oder der Unfallverhütungsvorschriften; je allgemeiner der Rahmen derartiger Vorschriften gehalten ist, um so mehr Raum bleibt für die Mitbestimmung des Betriebsrats – umgekehrt: je konkreter die Vorschriften gefaßt sind, um so enger sind die Grenzen der Mitbestimmung.

- Form, Ausgestaltung und Verwaltung von Sozialeinrichtungen, die auf den Betrieb, das Unternehmen oder den Konzern beschränkt sind; z. B. Kantinen, Sporteinrichtungen, Erholungsheime, Einrichtungen der betrieblichen Altersversorgung.

- Fragen der betrieblichen Lohngestaltung, insbesondere die Aufstellung von Entlohnungsgrundsätzen und die Einführung und Anwendung von neuen Entlohnungsmethoden sowie deren Änderung, z. B. Entlohnungsgrundsätze wie Zeitlohn, Akkordlohn oder Prämienlohn.

- Festsetzung der Akkord- und Prämiensätze und vergleichbarer leistungsbezogener Entgelte einschließlich der Geldfaktoren; *nicht* mitbestimmungspflichtig sind hingegen rein erfolgsbezogene Prämien wie z. B. Anwesenheits-, Pünktlichkeits- oder Treueprämien.

In diesen und weiteren Angelegenheiten hat der Betriebsrat ein Mitbestimmungsrecht – allerdings mit einer wesentlichen Einschränkung: Besteht bereits eine tarifliche Regelung oder wird die betreffende Angelegenheit üblicherweise in Tarifverträgen geregelt, so entfällt das Mitbestimmungsrecht des Betriebsrats. Die Regelungskompetenz der Tarifvertragsparteien kann demnach betriebliche Mitbestimmungsmöglichkeiten begrenzen.

b) *Mitwirkung in personellen Angelegenheiten*

Wesentlich schwächer sind die Beteiligungsrechte des Betriebsrats in *personellen Angelegenheiten* ausgestaltet. Zwar bestehen hier Mitwirkungs-/Mitbestimmungsrechte bei der *Gestaltung personalpolitischer Grundsätze und Richtlinien*, wie etwa in den Fällen

- der Personalplanung,

- der Ausschreibung von Arbeitsplätzen,

- der Aufstellung von Personalfragebogen, Formulararbeitsverträgen, Beurteilungsgrundsätzen sowie personellen Auswahlrichtlinien,

Übersicht 31:

Die „soziale Mitbestimmung" im System der Betriebsverfassung (§ 87 BetrVG)

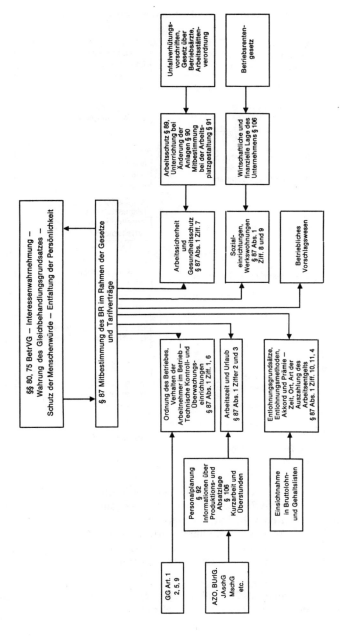

Quelle: DGB (Hrsg.), Gewerkschaften und Mitbestimmung, Düsseldorf 1977, S. 472.

Übersicht 32: Informationsmöglichkeiten des Betriebsrates

Mitteilungen des Arbeitgebers (Informationspflicht)	Zusammenarbeit mit Gewerkschaftsbeauftragten
Anforderung von Unterlagen durch den Betriebsrat § 80.2	Beschwerden von Arbeitnehmern
Studium des Schrifttums (Gesetze, Tarifverträge, Kommentare, Fachliteratur)	Sprechstunden des Betriebsrats
Unterrichtung durch den Wirtschaftsausschuß	Diskussion mit einzelnen Arbeitnehmern am Arbeitsplatz
Sitzungen des Betriebsrates	Augenscheinnahme z. B. durch Betriebsbegehung
Ausschußsitzungen	Diskussion in Betriebs- und Abteilungsversammlung
Beratungen und Verhandlungen mit dem Arbeitgeber	Vertrauensleute- versammlungen
Beratung mit Sachverständigen	Gewerkschaftliche Veranstaltungen

doch beinhalten diese im allgemeinen kein Initiativrecht des Betriebsrats. Das heißt: Solange der Arbeitgeber nicht von sich aus derartige Grundsätze und Richtlinien einführen will, hat der Betriebsrat keine Möglichkeiten, z. B. eine Personalplanung zu erzwingen. Umgekehrt: will der Arbeitgeber eine der genannten Maßnahmen durchführen, so kann der Betriebsrat seine Vorstellungen einbringen und im Falle der Nichteinigung die Einigungsstelle verbindlich entscheiden lassen.

In Betrieben mit mehr als 20 wahlberechtigten Arbeitnehmern hat der Betriebsrat Beteiligungsrechte bei *personellen Einzelmaßnahmen* wie z. B.:

- Einstellung
- Eingruppierung
- Umgruppierung
- Versetzung
- Kündigung.

Bei derartigen Maßnahmen muß der Arbeitgeber den Betriebsrat unterrichten und seine Zustimmung einholen; der Betriebsrat hat nun allerdings kein umfassendes (Zustimmungs-)Verweigerungsrecht, sondern er wird vom Gesetz auf bestimmte Gründe festgelegt. Mitbestimmung wird damit in diesen Fällen sehr eng eingegrenzt; doch damit noch nicht genug: verweigert der Betriebsrat aus einem im BetrVG angeführten Grund seine Zustimmung zu einer personellen Einzelmaßnahme, so kann der Arbeitgeber beim *Arbeitsgericht* die Ersetzung der Zustimmung beantragen, also die ohnehin beschränkten Möglichkeiten des Betriebsrats gerichtlich aufheben lassen. Das Vetorecht des Betriebsrates kann hier höchstens Willkürentscheidungen verhindern; von gestaltenden Mitbestimmungsrechten kann also in personellen Angelegenheiten nur sehr eingeschränkt die Rede sein.

c) Mitwirkung in wirtschaftlichen Angelegenheiten

In fast allen anderen mit der betrieblichen Interessenvertretung verbundenen Aufgaben kommt dem Betriebsrat lediglich ein Informations- und Unterrichtungsrecht zu. In *wirtschaftlichen Angelegenheiten* sind die Mitwirkungsrechte äußerst begrenzt; die Entscheidungsfreiheit des Arbeitgebers wird nicht grundsätzlich eingeschränkt. Zwar ist der Betriebsrat über die wirtschaftliche Lage des Unternehmens sowie über wichtige unternehmerische Entscheidungen zu unterrichten; existiert ein *Wirtschaftsausschuß*, so hat dieser auch noch ein Beratungsrecht in wirtschaftlichen Angelegenheiten – hierin erschöpft sich aber auch gleichzeitig die Mitwirkung der Arbeitnehmer-Interessenvertretung auf dem Feld der Unternehmenspolitik.

Damit räumt das BetrVG dem Betriebsrat nur in nachgeordneten sozialen Bereichen eine wirksame Entscheidungskompetenz ein, während umgekehrt die Vorrangigkeit der Unternehmerinteressen in zentralen wirtschaftlichen Angelegenheiten prinzipiell nicht infrage gestellt wird. Praktische Bedeutung hat die Mitbestimmung des Betriebsrats mithin nur insoweit, als sie ihm ein System von sozialpolitischen Schutz- und Kontrollmöglichkeiten eröffnet.

Dennoch verstoßen viele Unternehmen mehr oder weniger regelmäßig gegen die Bestimmungen des BetrVG; sie verletzen ihre Informationspflicht, behindern die Betriebsratsarbeit oder schalten die betriebliche Interessenvertretung gar völlig aus. Bei grober Pflichtverletzung kann der Betriebsrat oder die im Betrieb vertretene Gewerkschaft das Unternehmen gerichtlich zur Einhaltung des Gesetzes

‚verklagen'. Gerichtliche Zwangsmaßnahmen und Bußgelder bis zu 20 000 DM können verhängt werden. In der Praxis werden jedoch selbst bei eklatanten Verstößen nur selten strafrechtliche Sanktionen verhängt.

6. Belegschaft – Betriebsrat – Gewerkschaft Dreieinigkeit oder Spaltung per Gesetzesnorm?

Obwohl der Betriebsrat die Interessen aller Belegschaftsmitglieder zu vertreten hat, sieht das Gesetz keine enge Zusammenarbeit mit der Belegschaft vor. Vielmehr wird die Funktion des Betriebsrates eher in einer Vermittlerrolle zwischen Arbeitnehmern und Unternehmensleitung gesehen. Während einer laufenden Amtsperiode existieren kaum demokratische Kontrollmöglichkeiten. Zudem sieht das Gesetz eine getrennte Gruppenwahl von Arbeitern und Angestellten sowie einen Minderheitenschutz vor, wodurch ein einheitliches Auftreten der Belegschaft tendenziell erschwert wird.

Übersicht 33: Gesetzlich normierte Einflußnahme von Belegschaft und Gewerkschaft auf den Betriebsrat und seine Tätigkeit

BELEGSCHAFT	GEWERKSCHAFT
• Die Arbeitnehmer können Wahlvorschläge für den Betriebsrat machen	• Besteht in einem Betrieb noch kein Betriebsrat, so kann die Gewerkschaft die Initiative zur Wahl eines solchen ergreifen
• Alle drei Jahre wählt die Belegschaft den Betriebsrat	• Betriebs- und Abteilungsversammlungen können auf Antrag einer im Betrieb vertretenen Gewerkschaft einberufen werden
• Bei grober Verletzung der gesetzlichen Pflichten kann auf Antrag von mindestens einem Viertel der Belegschaft ein Amtsenthebungsverfahren gegen einzelne Betriebsratsmitglieder eingeleitet werden	• Die Gewerkschaft hat ein generelles Teilnahmerecht an Betriebs- und Abteilungsversammlungen
• Arbeitnehmer können einzeln oder gruppenweise die Sprechstunden des Betriebsrats aufsuchen	• Eine im Betriebsrat vertretene Gewerkschaft kann unter bestimmten Voraussetzungen an Betriebsratssitzungen teilnehmen
• Betriebs- und Abteilungsversammlungen können auf Antrag von einem Viertel der Belegschaft einberufen werden	• Die Gewerkschaft hat das Recht zur Anfechtung einer Betriebsratswahl
• Arbeitnehmer, die sich vom Arbeitgeber oder anderen Arbeitnehmern benachteiligt oder ungerecht behandelt fühlen, können sich beim Betriebsrat beschweren; dieser muß dann beim Arbeitgeber auf Abhilfe hinwirken	• Die Gewerkschaft kann ein arbeitsgerichtliches Verfahren zur Amtsenthebung einzelner Betriebsratsmitglieder einleiten
	• Bei groben Verstößen des Arbeitgebers gegen die Betriebsverfassung kann auch die Gewerkschaft arbeitsgerichtlich gegen ihn vorgehen (Ordnungs- oder Zwangsgeld)
	• Behindert der Arbeitgeber die Wahl oder Tätigkeit des Betriebsrats, kann die Gewerkschaft gegen ihn Strafantrag stellen

Andererseits wird dem Betriebsrat die Möglichkeit verwehrt, Arbeitskampfmaßnahmen der Belegschaft einzuleiten, um seinen Forderungen den nötigen Nachdruck zu verschaffen. Er unterliegt einer Friedens- und Verschwiegenheitspflicht, die ihn weitgehend auf eine argumentative Auseinandersetzung festlegt. Diese vom Gesetz beabsichtigte Distanz zwischen Belegschaft und Betriebsrat wird teils noch durch die zunehmende Spezialisierung und Professionalisierung der Betriebsratspolitik verstärkt.

Auch die Zusammenarbeit zwischen Betriebsrat und Gewerkschaft gestaltet sich nicht einfach; das Gesetz nimmt eine formale Trennung von Betriebsrats- und Gewerkschaftsarbeit vor, was zur Konkurrenz und zu Abgrenzungsproblemen zwischen den beiden Vertretungsorganen führt. Im Betriebsrat sieht das Gesetz ein eigenständiges Vertretungsorgan der Gesamtbelegschaft, während es die Gewerkschaften weitgehend auf die überbetriebliche Vertretung von Mitgliederinteressen verpflichten möchte. Konsequenz dieser institutionellen Aufgabentrennung sind nur geringe, den Gewerkschaften gesetzlich garantierte Einwirkungsmöglichkeiten auf die Betriebsratspolitik. Aus gewerkschaftlicher Sicht erweist sich diese Regelung insbesondere auch deshalb als problematisch, weil nur durch betriebliche Präsenz und das konkrete Engagement Arbeitnehmer als Mitglieder gewonnen und die für tarifpolitische Auseinandersetzungen erforderliche betriebliche Unterstützung organisiert werden kann.

Rechtlich umstritten ist, wie weit das gewerkschaftliche Zutrittsrecht zum Betrieb reicht. Immer wieder finden gerichtliche Auseinandersetzungen statt, ob die Wahl gewerkschaftlicher Vertrauensleute im Betrieb durchgeführt oder gewerkschaftliche Publikationen verteilt werden dürfen.

Ungeachtet dieser restriktiven Bestimmungen bestehen zwischen Betriebsräten und Gewerkschaften enge Beziehungen, da die überwiegende Mehrheit der Betriebsräte gewerkschaftlich organisiert ist und damit auch die Gewerkschaft im Betrieb repräsentiert; häufig sichert erst die Zusammenarbeit mit dem Betriebsrat das gewerkschaftliche Zutrittsrecht, wie auch umgekehrt die Betriebsräte ihre betrieblichen Aufgaben durch Kooperation mit der Gewerkschaft besser erfüllen können. Aus dieser besonderen Stellung heraus ergeben sich allerdings vielfältige Interessenkonflikte und soziale Spannungen zwischen beiden Vertretungsorganen; dies gilt insbesondere dann, wenn die gewerkschaftliche Unterstützung im Betrieb nur unzureichend ist oder die Betriebsräte betriebsspezifische Interessen gegenüber überbetrieblichen Arbeitnehmerinteressen überhöhen.

Diesen aus dem dualen System der Interessenvertretung entspringenden Problemen versuchen die Gewerkschaften durch den Aufbau eigener gewerkschaftlicher Vertrauensleutekörper entgegenzuwirken: Die im Betrieb tätigen Gewerkschaftsmitglieder wählen vom Betriebsrat unabhängige Vertrauensleutekörper mit der Aufgabe, die gewerkschaftliche Interessenvertretung im Betrieb zu stärken. Die Stärke der Vertrauensleute liegt darin, daß sie am Arbeitsplatz unmittelbar gewerkschaftspolitisch aktiv werden können, ohne auf das BetrVG verpflichtet zu sein. Der Vertrauensleutekörper kann mithin großen Einfluß auf die Ausgestaltung der Mitbestimmungspraxis ausüben und die Position des Betriebsrates wesentlich stärken. Andererseits steht diese Vermittlungsinstanz zwischen Mitgliedern und Interessenvertretungsorganen aber auch in der Gefahr, zum ‚Erfüllungsgehilfen' des Betriebsrates degradiert zu werden, da gewerkschaftlich organisierte Betriebsratsmitglieder häufig über einen Informationsvorsprung verfügen und größere Einflußmöglichkeiten auf die Gewerkschaftsorganisation haben.

Bei der Wahrnehmung ihrer gewerkschaftlichen Aufgaben sind die Vertrauensleute allerdings besonderen Risiken ausgesetzt, da gesetzliche Vorschriften zu ihrem Schutz weitgehend fehlen. Gewerkschaftliche Tarifpolitik zielt deshalb darauf ab, generelle Benachteiligungsverbote von mit gewerkschaftlichen Funktionen betrauten Arbeitnehmern zu erreichen und ihre Handlungsmöglichkeiten zu erweitern, obwohl auch hier die Zulässigkeit derartiger Tarifverträge rechtlich noch umstritten ist.

Tabelle 18: Auswirkungen des Betriebsverfassungsgesetzes auf die betrieblichen Entscheidungen – nach Umsatzgrößenklassen

Unternehmen mit ... Mio. DM Jahresumsatz		Grad der Beeinflussung				keine Angaben	Insgesamt
		keine	kaum	nennenswert	stark bzw. sehr stark		
unter 10	abs.	64	33	6	6	15	124
	in %	51,6	26,6	4,8	4,8	12,1	100,0
10–20	abs.	6	9	3	5	–	23
	in %	26,1	39,1	13,0	22,0	–	100,0
20–50	abs.	4	9	6	4	2	25
	in %	16,0	36,0	24,0	16,0	8,0	100,0
50 und mehr	abs.	1	3	5	3	1	13
	in %	7,7	23,1	38,5	23,1	7,7	100,0
Insgesamt	abs.	75	55	20	18	18	186
	in %	40,3	29,6	10,6	9,7	9,7	100,0

Quelle: Institut für Mittelstandsforschung, Wirkungsanalyse der Sozialgesetzgebung, Bonn 1984, S. 42.

IX. Betriebsänderung – Interessenausgleich – Sozialplan

Die Zahl der Firmen, die in den vergangenen Jahren in den Strudel der Wirtschaftskrise geraten ist, verharrt auf hohem Niveau; Produktionseinschränkungen, Betriebsstillegungen und umfangreiche Entlassungen waren und sind die Folgen. Aber auch in den ökonomisch ‚gesunden' und rentablen Unternehmen wird seit Jahren verstärkt rationalisiert, ändern sich Produktionsverfahren und Arbeitsabläufe nachhaltig, finden verstärkt Umsetzungen/Versetzungen, vorzeitige ‚Verrentungen' und Entlassungen statt. Leistungsverdichtung und/oder Qualifikationsverlust sind neben dem sozialen Hauptproblem Arbeitslosigkeit nur einige der negativen Folgen für die betroffenen Arbeitnehmer. Für die betrieblichen Interessenvertretungen erhalten somit die gesetzlichen Regelungen zu Betriebsänderung, Interessenausgleich und Sozialplan immer mehr Gewicht in der täglichen Arbeit. Gerade dieser wachsende Problembereich macht darüber hinaus aber auch noch einmal besonders eindringlich die Möglichkeiten wie Grenzen betriebsverfassungsrechtlicher Interessenvertretung deutlich.

1. Nicht jede Änderung im Betrieb ist eine ‚Betriebsänderung'

Plant ein Unternehmen Betriebsänderungen, so löst dies einen Fächer von Beteiligungsrechten des Betriebsrats aus: Information, Beratung, Verhandlungen über einen Interessenausgleich und Aufstellung eines Sozialplans. Nun ist allerdings nicht jede Änderung im Betrieb auch eine ‚Betriebsänderung' im Sinne des BetrVG. Vom Gesetzgeber wurden fünf Punkte aufgeführt, denen der Charakter einer solchen Betriebsänderung zugestanden wird:

1. Einschränkung und Stillegung des ganzen Betriebs oder von wesentlichen Betriebsteilen;
2. Verlegung des ganzen Betriebs oder von wesentlichen Betriebsteilen;
3. Zusammenschluß mit anderen Betrieben;
4. grundlegende Änderungen der Betriebsorganisation, des Betriebszwecks oder der Betriebsanlagen;
5. Einführung grundlegend neuer Arbeitsmethoden und Fertigungsverfahren.

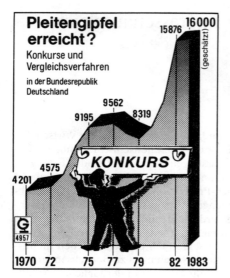
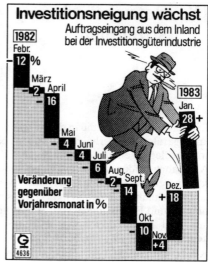
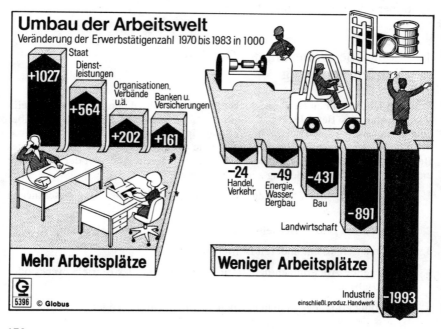

Daß diese Aufzählung nicht abschließend ist, hat das Bundesarbeitsgericht im Jahre 1979 in mehreren Fällen noch einmal bestätigt: die genannten Beteiligungsrechte des Betriebsrats bestehen auch bei einer bloßen Personalreduzierung, also einem Abbau von Arbeitsplätzen unter Beibehaltung der sächlichen Betriebsmittel, was z. B. bei der Rückführung der Kapazitätsauslastung vorhandener Anlagen der Fall sein kann. „Eine Betriebsänderung in der Form der Betriebseinschränkung nach § 111 Satz 2 Nr. 1 BetrVG setzt nicht notwendig eine Verringerung der sächlichen Betriebsmittel voraus. Auch ein bloßer Personalabbau unter Beibehaltung der sächlichen Betriebsmittel kann eine Betriebseinschränkung sein" (BAG, Urteil vom 22. 5. 1979). Damit nun derartige Maßnahmen zu Beteiligungsrechten des Betriebsrats führen, müssen weitere Voraussetzungen erfüllt sein:

- im Betrieb müssen mehr als 20 wahlberechtigte Arbeitnehmer beschäftigt sein,
- die geplante Betriebsänderung muß *wesentliche* Nachteile . . .
- . . . für die Belegschaft oder *erhebliche Teile* der Belegschaft zur Folge haben *können.*

In der Voraussetzungspalette wird auf *wesentliche* Nachteile abgestellt; dies macht deutlich, daß es sich hierbei *nicht ‚nur'* um *wirtschaftliche* Nachteile wie etwa Abgruppierungen oder Entlassungen handeln muß, sondern daß im Grunde der Bereich der gesamten Arbeitsbedingungen angesprochen wird. Auch müssen diese Nachteile nicht bereits exakt nachweisbar sein – der Begriff ‚können' weist darauf hin, daß eine begründbare Möglichkeit bereits ausreichend ist.

Weiterhin müssen diese wesentlichen Nachteile zumindest einen *erheblichen* Teil der Belegschaft betreffen. Wo liegt nun aber die Grenze zwischen unerheblichen und erheblichen Teilen der Belegschaft? Als Maßstab verweist die Rechtsprechung hier auf die Zahlenwerte, von denen im Kündigungsschutzgesetz abhängig gemacht wird, ob eine geplante Massenentlassung dem Arbeitsamt anzuzeigen ist; konkret heißt ‚erheblicher Teil der Belegschaft':

- in Betrieben mit weniger als 60 Arbeitnehmern müssen mindestens 6 Arbeitnehmer,
- in Betrieben mit 60 bis unter 500 Arbeitnehmern müssen 10 v. H. oder mehr als 25 Arbeitnehmer
- und in Betrieben mit 500 und mehr Beschäftigten müssen mindestens 30 Arbeitnehmer betroffen sein.

Für Betriebe mit mehr als 1000 Arbeitnehmern gilt ein bloßer Personalabbau erst dann als erheblich, wenn er mindestens 5 v. H. der Gesamtbelegschaft ausmacht (vgl. dazu Punkt 4).

Sind diese Voraussetzungen gegeben, so hat der Unternehmer vor Durchführung der geplanten Maßnahme die Beteiligungsrechte des Betriebsrats zu beachten; dies heißt vor allem: der Arbeitgeber hat den Betriebsrat rechtzeitig und umfassend zu unterrichten und mit ihm die Betriebsänderung zu beraten. Ziel der Beratung ist die Erzielung eines Interessenausgleichs über die geplante Betriebsänderung.

Übersicht 34:

Voraussetzungen für Beteiligungsrechte des Betriebsrats bei Betriebsänderungen

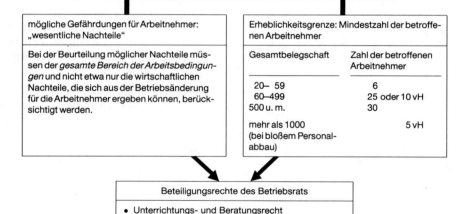

2. Was heißt Interessenausgleich?

Gegenstand der Interessenausgleichs-Verhandlungen sind die Fragen *ob*, *wann* und *wie* die geplante Betriebsänderung erfolgen soll; diesbezügliche Beratungen/ Verhandlungen mit dem Betriebsrat sind dem Unternehmer vom Gesetz her zwingend vorgeschrieben. Unterläßt er den Versuch, einen Interessenausgleich zu erzielen, so haben die von der Betriebsänderung betroffenen Arbeitnehmer

Anspruch auf Ausgleich der hieraus resultierenden *wirtschaftlichen* Nachteile; aber auch der Betriebsrat kann eventuell über den Erlaß einer einstweiligen Verfügung durch das Arbeitsgericht erreichen, daß dem Arbeitgeber z. B. verboten wird, Kündigungen auszusprechen, bevor nicht Verhandlungen über einen Interessenausgleich aufgenommen und durchgeführt worden sind.

Aber was heißt Interessenausgleich in einem Beteiligungssystem, in dem der Betriebsrat keinerlei Mitbestimmungsrechte in wirtschaftlichen Angelegenheiten hat? Die Interessen des Unternehmens und die der betroffenen Belegschaftsmitglieder werden bei so gravierenden Maßnahmen, wie sie Betriebsänderungen darstellen, wohl kaum zum Ausgleich zu bringen sein. Verzichtet das Unternehmen nicht gänzlich auf die geplante Maßnahme, so wird im günstigsten Fall ein Kompromiß zustandekommen, der das Wann und Wie der Betriebsänderung so gestaltet, daß die Nachteile für die Arbeitnehmer nicht ganz so massiv ausfallen. Aber selbst ein solcher Kompromiß ist vom Gesetz her nicht garantiert: Kommt kein Interessenausgleich zustande, so kann der Unternehmer die geplante Betriebsänderung durchführen – und zwar so, wie er sie für sinnvoll hält, denn eine Einigung mit dem Betriebsrat über das Ob, Wann und Wie der Maßnahme ist über das Einigungsstellenverfahren *nicht* erzwingbar.

3. Einflußmöglichkeiten des Betriebsrats im Interessenausgleichs-Verfahren

Einfluß auf die Ausgestaltung einer Betriebsänderung kann der Betriebsrat häufig nur über die volle Ausschöpfung des vorgeschriebenen Interessenausgleichs-*Verfahrens* erreichen, denn vor Abschluß oder dem endgültigen Scheitern der Interessenausgleichs-Verhandlungen darf der Arbeitgeber die geplante Maßnahme nicht durchführen. Erfolgt z. B. die erforderliche Unterrichtung des Betriebsrats nicht rechtzeitig und nicht umfassend genug, kann der Arbeitgeber durch den Betriebsrat auf dem Verfahrenswege unter erheblichen Zeit- und Kostendruck gesetzt werden; dies wiederum wirkt in manchen Fällen ‚einigungsfördernd', eröffnet dem Betriebsrat also inhaltliche Einflußmöglichkeiten, die ihm nach den Buchstaben des Gesetzes eigentlich gar nicht zustehen. Wie gestaltet sich ein solches Vorgehen auf der Grundlage des dafür vorgesehenen Verfahrens?

1. Vor einer geplanten Betriebsänderung hat der Arbeitgeber den Betriebsrat rechtzeitig und umfassend zu unterrichten. Bei so gravierenden Maßnahmen, wie sie Betriebsänderungen darstellen, ist eine ausführliche Information des Betriebsrats Voraussetzung, um überhaupt die Beratungen mit dem Arbeitgeber beginnen zu können; hierzu gehören sowohl Informationen über die Maßnahme selbst wie auch über die möglichen Auswirkungen für die Arbeitnehmer. Hinsichtlich der z. Zt. über alle Branchengrenzen hinweg Platz greifenden EDV-technischen und -organisatorischen Rationalisierungsmaßnahmen („Neue Technologien") reicht

Übersicht 35:

Verfahrensablauf bei Interessenausgleichs-Verhandlungen

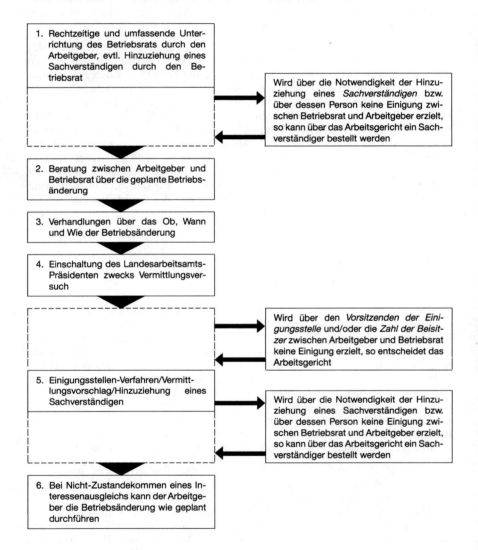

die Kenntnis des Betriebsrats über die Möglichkeiten z. B. einer alternativen Gestaltung von EDV-Programmen im Arbeitnehmerinteresse im allgemeinen nicht aus; die Hinzuziehung eines Sachverständigen wird daher bereits in der *Informations-Phase* notwendig sein. Kann mit dem Arbeitgeber hierüber bzw. über die Person des Sachverständigen keine Einigung erzielt werden, so kann über das Arbeitsgericht ein Sachverständiger bestellt werden.

2./3. In der *Beratungs- und Verhandlungs-Phase* müssen die Alternativ-Vorschläge des Betriebsrats eingehend erörtert werden; der Arbeitgeber muß eine Einigung versuchen und kann nicht einfach die vom Betriebsrat vorgelegten Forderungen mit dem Hinweis, sie würden nicht in seinen ‚Planungsrahmen' passen, abblocken.

4. Wird über das Ob, Wann und Wie der Betriebsänderung keine Einigung erzielt, so kann der Betriebsrat den Präsidenten des Landesarbeitsamtes um Vermittlung ersuchen.

5. Scheitert auch dieser Vermittlungsversuch, so folgt ein Einigungsstellenverfahren. Wird bereits im Vorfeld der Zusammensetzung der Einigungsstelle zwischen Arbeitgeber und Betriebsrat keine Einigung hinsichtlich der Person des Vorsitzenden und/oder der Zahl der Beisitzer erzielt, so entscheidet evtl. über beide Fragen das Arbeitsgericht. Spätestens für die Erarbeitung der der Einigungsstelle vorzulegenden Vorschläge und die folgenden Verhandlungen wird der Betriebsrat einen Sachverständigen hinzuziehen müssen, der evtl. auch über das Arbeitsgericht bestellt werden muß.

6. Erst nach gescheitertem Vermittlungsversuch vor der Einigungsstelle kann der Arbeitgeber die geplante Maßnahme durchführen.

Ein solches Interessenausgleichsverfahren wird sich naturgemäß in die Länge ziehen; dies vor allem dann, wenn das Arbeitsgericht zur Bestellung des Sachverständigen bzw. des Vorsitzenden der Einigungsstelle eingeschaltet werden muß. Neben der dadurch erreichbaren zeitlichen Verschiebung der Betriebsänderung entstehen durch die Hinzuziehung eines Sachverständigen bzw. durch das Einigungsstellen-Verfahren zusätzliche Kosten für den Arbeitgeber, die seinem Willen zur Einigung förderlich sein können. Letztlich ist es also nur die Möglichkeit der vollen Ausschöpfung dieser verfahrensmäßigen Rechte, die dem Betriebsrat Einfluß auf die inhaltliche Gestaltung der Betriebsänderung eröffnen kann – allerdings nicht zwangsläufig auch muß!

4. Sozialpläne sind erzwingbar

Im Unterschied zum Interessenausgleich ist ein ‚Sozialplan' bei Betriebsänderung erzwingbar; mit ihm soll ein Ausgleich oder eine Milderung der *wirtschaftlichen* Nachteile erreicht werden, die den Arbeitnehmern infolge der geplanten Betriebsänderung entstehen. Das Verfahren bei Sozialplanverhandlungen läuft ähnlich ab wie beim Interessenausgleich, allerdings mit zwei wesentlichen Unterschieden:

- zum einen kann die Einigungsstelle abschließend über die Aufstellung eines Sozialplans entscheiden, wenn eine Einigung zwischen Arbeitgeber und Betriebsrat nicht zustande kommt;
- zum anderen hat eine andauernde Verhandlung über einen Sozialplan – anders als bei Interessenausgleichsverhandlungen – keine aufschiebende Wirkung hinsichtlich der geplanten Betriebsänderung.

Aufgabe von Sozialplänen ist es, die negativen Folgen von Betriebsänderungen auf die Arbeitnehmer auszugleichen. Was aber bedeutet ‚Ausgleich' bei Verlust des Arbeitsplatzes in einer Situation von Massenarbeitslosigkeit, wo die Aussichten, bald wieder einen neuen Arbeitsplatz zu finden, recht düster sind? Zwar kann der Betriebsrat die Aufstellung eines Sozialplans – notfalls über die Einigungsstelle – erzwingen, doch hängt die inhaltliche Ausgestaltung, z. B. die Höhe einer Abfindung, von sehr vielen Einflußgrößen ab, kennt also vom Gesetz her keine Mindeststandards. Kommt es zwischen Betriebsrat und Arbeitgeber zu keiner Einigung, so entscheidet die Einigungsstelle: Sie „hat dabei sowohl die sozialen Belange der betroffenen Arbeitnehmer zu berücksichtigen als auch auf die wirtschaftliche Vertretbarkeit ihrer Entscheidung für das Unternehmen zu achten" (§ 112 Abs. 4 BetrVG).

Beschränkt sich das Mitbestimmungsrecht des Betriebsrats allein schon aufgrund der Nicht-Erzwingbarkeit des Interessenausgleichs auf die Bewältigung der Folgen von Betriebsänderungen, so wird hier eine weitere Einschränkung insofern vorgenommen, als bei der ‚Kompensation' der negativen Auswirkungen für die Arbeitnehmer nochmals die wirtschaftliche Lage des Unternehmens zu berücksichtigen ist.

Im Rahmen des *‚Beschäftigungsförderungsgesetzes'* sind weitere, für die Arbeitnehmer nachteilige Änderungen beschlossen worden:

- Der Einigungsstelle werden konkrete Leitlinien für die Aufstellung eines Sozialplans vorgeschrieben. Für die Abwägung zwischen den sozialen Belangen der betroffenen Arbeitnehmer und der wirtschaftlichen Vertretbarkeit der Entscheidung für das Unternehmen soll die Einigungsstelle sich an den ‚Gegebenheiten des Einzelfalles' ausrichten, d. h. keine pauschalen Abfindungssummen mehr festlegen sowie denjenigen Arbeitnehmern Leistungen verweigern, die einen angebotenen zumutbaren Arbeitsplatz ablehnen.
- Der vom Bundesarbeitsgericht 1979 aufgestellte Grundsatz, daß auch ein bloßer Personalabbau unter Beibehaltung der sächlichen Betriebsmittel eine sozialplanpflichtige Betriebsänderung sein kann, wird geändert. Während nach bisherigem Recht ein fünfprozentiger Personalabbau in Betrieben mit über 1000 Arbeitnehmern ausreicht, soll ein erzwingbarer Sozialplan künftig nur bei

einem Personalabbau von in der Regel zwischen 10 und 20 Prozent der Belegschaft verlangt werden können.

- In neugegründeten Unternehmen sollen in der Anfangsphase von vier Jahren Betriebsänderungen durchgeführt werden können, *ohne* daß ein Sozialplan aufgestellt werden muß.

Ist schließlich ein Sozialplan aufgestellt worden, so erwerben die betroffenen Arbeitnehmer einen individuellen Rechtsanspruch gegen den Arbeitgeber, auf den sie nur mit Zustimmung des Betriebsrats verzichten können.

Übersicht 36:

Unterschiede und Gemeinsamkeiten von Interessenausgleich und Sozialplan

Kriterium	Interessenausgleich	Sozialplan
Beteiligungsrecht	Information, Beratung, Verhandlung	erzwingbare Mitbestimmung
Konfliktregelung	kein Einigungszwang	Spruch der Einigungsstelle ist verbindlich
Regelungsinhalt	Verhinderung, Verzögerung u./o. andere Ausgestaltung der Betriebsänderung	materielle Entschädigungsleistungen an direkt von der Betriebsänderung negativ betroffene Arbeitnehmer
Einflußebene	wirtschaftliche Entscheidung des Unternehmers	soziale Auswirkungen auf Arbeitnehmer
Rechtswirkung	kollektive Sonderregelung ohne individuelle Ansprüche; Nachteilsausgleich bei unterlassenem Versuch eines Interessenausgleichs oder bei Abweichung vom Interessenausgleich ohne wichtigen Grund	unmittelbare und zwingende Wirkung; Individualanspruch des Arbeitnehmers

Übersicht 37: Auszüge aus einem Sozialplan gem. § 112 BetrVG

„Um trotz erheblichen Rückganges der Aufträge die Existenz der Firma und eines Teils der Arbeitsplätze zu sichern, wird der Personalstand in dem Umfang gemäß dem Interessenausgleich vom heutigen Tage reduziert.
...

3. Für den Verlust des Arbeitsplatzes, gemäß Interessenausgleich vom heutigen Tage, werden Abfindungen nach Maßgabe folgender Bestimmungen gewährt:
   a) Abfindungen für Mitarbeiter, die normal gekündigt werden müssen und nicht die Möglichkeit haben, nach 12monatiger ununterbrochener Arbeitslosigkeit das vorgezogene Altersruhegeld zu beziehen:
   pro vollem Dienstjahr 30% des individuellen Brutto-Monatsgehaltes.
   Stichtag für die anrechnungsfähigen Dienstjahre und die Gehaltshöhe ist der 31. Dezember 198__.
   b) Für Mitarbeiter, die nach 12monatiger ununterbrochener Arbeitslosigkeit und Vollendung des 60. Lebensjahres vorgezogenes Altersruhegeld beziehen können:
   12 × 40% des individuellen Netto-Monatsgehaltes.
   Diese Abfindung dient dazu, das Arbeitslosengeld bis auf 100% des individuellen Netto-Einkommens zu bezuschussen. Soweit im Einzelfall erforderlich, wird der Betrag erhöht. Die Abfindung wird bei Ausscheiden zur Zahlung fällig und erfolgt im Rahmen der steuerlichen Vorschriften brutto für netto.

4. Urlaubsansprüche sind bis zum 31. 12. 198__ zu realisieren. Eine Barabgeltung ist nicht möglich.

5. Alle von den personellen Maßnahmen betroffenen Mitarbeiter erhalten für 198__ das volle Weihnachtsgeld.

6. Die von den Maßnahmen betroffenen Arbeitnehmer erhalten, soweit sie nach dem Tarifvertrag vom ... Anspruch auf vermögenswirksame Leistungen haben, zur Überbrückung der Wartezeit von 6 Monaten in einem neuen Arbeitsverhältnis eine einmalige Ausgleichszahlung in Höhe von DM 624,–, entsprechend den steuerlichen Bestimmungen bei Ausscheiden.

7. Etwa gewährte Arbeitnehmer-Darlehen an betroffene Mitarbeiter bleiben nach Ausscheiden zu gleichen Bedingungen bestehen.

8. Tritt innerhalb eines Jahres nach Ausscheiden für einen betroffenen Arbeitnehmer ein Notfall oder eine besondere Härte aufgrund des Arbeitsplatzverlusts ein, so kann er einen Antrag auf einmalige Beihilfe an die Geschäftsleitung stellen.

9. Nach heutiger Planung in der Firma verbleibende Mitarbeiter, die im Zusammenhang mit etwaigen späteren Rationalisierungsmaßnahmen innerhalb der Laufzeit des Sozialplanes freigestellt werden, erhalten ebenfalls Leistungen entsprechend diesem Sozialplan.

10. Dieser Sozialplan tritt mit sofortiger Wirkung in Kraft und gilt bis zum 31. Dezember 198__."

....
(Geschäftsführung)   (Betriebsrat)

5. Sozialplan = Abfindungsplan?

Über Sozialpläne sollen die den Arbeitnehmern entstehenden wirtschaftlichen Nachteile gemildert oder ausgeglichen werden. Derartige Nachteile können nun nicht nur infolge betriebsbedingter Kündigungen und anschließender Arbeitslosigkeit entstehen; obwohl Sozialpläne der Öffentlichkeit meist im Zusammenhang mit Massenentlassungen bekannt werden, ist der Fächer der in der Praxis getroffenen Regelungen sehr viel breiter. Auch die im Betrieb oder Unternehmen verbleibenden Arbeitnehmer können infolge der Betriebsänderung eine Reihe wirtschaftlicher Nachteile erleiden wie z. B. infolge von Versetzungen und/oder Umsetzungen auf einen geringer entlohnten Arbeitsplatz, Umsetzungen innerhalb des Unternehmens und damit verbundenem Wohnsitzwechsel oder längeren Wegezeiten, notwendigen Schulungs- oder Bildungsmaßnahmen usw.

Auch und gerade die materielle Kompensation derartiger Folgen ist Gegenstand von Sozialplänen. So sind u. a. folgende Regelungsinhalte anzutreffen:

- Ausschluß betriebsbedingter Kündigungen infolge der Betriebsänderung;
- Wahrung des sozialen Status – bisherige Bezüge der betroffenen Arbeitnehmer;
- Durchführung von Umschulungsmaßnahmen während der Arbeitszeit und unter Fortzahlung der bisherigen Bezüge;
- Ersetzung eventuell auftretender Mehraufwendungen von Fahrtkosten durch das Unternehmen;
- Zusätzliche Vergütung oder Zeitgutschrift bei längeren Anfahrtszeiten;
- bei Wohnsitzwechsel werden Umzugskosten und umzugsbedingte Mehraufwendungen vom Unternehmen ersetzt;
- Zahlung von Trennungsentschädigungen bei eventuell vorübergehend notwendiger Trennung eines Arbeitnehmers von seiner Familie;
- zur Vermeidung von Entlassungen werden Überstunden/Sonderschichten abgebaut.

Diese Punkte stellen eine Auswahl von Regelungen für jene Arbeitnehmer dar, die nach der Betriebsänderung noch im Betrieb oder im Unternehmen verbleiben. Erst wenn trotz derartiger Sozialplanregelungen Entlassungen nicht mehr vermeidbar sind, setzen Abfindungspläne ein. Sie werden immer dann um so deutlicher dominieren, je stärker sich das unternehmenspolitische Rationalisierungsinteresse auf einen generellen Personalabbau richtet, der nicht mehr über die sog. ‚natürliche Fluktuation' erreichbar ist. Wie sind derartige Abfindungspläne ausgestaltet?

So unterschiedlich die jeweilige Berechnungsmethode für die Höhe der Abfindungszahlungen auch ist – zwei Merkmale haben durchgängig ein entscheidendes Gewicht: das *Lebensalter* und die *Dauer der Betriebszugehörigkeit*. Je älter ein Arbeitnehmer ist und je länger er dem Betrieb angehört, um so höher wird auch seine Abfindung aus dem Sozialplan sein. Hintergrund solcher Ausgestaltungen ist die Überlegung, daß ältere Arbeitnehmer im allgemeinen sehr viel größere Schwierigkeiten haben werden, einen neuen Arbeitsplatz zu finden; ihnen soll durch höhere Abfindungszahlungen eine materielle Absicherung bis zum (vorzeitigen) Rentenbezug gewährleistet werden. Fragwürdig werden diese Überlegungen aber bezüglich der jüngeren Arbeitnehmer; ihre Abfindungen werden aufgrund kürzerer Betriebszugehörigkeitsdauer und niedrigerem Lebensalter zwangsläufig geringer ausfallen. Daß diese Personengruppe schneller wieder einen Arbeitsplatz findet, ist in der gegenwärtigen Situation keineswegs gewährleistet; hinzu kommen gerade bei jüngeren Arbeitnehmern finanzielle Belastungen familiärer Art – Kleinkinder oder schulpflichtige Kinder, demzufolge (vorübergehende) Nichterwerbstätigkeit der Ehefrau, notwendige Anschaffungen, die gerade in diesen Lebensjahren besonders ins Gewicht fallen usw. –, so daß durch den Verlust des Arbeitsplatzes akute Notlagen entstehen können. Diesen unterschiedlichen Lebensumständen wird die herkömmliche Berechnung der Abfindungssummen, die sich am Lebensalter und der Betriebszugehörigkeitsdauer orientiert, nicht gerecht.

Die in der Praxis geübte Berechnungsweise von Abfindungssummen kann im Grunde auf drei Methoden reduziert werden:

- Die *Formelmethode* geht meist von einem Grundbetrag aus, der um das Produkt von Lebensalter, Betriebszugehörigkeit und letztem Entgelt aufgestockt wird; z. B.:

$$\frac{\text{Abfindungssumme}}{\text{(in DM)}} = \frac{\text{Alter} \times \text{Betriebszugehörigkeit} \times \text{Entgelt}}{y} + 2000$$

- Bei der *Punktwertmethode* werden den einzelnen Altersklassen in Abhängigkeit von der Dauer der Betriebszugehörigkeit Punktwerte zugeordnet; jedem Punkt entspricht hierbei ein fester DM-Betrag.

Beispiel:

Betriebs-zugehörigkeit in Jahren	Lebensalter in Jahren						
	bis 34	35–39	40–44	45–49	50–54	55–59	60 u. älter
1	1	2	3	4	5	6	7
2	2	3	4	5	6	7	8
3	3	4	5	6	7	8	9
4	4	5	6	7	8	9	10
5	5	6	7	8	9	10	11
6	6	7	8	9	10	11	12
7	7	8	9	10	11	12	13
8	8	9	10	11	12	13	14 Punkte

- Bei der *Tabellenwertmethode* erhalten die Arbeitnehmer der jeweiligen Altersklasse nach der Dauer ihrer Betriebszugehörigkeit ein festgelegtes Vielfaches ihres letzten Monatseinkommens.

Beispiel:

Betriebs-zugehörigkeit in Jahren	Lebensalter in Jahren					
	25–29	30–34	35–39	40–44	45–49	ab 50
1	1	1,5	2	2,5	3	4
2	1	1,5	2	2,5	3	4
3	1	1,5	2	2,5	3	5
4	2	2,5	3	3,5	4	6
5	2	2,5	3	4	5	7
6	3	3,5	4	5	6	8
7	3	4	5	6	7	9
8	4	5	6	7	8	10
9	5	6	7	8	9	11
10	6	7	8	9	10	12
11	7	8	9	10	11	13
12	8	9	10	11	12	14
15		10	12	13	14	16
20			13	14	15	17
ab 25				15	16	18 Monatsbezüge

Formal gleichen sich somit alle drei Methoden, mit dem einzigen Unterschied, daß bei der Punktwertmethode die Höhe des letzten Einkommens als entscheidender Einflußfaktor für die Höhe der Abfindung keine Rolle spielt.

Wie die Inhalte der Abfindungsregelungen im Sozialplan letztlich ausgestaltet sind, hängt neben der wirtschaftlichen Lage des Unternehmens auch vom Verhandlungsgeschick des Betriebsrats ab. Beides hat zum Ergebnis, daß selbst bei vergleichbaren sozialen Tatbeständen oder Folgen einer Betriebsänderung sehr unterschiedliche Abfindungsbeträge gezahlt werden.

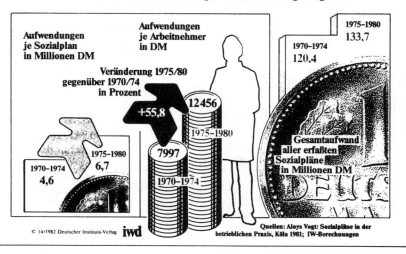

Quelle: iwd Nr. 14/1982.

6. Welche Bedeutung haben Sozialpläne?

Seit dem Wirtschaftseinbruch 1974 hat die Aufstellung von Sozialplänen auch über die ‚traditionellen' Krisenbranchen hinweg an Bedeutung gewonnen. Da allerdings eine amtliche Erhebung nicht erfolgt und auch die Betriebe und Unternehmen bei der Zurverfügungstellung derartiger Daten sehr zurückhaltend sind, ist statistisches Material nur lückenhaft vorhanden. Eine der wenigen Quellen stellt die Bundesanstalt für Arbeit zur Verfügung, indem sie Auskunft gibt über die Zahl der Arbeitslosen, die Leistungen aus Sozialplänen erhalten. Dennoch haben auch diese Zahlen zwei entscheidende Nachteile:

- zum einen heißt ‚Leistungen aus Sozialplänen' bei Arbeitslosen zwangsläufig Abfindungs- oder Übergangszahlungen, so daß ein Großteil der Sozialplanleistungen von vornherein hier unberücksichtigt bleibt,

- zum anderen handelt es sich bei den Zahlen um Stichtagsdaten (jeweils Ende September) und nicht um Jahresdurchschnittszahlen, die Vergleiche mit den jährlichen Arbeitslosenzahlen erlauben würden.

Aber trotz dieser statistischen Mängel kann einiges über die Bedeutung von Sozialplänen aus den vorhandenen Zahlen abgeleitet werden: Ende September 1983 bezogen gut 46 000 Arbeitslose Leistungen aus Sozialplänen; das waren 65% mehr als noch zwei Jahre zuvor. Deutlich wird darüber hinaus, daß das Schwergewicht der Abfindungszahlungen sich auf die älteren Arbeitnehmer konzentriert: bei den 55- bis 60jährigen nahm die Zahl der Abfindungsempfänger zwischen September 1981 und September 1984 um weit mehr als das Doppelte zu. Die Ausgliederung älterer Arbeitnehmer über Sozialplangelder hat offensichtlich in den vergangenen Jahren deutlich zugenommen. Als Ursachenerklärung können u. a. folgende Überlegungen herangezogen werden:

- Die Entlassung älterer Arbeitnehmer hat für diese – angesichts der Möglichkeit eines baldigen Rentenbezugs – nicht die gleichen gravierenden materiellen Folgen wie für jüngere Arbeitnehmer.
- Die Betriebe werden versuchen, bei Entlassungen gerade die leistungsgeminderten und/oder gesundheitlich beeinträchtigten Arbeitnehmer auszugliedern und jüngere Belegschaftsmitglieder im Betrieb zu halten.
- Betriebliche Konflikte, die sich infolge größerer Entlassungsaktionen ‚zwangsläufig' ergeben, können durch eine großzügige Abfindungs-Dotierung für ältere Arbeitnehmer bei gleichzeitiger ‚Arbeitsplatzsicherung' für jüngere minimiert werden.

7. Sozialplan im Konkurs – heute oft ein wertloses Papier

Für den Fall, daß ein Betrieb in Konkurs geht, haben Sozialplangelder eine ganz entscheidende Bedeutung für die materielle Absicherung aller Arbeitnehmer des Betriebes. In oft äußerst zähen Verhandlungen konnten Betriebsräte in solchen Situationen wenigstens noch ein paar materielle Zugeständnisse erkämpfen, die ihren eigenen und den Weg der Kollegen in die Arbeitslosigkeit fürs erste zum Teil abfederten. Zwei Urteile des Bundesarbeitsgerichts vom April 1984 verweisen nun diese Sozialplanansprüche im Konkursverfahren vom ersten auf den letzten Platz; von den betriebsverfassungsrechtlich erzwingbaren Sozialplangeldern bleibt damit höchstens noch ein Brosamen übrig.

Vor diesem Urteil waren Leistungen aus Sozialplänen über fünf Jahre lang als *bevorrechtigte* Konkursforderungen anerkannt; bei Unternehmenspleiten mußten sie noch vor eventuell rückständigen Löhnen und Gehältern oder Forderungen anderer Gläubiger berücksichtigt werden. Die Konkursordnung sieht folgende Reihenfolge bei der Befriedigung von Forderungen vor (§ 61 Abs. 1 Nr. 1–6 Konkursordnung):

1. Konkursverwalter und die von ihm veranlaßten Ansprüche sowie Ansprüche der Arbeitnehmer auf ausstehende Lohn-/Gehaltszahlungen, die maximal 12 Monate vor Eröffnung des Konkursverfahrens entstanden sind;

2. Forderungen des Staates;
3. Forderungen von Kirchen, Schulen usw.;
4. Ansprüche von Ärzten, Apothekern, Hebammen, Krankenpflegern;
5. Ansprüche der Kinder des in Konkurs gegangenen Unternehmers;
6. ‚übrige Konkursforderungen'.

Im Jahre 1978 wurden die Sozialplanansprüche vom Bundesarbeitsgericht vor alle anderen bevorrechtigten Konkursforderungen gestellt. Nach dem Urteil vom April 1984 fallen derartige Ansprüche nunmehr unter Nr. 6, also unter die ‚übrigen Konkursforderungen'.

Sollte nach der Befriedigung der bevorrechtigten Konkursforderungen überhaupt noch etwas zur Verteilung übrig sein, so sind das im allgemeinen nicht mehr als ein paar Prozent. Ein Arbeitnehmer, dessen Betriebsrat für ihn in langen Verhandlungen z. B. eine Abfindung von 10 000 DM erzwungen hat, kann dann noch froh sein, wenn er am Schluß wenigstens 300 DM auf die Hand bekommt. Der Sozialplan ist in einem solchen Fall ein wertloses Stück Papier.

Dieser unbefriedigende Zustand wurde Anfang 1985 durch das ‚*Gesetz über den Sozialplan im Konkurs- und Vergleichsverfahren*' behoben. Was ändert sich damit gegenüber der vorherigen Situation?

- Forderungen aus einem Sozialplan, der nach Eröffnung des Konkursverfahrens oder aber höchstens drei Monate vor dem Antrag auf Eröffnung des Konkursverfahrens aufgestellt wurde, werden wie heute schon die evtl. noch ausstehenden Lohn-/Gehaltsforderungen an erster Stelle befriedigt. Forderungen aus einem Sozialplan, der bereits seit längerem besteht, fallen aber auch weiterhin lediglich unter die ‚übrigen Konkursforderungen'.

- Forderungen aus den erstgenannten Sozialplänen dürfen als Gesamtbetrag nicht höher sein als die Summe von 2½ Monatsverdiensten der von einer Entlassung betroffenen Arbeitnehmer; es handelt sich hierbei also um eine *absolute* Begrenzung des Sozialplanvolumens.

- Das Sozialplanvolumen wird allerdings auch *relativ* begrenzt, da es nicht mehr als ein Drittel der für die Verteilung an die Konkursgläubiger zur Verfügung stehenden Konkursmasse betragen darf.

Der unbefriedigende Zustand nach dem Urteil des BAG von 1984 wird damit zwar korrigiert, gegenüber dem Rechtszustand von nach 1978 bleiben aber ganz wesentliche Verschlechterungen bestehen.

X. Mitbestimmung auf Unternehmensebene

Die Forderung nach Unternehmens-Mitbestimmung zielt allgemein darauf hin, den Arbeitnehmern stärkeren Einfluß auf alle sie betreffenden Entscheidungsbereiche im Arbeits- und Wirtschaftsleben zu sichern. Dieses Verlangen nach Erweiterung und Vertiefung demokratischer Rechte stellt eine Reaktion auf privatwirtschaftliche Macht- und Entscheidungsstrukturen dar, die häufig als autoritär und wenig beeinflußbar erlebt werden. Unter dem Terminus „Mitbestimmung" können all jene Regelungsinstrumente zusammengefaßt werden, die den Arbeitnehmern und ihren Interessenvertretungen eine Beteiligung an bestimmten Entscheidungsprozessen des Arbeits- und Wirtschaftslebens ermöglichen. Ungeachtet dieser mehr formalen Begriffsbestimmung herrscht in der Mitbestimmungs-Diskussion jedoch keine Einigkeit über die inhaltliche Ausgestaltung des Demokratisierungsziels und die notwendige qualitative Reichweite des Mitbestimmungsinstrumentariums. Denn Idee und Praxis der Mitbestimmung werden in Abhängigkeit von den jeweiligen gesellschaftlichen Interessen und Absichten sowie dem eigenen Erfahrungshintergrund des Betrachters unterschiedlich beurteilt. Demzufolge haben die geltenden Mitbestimmungsrechte und -gesetze entsprechend dem historischen Verhältnis zwischen den Sozialkontrahenten in ihrer Entstehungszeit eine jeweils neue Interpretation erfahren.

Gegenwärtig umfassen die existierenden Mitbestimmungsrechte ein historisch gewachsenes System von Informations- und Anhörungsrechten sowie gleichberechtigten Mitwirkungsmöglichkeiten, die ihre Legitimation aus so unterschiedlichen Rechtsnormen wie dem Betriebsverfassungsgesetz, dem Montanmitbestimmungsgesetz von 1951, dem Mitbestimmungsgesetz von 1976 usw. ableiten. Diese Mitbestimmungsgesetze regeln die Beteiligungsrechte der auf den verschiedenen (ökonomischen) Entscheidungsebenen ansetzenden Mitbestimmungsinstitutionen.

1. Begründung der Mitbestimmungsforderung

Die Forderung nach Mitbestimmung entspringt allgemeinen Partizipationsbestrebungen mit dem Ziel, die in Betrieb und Unternehmen existierenden hierarchischen Strukturen abzubauen und das ausgeprägte Spannungsverhältnis zwischen planenden und entscheidenden Organen einerseits sowie ausführenden Instanzen andererseits zu beseitigen. Die Fremdbestimmtheit des Arbeitsprozesses wird für die Mehrzahl der Arbeitnehmer erfahrbar als Konflikt zwischen realer betrieblicher Herrschaftsstruktur und allgemeinen demokratischen Zielen, zumal die konkrete

Ausgestaltung der Betriebsorganisation maßgeblich vom Direktions- und Weisungsrecht der ‚Kapitaleigner' beeinflußt wird.

Über diese zwischen den Sozialkontrahenten bestehenden Autoritätskonflikte hinaus ist die soziale Existenz der abhängig Beschäftigten infolge der Produktionsbedingungen und der Dominanz privatwirtschaftlichen Gewinnstrebens stets gefährdet. Entscheidungen über Ziele, Inhalte, Organisation und Auswirkungen der Produktion sind dem Einfluß des einzelnen Arbeitnehmers vollständig entzogen. Dieses strukturelle Ungleichgewicht zwischen den am Wirtschaftsprozeß Beteiligten bedingt den sozialen Konflikt um die Regelung des Arbeitseinsatzes und die Verteilung des Produktionsergebnisses.

Diese durch die Eigentumsverhältnisse und die Produktionsstruktur vorgezeichneten Interessenkonflikte werden von den Sozialkontrahenten für die Vergangenheit keineswegs geleugnet; sie unterscheiden sich jedoch hinsichtlich der Bewertung der aktuellen Konfliktfelder: Während die Kapitaleigner gegenwärtig einen weitgehenden Interessenausgleich postulieren, der durch Tarifautonomie und betriebliche Mitbestimmungsrechte realisiert sei, sind die Repräsentanten der Arbeitnehmer eher der Auffassung, daß sich lediglich die historischen Erscheinungsformen der Konfliktaustragung gewandelt haben, der grundsätzliche Interessengegensatz jedoch nicht aufgehoben sei. Unterschiedliche Einschätzungen und Einstellungen herrschen allerdings auch innerhalb der Arbeitnehmerschaft insbesondere bei der Frage, ob und inwieweit der soziale Konflikt wesensmäßiger und unlösbarer Bestandteil des Interessengegensatzes zwischen Arbeit und Kapital ist. Zwangsläufig zielt die Mitbestimmungsidee und das Mitbestimmungsinstrumentarium je nach politischem Standort des Betrachters darauf ab, die praktizierten Herrschaftsformen zu verändern und/oder die aus dem Privateigentum an Produktionsmitteln ableitbaren Herrschaftsformen generell zu leugnen. Mit dem Sprachsymbol „Mitbestimmung" werden folglich recht unterschiedliche Sachverhalte verbunden.

2. Mitbestimmung statt Vergesellschaftung – zur Entstehungsgeschichte der Unternehmensmitbestimmung

Die überbetriebliche Mitbestimmung zählt zum zentralen Bestandteil der wirtschafts- und ordnungspolitischen Programmatik der Gewerkschaften. Anknüpfend an das Konzept der *„Wirtschaftsdemokratie"* (Fritz Naphtali) aus den zwanziger Jahren bildet die Unternehmensmitbestimmung seit über 30 Jahren in der Bundesrepublik ein bedeutendes Feld der gesellschaftspolitischen Auseinandersetzung · und dies, obwohl oder gerade weil bisher nur ein kleiner Teil der diesbezüglichen gewerkschaftlichen Forderungen in die Praxis umgesetzt werden konnte. Lediglich in der Montan-Mitbestimmung sehen die Gewerkschaften ein ihren Vorstellungen sehr nahe kommendes Modell. Wie aber ist es erklärbar, daß diese erste Gestaltungsform von Mitbestimmung auf Unternehmensebene bisher nicht auf weitere Wirtschaftsbereiche übertragen werden konnte?

Übersicht 38: Hermann Reusch bietet die Mitbestimmung an

Gutehoffnungshütte
Oberhausen Aktiengesellschaft

An die
Einheitsgewerkschaft

(22a) K ö l n
Venloer Wall 9

Ihre Zeichen	Ihr Schreiben vom	Unsere Zeichen Abt. Reusch/D.	Oberhausen (Rheinl.), den 18. Januar 1947

Betrifft:

    Der Vorstand der Gutehoffnungshütte Oberhausen AG. ist der Auffassung, dass die Neuordnung der Eisen- und Stahlindustrie nach dem uns von dem Leiter der Treuhandverwaltung im Auftrage der NGISC mitgeteilten Plan bei der Gutehoffnungshütte den Belangen der Allgemeinheit und insbesondere der Belegschaft nicht entspricht. Die Durchführung des Planes würde die Zerschlagung eines in 150 Jahren organisch gewachsenen Unternehmens bedeuten. Die innige Verflechtung der einzelnen Betriebsabteilungen auf den Gebieten der Energiewirtschaft, des Verkehrs und der Verwaltung verbietet die schematische Anwendung von betriebswirtschaftlichen Grundsätzen, die die natürlichen und technischen Zusammenhänge unberücksichtigt lassen.

    Um eine Entflechtung durchzuführen, welche die Wirtschaftlichkeit der Werke nicht gefährdet, halten wir es für geboten, dass die erforderlichen Massnahmen von denjenigen Stellen beeinflusst werden, welche mit den Betriebsverhältnissen und den verwaltungsmässigen Zusammenhängen vertraut sind, also von der Verwaltung und der Betriebsvertretung unter Mitwirkung der Gewerkschaft. Wir denken uns dies in der Weise, dass der Aufsichtsrat durch die Zuwahl von Vertretern der Arbeitnehmer bzw. Gewerkschaft erweitert wird, und dass von diesem Kreise die Vorschläge für eine zweckentsprechende Lösung ausgehen. Die Interessen aller Beteiligten könnten auf diesem Wege am besten gewahrt werden.

    Wir würden es begrüssen, wenn wir auf dieser Grundlage mit Ihnen zu einer Verständigung über weitere gemeinsam zu unternehmende Schritte und im Zusammenhang damit zur Regelung einer dauernden Mitwirkung der Belegschaft bzw. Gewerkschaft bei der Verwaltung des Unternehmens kommen würden.

                                        GUTEHOFFNUNGSHÜTTE
                                    OBERHAUSEN AKTIENGESELLSCHAFT

                              (Reusch)   (Hilbert)

Quelle: D. Schneider/R. F. Kuda, Mitbestimmung, München 1969, S. 182.

Übersicht 39: Geschichte der Mitbestimmung: Mitbestimmung im Betrieb – Mitbestimmung im Unternehmen

1849	Der Deutschen Verfassungsgebenden Nationalversammlung in der Paulskirche liegt neben dem Hauptentwurf einer Gewerbeordnung ein Minderheitenentwurf vor, der die Gründung von Fabrikausschüssen mit bestimmten Rechten vorsieht.
1891	Novelle zur Gewerbeordnung für das Deutsche Reich. Die Errichtung von Arbeiterausschüssen wird in das Ermessen der Arbeitgeber gestellt.
1905	Novelle zum Preußischen Berggesetz bringt zwingende Einführung von Arbeiterausschüssen in Bergbaubetrieben mit mehr als 100 Beschäftigten.
1916	Vaterländisches Hilfsdienstgesetz. In gewerblichen Betrieben mit mehr als 50 Beschäftigten sind Arbeiter- und Angestelltenausschüsse zu bilden, denen ein Anhörungsrecht in vorwiegend sozialen Angelegenheiten zusteht.
1920	Betriebsrätegesetz vom 4. 2. 1920. In Betrieben mit 20 und mehr Beschäftigten sind Betriebsräte zu bilden, die bestimmte Rechte erhalten.
1922	Gesetz über die Betriebsbilanz und die Betriebsgewinn- und -verlustrechnung. Dieses Gesetz regelt auch die Entsendung von Betriebsratsmitgliedern in die Aufsichtsräte der Kapitalgesellschaften. Die Verordnung über Beiräte für die Reichsbahn regelt die Entsendung von Arbeitnehmervertretern in die aufsichtsführenden Beiräte dieses Staatsunternehmens.
1926	Reichspostfinanzgesetz, Entsendung eines Gewerkschaftsvertreters in den Verwaltungsrat.
1927	Erster Arbeitsdirektor in einer Montan-Gesellschaft (Preußische Bergwerks- und Hütten AG).
1933 bis 1943	Das „Führerprinzip" wird durchgesetzt. Das „Gesetz zur Ordnung der nationalen Arbeit" wird geschaffen (20. 1. 1934).
1946	Zunächst Hans Böckler, der spätere Vorsitzende des DGB, danach auch die Interzonenkonferenz der Gewerkschaften, fordern die volle Mitbestimmung in allen Wirtschaftszweigen sowie Arbeitnehmervertreter in allen Aufsichtsräten und Vorständen der Kapitalgesellschaften.
1946/1947	Betriebsrätegesetz des Alliierten Kontrollrats (Nr. 22 vom 10. 4. 1946). Die Errichtung und Tätigkeit von Betriebsräten wird wieder nach demokratischen Grundsätzen gestaltet, die Betriebsratstätigkeit wird nur allgemein umschrieben.
1948 bis 1950	In den einzelnen Ländern entstehen landergesetzliche Regelungen zum Betriebsverfassungsgesetz.
1951	Am 21. 5. 1951 tritt das Montan-Mitbestimmungsgesetz für Kohle- und Stahlunternehmen in Kraft.
1952	Betriebsverfassungsgesetz vom 11. 10. 1952. Das Gesetz bringt einige Rechte des Betriebsrats in bestimmten sozialen, personellen und wirtschaftlichen Angelegenheiten und sieht für Kapitalgesellschaften eine Drittelbeteiligung der Arbeitnehmer in Aufsichtsräten vor.
1955	Personalvertretungsgesetz des Bundes vom 5. 8. 1955. Das Gesetz bringt einige Rechte der Personalräte in sozialen, personellen sowie organisatorischen Angelegenheiten und wird – wie das Betriebsverfassungsgesetz von 1952 – von den Gewerkschaften als völlig unzureichend angesehen.
1956	Holding-Novelle zur Sicherung der Mitbestimmung in Konzernobergesellschaften des Montan-Bereichs.
1967	Mitbestimmungsänderungsgesetz zur befristeten Sicherung der Mitbestimmung in Montan-Unternehmen.
1971	Mitbestimmungsfortgeltungsgesetz zur befristeten Sicherung der Mitbestimmung in Montan-Unternehmen.
1972	Am 18. 1. 1972 wird das neue Betriebsverfassungsgesetz im Bundesgesetzblatt verkündet. Einen Tag später tritt es in Kraft. Die neuen rechtlichen Grundlagen bringen gegenüber dem Gesetz von 1952 Fortschritte, bleiben aber insgesamt hinter den Forderungen des DGB zurück.
1973	Eigenbetriebsgesetz des Landes Berlin. Paritätische Besetzung der Verwaltungsräte.
1974	Inkrafttreten des neuen Bundespersonalvertretungsgesetzes (1. 4. 1974) als Grundlage der betrieblichen Mitbestimmung für die in den Betrieben und Verwaltungen beschäftigten Angestellten, Arbeiter und Beamten. Wie das Betriebsverfassungsgesetz von 1972 bringt es zwar Verbesserungen gegenüber seinem Vorgänger, bleibt aber wesentlich hinter den gewerkschaftlichen Novellierungsvorschlägen zurück.
1976	Mitbestimmungsgesetz. Gültig für alle Kapitalgesellschaften mit mehr als 2000 Beschäftigten außerhalb des Montan-mitbestimmten Bereichs. Unterparitätische Lösung mit Sonderrechten für leitende Angestellte.
1977 bis 1979	Klage der Arbeitgeber gegen das Mitbestimmungsgesetz. Am 1. 3. 1979 vom Bundesverfassungsgericht abgewiesen.
1981	Änderungsgesetz zur Montan-Mitbestimmung (Montan-Mitbestimmungsgesetz von 1951 und Holding-Novelle von 1956). Befristete Sicherung der qualifizierten Mitbestimmung bei Einschränkung der Gewerkschaftsrechte.

> „Das kapitalistische Wirtschaftssystem ist den staatlichen und sozialen Lebensinteressen des deutschen Volkes nicht gerecht geworden."
>
> (Ahlener Programm der CDU, 1947)

Ein wesentlicher Grund mag darin liegen, daß die Montan-Mitbestimmung in erster Linie und vor allem Ergebnis der unmittelbaren Nachkriegsgeschichte, ihres politischen Klimas und ihres sozialen Kräfteverhältnisses ist. Große Teile der Bevölkerung wie auch der politischen Parteien gaben der Großindustrie und insbesondere dem rüstungswichtigen Montan-Kapital die (Mit-)Schuld am Aufstieg und an der Machtergreifung der Nationalsozialisten. In Volksabstimmungen einiger deutscher Länder votierte die übergroße Mehrheit der Bevölkerung für die Sozialisierung der wichtigsten Wirtschaftsbereiche. Im Jahre 1947 wurde aufgrund dieser eindeutigen Willensbekundung u. a. in Hessen ein Gesetz zur Sozialisierung des Bergbaus, der Eisen- und Stahlindustrie sowie des Energie- und Verkehrswesens beschlossen. Die Gewerkschaften strebten eine *Neuordnung der Wirtschaft* an, weil „die Erfahrungen der Jahre 1918 bis 1933 gelehrt (haben), daß die formale politische Demokratie nicht ausreicht, eine echte demokratische Gesellschaftsordnung zu verwirklichen" (Protokoll Gründungs-Kongreß des DGB, 1949).

Die alliierten Besatzungsmächte bildeten Treuhandgesellschaften, denen bis zur endgültigen Regelung der Eigentumsfrage die Geschäftsführung der entflochtenen bzw. noch zu entflechtenden Unternehmen oblag. In den Aufsichtsräten dieser Unternehmen entfiel auf die Arbeitnehmer-Vertreter die Hälfte der Sitze, Treuhandgesellschaft und öffentliche Hand teilten sich die andere Hälfte. Derart unter Druck geraten, wurden die alten Eigner aktiv und boten von sich aus den Gewerkschaften die paritätische Mitbestimmung an; zur Abwehr der folgenreichen Unternehmensentflechtungen brauchte die Kapitalseite einen starken und ‚unvorbelasteten' Partner an ihrer Seite. So ist es auch erklärbar, daß die Unternehmen der Stahlindustrie und des Bergbaus im Jahre 1947 einer von der englischen Besatzungsmacht vorgeschlagenen Mitbestimmungsregelung für diese Wirtschaftsbereiche zustimmten.

Damit war die gewerkschaftliche Forderung nach Mitbestimmung auf Unternehmensebene aber noch keineswegs gesichert. Schon zwei Jahre später sah der Gesetzentwurf der ersten (CDU-geführten) Bundesregierung zum Aktienrecht keine Mitbestimmung im Aufsichtsrat vor – die Verabschiedung dieses Entwurfs wäre gleichbedeutend gewesen mit der Aufhebung der Mitbestimmung im Montanbereich. Erst unter dem Druck eines gewerkschaftlich organisierten Streiks, hinter dem über 95% der Mitglieder standen, wurde die *Montan-Mitbestimmung* im Jahre 1951 mit einer überwältigenden Mehrheit von 450 von 500 Stimmen auch bundesgesetzlich geregelt.

Übersicht 39 a: Aufruf des DGB vom 12. Mai 1952

AUFRUF
des Deutschen Gewerkschaftsbundes!

Arbeiter, Angestellte, Beamte!

1945 lag die deutsche Wirtschaft in Trümmern.
Während Ihr in Fabriken, Kontoren und Verwaltungen am Wiederaufbau Deutschlands unter größten Entbehrungen gearbeitet habt, waren diejenigen, die den Zusammenbruch Deutschlands verschuldeten, von der Bildfläche verschwunden.

Ihr allein habt das vollbracht, was andere als das „deutsche Wirtschaftswunder" bezeichnen.

Eure Leistung wurde damals anerkannt und in höchsten Tönen gepriesen. Maßgebliche Unternehmer, Vertreter der Verwaltungen und aller politischen Parteien bekannten sich einmütig zu einer **neuen Wirtschaftsordnung** auf der Grundlage der völligen **Gleichberechtigung der Arbeitnehmer.**
Aus dieser Erkenntnis geschichtlicher Notwendigkeiten entstanden neben den wirtschaftspolitischen Grundsätzen des Deutschen Gewerkschaftsbundes das Ahlener Programm, zustimmende Erklärungen der Regierungen und verantwortlicher Persönlichkeiten in Wirtschaft und Staat.

Was aber geschieht heute?

Man sperrt sich immer mehr dagegen, diese Versprechen einzulösen! In der Montanindustrie konnte das Mitbestimmungsrecht nur unter größten Schwierigkeiten durchgesetzt werden.
Seitdem ist der Widerstand noch mehr gewachsen.

Die echte Mitbestimmung der Arbeitnehmerschaft in der übrigen Wirtschaft und in der Verwaltung soll verhindert werden.

Das zeigt besonders das beabsichtigte Betriebsverfassungsgesetz.
Es beweist die klare Absicht, ein wirkliches Mitbestimmungsrecht der Arbeitnehmerschaft zu vereiteln.
Es bestätigt die überlebten Vorrechte der Arbeitgeber.
Es beläßt die Arbeitnehmer in ihrer Stellung als Wirtschaftsuntertan!
Darüber hinaus nimmt der Entwurf des Betriebsverfassungsgesetzes Euch Rechte, die Ihr vor 1933 gehabt habt, die Euch nach 1945 durch Länderverfassungen, Ländergesetze oder betriebliche Vereinbarungen gesichert waren und in der schwierigen Zeit des Wiederaufbaues ihre Bewährungsprobe bestanden haben.
Dazu kommt die Absicht, die gewerkschaftliche Einheit von Arbeitern, Angestellten und Beamten zu untergraben und durch ein Ausnahmerecht für den öffentlichen Dienst die verschiedenen Gruppen gegeneinander auszuspielen.
Der Deutsche Gewerkschaftsbund vermag die Verantwortung für diese Entwicklung nicht mehr zu tragen!

Dieser Entwurf darf nicht Gesetz werden!

Der Deutsche Gewerkschaftsbund und die ihm angeschlossenen Gewerkschaften rufen Euch auf zum Kampf für ein fortschrittliches Betriebsverfassungsrecht als Grundlage der demokratischen Ordnung in Wirtschaft und Verwaltung.

- **Es geht hier nicht um gewerkschaftliches „Machtstreben".**
- **Es geht um eine gerechte Ordnung.**
- **Es geht um den Bestand der Demokratie.**
- **Es geht um die Stabilität der Wirtschaft.**
- **Es geht um die Sicherung Deines Arbeitsplatzes.**
- **Es geht um das Wohl der gesamten Nation.**

Haltet Euch bereit! Übt Disziplin!
Folgt den Weisungen Eurer Gewerkschaften!

DEUTSCHER GEWERKSCHAFTSBUND
DER BUNDESVORSTAND
Christian Fette, Vorsitzender

Düsseldorf, den 12. Mai 1952

Druck: Hannoversche Druck- und Verlagsgesellschaft m. b. H., Hannover

Quelle: D. Schneider/R. F. Kuda, Mitbestimmung, München 1969, S. 208.

Bereits ein Jahr danach mußten die Gewerkschaften allerdings eine vorerst endgültige Niederlage einstecken: im *Betriebsverfassungsgesetz von 1952* mißlang eine Ausdehnung der Montan-Mitbestimmungsregelung auf alle Wirtschaftsbereiche. Auch in den folgenden Jahren blieb die kontroverse sozialpolitische Diskussion um die Mitbestimmung ein zentrales gesellschaftspolitisches Thema. Durch die Umstrukturierung der Montan-Konzerne drohte die Mitbestimmung an Gewicht zu verlieren: die Montanproduktion blieb hinter dem Gesamtumsatz zurück, so daß die Unternehmen langsam aus dem Geltungsbereich dieses Gesetzes herauswuchsen. Um dieser Entwicklung gegenzusteuern, erließ das Parlament im Jahre 1956 mit den Stimmen von CDU und SPD das Mitbestimmungs-Ergänzungsgesetz. Erst 20 Jahre später wurde die *formale* Parität im Aufsichtsrat auf weitere Unternehmen der Wirtschaft ausgedehnt (Mitbestimmungsgesetz von 1976).

3. Das ‚System' der Unternehmensmitbestimmung

a) Unternehmensorgane

Die Unternehmensorgane werden von den einzelnen Mitbestimmungsmodellen in unterschiedlichem Maße erfaßt. Diesbezüglich von durchgehend größter Bedeutung ist die Mitbestimmung im *Aufsichtsrat,* dem als ‚Kontrollorgan' allerdings nur geringe Kompetenzen zustehen. Zu seinen Aufgben zählen

- die (nachträgliche) Kontrolle der Vorstandsarbeit,
- die Billigung weitreichender, unternehmenspolitisch wichtiger Maßnahmen sowie
- die Wahl der Vorstandsmitglieder.

Der Wirkungskreis des Aufsichtsrats ist damit begrenzt: er kann vor allem nicht in die laufenden Geschäfte des *Vorstands* eingreifen. Verweigert der Aufsichtsrat bei bestimmten Vorlagen dem Vorstand die Zustimmung, so kann dieser die Hauptversammlung anrufen.

Der *Hauptversammlung* – als drittem Organ einer Aktiengesellschaft – gehören sämtliche Anteilseigner an; sie bestellen und entlassen die Mitglieder des Aufsichtsrats. In der Hauptversammlung wird u. a. über Gewinnverwendung, Satzungsänderungen oder auch über die Auflösung der Gesellschaft entschieden. Beschlüsse des Aufsichtsrats können durch Entscheidungen der Hauptversammlung mit ¾-Mehrheit revidiert werden. Verweigert also der Aufsichtsrat seine Zustimmung zu Plänen des Vorstands, so kann diese Entscheidung durch ein Veto der Anteilseigner-Versammlung aufgehoben werden.

Die Führung des Unternehmens obliegt dem Vorstand, dessen Mitglieder in ihrer ‚Tagespolitik' relativ autonom sind. Ursprünglich als ‚Arbeitnehmer-Vertretung'

Übersicht 40:

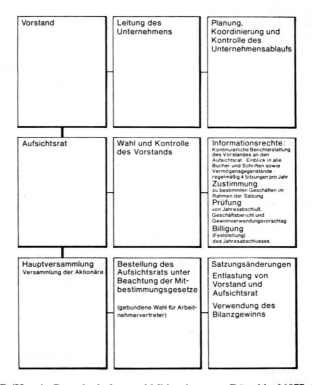

Quelle: DGB (Hrsg.), Gewerkschaften und Mitbestimmung, Düsseldorf 1977, S. 310.

konzipiert, gehört dem Vorstand als gleichberechtigtes Mitglied ein *Arbeitsdirektor* an, der im Entscheidungsverfahren allerdings stets durch die anderen Vorstandsmitglieder überstimmt werden kann.

In der Ausübung ihres Mandats sind sowohl die Arbeitnehmer-Vertreter im Aufsichtsrat als auch der Arbeitsdirektor durch mehrere gesetzliche Regelungen ‚in die Pflicht' genommen: Sie unterliegen einer Treue- und Verschwiegenheitspflicht gegenüber dem Unternehmen, deren Nicht-Befolgung strafrechtliche Konsequenzen haben kann; sie müssen vorrangig zum „Wohle und im Interesse" des

Unternehmens handeln und sind weder an Aufträge noch an Weisungen der Belegschaft gebunden. Diese gesetzlichen Bestimmungen beinhalten für die Arbeitnehmer-Vertreter so viele Restriktionen, daß ihre Politik nur schwer mit den konkreten Problemen und Interessen der abhängig Beschäftigten verbunden werden kann. So ist die Kommunikation zwischen Arbeitnehmern und Mitbestimmungsträgern minimal; eine Kontrolle oder gar Abwahl durch die Belegschaft unmöglich. Umgekehrt fehlen aber auch den Mitbestimmungsträgern durch diese Trennung die notwendigen Druckmittel gegenüber der Unternehmensleitung – Verselbständigungstendenzen und Anpassung an partnerschaftliches Handeln werden damit geradezu gefördert.

Die verschiedenen, nebeneinander existierenden Mitbestimmungsgesetze unterscheiden sich vor allem hinsichtlich der folgenden Punkte:

- der Besetzung des Aufsichtsrates, also der Sitzverteilung zwischen Kapital und Arbeit,
- des Wahlverfahrens zum Aufsichtsrat,
- der Verteilung der Aufsichtsratssitze auf betriebliche und gewerkschaftliche Funktionsträger,
- der Wahl eines Arbeitsdirektors
- und schließlich des Geltungsbereiches des Gesetzes.

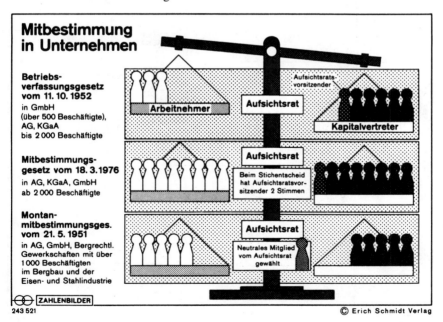

b) Das Montan-Mitbestimungsgesetz von 1951

Die Montan-Mitbestimmung findet ausschließlich Anwendung auf Kapitalgesellschaften des Bergbaus sowie der Eisen und Stahl erzeugenden (nicht verarbeitenden!) Industrie, sofern diese Unternehmen mehr als 1000 Arbeitnehmer beschäftigen.

Im Aufsichtsrat sind die Vertreter der Anteilseigner und der Arbeitnehmer zahlenmäßig gleich stark repräsentiert; aus diesem Grunde spricht man hier auch von *paritätischer* oder *qualifizierter Mitbestimmung*. Die Größe des Aufsichtsrats schwankt dabei in Abhängigkeit von der Zahl der Arbeitnehmer des Unternehmens. Die Arbeitnehmer-Bank rekrutiert sich aus unternehmens*internen* und *-externen* Arbeitnehmervertretern. Gehören einem Aufsichtsrat z. B. zehn Arbeitnehmer-Vertreter an, dann müssen vier von ihnen im Unternehmen selbst beschäftigt sein; sie werden vom Betriebsrat nach Beratung mit den im Betrieb vertretenen Gewerkschaften vorgeschlagen. Die übrigen sechs Mandatsträger werden von den Gewerkschaften nach Beratung mit dem Betriebsrat vorgeschlagen. Von diesen sechs Aufsichtsratsmitgliedern dürfen wiederum zwei – vom Gesetz werden sie als

MONTANMITBESTIMMUNGSGESETZ 1951

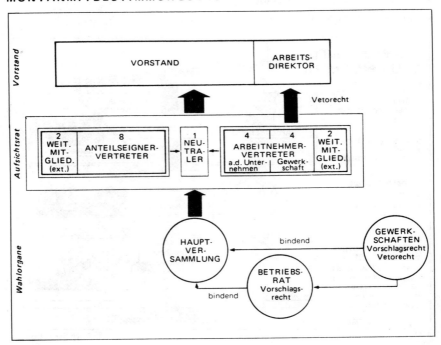

‚weitere Mitglieder' bezeichnet – weder im Unternehmen beschäftigt noch dürfen sie Repräsentanten einer Gewerkschaft sein. Die auf diese Weise von den Betriebsräten und gewerkschaftlichen Spitzenorganisationen vorgeschlagenen Arbeitnehmer-Vertreter werden formal von der Hauptversammlung in den Aufsichtsrat gewählt; formal deshalb, weil die Hauptversammlung grundsätzlich an die Vorschläge gebunden ist.

Diese Parität zwischen Arbeit und Kapital wird durch ein sog. ‚neutrales Mitglied' relativiert; um die Beschluß- und damit Funktionsfähigkeit des Aufsichtsrats im Konfliktfall nicht zu gefährden – so die Argumentation – soll dieses neutrale Mitglied in kritischen Situationen das ‚Zünglein an der Waage' spielen. Der ‚Neutrale' wird von den übrigen Aufsichtsratsmitgliedern beider Gruppen vorgeschlagen.

Die Montanmitbestimmung zeichnet sich zudem durch die Beteiligung eines Arbeitnehmervertreters an der Geschäftsführung (Vorstand) aus; als gleichberechtigtes Vorstandsmitglied gehört ein ‚Arbeitsdirektor' der Unternehmensleitung an. Der Arbeitsdirektor nach dem Montan-Mitbestimmungsgesetz kann nicht gegen die Mehrheit der Arbeitnehmerstimmen im Aufsichtsrat bestellt oder entlassen werden – auch hier also eine Einschränkung der Befugnisse der Hauptversammlung.

c) Das Mitbestimmungsergänzungsgesetz von 1956

Der Geltungsbereich des Mitbestimmungsergänzungsgesetzes erstreckt sich speziell auf konzernbeherrschende Obergesellschaften mit Tochtergesellschaften im Montanbereich. Es findet dann Anwendung, wenn der Produktionsschwerpunkt der Holding (mindestens 50% der Wertschöpfung) im Montansektor liegt. Das Gesetz greift also auch in dem Falle, in dem die Konzernmutter selbst z. B. keinen Stahl produziert.

Das Mitbestimmungsergänzungsgesetz wurde geschaffen, um den Ausstieg aus der Montan-Mitbestimmung zu erschweren, denn in der Praxis verliert sie als die älteste und gleichzeitig weitreichendste Mitbestimmungsform nach und nach an Bedeutung: Dem Montansektor kommt wirtschaftlich nicht mehr die Rolle wie im Nachkriegsdeutschland zu – Produktionsschwerpunkte verlagern sich, die Unternehmen wachsen aus der Montan-Mitbestimmung heraus. Durch Fusionen und Umorganisation kann die Kapitalseite diesen Prozeß auch unmittelbar beeinflussen und steuern. Diese Möglichkeit der Herausdrängung der Montan-Mitbestimmung soll durch das Mitbestimmungsergänzungsgesetz erschwert werden.

Trotz dieser Sicherungsmaßnahme hat sich die Zahl der montan-mitbestimmten Unternehmen von zunächst 105 Gesellschaften zwischenzeitlich auf ganze 34 vermindert. Die Gewerkschaften versuchten zwar, diesen ‚Austrocknungsprozeß' durch freiwillige Mitbestimmungsvereinbarungen zu stoppen, auch der Gesetzgeber erließ noch mehrere Sicherungsvorschriften, um den Bedeutungsverlust der

MONTANMITBESTIMMUNGSERGÄNZUNGSGESETZ 1956
(Holding-Novelle)

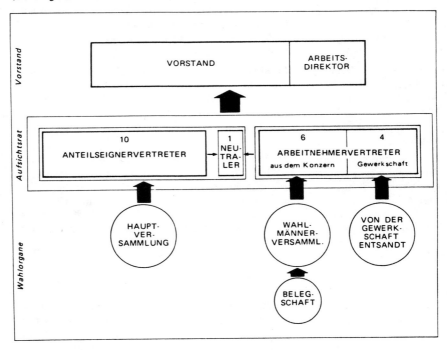

paritätischen Mitbestimmung in Grenzen zu halten. Dennoch werden heute nur noch eine halbe Million Arbeitnehmer von der Montan-Mitbestimmung erfaßt.

Letztmals akut wurde die Auseinandersetzung um die qualifizierte Mitbestimmung im Rahmen der Neugliederung des Mannesmann-Konzerns im Jahre 1980/81: Die Montan-Betriebe sollten von der Konzern-Mutter auf eine Tochtergesellschaft übertragen werden, so daß die Konzernspitze bereits 1981 von der Montan-Mitbestimmung ‚befreit' worden wäre. Ähnliche Entwicklungen waren bei den anderen Konzernen zu erwarten. Der Gesetzgeber entschloß sich daher zu einer neuen Sicherungsmaßnahme; danach soll ein ehemals montan-mitbestimmtes Unternehmen nach Wegfall der gesetzlichen Grundlagen noch sechs weitere Jahre montan-mitbestimmt bleiben. Der Bestandsverlust der Montan-Mitbestimmung erscheint damit jedoch nicht aufgehoben, sondern nur aufgeschoben.

Wie bereits das Ergänzungsgesetz belegt, fielen die verschiedenen gesetzlichen Sicherungsmaßnahmen inhaltlich immer mehr hinter die Regelungen des Montan-Gesetzes zurück:

- Zwar ist der Aufsichtsrat nach wie vor paritätisch zusammengesetzt, doch wird das zwingende Vorschlagsrecht von Betriebsrat und Gewerkschaften eingeschränkt.
- Die Bestellung und Abberufung des Arbeitsdirektors ist auch gegen die Stimmenmehrheit der Arbeitnehmer-Bank möglich.

d) Das Mitbestimmungsgesetz von 1976

Dieses Gesetz gilt in allen (übrigen) Kapitalgesellschaften der gewerblichen Wirtschaft sowie des Handels und Dienstleistungssektors, die mehr als 2000 Arbeitnehmer beschäftigen. Etwa 470 Unternehmen des gewerblichen Bereichs, 45 Bank- und Versicherungsunternehmen sowie einige Handels- und öffentliche Verkehrsunternehmen fallen unter das Mitbestimmungsgesetz von 1976. Diese Unternehmen beschäftigen etwa 4,5 Millionen Arbeitnehmer, das entspricht einem Anteil von etwa einem Fünftel der Beschäftigten.

In Abhängigkeit von der Beschäftigtenzahl besteht der Aufsichtsrat dieser Unternehmen aus 12, 16 oder 20 Mitgliedern. Rein zahlenmäßig ist auch hier eine

MITBESTIMMUNGSGESETZ 1976

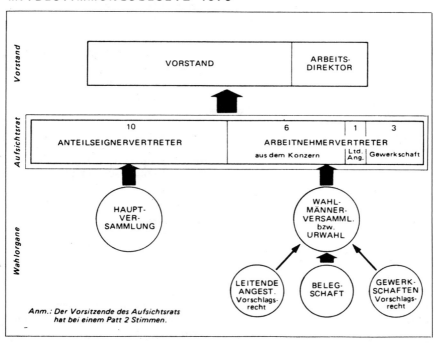

paritätische Sitzverteilung gegeben; im Unterschied zu den vorgenannten gesetzlichen Regelungen wird allerdings hier den leitenden Angestellten eine eigene Vertretung auf der Arbeitnehmer-Bank garantiert – dies, obwohl sie vornehmlich unternehmerische Aufgaben wahrnehmen. Den leitenden Angestellten kommt damit ein Gewicht zu, das nicht nur über ihren Anteil an der Gesamtbeschäftigtenzahl des Unternehmens weit hinausgeht – ihre spezifische Funktion im Unternehmen wird durch Zurechnung zur Arbeitnehmer-Bank im Aufsichtsrat geradezu verkehrt. Aufgrund ihres Aufgabenbereichs stehen die Manager den Kapitaleignern wohl näher als der Arbeitnehmerschaft.

Der Kapitalseite wird darüber hinaus das grundsätzliche Recht eingeräumt, den Aufsichtsratsvorsitzenden zu stellen, der über besondere Kompetenzen verfügt: seine Stimme wird in Patt-Situationen doppelt gezählt und gibt damit den Ausschlag bei der Entscheidungsfindung. Zugunsten der Kapitalseite wird hier auf den ‚Neutralen' verzichtet und damit endgültig auch formal ausgeschlossen, daß Entscheidungen gegen den Willen der Anteilseigner getroffen werden können. Schließlich wird die Arbeitnehmervertretung erst durch ein sehr kompliziertes Wahlverfahren ermittelt: In Unternehmen mit bis zu 8000 Arbeitnehmern werden die Mandatsträger in unmittelbarer Wahl durch die Belegschaft bestimmt, in größeren Unternehmen durch ein zwischengeschaltetes Wahlmännergremium; Arbeiter und Angestellte wählen hierbei in getrennten Verfahren, und selbst die verminderte Zahl der gewerkschaftlichen Vertreter wird in geheimer Wahl ermittelt.

Im Unterschied zur Montan-Mitbestimmung kann der Arbeitsdirektor im Aufsichtsrat auch gegen die Mehrheit der Arbeitnehmer-Vertreter berufen oder abberufen werden. Die zwischenzeitlich durchgeführten Wahlen zeigen, daß die entsprechenden Vorstandsmitglieder meist gegen den Widerstand der Arbeitnehmer zum Arbeitsdirektor bestimmt wurden.

Angesichts all dieser Einschränkungen kann beim 76'er Mitbestimmungsgesetz dem Wortsinn nach nicht mehr von *Mitbestimmung* gesprochen werden; die per Gesetz in sich gespaltene Arbeitnehmer-Bank kann selbst bei geschlossenem Vorgehen die Entscheidungen der Unternehmensseite kaum mehr nachhaltig beeinflussen.

e) Mitbestimmung nach dem Betriebsverfassungsgesetz von 1952

Mit der Novellierung des Betriebsverfassungsgesetzes im Jahre 1972 traten die Regelungen des BetrVG '52 außer Kraft – mit einer Ausnahme: der im '52er, nicht jedoch im '72er Gesetz geregelten Vertretung der Arbeitnehmer im Aufsichtsrat. Nach Inkrafttreten des Mitbestimmungsgesetzes von 1976 beschränkt sich der Geltungsbereich dieses ‚Rest'-BetrVG von 1952 auf Aktien- und Kommanditgesellschaften auf Aktien mit bis zu 2000 Beschäftigten sowie auf Gesellschaften mit beschränkter Haftung, die mehr als 500 Arbeitnehmer beschäftigen.

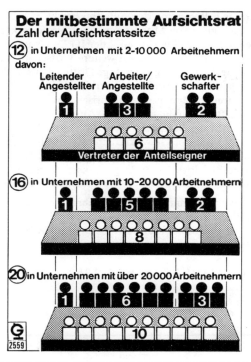

Von einer paritätischen Besetzung des Aufsichtsrats kann hier keine Rede mehr sein – und damit auch nicht von Mitbestimmung; trotz gewerkschaftlichen Widerstandes, einschließlich des ‚Zeitungsstreiks' der IG Druck und Papier, konnte das Montan-Modell des Jahres 1951 nicht auf weitere Wirtschaftsbereiche übertragen werden. Durch die Festschreibung einer sog. Drittel-‚Parität' der Arbeitnehmer-Vertreter im Aufsichtsrat wurde mit dem BetrVG '52 für alle Beteiligten deutlich gemacht, daß das Montan-Modell eine historische Ausnahme bleiben sollte und daß die Gewerkschaften keinen generellen Anspruch auf eigene Vertreter im Aufsichtsrat haben. Mit der Verabschiedung des BetrVG '52 waren nicht nur die Neuordnungsvorstellungen der Gewerkschaften – vor allem gesamtgesellschaftliche Planung sowie Sozialisierung – ad acta gelegt, auch die Mitbestimmung auf Unternehmensebene als dritte zentrale gewerkschaftliche Forderung im Nachkriegsdeutschland war auf faktische Bedeutungslosigkeit reduziert worden.

Das ‚System' der Mitbestimmung auf Unternehmensebene, als typisch deutsche Regelung im westlichen Ausland häufig als vorbildlich und nachahmenswert gepriesen, hat nur für eine Minderheit von 5,6 Millionen Arbeitnehmern überhaupt

BETRIEBSVERFASSUNGSGESETZ 1952

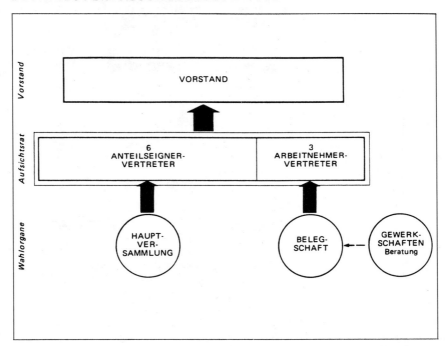

praktische Bedeutung. Für den großen Rest der abhängig Beschäftigten ist Mitbestimmung auf Unternehmensebene meist ein ebenso schillerndes Phänomen wie für manchen ausländischen Betrachter geblieben.

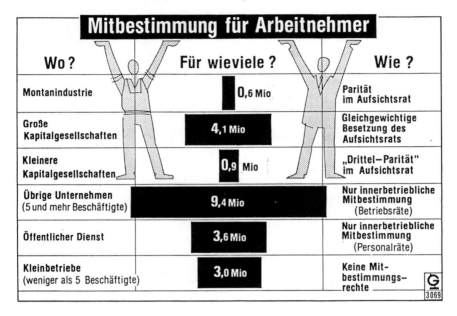

4. Die Praxis der Mitbestimmung auf Unternehmensebene

••• *der Einfluß des Aufsichtsrates*

Den Aufsichtsräten der mitbestimmten Unternehmen gehören Vertreter der Arbeitnehmer an, die zusammen mit den Repräsentanten der Anteilseigner die Unternehmenspolitik des Vorstands kontrollieren sollen. Unabhängig von der Sitzquotierung und der Stimmenverteilung der einzelnen Mitbestimmungsgesetze ist eine derartige Kontrolle für die Arbeitnehmer-Vertretung mit einer Reihe von Problemen verbunden.

Bei den im Unternehmen beschäftigten Mitgliedern des Aufsichtsrats handelt es sich zumeist um Mitglieder des Betriebsrats bzw. Gesamtbetriebsrats. Ihre Aufsichtsratstätigkeit wird zutreffend mit ‚institutionell verlängerter Betriebsratsarbeit' charakterisiert werden können. Anders als bei den Gewerkschaftsvertretern im Aufsichtsrat sind bei ihnen alle Voraussetzungen ökonomischer, sozialer und psychologischer Art angelegt, sich ausschließlich mit den Interessen der ‚eigenen' Belegschaft oder ‚ihres' Unternehmens zu identifizieren. Diese verständliche

Übersicht 41: Mitbestimmungsorgane in Unternehmen und Betrieb

Mitbestimmungsorgan / Rechtsform / Beschäftigtenzahl / Wirtschaftszweig	Arbeitnehmer-Vertreter im Vorstand (Arbeitsdirektor)	Arbeitnehmer-Vertreter im Aufsichtsrat	Arbeitnehmer-Vertreter im Wirtschaftsausschuß	Betriebsrat	Rechtliche Grundlage
AG, GmbH, Bergrechtliche Gewerkschaft über 1000 Beschäftigte Montanbereich	ja eventuell	ja 1/2	ja 1/1	ja	Montan-Mitbestimmungsgesetz Mitbestimmungsergänzungsgesetz
AG, KGaA, GmbH, Bergrechtliche Gewerkschaft, Erwerbs- und Wirtschaftsgenossenschaft, GmbH & Co KG über 2000 Beschäftigte gewerbliche Wirtschaft	eventuell	ja 1/2	ja 1/1	ja	'76er Mitbestimmungsgesetz
AG, KGaA, Bergrechtliche Gewerkschaft, Versicherungsverein auf Gegenseitigkeit über 500 Beschäftigte übrige gewerbliche Wirtschaft	nein	ja 1/3	ja 1/1	ja	Betriebsverfassungsgesetz von 1952
Betriebe über 100 Beschäftigte	nein	nein	ja 1/1	ja	Betriebsverfassungsgesetz von 1972
Kleinbetriebe (5 bis 100 Beschäftigte)	nein	nein	nein	ja	Betriebsverfassungsgesetz von 1972

Identifikation fördert auf ihrer Seite den Willen zur Zusammenarbeit und die Suche nach einvernehmlichen Entscheidungen. Gegensätze zwischen Arbeitnehmer- und Unternehmensinteressen können so reduziert und überlagert werden vom Interessengegensatz zwischen den Unternehmen: „Mit der Konkurrenz und deren Arbeitnehmern haben wir weniger Gemeinsamkeiten als mit ‚unserem' Unternehmen." Dieser Tendenz zum ‚Betriebsegoismus' soll die eigenständige gewerkschaftliche Repräsentanz im Aufsichtsrat entgegenwirken. Ihre im allgemeinen größere Sachkompetenz, ihre – positive – ‚Abgehobenheit' vom Einzelunternehmen und ihre einschlägigen Kenntnisse der Branchenentwicklung sind hier von großem Nutzen, wenn Arbeitnehmerinteressen nicht nur separat, sondern in ihrer Gesamtheit vertreten werden sollen. Dennoch können auch sie sich der Zusammenarbeit mit den Anteilseigner-Vertretern nicht völlig entziehen; mangels betriebswirtschaftlicher Alternativkonzepte und infolge des auch durch die Mitbestimmungs-Gesetzgebung nicht aufgehobenen Konkurrenzprinzips der Wirtschaft sehen sie sich meist gezwungen, Vorstandsplänen zuzustimmen, „um noch Schlimmeres zu verhindern". Kampfabstimmungen im Aufsichtsrat sind folglich eher die Ausnahme als die Regel.

Eine effektive Kontrolle des Vorstands durch die Arbeitnehmer-Vertreter ist zum anderen auch deshalb schwierig, weil erforderliche Informationen fehlen, gefiltert oder gar gänzlich vorenthalten werden. In vier Aufsichtsrats-Sitzungen pro Jahr – so die Regel – mit einer Dauer von jeweils nur wenigen Stunden kann keine Unternehmenspolitik kontrolliert werden. Die zwangsläufige Folge ist eine Verlagerung von Aufgaben in Ausschüsse, deren Entscheidungen dann für den Aufsichtsrat de facto verbindlichen Charakter haben. Den Vertretern der Anteilseigner wird von den Planungsstäben des Unternehmens zugearbeitet – die Etablierung eines ‚Gegenmanagements' auf Arbeitnehmerseite wäre aussichtslos. Schließlich sind auch Entscheidungen eines paritätisch besetzten Aufsichtsrats gegen den Vorstand durch die Hauptversammlung revidierbar – eine Tatsache, die letztlich jede Aufsichtsratstätigkeit auf Arbeitnehmerseite unweigerlich zur Sisyphusarbeit werden läßt.

••• *die Rolle des Arbeitsdirektors*

Konzentrieren sich die Arbeitnehmer-Vertreter im Aufsichtsrat bei ihrer Tätigkeit auf soziale und personelle Fragen der Unternehmenspolitik, so spiegelt sich diese Schwerpunktsetzung auch im Aufgabenfeld des Arbeitsdirektors wider, der traditionellerweise im Vorstand für das Personal- und Sozialwesen zuständig ist. Dies muß insofern verwundern, als sich das Gesetz über den Tätigkeitsbereich dieses ‚Mannes' ausschweigt, von ihm also grundsätzlich auch der technische oder kaufmännische Bereich abgedeckt werden könnte. Zumindest im Montan-Bereich, wo der Arbeitsdirektor nicht gegen die Stimmenmehrheit der Arbeitnehmer-Bank bestellt oder abberufen werden kann, befindet er sich in einer ausgesprochenen

Zwitterstellung: Das Gesetz verpflichtet ihn auf die Unternehmensinteressen, die ihn tragende Klientel erwartet von ihm die Vertretung von Arbeitnehmerinteressen. Viele Arbeitsdirektoren leugnen diesen Konflikt – etwa ein Drittel aber nimmt durch ihre Mitgliedschaft im entsprechenden Arbeitgeberverband der Montanindustrie jedoch eine eindeutige Positionsbestimmung vor. Wer als Arbeitsdirektor seinem Selbstverständnis nach Arbeitnehmerinteressen vertritt, stößt sehr schnell an die institutionellen Grenzen der Mitbestimmung: kaufmännischer und technischer Direktor können ihn jederzeit überstimmen.

••• und die Einstellung der Arbeitnehmer

Die Einstellung der Arbeitnehmer zur Mitbestimmung auf Unternehmensebene ist ziemlich diffus; abstrakt wird sie von der Mehrheit bejaht: man erhofft sich vor allem Verbesserungen der eigenen materiellen Lage, hat jedoch bezüglich der Durchführbarkeit von Mitbestimmung erhebliche Bedenken. Anders als die in der Mitbestimmung ‚Aktiven' würdigen die Beschäftigten eher die (wenigen) materiellen Vorteile als die politischen und gesellschaftlichen Konsequenzen der Mitbestimmungs-Idee.

Tabelle 19:

Einstellung der Arbeitnehmer zur Unternehmensmitbestimmung

Halten Sie das Mitbestimmungsgesetz von 1976 oder die Montan-Mitbestimmung für die bessere Form der Mitbestimmung?			
	Montan-Modell	Mitbest. von 1976	Unent-schieden
Arbeitnehmer insgesamt	61	22	17
Angelernte Arbeiter	59	17	24
Facharbeiter	65	25	10
Angestellte (nicht leitend)	61	19	20
Leitende Angestellte	53	36	11
Arbeitnehmer in Montanbetrieben	73	12	15
Gewerkschaftsmitglieder	75	16	9
Nicht-Organisierte	52	26	22
SPD-Anhänger	67	20	13
CDU/CSU-Anhänger	53	27	20
FDP-Anhänger	56	29	15

Quelle: Institut für Demoskopie Allensbach; zitiert nach Die Zeit, Nr. 39/1980, S. 17.

Mitbestimmung auf Unternehmensebene ist schwer in die Arbeits- und Lebenszusammenhänge der Beschäftigten ‚transportierbar'; im Unterschied zur betrieblichen Mitbestimmung mangelt es ihr also an konkreter ‚Erfahrbarkeit'. Vor diesem Hintergrund verwundert es ein wenig, daß das '76er Gesetz dennoch durch sämtliche Berufs- und parteipolitischen Gruppen hindurch sehr viel schlechter abschneidet als das Montan-Modell.

5. Branchenkrise und Mitbestimmung

Die soziale Gefährdung der Arbeitnehmer kann selbstverständlich durch Mitbestimmung allein prinzipiell nicht beseitigt werden; Betriebsschließungen, Massenentlassungen, sektorale und regionale Strukturkrisen lassen die Grenzen der Mitbestimmung immer wieder deutlich hervortreten. Weder die mitbestimmten noch die mitbestimmungsfreien Unternehmen können sich den Marktgesetzen entziehen; betriebsbedingte Entlassungen infolge mangelnder Wettbewerbsfähigkeit oder nicht vorhersehbarer bzw. unternehmenspolitisch nicht beeinflußbarer Konjunktureinbrüche kennzeichnen auch und gerade die mitbestimmten Wirtschaftsbereiche (Stahl-Krise!). Mitbestimmung wird also eine beschäftigungsorientierte Wirtschafts- und Strukturpolitik nicht ersetzen können:

- Durch eine falsche Einschätzung von Absatzchancen können Investitionen fehlgelenkt und Überkapazitäten aufgebaut werden, die nachfolgend wieder die Vernichtung von Kapital und Arbeitsplätzen zur Folge haben.

- Sich ändernde Konsumgewohnheiten und die Entwicklung neuer Produktionsverfahren können zu Strukturkrisen führen, von denen ganze Wirtschaftszweige betroffen sind.

- Standortvor- oder -nachteile einzelner Regionen haben zwangsläufig ungleiche Entwicklungen zur Folge.

- Wirtschaftliche Konzentration setzt Preis- und Leistungswettbewerb teilweise außer Kraft, so daß selbst an sich leistungsfähige Betriebe auf der Strecke bleiben.

Wie sehr die Mitbestimmungsträger in solchen und anderen Fällen mit dem Rücken an der Wand stehen, zeigt das Beispiel der Eisen- und Stahlindustrie: Die Stahlnachfrage stagniert; die Produktion ist seitens der EG kontingentiert durch eine Quotierung, die viel zu niedrig ist, um die Kapazitäten voll auszulasten. Die Kapitaleigner suchen betriebswirtschaftliche Alternativen, die zu einem enormen Personalabbau führen. Sollen die Mitbestimmungsträger derartige Umstrukturierungspläne mittragen oder bis zum bitteren Ende jeden Arbeitsplatz verteidigen?

Übersicht 42:

Erfahrungen eines Arbeitnehmer-Vertreters im Aufsichtsrat mit der Wirtschaftskrise

„Man steht als Arbeitnehmervertreter vor der Frage, nach jeder Sitzung an die Öffentlichkeit zu gehen und auf die Lage des Unternehmens hinzuweisen. Der Vorwurf, die Krise herbeigeredet zu haben, steht dann immer im Raum ... Unser offenkundiges Problem war, ... daß wir praktisch immer vor der Situation standen, daß es außer der Vorstandsvorlage nichts gegeben hat. Sollten wir nach Manier der Maschinenstürmer deshalb alles ablehnen? Jedenfalls standen wir vor der Situation der alternativlosen Entscheidung. So mißtrauisch man ist, so unbehaglich man sich fühlt, wir mußten ja oder nein sagen. Dauernd nein zu sagen, bedeutet aber auch Diskreditierung in den Augen der Kollegen. Ohne Alternative einfach nur nein zu sagen, ist auch eine Frage der Selbstachtung. Die unausweichliche Entscheidungssituation ist vom Vorstand geprägt. Wir haben die handfeste Erfahrung gemacht, daß wir um so mehr zum Zielobjekt für die Konsensbildung geworden sind, je weiter es bergab gegangen ist. Kurz vor dem Vergleichsantrag und unmittelbar danach ist die ständige Redensweise gewesen: ‚In diesem Unternehmen machen wir nichts ohne die Zustimmung der Arbeitnehmervertreter ...' Das hat allerdings zur Folge gehabt, daß wir vor Entscheidungen standen, die da lauteten: ‚Ohne Sie geht nichts, also müssen Sie zustimmen. Wenn Sie nicht zustimmen, sind Sie Schuld an dem Konkurs'."

Michael Kittner, Mitglied des Aufsichtsrats der AEG, in: Die Mitbestimmung, Nr. 1/1983, S. 3.

---

6. Argumente gegen die Unternehmensmitbestimmung

Das '76er Mitbestimmungsgesetz bleibt hinsichtlich der mit ihm eröffneten Einflußmöglichkeiten erheblich hinter dem Montan-Modell zurück; dennoch legten im Jahre 1977 u. a. 29 Arbeitgeberverbände Verfassungsbeschwerde gegen das Mitbestimmungsgesetz von 1976 ein. Begründet wurde diese Beschwerde vor allem mit folgenden Argumenten:

- Das Gesetz sehe eine paritätische Mitbestimmung der Arbeitnehmer im Aufsichtsrat vor, die in Zukunft auf den Vorstand durchschlagen und zu einer Doppelorientierung der Vorstandsmitglieder bei ihrer Amtsführung führen könne.

- Durch das Zusammenwirken von betrieblicher und Unternehmensmitbestimmung werde eine ‚Überparität' hervorgerufen.

- Die Tarifautonomie verliere ihre Funktion, da sowohl die Unternehmensleitungen wie auch die Gewerkschaften ihre Gegnerunabhängigkeit einbüßten.

- Zu befürchten sei eine merkliche Beeinträchtigung der Rentabilität und ein Rückgang des Aktiensparens.
- Das Mitbestimmungsgesetz verstoße gegen die Eigentumsgarantie des Grundgesetzes.

Gemeinsam mit dem Deutschen Gewerkschaftsbund und der Deutschen Angestelltengewerkschaft haben die Bundesregierung, der Deutsche Bundestag, die Länder Berlin, Bremen, Hamburg und Nordrhein-Westfalen das Mitbestimmungsgesetz vor dem Bundesverfassungsgericht verteidigt. In diesem Verfahren wurde deutlich, daß

- die rechnerische Parität das faktische Übergewicht der Kapitalseite kaum zu verbergen vermag;
- die Mitwirkung nach dem Betriebsverfassungsgesetz nicht das *Ob* einer Unternehmensentscheidung betrifft, sondern nur deren soziale Folgen. Mithin ergebe sich kein Übergewicht der Arbeitnehmer-Bank, da betriebliche und Unternehmensmitbestimmung unterschiedliche Ebenen betreffen und folglich in ihrer Wirkung auch nicht addiert werden können;
- das Mitbestimmungsgesetz – so die Bundesregierung – auch im Einklang stehe mit der Koalitionsfreiheit, denn Tarifvertragssystem und Mitbestimmung schlössen einander nicht aus, sondern ergänzten sich gegenseitig. Auch ein mitbestimmter Arbeitgeber bleibe als Arbeitgeber in einem Interessengegensatz zur Arbeitnehmerschaft – ein Interessengegensatz, auf dem das Tarifvertragssystem aufbaue;
- das Grundgesetz keine bestimmte Wirtschafts- und Sozialordnung vorschreibe, so daß auch keine unzulässige Änderung einer solchen Ordnung durch das Mitbestimmungsgesetz vorliegen könne.

Auch das Bundesverfassungsgericht sah im Mitbestimmungsgesetz von 1976 eine Regelung, die den Anteilseignern das Übergewicht einräumt und kam zu dem Ergebnis: „Trotz der gleichen Zahl von Aufsichtsratsmitgliedern der Anteilseigner und der Arbeitnehmer besteht im Aufsichtsrat keine Parität." Faktisch versucht dieses Gesetz also lediglich den Schein der Parität zu wahren; in der Praxis sind die Arbeitnehmervertreter zum einen in die Minderheitsposition gedrängt und zum anderen in verschiedene Interessengruppierungen aufgespalten. Das Urteil bekräftigt weiterhin die wirtschaftsordnungsmäßige Neutralität des Grundgesetzes; bemerkenswert ist auch, daß die Richter die Anwesenheit externer Gewerkschaftsvertreter im Aufsichtsrat positiv beurteilen: „Denn sie erleichtert es, auch auf der Arbeitnehmerseite besonders qualifizierte Vertreter zu entsenden, und erscheint namentlich geeignet, einem bei erweiterter Mitbestimmung nicht ohne Grund erwarteten ‚Betriebsegoismus' entgegenzuwirken" (BVerfGE 50, S. 361). Eine Absage wurde auch den Versuchen erteilt, die Unternehmensmitbestimmung gegen die Tarifautonomie und die betriebliche Mitbestimmung auszuspielen. Schließlich wurde festgestellt, daß der Eigentumsschutz des Grundgesetzes immer schwächer werde, je mehr das Eigentumsobjekt in einem sozialen Bezug und einer sozialen Funktion stehe – dies gelte insbesondere für Großbetriebe. Aufgrund dieser Beurteilung wurde die Verfassungsbeschwerde abgewiesen.

Mußten die Arbeitgeber damit eine Niederlage einstecken? Da sich ihre Beschwerde gegen das '76er und nicht gegen das sehr viel weiterreichende Montan-Mitbestimmungsgesetz richtete, kann ihr Ziel wohl kaum in der Verhinderung des '76er-Gesetzes gelegen haben. Es ging den Arbeitgeberverbänden in dieser Auseinandersetzung nicht um einen kurzfristigen prozessualen, sondern um einen langfristigen politischen Erfolg mittels der Festschreibung einer restriktiven richterlichen

Übersicht 43:

ARGUMENTE GEGEN DIE MITBESTIMMUNG

„An die Stelle der Verstaatlichung, die wirtschaftlich nirgendwo ein Erfolg ist, tritt die Halbsozialisierung mit Hilfe der paritätischen Mitbestimmung. Damit kann auf die formelle Enteignung verzichtet werden. Gegenüber der bisherigen Steinzeit-Methode der sozialistischen und kommunistischen Enteignung ist die paritätische Mitbestimmung ein gar nicht hoch genug einzuschätzender ideologischer und wirtschaftlicher Gewinn. Denn mit dieser Halbenteignung, die den Eigentümern faktisch keine Rechte, wohl aber alle Pflichten läßt, ist das Folge-Problem aller Enteignungen in den kommunistischen Ländern, nämlich ausnahmslose Mißwirtschaft als Folge von Unfähigkeit und ideologischer Verblendung, einmalig elegant gelöst."

Prof. H. Nachtigall, Macht ohne Verantwortung, zitiert nach Frankfurter Rundschau vom 18. 8. 1979, S. 14.

„1. Der Gesetzentwurf gefährdet unsere freiheitliche Gesellschaftsordnung in vielfacher Hinsicht.

1.1 Halbsozialisierung – individuelles Privateigentum fällt einem Kollektiv von Gewerkschaftsfunktionären auf einen Schlag zumindest zur Hälfte zu.

1.2 Überparität – durch Kombination von Betriebsverfassungsgesetz, Tarifautonomie, paritätischer Mitbestimmung (und ggf. Vermögensbildungsfond).

1.3 Aufhebung der Tarifhoheit – Tarifverträge werden Verträge der Gewerkschaft mit sich selbst.

1.4 Sprengung der Wettbewerbsordnung – Hälfte der Führungsmacht in jeder Branche fällt der Gewerkschaftszentrale zu: Branchenplanwirtschaft.

1.5 Mitbestimmung der Funktionäre – es geht nicht um die Mitbestimmung der Arbeiter in ihren Betrieben; das Wahlverfahren sichert die Mitbestimmung der Gewerkschaft durch ihre Funktionäre."

Prof. H. P. Neumann, Paritätische Mitbestimmung – ein Irrweg, in: Fragen der Freiheit, Heft 115 vom Mai 1975; zitiert nach: Kommentare zum wirtschafts- und sozialpolitischen Zeitgeschehen, Heft 3/1975, S. 3 f.

Auslegung von Mitbestimmungs- und Verfassungsrechten. Gesellschaftspolitisches Ziel – dies läßt sich im nachhinein feststellen – war die Festschreibung des mitbestimmungspolitischen status quo. Denn auch die Arbeitgeber können sich künftig auf das Bundesverfassungsgericht berufen, das feststellt:

„Der Gesetzgeber hält sich jedenfalls dann innerhalb der Grenzen zulässiger Inhalts- und Schrankenbestimmungen, wenn die Mitbestimmung der Arbeitnehmer nicht dazu führt, daß über das im Unternehmen investierte Kapital gegen den Willen aller Anteilseigner entschieden werden kann, wenn diese nicht aufgrund der Mitbestimmung die Kontrolle über die Führungsauswahl im Unternehmen verlieren und wenn ihnen das Letztentscheidungsrecht belassen wird."

Ob das Montan-Modell mit dem Grundgesetz vereinbar ist, stand nicht zur Entscheidung an – eine gerichtliche Klärung dieser Frage erübrigt sich letztlich auch, da die qualifizierte Mitbestimmung aus den bereits genannten Gründen immer mehr an Bedeutung verliert. Die Gründe für die Abweisung der Verfassungsbeschwerde stützen indirekt die Argumentation der Arbeitgeber, die diese bereits in der Mitbestimmungskommission vorbrachten.

Das Montan-Modell stellte eine historische Ausnahme dar, deren Verallgemeinerung „nicht nur eine quantitative, sondern vor allem eine qualitative Veränderung der wirtschaftlichen und ordnungspolitischen Verhältnisse in der Bundesrepublik Deutschland bedeuten würde" (Stellungnahme der Arbeitgebervertreter in der Mitbestimmungskommission, in: BTDrs. VI/334, S. 171).

Das Zentralproblem der immer wieder aufflammenden Auseinandersetzung um Ausgestaltung und Praktizierung von Mitbestimmung wird von ihren Gegnern in der Besetzung des Aufsichtsrats gesehen: „Die Majorität des Eigentumsinteresses im Aufsichtsrat ist eine Schallgrenze. Das Plus der Anteilseignerseite über 50% hinaus ist . . . gewissermaßen der Grenzfluß Rubikon, der den Bezirk der marktwirtschaftlichen Ordnung von jenem Bezirk scheidet, in dem andere Gesetze dominieren" (W. Heintzeler, Volkskapitalismus, Düsseldorf 1969, S. 67).

7. Hat die Mitbestimmung ihre Zukunft schon hinter sich?

Trotz aller Argumente gegen die Mitbestimmung auf Unternehmensebene begünstigt das System der formellen und informellen Regelungen eine sozial-partnerschaftliche Praxis der Mitbestimmung. Vom Grenzfluß Rubikon ist die Mitbestimmung in der Bundesrepublik noch weit entfernt; auch die von der Bundesregierung eingesetzte Mitbestimmungskommission stellte Mitte der siebziger Jahre fest, daß „von einer negativen Einflußnahme der Mitbestimmungsträger auf die unternehmenspolitische Planung der Unternehmensleitung nicht gesprochen werden kann" (BTDrs. VI/334). Ebensowenig konnten inhaltliche Veränderungen unternehmerischer Initiativen oder ungünstige Auswirkungen auf Rentabilität, Dividenden- oder Kapitalbeschaffungspolitik festgestellt werden; die „Gültigkeit des Rentabili-

Übersicht 44: Argumente pro und contra Unternehmensmitbestimmung

Sozialpolitische Argumente

Mitbestimmung bietet einen sicheren Schutz gegen unternehmerische Willkür und entschärft damit die „Objektsituation" des Arbeitnehmers.

Die Integration (Einbeziehung in die Gesellschaft) kann nicht allein durch die Mitbestimmung gelöst werden. Sie ist eine gesellschaftspolitische Aufgabe. Die Mitbestimmung vermag aber das Hineinwachsen in die Gesellschaft zu fördern.

Gerade die Mitbestimmung fördert das Verantwortungsbewußtsein des einzelnen Arbeitnehmers.

Eine umfangreiche Arbeits- und Sozialgesetzgebung und ein scharfer Konkurrenzkampf der Unternehmer um die knappe „Ware" Arbeitskraft sind ein besserer Schutz gegen etwaige unternehmerische Willkür als jede Art von Mitbestimmung.

Die Mitbestimmung fördert nicht die Integration des Arbeitnehmers in die Gesellschaft; diese kann sich nur an seinem Arbeitsplatz vollziehen, nicht aber durch institutionelle Repräsentanz (Berücksichtigung der Organisation) der Gewerkschaften in den Leitungsorganen.

Wirtschaftliche Argumente

Die Mitbestimmung wirkt sich positiv auf die Unternehmenspolitik aus. So haben in der Montanunion die Arbeitnehmervertreter Initiativen bei Investitionsfragen und Konzentrationsbestrebungen entwickelt.

Die Mitbestimmung verbessert die Leistung des Arbeitnehmers. Er hat größeres Interesse an seinem Unternehmen, wenn er den Eindruck gewinnt, daß er mitbestimmungsberechtigter Partner ist.

Die Mitbestimmung engt die unternehmerische Freiheit nicht mehr ein, als es bisher das Kapitalinteresse schon tat. Die Manager waren nie frei von der Rücksichtnahme auf einflußreiche Aufsichtsratsmitglieder. Auch kann die Mitbestimmung eine bessere Auswahl für leitende Positionen ermöglichen.

Die Mitbestimmung im Montanbereich hat zu keiner Kapitalflucht geführt; über die Kapitalanlage entscheiden die Gewinnchancen, die aber sind wegen des guten Arbeitsfriedens in der Bundesrepublik Deutschland besser.

Gerade in der Montanindustrie zeigt sich, daß die Mitbestimmung keine konkreten wirtschaftlichen Vorteile bringt.

Der Arbeitswille des einzelnen Arbeitnehmers resultiert vor allem aus der Lohnhöhe, der Sicherheit des Arbeitsplatzes, dem Betriebsklima und den Aufstiegsmöglichkeiten.

Die Mitbestimmung beseitigt die Freiheit der unternehmerischen Entscheidung und vermindert infolge der unvermeidlichen Bürokratisierung die Leistungsfähigkeit der Unternehmen, denn mehr Mitbestimmung bedeutet in der Praxis zunächst einmal Erschwerung des betrieblichen Entscheidungsprozesses.

Mitbestimmung führt zu einer Kapitalflucht, da im Ausland keine entsprechenden Mitbestimmungsregeln vorliegen.

Gesellschaftspolitische Argumente

Die Mitbestimmung ist ein Schritt zur Demokratisierung von Wirtschaft und Gesellschaft. Sie entspricht der Rolle des mündigen Staatsbürgers. Wenn der einzelne – zumindest per Wahl – im Staatsleben Mitentscheidungen treffen kann, um wieviel mehr muß dann dem Arbeitnehmer das Recht zugestanden werden, in seinem Betrieb mitbestimmen zu können.

Die erweiterte Mitbestimmung gestattet eine Machtkontrolle der Großunternehmer und verhindert dadurch Machtmißbrauch.

Die Gewerkschaften sind traditionell dem demokratischen Rechtsstaat verpflichtet, sie bewegen sich streng im Rahmen des Grundgesetzes, ihre Funktionäre werden von den Mitgliedern gewählt und sind ihnen Rechenschaft schuldig. Sie sind legitimiert, auch für die nichtorganisierten Arbeitnehmer zu sprechen, so wie das Parlament Sprachrohr des ganzen Volkes einschließlich der Nichtwähler ist.

Die Forderung nach „Demokratisierung der Wirtschaft" ist eine Leerformel. Ein Betrieb läßt sich ebensowenig wie ein Schiff oder ein Omnibus nach demokratischen Spielregeln führen. Die Arbeitnehmer können, wie alle anderen Gruppen der Gesellschaft auch, ihre Wünsche über Parteien und Parlament geltend machen. Gerade im Bundestag sind die Arbeitnehmerorganisationen überdurchschnittlich vertreten, da über die Hälfte der Abgeordneten Gewerkschaftsmitglieder sind, andererseits sind aber nur rund ein Sechstel der wahlberechtigten Bundesbürger Mitglieder einer Gewerkschaft.

Wirksamer als jede Mitbestimmung wird der Machtmißbrauch durch die Konkurrenz gehindert. Verbraucher, öffentliche Meinung sowie das Kartellgesetz sind scharfe Abwehrwaffen im Kampf gegen individuellen Machtmißbrauch.

Die erweiterte Mitbestimmung nach DGB-Vorschlag führt zum systemverändernden Gewerkschaftsstaat. Die Gewerkschaften sind weder durch ihre Größe (nur die Hälfte der Arbeitnehmer sind Gewerkschaftsmitglieder) noch ihrer inneren Struktur nach legitimiert, im Namen aller Arbeitnehmer zu sprechen.

tätsprinzips als Leitmaxime unternehmerischer Initiativen und Planungen" wurde anerkannt. Folglich – so die Mitbestimmungskommission weiter – haben sich „die unternehmenspolitischen Konzeptionen, die von der Unternehmensleitung für richtig befunden wurden, . . . ungeachtet der Mitbestimmung im Ergebnis stets verwirklichen lassen."

Von einer umfassenden Kontrolle oder gar Außerkraftsetzung unternehmerischer Vorherrschaft mittels Mitbestimmung kann mithin nicht gesprochen werden. Massenentlassungen und Stillegungen im Bergbau sowie in der Eisen- und Stahlindustrie wurden – meist unter Mitwirkung der Arbeitnehmer-Vertreter – durchgeführt. Als Kompensation für diese im Grunde widerspruchsfreie Mitwirkung bei der Verfolgung unternehmenspolitischer Zielsetzungen konnten im Montan-Bereich allerdings hinsichtlich sozialer Belange wichtige Fortschritte erzielt werden: hier wurden die ersten Vereinbarungen über Sozialpläne abgeschlossen, hier erhielten ältere Arbeitnehmer als erste einen ausgebauten Kündigungsschutz.

So ändern sich die Zeiten

> „Auch wenn die Montan-Mitbestimmung ... in allen Großunternehmen verwirklicht ist, werden die Gewerkschaften noch nicht den Einfluß haben, den jetzt bereits die drei Großbanken ausüben."
>
> Kurt Biedenkopf (CDU), seinerzeit Vorsitzender der Mitbestimmungskommission, in: Die Zeit, vom 19. 9. 1980, S. 18.

Hat die Mitbestimmung mit der Verabschiedung des '76er-Gesetzes und dem Bedeutungsverlust des Montan-Modells ihre Zukunft bereits hinter sich? War die qualifizierte Mitbestimmung in der gesellschaftspolitischen Entwicklung der Bundesrepublik eine ‚historische Eintagsfliege'?

Mit der krisenhaften Entwicklung in der Gesamtwirtschaft sind sozialpartnerschaftliche Formen der Konfliktregelung brüchig geworden. Im Zuge von größerer Arbeitsplatzunsicherheit und anhaltender Massenarbeitslosigkeit hat die Kritik an unzureichenden Mitbestimmungsmöglichkeiten in den Reihen der abhängig Beschäftigten zugenommen. Die Gewerkschaften haben ihr Mitbestimmungs-Konzept in ihrem neuen Grundsatzprogramm um eine gesamtwirtschaftliche Ebene erweitert; sie fordern die Errichtung von Wirtschafts- und Sozialräten auf Bundes-, Landes- und regionaler Ebene. Diese Gremien sollen eine vorausschauende Wirtschafts- und Arbeitsmarktpolitik ermöglichen. Ziel gewerkschaftlicher Mitbestimmungsforderungen bleibt die Kontrolle wirtschaftlicher Macht und „eine Umgestaltung von Wirtschaft und Gesellschaft, die den Arbeitnehmer an der wirtschaftlichen, sozialen und kulturellen Entscheidung gleichberechtigt beteiligt" (DGB-Grundsatzprogramm). Die Ausweitung der paritätischen Mitbestimmung bleibt also weiterhin ein zentrales Element gesellschaftspolitischer Programmatik der Gewerkschaften in der Bundesrepublik.

Übersicht 45:

Forderungen aus dem DGB-Grundsatzprogramm 1981

Volkswirtschaftlicher Rahmenplan

Investitionslenkung in der Gesamtwirtschaft

Überführung von Schlüsselindustrien und anderen markt- und wirtschaftsbeherrschenden Unternehmen in Gemeineigentum

paritätisch besetzte **Wirtschafts- und Sozialräte** in Bund, Ländern und in den Regionen

Beteiligung der abhängig Beschäftigten an **wirtschaftlichen Entscheidungen**

Mitbestimmung im Betrieb durch ausgeweitete Rechte der Betriebsräte und Vertrauensleute

Mitbestimmung am Arbeitsplatz

Paritätische Mitbestimmung im Unternehmen

private, öffentliche und gemeinwirtschaftliche Betriebe und Unternehmen

Quelle: DGB

XI. Das Tarifvertragssystem

1. Geschichtliche Entwicklung von Koalitionsfreiheit und Tarifautonomie

Pro Jahr werden in der Bundesrepublik zwischen 7000 und 8000 Tarifverträge abgeschlossen; der Zusammenschluß von Arbeitnehmern – aber auch von Arbeitgebern – zu Koalitionen und die Aushandlung von sog. Kollektivvereinbarungen ist heute eine Selbstverständlichkeit. Hierüber wird allzu leicht vergessen, daß Koalitionsfreiheit und Tarifautonomie hart erkämpft werden mußten und auch ihre heutige Ausgestaltung keineswegs – Stichwort: „Verbändegesetz" – allseits akzeptiert ist.

Bevor Gewerkschaften vom Staat und von Arbeitgeber-Seite endgültig als Koalitionen mit dem Recht zum Abschluß von Tarifverträgen anerkannt und Koalitionsfreiheit wie Tarifautonomie in der Weimarer Republik erstmals verfassungsmäßig festgeschrieben wurden, war bereits ein langer Weg über Verbote, Halb-Legalität und Schikanen zurückgelegt. Die mit der Industrialisierung stetig zunehmende Arbeiterschaft wurde sozusagen mit Verboten groß. Das Vereinigungsverbot der *Reichszunftordnung von 1731* richtete sich noch hauptsächlich gegen die Organisierung von Handwerksgesellen; Arbeitskämpfe und Streiks waren unter Strafe gestellt. Gleiches galt nach dem *preußischen Allgemeinen Landrecht von 1794* („Die Gesellen machen unter sich keine Kommune oder privilegierte Gesellschaft aus") wie auch nach der *preußischen Gewerbeordnung des Jahres 1845*. Das sich gegen die wandernden Handwerksgesellen richtende Koalitionsverbot bezog nun gleichermaßen die wachsende Schar von Industriearbeitern ein. Erst die Märzrevolution von 1848 führte zur vermehrten Bildung (und Duldung) örtlicher Arbeitervereine; mit dem Scheitern der Revolution wurden allerdings auch sie wieder verboten und aufgelöst.

Mit der weiter rasch wachsenden Zahl der Industriearbeiter und der trotz Verbots zunehmenden Streikaktionen wurde immer deutlicher, daß eine Disziplinierung über Verbote und Strafandrohungen kein erfolgversprechender Weg zur Wahrung des ‚sozialen Friedens' für die Zukunft sein konnte. Die *Gewerbeordnung für den Norddeutschen Bund von 1869* war insofern ein Spiegelbild dieser Entwicklung; mit ihr wurden die Koalitionsverbote für Fabrikarbeiter, Gewerbetreibende und Handwerksgesellen aufgehoben – diese ‚Liberalisierung' schloß jedoch Landarbeiter, Gesinde und Dienstboten aus:

„Alle Verbote und Strafbestimmungen gegen Gewerbetreibende, gewerbliche Gehilfen, Gesellen und Fabrikarbeiter wegen Verabredungen oder Vereinigungen zum

Behufe der Erlangung günstiger Lohn- und Arbeitsbedingungen, insbesondere mittels Einstellung der Arbeit oder Entlassung der Arbeiter werden aufgehoben."

„Die Festsetzung der Verhältnisse zwischen den selbständigen Gewerbetreibenden und den gewerblichen Arbeitern ist . . . Gegenstand freier Übereinkunft."

Gleichzeitig aber wurden Streikbrecher geschützt und Agitationen für Streiks quasi unmöglich gemacht: jeder, der einen anderen durch Gewalt oder Drohung zum Beitritt zu oder zum Austritt aus einer Koalition zu bewegen suchte, wurde bestraft. Die Gewerbeordnung garantierte also nicht die Koalitionsfreiheit etwa in dem Sinne, daß die Inhalte von Kollektivverträgen auch einklagbar gewesen wären – sie lockerte lediglich die Koalitionsverbote.

Im Jahre 1873 wurde der erste große, einheitlich für das Reich geltende Tarifvertrag — der *Buchdruckertarif* — abgeschlossen. In ihm wurden Vereinbarungen über Mindestlöhne, über Arbeitszeit, Überstunden und Kündigungsfristen getroffen – gleichzeitig aber auch ein Verzicht auf Streiks für die Dauer von fünf Jahren erklärt. Letzteres mag mit ein Grund dafür gewesen sein, daß der Buchdruckertarif zunächst ohne vergleichbare Nachfolger blieb; Gewerkschaften, aber auch Arbeitgeber lehnten Tarifverträge vorerst aus sehr unterschiedlichen Gründen ab.

1878 unterbrach das „Gesetz gegen die gemeingefährlichen Bestrebungen der Sozialdemokratie" (*Sozialistengesetz*) die Weiterentwicklung von Koalitionsfreiheit und Tarifautonomie. Obwohl nicht erneut Koalitionsverbote erlassen wurden, erfaßte das hauptsächlich gegen die Sozialdemokratische Partei gerichtete Gesetz auch die gewerkschaftlichen Organisationen. Fast 20 Zentralverbände und einige Dutzend lokaler Berufsorganisationen wurden aufgelöst. Dennoch konnte auch diese neuerliche staatliche Disziplinierung die Entwicklung von Arbeiterpartei und Gewerkschaften nicht aufhalten; nicht zuletzt der Massenstreik von ca. 150 000 Bergarbeitern des Ruhrgebiets 1889 machte die Erfolgslosigkeit des Sozialistengesetzes überdeutlich. Die Gewerkschaften gingen aus der zwölfjährigen Schikane stärker denn je hervor; ihre Mitgliederzahl hatte sich fast versechsfacht.

Auf dem Kongreß der freien Gewerkschaften im Jahre 1899 wurden schließlich Tarifverträge als „Beweis der Gleichberechtigung der Arbeiter" bezeichnet und ihr Abschluß für erstrebenswert erklärt. Bereits 1906 existierten im Deutschen Reich 3000 bis 4000 Tarifverträge – und dies, obwohl die 1904 gegründete und von der Schwerindustrie beherrschte „Hauptstelle der deutschen Arbeitgeberverbände" Verhandlungen mit den Gewerkschaften nach wie vor ablehnte. Im Jahre 1913 gab es schon über 13 000 Tarifverträge, die ungefähr zwei Millionen Arbeitnehmer erfaßten, und neun Jahre später, nach der Legalisierung durch die Weimarer Reichsverfassung, waren fast 15 Millionen Arbeitnehmer von Tarifverträgen begünstigt.

Übersicht 46:

Reichs-Gesetzblatt

Nr. 34.

Inhalt: Gesetz gegen die gemeingefährlichen Bestrebungen der Sozialdemokratie. S. 351.

(Nr. 1271.) Gesetz gegen die gemeingefährlichen Bestrebungen der Sozialdemokratie. Vom 21. Oktober 1878.

Wir Wilhelm, von Gottes Gnaden Deutscher Kaiser, König von Preußen

verordnen im Namen des Reichs, nach erfolgter Zustimmung des Bunderaths und des Reichstags, was folgt:

§. 1.

Vereine, welche durch sozialdemokratische, sozialistische oder kommunistische Bestrebungen den Umsturz der bestehenden Staats- oder Gesellschaftsordnung bezwecken, sind zu verbieten.

Dasselbe gilt von Vereinen, in welchen sozialdemokratische, sozialistische oder kommunistische auf den Umsturz der bestehenden Staats- oder Gesellschaftsordnung gerichtete Bestrebungen in einer den öffentlichen Frieden, insbesondere die Eintracht der Bevölkerungsklassen gefährdenden Weise zu Tage treten.

Den Vereinen stehen gleich Verbindungen jeder Art.

§. 2.

Auf eingetragene Genossenschaften findet im Falle des §. 1 Abs. 2 der §. 35 des Gesetzes vom 4. Juli 1868, betreffend die privatrechtliche Stellung der Erwerbs- und Wirtschaftsgenossenschaften, (Bundes-Gesetzbl. S. 415 ff.) Anwendung.

Auf eingeschriebene Hülfskassen findet im gleichen Falle der §. 29 des Gesetzes über die eingeschriebenen Hülfskassen vom 7. April 1876 (Reichs-Gesetzbl. S. 125 ff.) Anwendung.

...

Ausgegeben zu Berlin den 22. Oktober 1878.

2. Wie werden Koalitionsfreiheit und Tarifautonomie gesetzlich garantiert?

„Das Recht, zur Wahrung und Förderung der Arbeits- und Wirtschaftsbedingungen Vereinigungen zu bilden, ist für jedermann und für alle Berufe gewährleistet. Abreden, die dieses Recht einschränken oder zu behindern suchen, sind nichtig, hierauf gerichtete Maßnahmen sind rechtswidrig." (Art. 9 Abs. III GG)

In Artikel 9 Absatz 3 des Grundgesetzes wird die Koalitionsfreiheit gewährleistet – und zwar für jedermann und alle Berufe. Dieser grundgesetzlich abgesicherte Bestandsschutz gilt allerdings nicht für alle Vereinigungen; das Bundesverfassungsgericht hat die Bedingungen, unter denen eine Vereinigung als Koalition anzusehen ist, wie folgt zusammengefaßt:

„Es muß die Koalition als satzungsmäßige Aufgabe die Wahrnehmung der Interessen ihrer Mitglieder gerade in ihrer Eigenschaft als Arbeitgeber oder Arbeitnehmer übernehmen; sie muß frei gebildet, gegnerfrei, unabhängig und auf überbetrieblicher Grundlage organisiert sein; schließlich muß sie das geltende Tarifrecht als für sich verbindlich anerkennen."

Demnach handelt es sich nur dann z. B. um eine Arbeitnehmer-*Koalition*, wenn folgende Voraussetzungen erfüllt sind:

- *Freiwilligkeit des Zusammenschlusses;* damit sind Verbände oder Vereine mit Zwangsmitgliedschaft keine Koalitionen.
- *Körperschaftliche Organisation;* die Vereinigung muß eine Satzung und ‚Organe' wie z. B. Vorstand, Mitgliederversammlung usw. haben.
- *Zweck* der Vereinigung muß die „Wahrung und Förderung der Arbeits- und Wirtschaftsbedingungen" sein.
- *Gegnerfreiheit und Unabhängigkeit;* in ihrer Willensbildung muß die Arbeitnehmer-Vereinigung unabhängig sein von Arbeitgeber, Staat, politischen Parteien und Kirchen.
- *Überbetrieblichkeit;* hiermit fallen z. B. sog. ‚Werkvereine', die von Unternehmen gefördert werden, um den Einfluß der Gewerkschaften zu unterlaufen, nicht unter den Schutz des Art. 9 Abs. III GG.
- *Tarifwilligkeit;* schließlich verlangt das BVerfG, daß das geltende Tarifvertragsrecht von der Vereinigung als verbindlich anerkannt wird.

Arbeitnehmer-Koalitionen sind bei Vorliegen dieser Merkmale nun noch nicht automatisch auch ‚Gewerkschaften'; für die *Gewerkschaftseigenschaft* sind nach allgemeiner Auffassung weitere Voraussetzungen erforderlich:

- *Dauerhaftigkeit;* die Koalition muß eine gewisse zeitliche Dauerhaftigkeit aufweisen. Eine ad-hoc-Koalition oder zeitlich befristete Ein-Punkt-Bewegungen sind noch keine Gewerkschaft.

- *Streikwilligkeit und Streikfähigkeit;* notfalls muß die Koalition bereit und in der Lage sein, zum Mittel des Streiks zu greifen, um die Interessen ihrer Mitglieder auch wirksam zu vertreten.

Diese Aufzählung verweist darauf, daß Gewerkschaften zwar stets Koalitionen sind – nicht jede Arbeitnehmer-Koalition ist aber auch gleichzeitig eine Gewerkschaft. Die Garantie des Art. 9 Abs. III GG umfaßt die *individuelle* und die *kollektive* Koalitionsfreiheit. Der einzelne Arbeitnehmer hat nicht nur das Recht, einer Koalition beizutreten, er darf sich darüber hinaus auch für seine Koalition betätigen; wegen gewerkschaftlichen Engagements im Betrieb ergriffene Arbeitgeber-Maßnahmen gegen einzelne Arbeitnehmer wie etwa Betriebsbußen oder Kündigungen sind rechtswidrig (*positive Koalitionsfreiheit*). Dennoch haben viele gewerkschaftlich organisierte Arbeitnehmer vor allem in Klein- oder Mittelbetrieben Angst, Tätigkeiten ihrer Koalition aktiv zu unterstützen; die Garantie der individuellen Koalitionsfreiheit erweist sich nämlich solange als ‚wertloses Papier‘, wie es in der Praxis schwierig bleibt, Maßnahmen gegen einzelne Gewerkschaftsmitglieder auch als gegen die Koalitionsfreiheit insgesamt gerichtete Maßnahmen ‚dingfest‘ zu machen.

Der positiven Koalitionsfreiheit steht die sog. *negative Koalitionsfreiheit*, also das Recht, einer Koalition fernzubleiben, gegenüber. Auch dieses Recht ist nach verbreiteter Meinung durch die Garantie der Koalitionsfreiheit geschützt. Dies geht soweit, daß das Bundesarbeitsgericht z. B. tarifvertragliche Klauseln, die Nicht-Gewerkschaftsmitglieder ausdrücklich von tariflichen Leistungen ausnehmen, als unzulässig bezeichnet.

Übersicht 47:

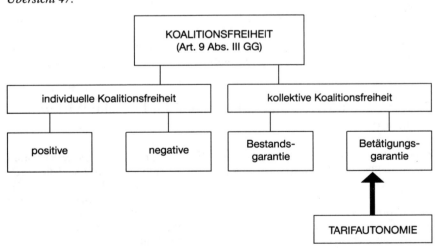

Die kollektive Koalitionsfreiheit umfaßt neben der *Bestands-* auch die *Betätigungsgarantie:* wer den Zusammenschluß zu Koalitionen zwecks Wahrung und Förderung *der Arbeits- und Wirtschaftsbedingungen unter den Schutz der Verfassung stellt, muß auch die der Zweckverfolgung dienende Betätigung schützen.*

Übersicht 48: Bestandsschutz und Betätigungsgarantie von Koalitionen

Bestandsschutz	Betätigungsgarantie
u. a.: • Die Koalition bedarf zu ihrer Gründung und Existenz keiner staatlichen Genehmigung. • Die Koalition ist in der Gestaltung ihrer internen Verhältnisse – z. B. Satzungsfragen – frei und an keine Vorgaben gebunden. • Bestandsschutz der Koalition besteht nicht nur gegenüber dem Staat; er verbietet auch allen anderen – z. B. Arbeitgebern/-verbänden – Maßnahmen, die in den Bestand der Arbeitnehmerkoalition eingreifen.	u. a.: • Die Koalitionen haben das Recht, Mitglieder zu werben und zu betreuen – und zwar auch innerhalb des Betriebes. • Zur Förderung der Arbeits- und Wirtschaftsbedingungen haben Koalitionen das Recht zum selbstverantwortlichen Abschluß von Tarifverträgen. • Die Durchsetzung ihrer Forderungen können die Koalitionen auch mittels Arbeitskämpfen anstreben.

Grundgesetzlich nicht explizit garantiert ist die Tarifautonomie; da aber der Abschluß von Kollektivverträgen eine der wichtigsten Betätigungsformen von Koalitionen ist, bildet die *Tarifautonomie* eine *Konkretisierung der kollektiven Koalitionsfreiheit* und ist damit auch durch Art. 9 Abs. 3 GG geschützt. Rechtsgrundlage für das bundesdeutsche Tarifvertragssystem ist das Tarifvertragsgesetz (TVG) in seiner Neufassung aus dem Jahre 1969.

3. Wer darf Tarifverträge abschließen und welche Wirkung haben Tarifverträge?

Gemäß dem Tarifvertragsgesetz sind auf Arbeitnehmer-Seite nur Gewerkschaften zum Abschluß von Tarifverträgen legitimiert. In der Bundesrepublik sind dies z. B. die im DGB zusammengeschlossenen Einzelgewerkschaften oder auch die DAG; der DGB als Dachorganisation schließt hingegen keine Tarifverträge ab, obwohl dies theoretisch möglich und rechtlich zulässig wäre, sobald ihm eine entsprechende Auftrags-Vollmacht einer oder mehrerer Einzelgewerkschaften vorliegt. Gleiches gilt für die Arbeitgeber-Seite; auch hier können sich mehrere Verbände zu einer sog. *Spitzenorganisation* zusammenschließen. Darüber hinaus sind hier aber nicht nur diese Spitzenorganisationen oder einzelne Arbeitgeber-Verbände, sondern auch der einzelne Arbeitgeber selbst zum Abschluß von Tarifverträgen berechtigt. Daß in der Praxis auch davon Gebrauch gemacht wird, belegen eine Reihe von Firmen-, Werks- oder Haustarifverträgen; der wohl bekannteste Vertrag dieser Art ist der Haustarif bei den VW-Werken.

Welche Inhalte ein Tarifvertrag regeln kann, ist in § 1 TVG festgehalten:

„Der Tarifvertrag regelt die Rechte und Pflichten der Tarifvertragsparteien und enthält Rechtsnormen, die den Inhalt, den Abschluß und die Beendigung von Arbeitsverhältnissen sowie betriebliche und betriebsverfassungsrechtliche Fragen ordnen können."

Damit ‚zerfällt' ein Tarifvertrag formal in zwei Teile: den schuldrechtlichen oder auch *obligatorischen Teil*, der nur die vertragschließenden Parteien – also Arbeitgeberverband und Gewerkschaft – und nicht den einzelnen Arbeitgeber oder Arbeitnehmer bindet; dieser Teil enthält die Rechte und Pflichten der Tarifvertragsparteien z. B. hinsichtlich des Abschlusses, der Durchführung und Beendigung des Tarifvertrages. Hierzu gehören nach allgemeiner Auffassung auch die *Friedenspflicht*, d. h. die Pflicht, während der Laufzeit des Tarifvertrages den Arbeitsfrieden zu wahren, sowie die sog. *Einwirkungspflicht*, die beide Tarifparteien verpflichtet, dafür Sorge zu tragen, daß sich die Mitglieder entsprechend den abgeschlossenen Vereinbarungen verhalten. Der andere, *normative Teil* des Tarifvertrages regelt die Arbeitsverhältnisse der Mitglieder der Tarifparteien; Gegenstand dieses normativen Teils können sein: Inhalt, Abschluß und Beendigung von Arbeitsverhältnissen sowie betriebliche und betriebsverfassungsrechtliche Fragen.

Übersicht 49: Der Tarifvertrag

Tarifvertrag	
schuldrechtlicher Teil	normativer Teil
• Rechte und Pflichten der Tarifvertragsparteien bezüglich Abschluß, Durchführung und Beendigung des Tarifvertrags • Friedenspflicht • ev. Schlichtungsabkommen • Einwirkungspflicht	• Rechtsnormen über Inhalt, Abschluß und Beendigung von Arbeitsverhältnissen • Rechtsnormen bezüglich betrieblicher und betriebsverfassungsrechtlicher Fragen

Die Regelungen im normativen Teil des Tarifvertrages gelten unmittelbar und zwingend, d. h.: ihre (unmittelbare) Wirkung ist unabhängig etwa von einer besonderen Bezugnahme im Einzelarbeitsvertrag – ja selbst die Zurkenntnisnahme des entsprechenden Tarifvertrages durch den Arbeitgeber oder den Arbeitnehmer ist für dessen unmittelbare rechtliche Wirkung nicht erforderlich. In ihrer zwingenden Wirkung kommt der ‚Mindestnorm-Charakter' tarifvertraglicher Regelungen zum Ausdruck. Der Abschluß untertariflicher Arbeitsbedingungen im Einzelarbeitsvertrag ist damit nichtig; zulässig aber bleiben günstigere Einzelabmachungen als sie der Tarifvertrag vorsieht.

Nun entfalten Tarifverträge ihre unmittelbare und zwingende Wirkung nur

- innerhalb ihres persönlichen, fachlichen und räumlichen Geltungsbereichs und
- hinsichtlich der tarifgebundenen Arbeitsverhältnisse.

Der Geltungsbereich von Tarifverträgen ist sehr unterschiedlich ausgestaltet; *personell* kann er z. B. nur auf Arbeiter oder Angestellte abstellen oder er kann bestimmte Personengruppen wie etwa Auszubildende ausnehmen. Der *fachliche* Geltungsbereich nimmt Bezug auf z. B. einen bestimmten Wirtschaftszweig und erfaßt dort sämtliche Berufs- oder Tätigkeitsbereiche. Gilt in einem Betrieb z. B. ein Lohn- und Gehaltstarifvertrag für die metallverarbeitende Industrie, so fallen *alle* Belegschaftsangehörigen, also auch etwa das Reinigungs- oder Küchenpersonal, unter diesen Tarifvertrag. Der *räumliche* Geltungsbereich schließlich kann sich auf einen bestimmten Bezirk oder ein Bundesland beschränken, er kann sich aber auch auf das gesamte Bundesgebiet erstrecken.

Andererseits ist die Wirkung tariflicher Normen aber auch abhängig von der *Tarifgebundenheit*: Rechtsnormen, die den Inhalt, den Abschluß oder die Beendigung von Arbeitsverhältnissen betreffen, gelten nur für die Mitglieder der vertragschließenden Gewerkschaft, die bei einem Arbeitgeber beschäftigt sind, der seinerseits Mitglied des vertragschließenden Arbeitgeberverbandes ist. Etwas anderes gilt bezüglich der Normen über betriebliche und betriebsverfassungsrechtliche Fragen: sie wirken bereits dann unmittelbar und zwingend, wenn lediglich der Arbeitgeber tarifgebunden ist – auf die Tarifbindung der Belegschaftsmitglieder kommt es in diese Fällen also nicht an.

Schließlich sieht das Tarifvertragsgesetz noch die Möglichkeit einer *Allgemeinverbindlicherklärung* von Tarifverträgen durch den Bundesarbeitsminister vor; die Normen eines für allgemeinverbindlich erklärten Tarifvertrages gelten dann für alle branchenangehörigen Arbeitgeber und Arbeitnehmer. Von dieser Möglichkeit der Ausweitung tariflicher Normen kann auf Antrag einer der Tarifvertragsparteien Gebrauch gemacht werden; Voraussetzung ist allerdings, daß

- die tarifgebundenen Arbeitgeber mindestens 50% der unter den Geltungsbereich des Tarifvertrages fallenden Arbeitnehmer beschäftigen

und

- die Allgemeinverbindlicherklärung im öffentlichen Interesse geboten erscheint.

Übersicht 50: Rechtsnormen des Tarifvertrages

Inhaltsnormen	Abschluß-/Beendigungsnormen	betriebliche Fragen	betriebsverfassungsrechtliche Fragen
z. B.: • Art und Höhe der Entlohnung • Sonderzuwendungen • Urlaub • Arbeitszeit • Kündigungsvoraussetzungen/-fristen	z. B.: • Regelungen über das Zustandekommen neuer Arbeitsverhältnisse wie etwa: Erstattung von Vorstellungskosten, Probezeiten • Bestimmungen über das Ende von Arbeitsverhältnissen wie etwa: Zeugniserteilung, Freizeitgewährung zur Stellensuche	z. B.: • Arbeitsschutz • betriebliche Erholungseinrichtungen • Fragen der Ordnung im Betrieb wie etwa Rauchverbote, Torkontrollen, Betriebsbußen	z. B.: • Erweiterung von Beteiligungsrechten des Betriebsrats

Inhalts-, Abschluß- und Beendigungsnormen gelten nur für tarifgebundene Arbeitsverhältnisse

Normen über betriebliche und betriebsverfassungsrechtliche Fragen gelten für alle Arbeitnehmer, deren Arbeitgeber tarifgebunden ist

Die Zahl dieser für allgemeinverbindlich erklärten Verträge lag im April 1984 bei rd. 600; sie konzentrierten sich auf die Bauwirtschaft, die Textilindustrie, das Metallhandwerk und den Handel – Bereiche also, in denen viele Kleinbetriebe mit unorganisierten Arbeitgebern existieren und wo aus sozialpolitischen Gründen einheitliche Mindestarbeitsbedingungen erwünscht sind oder aber auch auf Regelungen wie z. B. gemeinsame Versorgungskassen des Baugewerbes, die erst dann ihren Zweck erreichen, wenn sie auch alle Arbeitsverhältnisse des Wirtschaftszweiges erfassen.

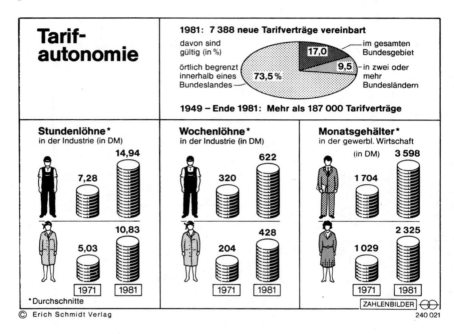

4. Die ‚Tarifrunden'

Noch bevor die Laufzeit eines Tarifvertrages endet, werden in den gewerkschaftlichen Gremien bereits Forderungsvolumen und -struktur des neuen Tarifvertrages diskutiert. Aufgrund der Funktionsweise der herrschenden Wirtschaftsordnung, die die wirtschaftlichen Erträge erst einmal der Kapitalseite zufließen läßt, sind es zwangsläufig immer die Gewerkschaften, die die Forderungen formulieren – im Unterschied dazu werden die Arbeitgeberverbände zunächst jede Forderung als überzogen und unerfüllbar ablehnen. Das ‚Ritual' der jährlichen Lohn- und Gehaltstarifverhandlungen ist in der Öffentlichkeit weitgehend bekannt, obwohl von den 7000–8000 Tarifverträgen, die jährlich abgeschlossen werden, höchstens etwa nur ein Dutzend von der Öffentlichkeit ‚registriert' werden.

Offiziell eröffnet wird die Tarifrunde mit der Kündigung des laufenden Tarifvertrages – aus den oben genannten Gründen wird es zumeist die Gewerkschaft sein, die einen neuen Vertrag anstrebt. Gleichzeitig mit dem Kündigungsschreiben oder doch kurz darauf werden dem Arbeitgeberverband die Forderungen mit der Aufforderung zur Verhandlungsaufnahme übermittelt. Die eigens für die ‚Tarifrunde' gebildete *gewerkschaftliche Tarifkommission* ist es, die über Kündigung, Forderungsvolumen und -struktur, die Taktik der Verhandlungsführung und schließlich über das Scheitern von Verhandlungen oder aber den Abschluß eines neuen Tarifvertrages entscheidet. Obwohl die Gesamtverantwortung für die Tarifpolitik beim Gewerkschaftsvorstand liegt und die Tarifkommissionen keine Entscheidungsbefugnis im rechtlichen Sinne haben mögen, macht es die demokratische Struktur der gewerkschaftlichen Organisationen dem Vorstand doch fast ausnahmslos unmöglich, ohne oder gar gegen die Tarifkommission zu entscheiden.

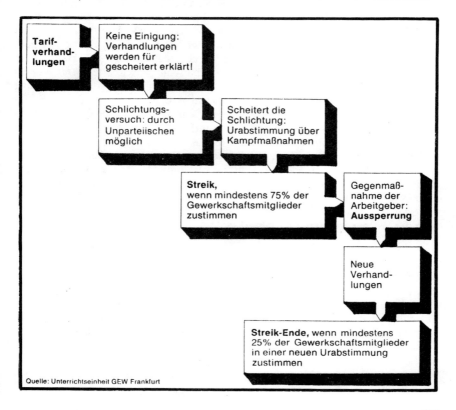

Quelle: Unterrichtseinheit GEW Frankfurt

Die Tarifkommission, die bis zu über 100 Mitglieder haben kann, bildet auch die – kleinere – *Verhandlungskommission*, der die Verhandlungsführung mit der Arbeitgeberseite obliegt. In den *Tarifrichtlinien* der IG Metall z. B. heißt es dazu: „Auf Vorschlag des Bezirksleiters wird von der Tarifkommission, je nach der zur Verhandlung stehenden Sache, eine Verhandlungskommission gebildet. Darüber hinaus kann der Bezirksleiter weitere sachverständige Mitglieder in die Verhandlungskommission berufen."

Spiegelbildlich dazu bildet auch der Arbeitgeberverband Tarif- und Verhandlungskommissionen aus Vertretern der Mitgliedsfirmen.

Beginnen schließlich die Verhandlungen – bereits vor oder erst nach Ablauf des alten Tarifvertrages –, so hängt deren Dauer und die Zahl der Verhandlungsrunden hauptsächlich von der Kluft zwischen ‚Angebot' und ‚Forderung' ab. Ist absehbar, daß sich die Verhandlungen zuspitzen, also kurz vor dem wahrscheinlich endgültigen Scheitern oder aber auch einem Erfolg stehen, reisen auch die Tarifkommissionsmitglieder an den Verhandlungsort. Sich häufende Sitzungsunterbrechungen, Berichterstattung und Diskussionen in der Tarifkommission kennzeichnen dann den ‚Gang der Dinge'. Kommt es trotz einer Vielzahl von Verhandlungsrunden zu keinem Ergebnis, so kann eventuell ein ‚letzter Versuch' zur Einigung in einem *Schlichtungsverfahren* unternommen werden. Beruhen derartige Verfahren auf einem zwischen Gewerkschaft und Arbeitgeberverband vereinbarten *Schlichtungsabkommen*, so ist die Einleitung dieses Verfahrens zwingend; jede Gewerkschaft, die vor Scheitern einer ‚zwingenden' Schlichtung Arbeitskampfmaßnahmen einleitet, würde sich eine Verletzung der Friedenspflicht vorwerfen lassen müssen, denn Schlichtungsvereinbarungen verlängern die tarifvertragliche Friedenspflicht auch über die Laufzeit des alten Tarifvertrages hinaus. Anders liegt die Sache hingegen, wenn ein derartiges Abkommen nicht besteht; in einem solchen Fall können auch noch während eines laufenden Schlichtungsverfahrens Urabstimmung und Streik durchgeführt werden – oder aber ein freiwilliges Schlichtungsverfahren wird erst nach länger andauernden Arbeitskämpfen ins Auge gefaßt wie z. B. im bislang härtesten Arbeitskampf der IG Metall und IG Druck und Papier um die Verkürzung der Wochenarbeitszeit im Jahre 1984.

Nun gibt es in der Bundesrepublik keine Zwangsschlichtung wie etwa während der Weimarer Republik; ein eventueller Einigungsvorschlag des unabhängigen Schlichters bindet die Tarifparteien rechtlich in keiner Weise – es sei denn, das Schlichtungsabkommen sieht dies ausdrücklich vor, wie z. B. in der chemischen Industrie – er wird aber nicht ohne moralische Wirkung bleiben. Wer seine Zustimmung dem Vorschlag des Schlichters verweigert, wird sich dem Vorwurf, Konfrontationspolitik zu betreiben, aussetzen. Nicht zuletzt aus diesem Grund verlaufen Schlichtungsverhandlungen im allgemeinen ‚erfolgreich' in dem Sinne, daß an ihrem Ende ein Tarifabschluß steht. In den Fällen, in denen ein Schlichtungsabkommen dem Spruch der Schlichtungsstelle zwingenden Charakter zumißt, wirkt dieser Spruch wie ein Tarifvertrag.

Übersicht 51: Der Einigungsvorschlag der besonderen Schlichtungsstelle von Ludwigsburg

Und so sieht der Einigungsvorschlag der besonderen Schlichtungsstelle von Ludwigsburg in seinen Einzelheiten aus:

Wochenarbeitszeit

Die tarifliche wöchentliche Arbeitszeit ohne Pausen beträgt 38,5 Stunden. Die Arbeitszeit im Betrieb wird im Rahmen des Volumens, das sich aus der für den Betrieb festgelegten Arbeitszeit ergibt, durch Betriebsvereinbarung näher geregelt. Dabei können für Teile des Betriebes, für einzelne Arbeitnehmer oder für Gruppen von Arbeitnehmern unterschiedliche wöchentliche Arbeitszeiten zwischen 37 und 40 Stunden festgelegt werden. Die Spanne zwischen 37 und 40 Stunden soll angemessen ausgefüllt werden. Dabei sind die betrieblichen Bedürfnisse zu berücksichtigen.

Teilzeitarbeit bleibt von dieser Regelung unberührt.

Die geänderte Arbeitszeit tritt zum 1. April 1985 in Kraft. Sie ist unkündbar bis zum 30. September 1986.

Der Durchschnitt der tariflichen wöchentlichen Arbeitszeit im Betrieb wird monatlich kontrolliert. Weicht der Durchschnitt von 38,5 Stunden ab, so ist mit dem Betriebsrat eine Anpassung unverzüglich zu vereinbaren.

Die wöchentliche Arbeitszeit kann gleichmäßig oder ungleichmäßig auf 5 Werktage in der Woche verteilt werden. Die wöchentliche Arbeitszeit muß im Durchschnitt von zwei Monaten erreicht werden.

Löhne, Gehälter, Ausbildungsvergütung

Regelung für 1984:

Ab 1. Juli 1984 werden die Tariflöhne und Tarifgehälter um 3,3 Prozent erhöht.

Für alle Arbeitnehmer, einschließlich der Auszubildenden, die nicht gearbeitet haben, aber seit dem 1. April 1984 in einem Arbeitsverhältnis stehen, wird eine einmalige Ausgleichszahlung von 250 Mark vorgenommen.

Die Laufzeit des Lohnabkommens endet am 31. März 1985.

Regelung für 1985:

Die Arbeitszeit für alle Betriebe wird ab 1. April 1985 um 1,5 Stunden verkürzt. Mithin beträgt die neue tarifliche Wochenarbeitszeit im Betrieb 38,5 Stunden.

Der Lohnausgleich für diese Arbeitszeitverkürzung beträgt ab 1. April 1985 3,9 Prozent.

Für solche Arbeitnehmer, deren Arbeitszeit durch Betriebsvereinbarungen unter 38,5 Stunden festgelegt wird, wird zu diesem Lohnausgleich eine zusätzliche Ausgleichszahlung vorgenommen, um zu erreichen, daß ihr Einkommen auf der Höhe des Einkommens eines Arbeitnehmers erhalten bleibt, der 38,5 Stunden in der Woche arbeitet.

Aus Lohnerhöhungen ab 1. April 1986 wird die Ausgleichszahlung um jeweils 25 Prozent vermindert.

Die tariflichen Löhne und Gehälter werden mit Wirkung vom 1. April 1985 um 2 Prozent erhöht. Die Laufzeit dieses Lohnabkommens beträgt 12 Monate.

Die Vergütungen für Auszubildende werden ab 1. Juli 1984 um 15 Mark und ab 1. April 1985 um weitere 10 Mark für jede Ausbildungsstufe erhöht. Laufzeit bis 31. März 1986.

Auszubildende, die seit dem 1. Februar 1984 ununterbrochen in einem Ausbildungsverhältnis stehen, erhalten eine einmalige Zahlung von 65 Mark.

Mehrarbeit

Mehrarbeit ist bis zu 10 Mehrarbeitsstunden in der Woche und bis zu 20 Stunden im Monat zulässig. Durch Betriebsvereinbarung kann für einzelne Arbeitnehmer oder Gruppen von Arbeitnehmern ein Mehrarbeitsvolumen von mehr als 20 Stunden im Monat zugelassen werden.

Mehrarbeit bis 16 Stunden im Monat kann im einzelnen Fall auch durch bezahlte Freistellung von der Arbeit ausgeglichen werden. Bei mehr als 16 Mehrarbeitsstunden im Monat kann der Arbeitnehmer die Abgeltung durch bezahlte Freistellung von der Arbeit verlangen, soweit dem nicht dringende betriebliche Belange entgegenstehen. Der Freizeitausgleich hat in den folgenden 3 Monaten zu erfolgen.

Mehrarbeitszuschläge sind grundsätzlich in Geld zu vergüten.

Anlagennutzung

Aus Anlaß der Neufestlegung der Arbeitszeit wird die Auslastung der betrieblichen Anlagen und Einrichtungen nicht vermindert. Bei einer Differenz zwischen Betriebsnutzungszeit und der Arbeitszeit für die einzelnen Arbeitnehmer kann der Zeitausgleich auch in Form von freien Tagen erfolgen. Dabei muß zur Vermeidung von Störungen im Betriebsablauf eine möglichst gleichmäßige Anwesenheit der Arbeitnehmer gewährleistet sein. Bei der Festlegung der freien Tage sind die Wünsche der Arbeitnehmer zu berücksichtigen.

Vorruhestand

Arbeitnehmer, die das 58. Lebensjahr vollendet haben, können vorzeitig in den „Ruhestand" treten, sofern der Arbeitgeber zustimmt. Wer 5 Jahre dem Betrieb zugehört hat, erwirbt Anspruch auf 65 Prozent des letzten Bruttoarbeitsentgeltes, bei über 20jähriger Betriebszugehörigkeit 70 Prozent. Das Vorruhestandsgeld wird dynamisiert.

Maßregelungsklausel

Jede Maßregelung von Beschäftigten aus Anlaß oder im Zusammenhang mit der Tarifbewegung 1984 unterbleibt oder wird rückgängig gemacht, falls sie bereits erfolgt ist. Schadensersatzansprüche aus Anlaß der Teilnahme an der Tarifbewegung 1984 entfallen.

Quelle: metall EXTRA vom 2. 7. 1984.

Übersicht 52: Was regeln Tarifverträge?

Im einzelnen regeln Tarifverträge:

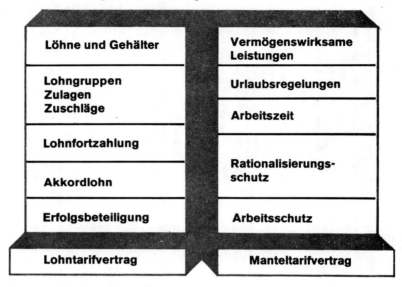

Quelle: E. Bizer u. a., Wirtschaft – Wirke mit!, Augsburg o. J., S. 246.

Unabhängig davon, ob die schließliche Einigung der Tarifparteien auf dem Verhandlungswege und/oder über Schlichtung und Arbeitskampf erreicht wird, wird die Zeit zwischen dem Ende der Laufzeit des alten und dem Beginn der Laufzeit des neuen Tarifvertrages überbrückt; das bedeutet, daß z. B. Lohnerhöhungen rückwirkend gewährt oder daß Pauschalzahlungen für die dazwischenliegende Zeit vereinbart werden.

5. Ergebnisse der Tarifpolitik

Im Jahre 1983 wurden ca. 7000 neue Tarifverträge abgeschlossen; hierbei handelte es sich nach Angaben des Tarifregisters beim Bundesminister für Arbeit und Sozialordnung

- um rd. 300 Manteltarifverträge, in denen für einen längeren Zeitraum die allgemeinen Arbeitsbedingungen festgelegt wurden;
- um rd. 1900 Änderungs-, Ergänzungs- oder Sonderabkommen zu Manteltarifverträgen;

- um rd. 4200 Lohn- und Gehaltstarifverträge und
- um rd. 600 Tarifverträge über Ausbildungsvergütungen.

Einschließlich der neu abgeschlossenen Verträge waren 1983 ca. 43 000 Tarifverträge in Kraft, und zwar ungefähr 28 000 Verbands- und etwa 15 000 Firmentarifverträge. Seit 1949 sind somit rd. 201 000 Tarifverträge abgeschlossen worden.

Die Tarifpolitik der vergangenen Jahre stand deutlich unter dem Druck von Wirtschaftskrise und Massenarbeitslosigkeit. Die jährlichen *Nominallohnsteigerungen* sind merklich zurückgegangen und lagen zuletzt bei nurmehr rd. 3 Prozent; die Reallöhne und -gehälter sind seit Ende der siebziger Jahre sogar um über 5 Prozent gesunken – eine Folge von Preissteigerungen und zunehmender Abgabenlast. Dieser Reallohnrückgang konnte auch nicht durch die erfolgte Aufstockung tariflicher *Zusatzleistungen* wie Urlaubsgeld und Jahressonderzahlung aufgehalten werden. Die um den steigenden Anteil der Arbeitnehmer an allen Erwerbstätigen bereinigte *Lohnquote* sank demzufolge nach Angaben des Sachverständigenrates von 66,1 v. H. in 1975 auf 63,7 v. H. im Jahre 1983; entsprechend gestiegen ist der Anteil des Einkommens aus Unternehmertätigkeit und Vermögen am Volkseinkommen.

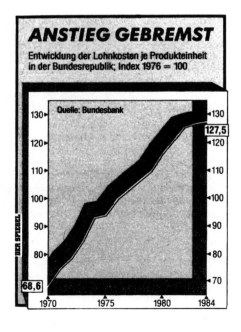

Im Bereich der *Arbeitszeit* konzentrierten sich die tarifpolitischen Verbesserungen auf die Jahresarbeitszeit oder genauer den Urlaub. Der durchschnittliche Grundurlaub, den jeder Arbeitnehmer mindestens erhält, wurde zwischen 1978 und 1983 um gut sechs Werktage, der Endurlaub, der in Abhängigkeit vom Lebensalter und/oder der Betriebszugehörigkeitsdauer maximal erreicht werden kann, um knapp vier Werktage erhöht. Demgegenüber hat sich im gleichen Zeitraum die durchschnittliche tarifliche Wochenarbeitszeit kaum verändert; ein Durchbruch gelang hier erst im Jahre 1984 nach langen und schweren Arbeitskämpfen mit dem Einstieg in die 35-Stunden-Woche.

Bedingt durch umfassende und anhaltende technisch-organisatorische Veränderungen in der Arbeitswelt – Rationalisierung, Neue Technologien – konzentrierte sich die gewerkschaftliche Tarifpolitik in den vergangenen Jahren verstärkt darauf, negative Auswirkungen auf die Arbeitsbedingungen der Beschäftigten zu mildern oder aufzufangen. Besondere Bedeutung kommt hierbei dem Tarifvertrag der *IG Druck und Papier* aus dem Jahre 1978 über die Einführung und Anwendung rechnergesteuerter Textsysteme zu. Nach drei Wochen Streik und Aussperrung einigten sich die Parteien u. a. auf folgende Regelungen:

- Fachkräfte der Druckindustrie haben für acht Jahre nach der Umstellung auf neue Systeme der Satzherstellung ein Anrecht auf Beschäftigung in der Textgestaltung.

- Fachkräfte, die ihren Arbeitsplatz verlieren, werden unter Weiterzahlung des Arbeitsentgelts für die Dauer von bis zu drei Monaten umgeschult.
- Arbeitskräfte, die ihren Arbeitsplatz verlieren und das Unternehmen verlassen, erhalten Mobilitätsbeihilfen.
- Redakteure dürfen nicht verpflichtet werden, fremde Texte in das rechnergesteuerte System einzugeben.
- Bei Bildschirmarbeit werden Erholungspausen gewährt – je Stunde 5 oder alle zwei Stunden 15 Minuten.

Im gleichen Jahr wurde nach ebenfalls dreiwöchigem Arbeitskampf – 80 000 streikende und 200 000 ausgesperrte Arbeitskräfte – ein Absicherungsvertrag in der *Metallindustrie* von Nord-Württemberg/Nord-Baden abgeschlossen, der u. a. folgende Regelungen enthält:

- Es darf grundsätzlich nur um eine Lohngruppe oder um eine Gehaltsgruppe abgruppiert werden, gleichgültig, wodurch die Abgruppierung verursacht wird. Darüber hinaus dürfen Abgruppierungen nur vorgenommen werden, wenn Umsetzungen oder Umschulungen nicht möglich sind.
- Bei Umschulungen erhalten die Betroffenen bis zu 12 Monate vollen Lohn- bzw. Gehaltsausgleich. Ist eine Abgruppierung unvermeidlich, wird ein Besitzstandsausgleich für die Dauer von 18 Monaten gezahlt; Abgruppierung wirkt also nicht als direkte Verdienstminderung.

Darüber hinaus wurden in den vergangenen Jahren eine Reihe sog. *‚Rationalisierungsschutzabkommen'* – vor allem in verschiedenen Industriezweigen, dem öffentlichen Dienst und zuletzt auch für das Bank- und Versicherungsgewerbe – abgeschlossen. Zwar werden durch diese Abkommen Rationalisierungsmaßnahmen nicht verhindert oder deren negative Auswirkungen auf die Arbeitnehmer völlig ausgeschlossen, sie eröffnen aber in Teilbereichen eine verstärkte Einflußnahme der betrieblichen Interessenvertretungen über eine Erweiterung ihrer Mitwirkungsrechte.

6. Gibt es Grenzen im bestehenden Tarifvertragssystem?

Angesichts der Ergebnisse der Tarifpolitik der letzten Jahre liegt der Gedanke nahe, daß grundsätzlich alles tarifvertraglich vereinbart werden kann, rechtlich der Tarifautonomie also keine Schranken gesetzt sind. Grenzen würden sich dieser Einschätzung zufolge lediglich hinsichtlich des Niveaus des Erreichten zeigen, denn ob der Lohn um 4%, 6% oder 8% erhöht oder die Arbeitszeit um 1, 3 oder 5 Stunden wöchentlich verkürzt wird, hängt letztlich von der wirtschaftlichen Lage und von der Stärke der Verhandlungsparteien ab. Sicherlich kann nicht bestritten werden, daß Faktoren ökonomischer und/oder (verbands-)politischer Art sehr großen Einfluß auf die jeweiligen Ergebnisse der Tarifpolitik haben – aber es gibt auch von der Rechtsprechung gesetzte Grenzen.

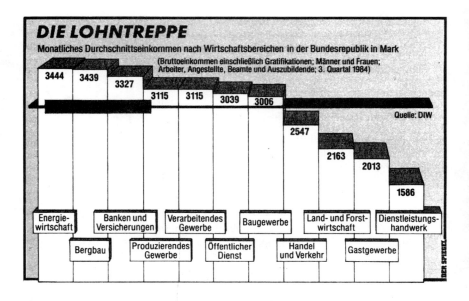
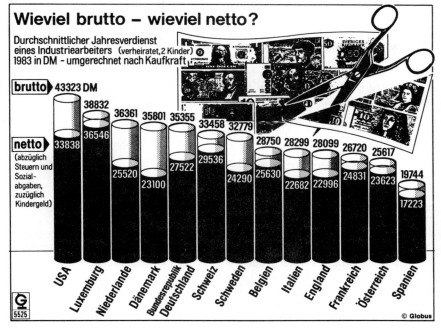

Tabelle 20: Entwicklung ausgewählter durchschnittlicher tariflicher Arbeitsbedingungen 1978–1984

Jahr	Durchschnittliche Steigerung tariflicher Löhne und Gehälter gegenüber dem Vorjahr in v. H.	Durchschnittliche tarifliche Wochenarbeitszeit in Stunden[1]	Durchschnittlicher tariflicher Grundurlaub in Werktagen	Durchschnittlicher tariflicher Endurlaub in Werktagen	Durchschnittlicher Betrag tariflicher Zusatzleistungen[2] je Jahr in Prozent eines tariflichen Bruttomonatseinkommens
1978	5,0	40,17	24,4	30,7	80
1979	4,5	40,14	25,8	31,6	82
1980	6,7	40,12	27,3	32,3	85
1981	4,8	40,08	28,5	33,3	88
1982	4,1	40,04	30,2	33,9	90
1983	3,1	40,01	30,9	34,4	91
1984	3,3	39,98	31,8	35,0	92

1 jeweils 1. Oktober;
2 zusätzliches Urlaubsgeld und Jahressonderzahlung (z. B. Weihnachtsgeld).

Quelle: BMAS, Tarifvertragliche Arbeitsbedingungen im Jahre 1984, Bonn, Januar 1985 (vervielfältigter Bericht).

Tabelle 20 a: Ausbildung und monatliches Nettoeinkommen[1] der männlichen und weiblichen Erwerbstätigen[2] – 1970, 1976 und 1982

Ausbildungsabschluß	Durchschnittseinkommen in DM			Anteile der Erwerbstätigen in Einkommensgruppen 1982, in Prozent			
	1970	1976	1982	bis zu 1000 DM	1000 bis 2000 DM	2000 bis 3500 DM	3500 DM und mehr
Männer							
ohne Ausbildungsabschluß	⎱ 893	1148	1593	16,9	62,9	18,1	2,1
Lehre, Berufsfachschule[3]	⎰	1389	1872	4,7	55,1	34,8	5,4
Fach-, Meister-, Technikerschule[4]	1131	1850	2458	1,8	22,8	58,4	17,0
Fachhochschule[5]	1581	2429	3119	1,4	9,7	53,5	35,4
Wissenschaftliche Hochschule	1839	2728	3412	2,1	10,2	40,5	47,2
Insgesamt	955	1388	1889	9,8	47,1	33,5	9,6
Frauen							
ohne Ausbildungsabschluß	⎱ 518	714	982	51,3	45,0	3,3	0,4
Lehre, Berufsfachschule[2]	⎰	932	1215	35,0	56,0	8,2	0,8
Fach-, Meister-, Technikerschule[3]	698	1205	1545	20,9	57,4	19,1	2,6
Fachhochschule[4]	1017	1383	1767	16,8	48,2	31,9	3,1
Wissenschaftliche Hochschule	1232	1800	2196	11,0	33,2	45,7	10,1
Insgesamt	561	861	1134	41,0	48,9	8,9	1,2

Männer und Frauen							
ohne Ausbildungsabschluß	} 757	933	1275	34,3	53,9	10,6	1,2
Lehre, Berufsfachschule[2]		1265	1667	15,4	55,4	25,4	3,8
Fach-, Meister-, Technikerschule[3]	1017	1758	2312	4,9	28,6	51,9	14,6
Fachhochschule[4]	1576	2280	2871	4,2	16,6	49,6	29,6
Wissenschaftliche Hochschule	1630	2356	2962	5,0	17,9	42,1	35,0
Insgesamt	817	1220	1624	21,3	47,8	24,4	6,5

1 Durchschnittseinkommen in DM (Median).
2 Deutsche und Ausländer; voll- und teilzeiterwerbstätig.
3 1970: ohne Berufsfachschule.
4 1970: einschl. Berufsfachschule.
5 1970: nur Ingenieurschule.

Quelle: Volks- und Berufszählung 1970; Mikrozensen 1976 und 1982; eigene Berechnungen.

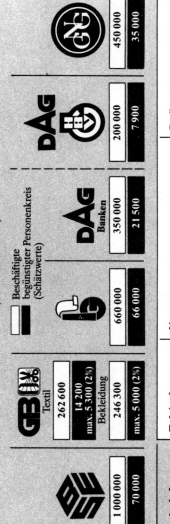

Früher in Rente – Mehr Freizeit

In verschiedenen Wirtschaftszweigen haben Arbeitgeber und Gewerkschaften für ältere Arbeitnehmer kürzere Arbeitszeiten (Vorruhestand oder „Altersfreizeiten") tarifvertraglich vereinbart.*)

(Stand 17. Juli 1984)

☐ Beschäftigte
■ begünstigter Personenkreis (Schätzwerte)

	BSE	**GB Textil / Bekleidung**		**DAG Banken**	**DAG**	**NGG**
Beschäftigte	1 000 000	Textil 262 600 / Bekleidung 246 300	660 000	350 000	200 000	450 000
begünstigter Personenkreis	70 000	14 200 max. 5 300 (2%) / max. 5 000 (2%)	66 000	21 500	7 900	35 000

Gewerkschaft	Inkrafttreten Altersgrenze	Voraussetzungen	Bezüge
Bau-Steine-Erden	☐ 1.1.1985 ■ 58 Jahre	Während der letzten 25 Jahre mindestens 10 Jahre in der Bauwirtschaft. Mindestens 1 Jahr beim letzten Arbeitgeber. Ankündigung 3 Monate vorher. Einseitige Inanspruchnahme durch Arbeitnehmer. Einspruchsrecht des Arbeitgebers mit aufschiebender Wirkung (6 Monate).	75 Prozent von einem erhöhten Bruttoeinkommen plus Weihnachtsgeld. Jährliche Anhebung um den Prozentsatz der letzten Rentenerhöhung.
Textil-Bekleidung	☐ 1.1.1985 ■ 58 Jahre	Mindestens 5jährige Betriebszugehörigkeit. Zustimmung des Arbeitgebers erforderlich, wenn die Zahl der Anspruchsberechtigten mehr als 2 Prozent der Belegschaft beträgt.	75 Prozent des letzten Bruttoentgelts.

Chemie-Papier-Keramik	☐ 2 Etappen: 1.9.1983 1.9.1987 ■ 58 Jahre	Arbeitnehmer ab 58 erhalten jede zweite Woche eine vierstündige „Altersfreizeit", ab 1.1.1987 jede Woche.	Durchschnittsverdienst einschließlich Schichtzuschlägen wird für die verkürzte Arbeitszeit weiter gezahlt.
Deutsche Angestellten-Gewerkschaft (im privaten Bankgewerbe)	☐ 1.10.1984 ■ 1 bzw. 2 Jahre vor Renteneintritt	Bei mindestens 10jähriger Betriebszugehörigkeit 1 Jahr, bei 25jähriger Betriebszugehörigkeit 2 Jahre vor dem gesetzlich frühest möglichen Renteneintritt: Vorruhestandsgeld. Ankündigungsfrist: 9 Monate.	In den ersten 3 Monaten 80 Prozent, danach bis Renteneintritt 75 Prozent des letzten Bruttoentgelts.
Deutsche Angestellten-Gewerkschaft: Gewerkschaft Handel, Banken und Versicherungen (im privaten Versicherungsgewerbe)	☐ 2 Etappen 1.1.1985 1.1.1986 ■ Männer: 60 Jahre 1985, 59 Jahre 1986 Frauen: 58 Jahre	Betriebszugehörigkeit mindestens 10 Jahre	75 Prozent des letzten Bruttogehalts; 80 Prozent bei mindestens 20jähriger Betriebszugehörigkeit.
Nahrung, Genuß, Gaststätten	☐ je nach Branche unterschiedlich ■ 58 Jahre	Betriebszugehörigkeit mindestens 10 Jahre. Vorruhestand Arbeitgeber kann nur ablehnen, wenn Betriebsrat zustimmt.	75 Prozent des letzten Monatseinkommens.
	Von den rund 30 Industrie- und Dienstleistungsbranchen im Bereich der Gewerkschaft haben bisher Vorruhestandsregelungen abgeschlossen: Süßwarenindustrie (53 000 Beschäftigte); Zuckerindustrie (10 300); Brot- und Backwarenindustrie (20 000); Obst- und gemüseverarbeitende Industrie (22 500); Brauwirtschaft (65 000); Hotel- und Gaststättengewerbe (31 000).		
Zigarettenindustrie	☐ 1978	2 Jahre vor Bezug einer Rente Wahlrecht für Arbeitnehmer: 20-Stunden-Woche mit vollem Lohn oder Ausscheiden bei Fortzahlung von 75 Prozent der Bezüge.	

*) Die Vorruhestandsklausel in den Tarifverträgen der Metallindustrie beinhaltet die volle Freiwilligkeit auf beiden Seiten.

Quelle: iwd Nr. 30/1984.

Übersicht 53: Grenzen der Tarifautonomie

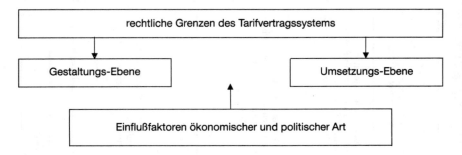

Diese Schranken lassen sich auf zwei Ebenen festmachen:
1. Zum einen darf in Tarifverträgen keineswegs ‚alles' vereinbart werden (*Gestaltungs*-Ebene),
2. zum anderen erweist sich aber auch die Umsetzung oder Realisierung gültiger Tarifverträge in der Praxis oft als problematisch (*Umsetzungs*-Ebene).

a) Eingeschränkte Gestaltungsfreiheit

Das Betätigungsfeld der Tarifparteien ist die „Wahrung und Förderung der Arbeits- und Wirtschaftsbedingungen". Wie aber steht es tatsächlich mit der Möglichkeit, übertarifliche Leistungen mittels Tarifvertrag abzusichern? Kann auf die Unternehmensverfassung und/oder -politik gestalterisch Einfluß genommen werden? Dürfen Gewerkschaftsmitglieder tarifvertraglich besser gestellt werden als nicht-organisierte Belegschaftsmitglieder? Diese und ähnliche Fragen beschäftigen zwar mehr die Verbandsjuristen als die Öffentlichkeit, sie sind aber von weitreichender Bedeutung für die Möglichkeiten und Grenzen der Tarifautonomie.

Tarifverträge enthalten bekanntlich nur Mindestnormen; keinem Arbeitgeber ist es von daher verwehrt, den Beschäftigten günstigere Einkommens- oder sonstige Arbeitsbedingungen zu gewähren. In der Praxis sind daher eine Reihe von Zulagen, Sonderzahlungen usw. anzutreffen, die vor allem von größeren und gewinnträchtigen Unternehmen gezahlt werden – eine Folge der Tatsache, daß sich z. B. flächendeckende Lohn- und Gehaltstariferhöhungen eher an sog. ‚Grenzbetrieben' orientieren und von daher bei Großunternehmen nicht das an Einkommenserhöhung ‚rausholen', was ökonomisch möglich wäre. Übertarifliche Arbeitgeber-Leistungen sind nun in ihrem Bestand weniger geschützt als die tariflich abgesicherten. In guten Zeiten gewährte Zuschläge können also in Krisenzeiten ohne größere Schwierigkeiten wieder abgebaut, das heißt z. B. auf Tariflohnerhöhungen angerechnet werden.

Um dieser Entwicklung gegenzusteuern, wären vor allem zwei Möglichkeiten zu erwägen: der Abschluß von *begrenzten Effektivklauseln* oder aber von *Effektivgarantieklauseln*. Letztere würden den Effektivverdienst, also den Tariflohn plus übertarifliche Zulagen, zum Tarifverdienst erklären und damit auch den Bestand der ‚freiwilligen' Zahlungen garantieren. Die Vereinbarung einer begrenzten Effektivklausel würde hingegen nur bedeuten, daß Tariflohnerhöhungen nicht mit übertariflichen Leistungen verrechnet werden dürfen – der Lohn oder das Gehalt würden in einem solchen Fall ja trotz Tariferhöhung gleich bleiben –, sondern daß aufgestockt wird, die Tariferhöhung also auch wirklich effektiv wirksam wird. Zumindest diese begrenzten Effektivklauseln wurden bis Ende der sechziger Jahre als rechtlich zulässig anerkannt. Im Zuge der ersten Nachkriegskrise 1966/67 und dem seinerzeit erfolgten Abbau übertariflicher Leistungen vollzog auch das Bundesarbeitsgericht eine Kehrtwendung und erklärte derartige Klauseln für nicht zulässig. Ob und inwieweit tarifliche Lohnerhöhungen auch effektiv wirksam werden, ist somit in den alleinigen Entscheidungsbereich der Unternehmen zurückverlagert worden. Die Gewerkschaften verfügen also über kein adäquates Instrument, um die Spanne zwischen Tarif- und Effektivverdiensten absichern zu können.

Tarifvertragliche Mindestnormen gelten in der Regel nur für die tarifgebundenen Arbeitnehmer; die nicht-organisierten Belegschaftsmitglieder haben z. B. auf eine zwischen Arbeitgeberverband und Gewerkschaft vereinbarte Tariflohnerhöhung keinen Rechsanspruch. In der betrieblichen Praxis werden nicht-organisierte Arbeitnehmer aber durchgängig in der gleichen Höhe entlohnt wie Gewerkschaftsmitglieder; faktisch bestehen in diesem Punkt also kaum Unterschiede zwischen Organisierten und Unorganisierten. Wäre es nun möglich und zulässig, tarifvertragliche Vereinbarungen zur Besserstellung nur der Organisierten zu treffen? Denkbar wäre etwa eine *Tarifausschlußklausel*, die die Nicht-Organisierten von bestimmten tariflichen Leistungen grundsätzlich ausschließt oder aber auch eine *Spannenklausel*, die darauf hinauslaufen würde, daß der Arbeitgeber die nicht-organisierten Belegschaftsmitglieder zwar in die Gewährung tariflicher Leistungen einbeziehen darf, zwischen Gewerkschaftsmitgliedern und ‚Trittbrett-Fahrern' aber eine Niveauspanne von z. B. 100,– DM zu wahren, die Organisierten also besser zu stellen hätte. Obwohl die Zulässigkeit solcher Regelungen rechtlich letztlich noch nicht entschieden ist, werden vor allem folgende Argumente *gegen* derartige *Differenzierungsklauseln* ins Feld geführt:

- Indem die Nicht-Organisierten von bestimmten tariflichen Leistungen (teilweise) ausgeschlossen würden, würde in deren negative Koalitionsfreiheit eingegriffen. Obwohl ein Arbeitgeber nicht-tarifgebundene Arbeitnehmer zweifellos unterhalb der tariflichen Arbeitsbedingungen beschäftigen darf, ist die ausdrückliche Festschreibung eines solchen Vorgehens im Tarifvertrag unzulässig.

- Differenzierungsklauseln wären dem Arbeitgeber unzumutbar, da sie die Nicht-Organisierten in die Reihen der Gewerkschaft ‚treiben' würden. Eine solche Förderung des Gegenspielers aber könne im Tarifvertrag nicht vereinbart werden.

Übersicht 54: Eingeschränkte Gestaltungsfreiheit bei übertariflichen Leistungen

	Effektivgarantie-klausel	begrenzte Effektivklausel	Anrechnung übertariflicher Leistungen
Tariflohn	2 500,00 DM	2 500 DM	2 500 DM
freiwillige Zulage	250,00 DM	250 DM	250 DM
Effektivlohn	2 750,00 DM (Effektivlohn = Tariflohn)	2 750 DM	2 750 DM
Tariflohnerhöhung um 5%	+ 137,50 DM	+ 125 DM	+ 125 DM
Tariflohn		2 625 DM	2 625 DM
freiwillige Zulage		250 DM	125 DM (zu 50% von Tariflohnerhöhung aufgesogen)
Effektivlohn	2 887,50 DM (Effektivlohn = Tariflohn)	2 875 DM	2 750 DM

rechtlich nicht zulässig

Aufsaugung übertariflicher Leistungen durch Tariferhöhung ist rechtlich zulässig

In § 1 Tarifvertragsgesetz ist ausdrücklich festgehalten, daß mittels tarifvertraglicher Normen auch betriebsverfassungsrechtliche Fragen geregelt werden können. Hier stellt sich die Frage: Können die *Mitbestimmungsrechte* des Betriebsrats per Tarifvertrag erweitert werden und – falls ja – in welchem Umfang? Einhelligkeit in der Beantwortung dieser Frage besteht keineswegs; es gibt viele Meinungen, die in der bestehenden Betriebsverfassung eine Art ‚Obergrenze' sehen, die keiner tarifvertraglichen Erweiterung zugänglich sei. Einer Mehrheit scheint jedoch zumindest eine Erweiterung der Mitbestimmungsrechte des Betriebsrats in sozialen Angelegenheiten unbedenklich. Je näher die Ausweitung von Mitbestimmungsrechten jedoch dem Bereich der wirtschaftlichen Angelegenheiten kommt, um so größer werden aber wohl auch die (juristischen) Widerstände werden; Gegenstand der Rechtsprechung waren derartige Fragen bis heute noch nicht. Fast durchgängig als rechtlich unzulässig wird eine Änderung von Unternehmensverfassungen angesehen, d. h. die Tarifparteien wären hiernach nicht befugt, z. B. das Montan-Mitbestimmungs-Modell auf andere Wirtschaftszweige auszudehnen.

Dies sind nur einige Beispiele dafür, daß der Tarifautonomie in der Bundesrepublik keineswegs eine ‚grenzenlose' Gestaltungsfreiheit bzw. Eingriffsmöglichkeit auf dem Gebiet der Arbeits- und Wirtschaftsbedingungen entspricht.

b) Die Umsetzung von Tarifverträgen – ein besonderes Problem

Die Beschränkung tarifvertraglicher Gestaltungsmöglichkeiten findet ihre Ergänzung auf dem Feld der Umsetzung bestehender Tarifverträge; Tarifnorm und Tarifwirklichkeit stimmen nämlich keineswegs durchgängig überein. In Krisenzeiten mit hoher Arbeitslosigkeit wird diese ‚Lücke' zwischen Norm und Wirklichkeit zunehmend größer, denn selbst viele organisierte Arbeitnehmer verzichten unter dem Druck der ökonomischen Verhältnisse ‚freiwillig' auf tarifliche Ansprüche, um überhaupt einen Arbeitsplatz zu bekommen. Kann die Gewerkschaft in solchen Fällen eingreifen und die Realisierung tariflicher Normen erzwingen?

In der Tariflandschaft der Bundesrepublik dominiert der (flächendeckende) Verbandstarif; dies bedeutet gleichzeitig, daß tarifvertragliche Beziehungen dann nur zwischen der Gewerkschaft und dem Arbeitgeberverband bestehen und nicht etwa, wie dies beim Firmentarifvertrag der Fall ist, auch zwischen der Gewerkschaft und dem einzelnen Arbeitgeber. Da der normative Teil des Tarifvertrages aber nur die Mitglieder der vertragschließenden Parteien – nämlich das Arbeitsverhältnis zwischen einzelnem Arbeitgeber und Arbeitnehmer – berührt, hat die Gewerkschaft beim Verbandstarif keinen ‚Zugriff' auf den einzelnen Arbeitgeber. Gewährt ein solcher Arbeitgeber den bei ihm beschäftigten Gewerkschaftsmitgliedern nicht die tariflichen Mindestarbeitsbedingungen, so bleibt der Gewerkschaft nur der Weg über den Arbeitgeberverband. Diesem obliegt nämlich gegenüber seinen Mitgliedern eine sog. *Einwirkungspflicht* – gleiches gilt für die Gewerkschaft gegenüber ihren Mitgliedern – hinsichtlich eines ‚tarifgetreuen' Verhaltens. Selbst wenn dieser

Einwirkungsversuch erfolglos bleibt, hat die Gewerkschaft keine Möglichkeiten, gegen den tarifuntreuen Arbeitgeber, etwa mittels Arbeitskampf, vorzugehen. Der einzig verbleibende Weg ist der Gang des/der Arbeitnehmer(s) zum Arbeitsgericht, um die Erfüllung tariflicher Normen auf dem Klageweg zu erreichen. Hierbei wird ihm seine Gewerkschaft zwar Rechtsschutz geben und ihn vor Gericht vertreten, doch die betrieblichen Machtverhältnisse führen oft dazu, daß die übergroße Mehrheit der derart betroffenen Arbeitnehmer eine gerichtliche Auseinandersetzung mit dem Arbeitgeber solange scheut, wie das Arbeitsverhältnis noch besteht, und damit auf tarifliche Rechtsansprüche verzichtet. Der *kollektiven Durchsetzung und Gestaltung* tariflicher Normen auf der einen Seite steht also auf der anderen Seite eine weitgehend *individualisierte Realisierung* dieser Normen in der betrieblichen Praxis gegenüber. Solange den Gewerkschaften nicht die Möglichkeit gegeben wird, die Rechte ihrer Mitglieder aus einem Verbandstarifvertrag auch gegenüber einzelnen Arbeitgebern als Gewerkschafts*organisation* geltend zu machen, bleibt eine wesentliche Grenze der Tarifautonomie – nämlich die effektive Realisierung tariflicher Normen – bestehen.

Übersicht 55: Rechtliche Beziehungen aus Tarifverträgen

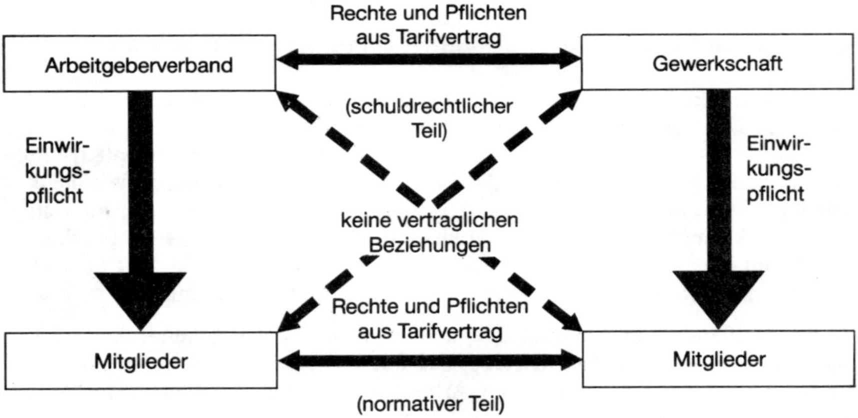

Hieran ändert auch die – rechtlich zulässige – Ausübung des sog. *Zurückbehaltungsrechts* nichts Grundsätzliches. Zwar könnte der Arbeitnehmer seine Arbeitsleistung verweigern, wenn der Arbeitgeber seiner Leistungsverpflichtung – der Erfüllung tarifvertraglicher Normen – nicht nachkommt; der Arbeitgeber müßte ihm in diesem Falle sogar das Arbeitsentgelt weiterzahlen. Eine derartige Möglichkeit hat jedoch mehr theoretische als praktische Bedeutung, verlangt sie vom Arbeitnehmer doch noch mehr Konfliktbereitschaft als dies schon beim arbeitsgerichtlichen Einklagen von Ansprüchen der Fall wäre.

7. Tarifpolitik – ökonomisch und politisch beeinflußt

Neben den rechtlichen und den durch die betrieblichen Machtverhältnisse bedingten Grenzen des Tarifvertragssystems sind politische und ökonomische Einflußfaktoren zu berücksichtigen. Aufgrund der gegebenen Wirtschaftsverfassung und der daraus resultierenden Macht- und Einkommensverteilung erscheinen die Gewerkschaften z. B. in den jährlichen Lohn- und Gehaltsrunden zwangsläufig als Angreifer. Während die wirtschaftlichen Erträge erst einmal automatisch der Kapitalseite zufließen, sind die Gewerkschaften als Interessenvertretung der Arbeitnehmerschaft gezwungen, ihre Forderungen gegenüber Kapital und öffentlicher Meinung zu rechtfertigen. Dieses faktische Machtungleichgewicht deckt sich nicht mit dem Grundgedanken der Tarifautonomie, der von einer – in der Tat nur rechtlichen – Gleichheit der Arbeitsmarktparteien ausgeht. Verstärkt wird dieses Ungleichgewicht u. a. durch folgende Faktoren:

- Da es sich bei Lohn- und Gehaltsauseinandersetzungen – noch stärker kommt dies bei sog. ‚qualitativen' Forderungen zum Ausdruck – letztlich auch um Machtfragen handelt, kommt dem gewerkschaftlichen Organisationsgrad für die Durchsetzung von Arbeitnehmerinteressen eine ganz erhebliche Bedeutung zu. Dieser aber ist nach Betriebsgrößen und Branchen recht unterschiedlich, was entsprechende Auswirkungen auf die Durchsetzungschancen von gewerkschaftlichen Forderungen hat.

- Der vorherrschende Verbandstarif orientiert sich an sog. ‚Grenzbetrieben'. Damit hat eine solche zentralisierte Tarifpolitik aber auch zur Folge, daß z. B. in großen Betrieben gewerkschaftlich nicht das durchgesetzt wird, was ökonomisch möglich wäre. Die dadurch verbleibende, oft erhebliche Manövriermasse der Unternehmen erlaubt diesen in guten Konjunkturzeiten zusätzliche, übertarifliche Leistungen, die allerdings keiner kollektiven Absicherung unterliegen.

- Bei Tarifabschluß angenommene Preissteigerungsraten werden erfahrungsgemäß zu niedrig angesetzt, so daß durch inflationäre Entwicklungen das Reallohnniveau sinken kann. Die Konjunkturrisiken werden damit einseitig auf die abhängig Beschäftigten verlagert: Zu Zeiten wirtschaftlichen Wachstums unterbindet die Friedenspflicht die effektive Durchsetzung von Nachschlagsforderungen während der Laufzeit des Tarifvertrages; in Krisenzeiten können übertarifliche Leistungen durch die Unternehmen weitgehend ohne Schwierigkeiten abgebaut werden.

- Der Tarifvertrag erfüllt seine Schutzfunktion somit vorwiegend nur in den ‚Grenzbetrieben' – hier allerdings auch nur solange, wie diese nicht dem ökonomischen Konkurrenzkampf zum Opfer fallen.

Ergänzt wird die aus ökonomischem Ungleichgewicht resultierende Beeinflussung der Tarifautonomie durch politische Einflußnahmen. Verbindliche *Lohnleitlinien* von staatlicher oder ‚halbstaatlicher' Seite werden bislang noch einhellig abgelehnt, da sie die Tarifverhandlungen ‚repolitisieren' würden. Dennoch haben die alljährlichen Prognose- und Orientierungsdaten der verschiedenen Institutionen faktisch so etwas wie Leitliniencharakter. Gestützt werden derartige ‚Orientierungs-Daten' durch die Wirtschaftswissenschaft, die im Lohn hauptsächlich einen Kostenfaktor und damit gleichzeitig den einzig wirklich beeinflußbaren Faktor zur Bekämpfung von Inflation und Arbeitslosigkeit sieht. Hinzu kommt häufig noch die Forderung nach einer *Gemeinwohlorientierung* der Tarifpolitik, die letztendlich nur einer Seite, nämlich den Gewerkschaften, eine Verantwortung auch für Sachbereiche aufbürdet, die ihrer Einflußnahme weitgehend entzogen sind (Preissetzungsmacht und Personalpolitik der Unternehmen). Faktisch läuft dies aber auf eine politische Einflußnahme auf die Tarifautonomie hinaus.

Bereits im Abschlußbericht der Enquête-Kommission „Verfassungsreform" im Jahre 1976 wurde eine Bindung der Verbände an das ‚Gemeinwohl' erörtert; im Dezember des gleichen Jahres wurde von der Freien Demokratischen Partei ein kompletter Gesetzentwurf eines Verbändegesetzes vorgelegt, der allerdings unter der damaligen Koalitionszusammensetzung in Bonn nicht weiter erörtert wurde und wieder in den Schubladen verschwand. Erst im Zusammenhang mit dem Streik der IG Metall um die 35-Stunden-Woche kamen wieder Forderungen nach einem Verbändegesetz, nach einer Neudefinition des Streikrechts und einer Ausweitung der Urabstimmung bei Streiks auch auf nicht gewerkschaftlich organisierte Arbeitnehmer auf. Die Einschränkung vor allem der gewerkschaftlichen Handlungsmöglichkeiten durch ein solches Verbändegesetz liefe auf eine ganz massive Begrenzung der demokratischen Struktur unserer Gesellschaft hinaus.

Grenzen der Tarifautonomie zeigen sich auf mehreren Ebenen; die einschlägige Gesetzgebung – Art. 9 Abs. 3 GG sowie TVG – geht von der formalrechtlichen Gleichheit der Sozialkontrahenten aus. Diese Gleichstellung auf der rechtlichen Ebene verliert dabei aber die vorgelagerte ökonomische Ungleichheit aus dem Auge. Doch auch auf rechtlicher Ebene selbst wird der Paritätsgedanke nicht immer durchgehalten. Die Arbeitsrechtsprechung, die zu einer Konkretisierung der Gesetzesnormen beitragen soll, verkehrt diesen Gedanken teilweise in sein Gegenteil – etwa wenn sie den Außenseiter, der nicht Mitglied einer Gewerkschaft ist, mehr schützt als die Organisierten, oder wenn sie den Gewerkschaften zwar die Tarifierung, nicht aber die effektive Realisierung der Normen zugesteht. Alles in allem wirken also eine Vielzahl von Faktoren der grundgesetzlich garantierten Tarifautonomie entgegen und verstärken das ohnehin bestehende Machtungleichgewicht zuungunsten der abhängig Beschäftigten und ihrer Interessenorganisationen. Von einer ‚Autonomie' im Sinne einer von außen nicht beeinflußten Regelung der Arbeits- und Wirtschaftsbedingungen kann lediglich unter Berücksichtigung der angeführten, einschränkenden Bedingungen gesprochen werden.

8. Tarifverträge – Instrument legaler Konfliktregulierung

Einem Tarifvertrag kommen nach weitverbreiteter Auffassung vor allem folgende Funktionen zu:

- *Schutzfunktion:* durch Tarifverträge soll die Unterlegenheit, mit der der einzelne Arbeitnehmer dem Arbeitgeber gegenübersteht, aufgehoben werden; Arbeitsbedingungen können damit nicht mehr einseitig diktiert werden.

- *Ordnungsfunktion:* durch Tarifverträge werden die Millionen von Arbeitsverhältnissen typisiert und vereinheitlicht; das Arbeitsleben wird geordnet und bleibt damit einigermaßen überschaubar.

- *Friedensfunktion:* während der Laufzeit von Tarifverträgen sind Arbeitskämpfe um bereits im Tarifvertrag geregelte Gegenstände ausgeschlossen.

Lohnt sich hierfür aber der ganze Aufwand, der mit dem Zustandekommen von Tarifverträgen zusammenhängt: das Ringen um die Formulierung der Forderungen in den gewerkschaftlichen Gremien, wochenlanges Tauziehen zwischen Gewerkschaft und Arbeitgeberverband, Urabstimmungen, Arbeitskämpfe, eventuell Schlichtungsverhandlungen und schließlich die Gefahr, daß sich nach einem Arbeitskampf das Arbeitsklima entscheidend verschlechtert?

Sicherlich, denkbar wären auch andere Wege wie etwa staatliche Zwangsschlichtung oder direkte staatliche Lohnfestsetzung. Derartige Möglichkeiten bergen jedoch vor allem eine große Gefahr in sich: staatliche Institutionen würden ganz massiv in die Auseinandersetzungen zwischen Kapital und Arbeit hineingezogen. Indem aber Tarifverträge als Instrument legaler Konfliktregulierung anerkannt sind, entlastet sich auch das politische System; der Lohnkampf als deutlichster Ausdruck der gegensätzlichen Interessen zwischen Arbeitgebern und Arbeitnehmern spielt sich ‚vor der Tür' des Parlaments ab und zwingt damit staatliche Gewalten nicht, für die eine oder andere Seite Stellung zu beziehen.

XII. Wie werden Löhne und Gehälter in Tarifverträgen bestimmt?

1. Lohnfindungsmethoden – Garanten für den ‚gerechten' Lohn?

Für die materielle und soziale Lebenslage der abhängig Beschäftigten bildet das Einkommen aus dem ‚Verkauf' ihrer Arbeitskraft die wohl entscheidendste Einflußgröße. Löhne und Gehälter werden bekanntermaßen von Arbeitgeberverbänden und Gewerkschaften in den meist jährlichen Tarifrunden neu ausgehandelt; Verhandlungsgegenstand ist dabei allgemein die prozentuale oder teilweise auch absolute Erhöhung der nominellen Stunden-, Wochen- oder Monatsentgelte. Das hierbei übliche ‚Prozedere' und Taktieren beider Seiten ist der Öffentlichkeit weitgehend geläufig; weniger bekannt sind ihr dagegen die Verfahren und Methoden, nach denen Arbeitnehmer in bestimmte Lohn- oder Gehaltsgruppen eingestuft werden. Auch diese Kriterien für die unterschiedliche Eingruppierung der Beschäftigten werden von den Tarifparteien ausgehandelt und in sog. *Lohnrahmen-* oder *Manteltarifverträgen* festgeschrieben.

Lange Jahre hindurch waren auch die Gewerkschaften der Auffassung, daß die ihnen von Seiten der Arbeitswissenschaft gelieferten Ergebnisse und Methoden das jahrhundertealte Problem einer allseits ‚gerechten' Lohn- und Gehaltsfindung objektivieren könnten: Das Eingruppierungsverfahren erschien vielen Beteiligten weniger als ein ökonomisch und politisch beeinflußter und damit auch (anders) gestaltbarer Problembereich, sondern reduzierte sich vielmehr auf die Methodenfrage der ‚richtigen' Messung und Bewertung von Arbeitsabläufen, Arbeitsanforderungen und -belastungen. Die Bestimmung des ‚gerechten' Lohns schien also prinzipiell dem Parteienstreit und Interessengegensatz zwischen Kapital und Arbeit entziehbar – nicht mehr die abhängig Beschäftigten, sondern die sich mit deren Arbeitskraft beschäftigende Arbeits-‚Wissenschaft' war berufen, die letztendlich entscheidenden Argumente zu liefern.

Diese scheinbare Objektivität von Eingruppierungsverfahren verlor ihren Glanz spätestens mit der Wirtschaftskrise Mitte der siebziger Jahre, der mit ihr einhergehenden Rationalisierungsoffensive der Unternehmen und den in ihrem Gefolge massiv auftretenden Fällen von Abgruppierungen hauptsächlich im Bereich der gewerblichen Arbeitnehmer. Die in den sechziger Jahren abgeschlossenen Rahmentarifverträge erweisen sich immer deutlicher als ein äußerst mangelhaftes Instrument zur Sicherung von Lohneinkommen; mehr noch: sie gaben und geben teilweise auch heute noch der Unternehmensseite die ganz ‚legale' Möglichkeit von Abgruppierungen an die Hand.

Sind erst einmal die Lohnfindungsmethoden im Tarifvertrag ‚objektiviert', so geht der Streit nicht mehr um die grundsätzliche Berechtigung derartiger Methoden, sondern höchstens noch um ihre Ausgestaltung und ‚richtige' Anwendung; das Konfliktfeld Lohn/Leistung ist damit zum Großteil entpolitisiert.

2. Welche Verfahren der Arbeitsbewertung und Entgeltdifferenzierung sind in der Praxis anzutreffen?

Arbeitsbewertungsverfahren dienen dazu, einzelne betriebliche Tätigkeiten nach Merkmalen zu differenzieren und in eine Rangfolge zu bringen, d. h. sie ‚einzugruppieren'. Die in der Praxis dominierenden Verfahren sind die *analytische* und die *summarische* Arbeitsbewertung. Stark vergröbernd kann die analytische Methode dem gewerblichen, die summarische Methode dem Angestelltenbereich zugeordnet werden. Gemeinsam ist beiden Methoden, daß die komplexe menschliche Tätigkeit im Arbeitsprozeß auf wenige Merkmale begrenzt wird; dies bedeutet auch: Nicht die Fähigkeiten und Fertigkeiten der Person als Ganzheit sind für die Eingruppierung entscheidend, sondern die jeweils ausgeübte Tätigkeit und damit die Anforderungen des Arbeitsplatzes, an dem die Person arbeitet.

a) Die analytische Methode . . .

Im historischen Zusammenhang bildet die analytische Arbeitsbewertung einen Höhepunkt im Prozeß der Lohndifferenzierung. Zu Beginn des Jahrhunderts war diese Differenzierung durch nur drei Kategorien begrenzt: Facharbeiter, angelernte und ungelernte Arbeiter. Wenn auch bis auf den heutigen Tag an den Begriffen ‚gelernt', ‚angelernt' und ‚ungelernt' festgehalten wird, so ist die Zahl der Lohngruppen doch bis auf 12 und mehr gestiegen. Am Beispiel des aus dem Jahre 1967 stammenden Lohnrahmentarifvertrags I (LRTV I) der IG Metall von Nordwürttemberg/Nordbaden kann die analytische Methode besonders gut verdeutlicht werden.

Als Grundlage der Eingruppierung dienen folgende Größen: *Können, Belastung, Umgebungseinflüsse* und *Verantwortung*. Diese vier Oberbegriffe bilden sozusagen das Grobraster, das nun seinerseits in 20 verschiedene Bewertungsmerkmale untergliedert ist. Anhand einer Arbeitsbeschreibung, die für jeden Arbeitsplatz vorgenommen werden muß, werden die dort jeweils vorfindbaren Bewertungsmerkmale aufgelistet; die Anforderungen des einzelnen Arbeitsplatzes werden also in das vorgegebene Bewertungs-Schema ‚gepreßt' – gepreßt deswegen, weil die vorgegebenen Bewertungsmerkmale der Komplexität selbst sog. einfacher Tätigkeiten wohl kaum gerecht werden können.

Tabelle 21: Bewertungsmerkmale und Wichteschlüssel im LRTV I

Bewertungsmerkmale	Wichteschlüssel
KÖNNEN	
1. Kenntnisse, Ausbildung und Erfahrung	1,0
2. Geschicklichkeit, Handfertigkeit, Körpergewandtheit	0,8
BELASTUNG	
3. Belastung der Sinne und Nerven	0,9
4. Zusätzlicher Denkprozeß	0,8
5. Belastung der Muskeln	0,8
VERANTWORTUNG	
6. Verantwortung für die eigene Arbeit	0,8
7. Verantwortung für die Arbeit anderer	0,6
8. Verantwortung für die Sicherheit anderer	0,9
UMGEBUNGSEINFLÜSSE	
9. Schmutz	0,3
10. Staub	0,3
11. Öl/Fett	0,2
12. Temperatur	0,3
13. Nässe, Säure, Lauge	0,2
14. Gase, Dämpfe	0,2
15. Lärm	0,5
16. Erschütterung	0,1
17. Blendung und Lichtmangel	0,2
18. Erkältungsgefahr	0,2
19. Unfallgefahr	0,3
20. Hinderliche Schutzkleidung	0,1

Den einzelnen Bewertungsmerkmalen wird nun ein unterschiedliches Gewicht beigemessen, d. h. dem Bewertungsmerkmal 12 (Temperatur) kommt weniger Bedeutung für die spätere Lohnhöhe zu als etwa dem Bewertungsmerkmal 7

(Verantwortung für die Arbeit anderer), und selbst beide Merkmale zusammengenommen erreichen nicht die Wichtigkeit des Merkmals 1 (Kenntnisse, Ausbildung und Erfahrung); die *Wichtung* der einzelnen Merkmale weist also deutliche Unterschiede auf. Da zudem die einzelnen Merkmale an den verschiedenen Arbeitsplätzen mit *unterschiedlicher Intensität* auftreten können, werden sie nochmals differenziert und zwar unter Verwendung einer sog. *Rangstufenzahl*. Für das Bewertungsmerkmal 15 (Lärm) stehen z. B. 21 Rangstufenzahlen entsprechend der unterschiedlichen Phon-Stärke des auftretenden Lärms zur Verfügung:

Tabelle 22: Rangstufenzahlen – Beispiel: Lärm

Phon	Rangstufenzahl
bis 70 Phon	0
über 70 bis 72 Phon	5
über 72 bis 74 Phon	10
über 74 bis 76 Phon	15
über 76 bis 78 Phon	20
über 78 bis 80 Phon	25
über 80 bis 82 Phon	30
über 82 bis 83,5 Phon	35
über 83,5 bis 85 Phon	40
über 85 bis 87 Phon	45
über 87 bis 88,5 Phon	50
über 88,5 bis 90 Phon	55
über 90 bis 91,5 Phon	60
über 91,5 bis 93 Phon	65
über 93 bis 95 Phon	70
über 95 bis 96,5 Phon	75
über 96,5 bis 98 Phon	80
über 98 bis 99,5 Phon	85
über 99,5 bis 101 Phon	90
über 101 bis 103 Phon	95
über 103 bis 105 Phon	100

Die Ermittlung der Lohn- oder Arbeitswertgruppe, in die der einzelne Arbeiter schließlich eingestuft wird, basiert auf folgender Berechnung: die ‚gemessene' Rangstufenzahl des an einem Arbeitsplatz vorliegenden Bewertungsmerkmals wird mit dem entsprechenden Wichteschlüssel multipliziert und ergibt einen sog. *Teilarbeitswert*, also z. B.:

Rangstufenzahl bei 86 Phon	×	Wichteschlüssel (Lärm)	=	Teilarbeitswert (Lärm)
45	×	0,5	=	22,5

Je nach Anzahl der an einem Arbeitsplatz vorfindbaren Bewertungsmerkmale erhält man mehrere – maximal 20 – Teilarbeitswerte; die Summe dieser Teilarbeitswerte durch 10 dividiert ergibt schließlich den *Arbeitswert:*

1. Rangstufenzahl (i) des Bewertungsmerkmals (k) × Wichtefaktor des Bewertungsmerkmals (k) = Teilarbeitswert (T_k)

2. $\dfrac{\text{Summe der Teilarbeitswerte}}{10}$ = Arbeitswert

Den so errechneten Arbeitswerten entsprechen nun ihrerseits wieder unterschiedliche Arbeitswertgruppen; diese Einteilung wird als *Grundlohndifferenzierung* bezeichnet. Für die absolute Höhe eventueller Lohnsteigerungen sind nun zwei weitere Faktoren von Bedeutung: der *Arbeitswertgruppenschlüssel*, der das Verhältnis der Arbeitswertgruppen untereinander festlegt, und die sog. *Ecklohngruppe*. Bei Lohnerhöhungen steht oft nur diese Ecklohngruppe, z. B. Gruppe VI, im Vordergund. Lohntarifverhandlungen haben beispielsweise die Erhöhung des Ecklohns um 5% zum Ergebnis; aufgrund des festliegenden Lohngruppenschlüssels ist damit gleichzeitig die Steigerung der restlichen Lohngruppen eindeutig bestimmt: so beträgt etwa die Lohngruppe II vor wie nach einer eventuellen Tariferhöhung 80,86% der Lohngruppe V usw. Auf den ersten Blick ist die analytische Arbeitsbewertung eine einleuchtende Methode, mit ein wenig Mühe auch rechnerisch exakt nachvollziehbar – bei näherer Betrachtung aber nicht ohne Gefahren und auf keinen Fall ein die Willkür ausschließendes, wissenschaftlich exaktes Verfahren.

b) . . . und ihre Gefahren

Das vorgestellte Beispiel zur analytischen Methode löst eine ganze Reihe von Fragen und kritischen Anmerkungen aus:

- Mit welcher Begründung kann die Komplexität menschlicher Tätigkeiten auf 20 Merkmale reduziert werden?

- Aufgrund welcher Kriterien wird auf die Dauer nicht ertragbare Lärmeinwirkung während der Arbeit geringer bewertet als etwa die Belastung der Muskulatur?

- Warum entspricht einem Lärm von 100 Phon eine Rangstufenzahl von 90 und nicht etwa von 100 oder 105? Was spricht im vorliegenden Beispiel dagegen, die Rangstufenzahlen zu erhöhen?

- Läßt sich z. B. Lärm noch sinnvoll in Phon messen, so stellt sich doch u. a. die Frage: wie ‚mißt' man ‚zusätzliche Denkprozesse'?

- Mathematisch ist es keineswegs zwingend, die Summe der Teilarbeitswerte gerade durch 10 zu dividieren; die Möglichkeiten der einschlägigen Wissenschaft sind sehr viel breiter.

- Was spricht dagegen, daß ein Arbeiter, der den Arbeitswert 11,5 erreicht, in Gruppe V und nicht – wie im Beispiel – nur in Gruppe IV fällt?

Viele Fragen, aber keine plausiblen Antworten. Die angewandte Methode täuscht wissenschaftliche Exaktheit vor, wo doch jeder einzelne Schritt des Verfahrens von unterschiedlichen Interessen beeinflußt wird und damit auch beeinflußbar bleibt. Wenn also die analytische Methode schon keinen ‚gerechten' Lohn garantieren kann, ist sie dann wenigstens ‚ungefährlich' hinsichtlich der materiellen Lebenslage der abhängig Beschäftigten? Keineswegs – folgende Punkte belegen einige solcher mit der analytischen Arbeitsbewertung verbundenen Gefahren:

- Im Zuge von Rationalisierungsprozessen werden gerade die hier angesprochenen Tätigkeiten vereinfacht und/oder fallen Umgebungseinflüsse weg; kann letzteres unter Humanisierungsaspekten noch positiv bewertet werden, so führt die damit einhergehende Verringerung des Arbeitswerts allerdings automatisch zu einem niedrigeren Lohn.

- Einmal ‚installiert', bietet die analytische Methode kaum noch Möglichkeiten, die ‚Ausdünnung' von Arbeitsinhalten und damit einhergehend eine Intensivierung der Arbeit aufzuhalten; die analytische Arbeitsbewertung begünstigt geradezu derartige Rationalisierungsmaßnahmen.

- Wer sich auf die Prinzipien des analytischen Verfahrens vom Grundsatz her einläßt, der akzeptiert auch Einkommensverluste infolge von Qualifikations- und/oder Belastungsabbau als sachlich richtig.

- Im Rahmen des Verfahrens können Lohnänderungen nur dann vorgenommen werden, indem entweder die Bewertungsmerkmale, deren Gewichtung oder die Rangstufenzahl verändert werden. Geschieht dies nicht, so bietet die festliegende Lohnstruktur nur geringe Handlungsmöglichkeiten für die Vertretung von Arbeitnehmerinteressen.

- Trotz steigender Arbeitsintensität und Produktivität kann der Lohn eines Arbeitnehmers infolge fallender Arbeitswerte sinken; ähnlich negativ auf das Verhältnis Lohn/Leistung wirken sich Verschlechterungen der Arbeitsbedingungen aus, die durch das Grobraster der analytischen Merkmale hindurchfallen und somit auch nicht in die Lohnhöhe eingehen.

Durch die Beschränkung der Zahl der Merkmale erfaßt das analytische Verfahren von vornherein nicht die Ganzheit der Arbeitsanforderungen und Belastungen am Arbeitsplatz. Kommt hierdurch bereits eine nicht begründbare Willkür zum Ausdruck, so wird diese nochmals verstärkt durch die unterschiedliche Gewichtung der Merkmale untereinander. Was für das Bewertungsverfahren gilt, gilt gleichermaßen für die Beschreibung des Arbeitsplatzes, auf den die Bewertungs-Schablone gelegt wird. Bei der analytischen Arbeitsplatzbewertung handelt es sich also um ein durchaus fragwürdiges Verfahren der Lohnbestimmung.

Tabelle 23: Arbeitswerte, Arbeitswertgruppen und Arbeitswertgruppenschlüssel

Arbeitswerte	Arbeitswert-gruppe Nr.	Arbeitswertgruppen-schlüssel
0 – 3,5	I	76,11%
über 3,5– 6	II	80,86%
über 6 – 8,5	III	85,60%
über 8,5–11,5	IV	90,51%
über 11,5–14,5	V	100 %
über 14,5–17,5	VI	105,97%
über 17,5–21	VII	111,79%
über 21 –24,5	VIII	117,76%
über 24,5–28	IX	123,89%
über 28 –31,5	X	129,86%
über 31,5–35	XI	für jeden weiteren Arbeitswert
über 35	XII	einen Betrag in Höhe von 1,7% des Geldbetrages der AW-Gruppe VI

c) Die summarische Methode . . .

Das zweite der in der Praxis dominierenden Verfahren zur Eingruppierung ist die summarische Arbeitsbewertung, deren Ausgestaltung am Beispiel des z. Zt. gültigen Manteltarifvertrages für das Bankgewerbe veranschaulicht werden soll.

Drei Klassen von *Tätigkeitsmerkmalen* bilden hier das Grobraster für die Differenzierung der insgesamt neun Tarifgruppen: 1. Ausbildung, 2. Kenntnisse, Können und Berufserfahrung sowie 3. Entscheidung und Verantwortung. Diese Merkmale stehen in einem hierarchischen Verhältnis zueinander, wobei das Tätigkeitsmerkmal ‚Ausbildung' die Basis bildet, auf der die beiden anderen aufbauen. Aber auch innerhalb der drei Tätigkeitsmerkmale ist eine Hierarchisierung oder Stufung anzutreffen:

Übersicht 56:

TG	Oberbegriffe und Stufungskriterien im Manteltarifvertrag für das private Bankgewerbe			
	Ausbildung	Kenntnisse/ Können Berufserfahrung	Entscheidung/ Verantwortung
1	ohne Vorkenntnisse		
2	kurze Einarbeitung		
3	Zweckausbildung oder längere Einarbeitung		
4	abgeschlossene Berufsausbildung oder Zweckausbildung oder längere Einarbeitung – Berufserfahrung		
5	wie TG 4 und weitere Berufserfahrung, Berufsfortbildung, Aneignung zusätzlicher Kenntnisse	gründliche oder vielseitige Kenntnisse	
6	wie TG 5	vertiefte gründliche oder vielseitige Kenntnisse	in begrenztem Umfang eigene Entscheidungen
7	wie TG 5	umfassende Kenntnisse	überwiegend eigene Entscheidungen und entsprechendes Maß an Verantwortung
8	wie TG 5	besondere Anforderungen an das fachliche Können	oder erhöhte Verantwortung
9	wie TG 5	Tätigkeiten, die sich durch Schwierigkeit und/oder Verantwortung offenbar über TG 8 hinausheben.	

Manteltarifvertrag für das private Bankgewerbe, Stand 1. 3. 1982

Quelle: Berkessel/Humml, in: WSI Mitteilungen 9/1982.

Demnach sind es folgende Kriterien, deren Zusammentreffen in der einen oder anderen Weise über die Einstufung eines Bankangestellten in die jeweilige Tarifgruppe entscheidet:

- Grad der Vorkenntnisse,
- Dauer der erforderlichen Einarbeitung,
- Art der Ausbildung,
- Berufserfahrung,
- Grad der Kenntnisse und des Könnens,
- Entscheidungsbefugnis und Maß der Verantwortung.

Qualifikationen, Aus- und Fortbildung haben im Rahmen des summarischen Verfahrens demnach einen sehr viel größeren Stellenwert als bei der analytischen Arbeitsbewertung. Dennoch sind auch diese Kriterien noch so allgemein gehalten, daß einerseits ihre Umsetzung auf der betrieblichen Ebene sehr unterschiedlich gehandhabt werden kann, andererseits aber aus eben diesem Grund auch sehr viel mehr Spielraum für die Arbeitnehmer-Interessenvertretung besteht, als dies bei der analytischen Methode der Fall ist.

Derartige Möglichkeiten sind nun allerdings nicht unbegrenzt, denn die Lücken, die die Tätigkeitsmerkmale und ihre Stufung noch offen lassen, werden durch *Tätigkeitsbeispiele* weitgehend ausgefüllt (s. Übersicht 57).

d) . . . beinhaltet auch noch ungelöste Probleme

Obwohl das summarische Verfahren hinsichtlich der Einkommensermittlung sicherlich das ‚arbeitnehmerfreundlichere' der beiden vorgestellten Methoden ist, zeigen sich auch bei ihm eine Reihe von Problemen. Auch das summarische Verfahren ist in der vorgestellten Form wohl nicht in der Lage, menschliche Tätigkeit in ihrer ‚Ganzheit' einzufangen; die Abstufung der einzelnen Tätigkeiten – und damit der Tarifgruppen – ist nicht weniger problembehaftet als beim analytischen Verfahren. Beide Verfahren leben letztlich vom Werturteil darüber, welche von mehreren Tätigkeiten mehr ‚wert' ist und damit auch höher entlohnt wird. Sicherlich gibt es eine Reihe guter Gründe, die für die gegenwärtige Ausgestaltung von Verfahren der summarischen Arbeitsbewertung sprechen – es existieren aber ebenso genügend Argumente, die eine notwendige Weiterentwicklung begründen.

Beide vorgestellten Verfahren der Lohn- und Gehaltsfindung haben als Bezugsgröße nicht die Person des abhängig Beschäftigten, sondern die konkreten Anforderungen des jeweiligen Arbeitsplatzes. Damit verliert Berufsausbildung und -erfahrung relativ an Bedeutung; besonders auffällig ist dies bei der analytischen Arbeitsbewertung. Durch Rationalisierungen, technischen und arbeitsorganisato-

Übersicht 57:
Tätigkeitsbeispiele im Manteltarifvertrag für das private Bankgewerbe

Tarifgruppe 3
Tätigkeiten, die Kenntnisse und/oder Fertigkeiten erfordern, wie sie in der Regel durch eine Zweckausbildung oder eine längere Einarbeitung erworben werden, z. B.:
- Arbeitnehmer mit Tätigkeiten in Kontokorrent- und Sparabteilungen sowie mit vorbereitenden Tätigkeiten in Kredit-, Wertpapier-, Auslands- und Stabsabteilungen
- Maschinenbuchhalter(innen)
- Sortiermaschinen-Bediener(innen)
- Telefonistinnen, Fernschreiberinnen
- Kraftfahrer
- Geldzähler, Geldboten mit Inkassovollmacht
- Datentypistinnen
- Registratoren, Expedienten
- Materiallageristen
- Phonotypistinnen, Stenotypistinnen
- Arbeitnehmer für EDV-Hilfsmaschinen (z. B. Schneider, Drucker, Separatoren), Mikrofilm, Adressiermaschinen und Archivverfilmung
- Empfangspersonal, Büfett- und Bedienungspersonal mit erhöhten Anforderungen
- Hausmeister
- Beiköche

Tarifgruppe 6
Tätigkeiten, die vertiefte gründliche und/oder vielseitige Kenntnisse voraussetzen und deren Ausführung in begrenztem Umfang eigene Entscheidungen erfordert, z. B.:
- Schalterangestellte/Kontoführer/Disponenten mit abschließender Beratung für bestimmte Sparten wie programmierte Kredite bzw. Dienstleistungen
- Kassierer mit erhöhten Anforderungen
- Gruppenleiter in der Belegaufbereitung, im Zahlungs-, Überweisungs- und Abrechnungsverkehr sowie in der Datenerfassung
- Sachbearbeiter in Kredit-, Wertpapier-, Auslands- und Stabsabteilungen
- Sachbearbeiter in der EDV-Arbeitsvorbereitung
- Leiter größerer Registraturen, Expeditionen, Materialverwaltungen und gewerblicher Arbeitsgruppen
- Erste Köche
- Küchenleiter, Wirtschaftsleiter
- Operators mit erhöhten Anforderungen (z. B. Konsol-Operators)
- Sekretärinnen, Fremdsprachen-Stenotypistinnen mit erhöhten Anforderungen
- Leiter(innen) von Schreibdiensten
- Arbeitnehmer mit Verantwortung für hochwertige technische Versorgungsanlagen

Tarifgruppe 8
Tätigkeiten, die besondere Anforderungen an das fachliche Können stellen und/oder mit erhöhter Verantwortung verbunden sind, z. B.:
- Kundenberater mit erhöhten Anforderungen
- Leiter kleiner Geschäfts-/Zweigstellen
- Programmierer
- Hauptkassierer (in größeren Stellen)
- Sachbearbeiter mit besonderen Anforderungen in Kredit-, Wertpapier-, Auslands- und Stabsabteilungen sowie in Außenstellen
- Schichtleiter in Großanlagen
- EDV-Organisator

rischen Wandel ändern sich die Anforderungsmerkmale vieler Arbeitsplätze. Durch den Wegfall von Belastungen oder ihre sich ändernde Bedeutung im gesamten Anforderungsprofil und durch ‚Vereinfachung' des Arbeitsvollzugs aufgrund zunehmender Automatisierung gerade auch im Angestelltenbereich besteht die Gefahr einer Abgruppierung und Entwertung erworbener Qualifikationen. Dies ist bei der gegenwärtigen Eingruppierungssystematik gleichbedeutend mit (relativem) Einkommensverlust. Wenn aber durch derartige ‚automatische' Abgruppierungen Lohnerhöhungen tendenziell kompensiert werden können, droht jede gewerkschaftliche Lohnpolitik auf Dauer ad absurdum geführt zu werden.

3. Abgruppierungsschutz als erster Schritt . . .

Diese Defizite der herkömmlichen Lohn- und Gehaltsfindung führten vor allem im Bereich der IG Metall zu neuen Überlegungen hinsichtlich der Sicherung der Eingruppierung und zum Schutz vor Abgruppierungen. Nach langen Verhandlungen, die von Streik und Aussperrung begleitet wurden, trat am 1. Mai 1978 im Tarifbezirk Nordwürttemberg/Nordbaden der „Tarifvertrag zur Sicherung der Eingruppierung und zur Verdienstsicherung bei Abgruppierung" in Kraft.

Die seinerzeitige tarifpolitische Zielsetzung der IG Metall war eine individuelle wie eine kollektive Absicherung der abhängig Beschäftigten:

- Die für den einzelnen Arbeitnehmer zu einem Stichtag festgelegte Eingruppierung sollte für die Geltungsdauer des Tarifvertrages garantiert werden *(individuelle Absicherung)*.

- Darüber hinaus sollte der zu einem bestimmten Zeitpunkt bestehende Lohn- und Gehaltsgruppendurchschnitt des jeweiligen Betriebes für die Geltungsdauer des Tarifvertrages nicht gesenkt werden können *(kollektive Absicherung)*.

Tabelle 24: Ermittlung der Sicherungskennzahl

\(Gehälter nach dem Stand bis zum 31. 12. 1977\)			
Gehaltsgruppe	Tarifgehalt	Zahl der in den Gehaltsgr. besch. Ang.	Summe
1	2	3	4
K 1	1 306	21	27 426
K 2	1 599	205	327 795
K 3	1 886	92	173 512
K 4	2 176	179	389 504
K 5	2 467	49	120 883
K 6	2 747	111	304 917
K 7	2 975	83	246 925
T 1	1 506	6	9 036
T 2	1 800	43	77 400
T 3	2 105	59	124 195
T 4	2 391	142	339 522
T 5	2 666	86	229 276
T 6	2 941	223	655 843
T 7	3 259	209	681 131
M 1	1 800	4	7 200
M 2	2 105	41	86 305
M 3	2 391	118	282 138
M 4	2 666	109	290 594
M 5	2 941	47	138 227
		1 827	4 511 829

$$\frac{\text{Summe 4}}{\text{Summe 3}} = SK \quad \frac{4\,511\,829}{1\,827} = 2\,469{,}53$$

Quelle: IG Metall.

Insbesondere auf die kollektive Absicherung setzte die IG Metall ihre Hoffnungen. Ziel des Maßnahmebündels war sowohl die Verhinderung von Abgruppierungen bzw. deren materiell negativer Auswirkungen wie auch von Personalabbau.

Die kollektive Absicherung sollte folgendermaßen ausgestaltet sein: Mit Hilfe einer *Sicherungskennzahl (SK)* wird das Lohn- und Gehaltsniveau des Betriebes zu einem bestimmten Stichtag ausgewiesen. Diese Sicherungskennzahl erhält man, indem die Lohn- und Gehaltssumme des Betriebes durch die Anzahl der Arbeiter bzw. Angestellten dividiert wird. Die Tabelle 24 zeigt die Berechnung der SK für den Angestelltenbereich eines Betriebes. Diese SK wäre zu jedem Quartal neu auszuweisen; sollte die Kennziffer sinken, so müßte der Lohn-/Gehaltsgruppendurchschnitt durch Neueinstellungen bzw. Höhergruppierungen der noch Beschäftigten wieder hergestellt werden. Dabei sollten nach Überlegungen der IG Metall nur diejenigen Beschäftigten höhergruppiert werden, deren Einkommen unterhalb der betrieblichen Sicherungskennzahl liegt; Priorität sollte allerdings Neueinstellungen zukommen.

Da dieses Verfahren die Personal- wie auch die Lohn- und Gehaltspolitik der Unternehmen während der Laufzeit des Tarifvertrages quasi ‚automatisiert' hätte, die Spielräume der Unternehmensleitungen also vergleichsweise stark eingeengt worden wären, war bereits bei der Aufstellung der Forderung der erbitterte Widerstand der Arbeitgeber absehbar und die Durchsetzungschancen des Forderungsaspekts gering. So konnte denn auch die kollektive Absicherung gar nicht und die individuelle nur mit Einschränkungen realisiert werden. Aber selbst bei vollständiger Durchsetzung der Forderungen wäre das mit ihnen ebenfalls verfolgte Ziel der Qualifikationssicherung wohl nicht gelungen, da Entgeltfestlegung und Qualifikation entkoppelt sind: Beschäftigung unterhalb des bisherigen Qualifikationsniveaus des Arbeitnehmers wäre weiterhin möglich gewesen – allerdings nicht mehr gleichbedeutend mit Einkommensverlusten.

4. ... auf dem Weg zu einheitlichen Entgelttarifverträgen

Der ‚Absicherungs'-Tarifvertrag der IG Metall war eine Reaktion auf die mit der Wirtschaftskrise der siebziger Jahre immer deutlicher werdende Einsicht, daß die vorherrschenden Lohn- und Gehaltsfindungsmethoden das Einkommen der abhängig Beschäftigten nicht wirksam sichern können. Da die Qualität, das Spektrum und die Intensität der Arbeits(platz)anforderungen letztlich allein von der Unternehmensseite festgelegt werden, hat diese durch Änderungen der Arbeitsorganisation, durch ‚Entmischung' der Arbeit sowie die Übertragung immer weiterer Arbeitsfunktionen auf Maschinen auch die Möglichkeit des ‚Entzugs von Eingruppierungsmerkmalen' und damit der Abgruppierung zur Hand. Diese Gefahr droht z. Zt. vor allem im gewerblichen Bereich; bei Angestellten bilden direkte Abgruppierungen noch die Ausnahme. Tarifvertragliche Strategien zur Besitzstandssicherung, wie am Beispiel der IG Metall verdeutlicht, sind notwendige Schritte auf dem Weg zur

Absicherung von Löhnen und Gehältern; da auf diese Weise immer nur die bereits Beschäftigten und nicht auch Neueinstellungen einkommensmäßig abgesichert werden können, wird der nächste Schwerpunkt auf der Ausarbeitung und Realisierung einheitlicher Entgelttarifverträge für Arbeiter *und* Angestellte liegen müssen.

Ziel derartiger Verträge muß es vor allem sein, negative Auswirkungen einer Veränderung von Arbeitsinhalten, Arbeits- und Qualifikationsanforderungen sowie von Verantwortungsstrukturen auf die Eingruppierung abzuwehren. Auf der

Übersicht 58: Einheitliche Entgelttarifverträge

Arbeitnehmer-Interessen	Arbeitgeber-Interessen
1. Überwindung der für Arbeiter und Angestellte unterschiedlichen Entlohnungsmethoden, -grundsätze und Einkommenschancen. 2. Sicherung und Verbesserung des Lebensstandards aller Arbeitnehmer. 3. Entgeltfindungsmethoden müssen einen wirksamen Schutz enthalten gegen Abgruppierung, Dequalifizierung und Verschlechterung der Arbeitsbedingungen infolge unternehmerischer Rationalisierungsmaßnahmen. 4. Mehrleistung und höhere Qualifikationen sollen durch die Entgeltfindungsmethoden honoriert und gefördert werden; gleichzeitig sollen die Methoden einen Beitrag leisten zum Abbau inhumaner Arbeitsbelastungen und Anforderungen. 5. Die Kriterien der Entgeltdifferenzierung müssen für alle Arbeitnehmer gleich, leicht durchschaubar und gleichzeitig der Anforderungs- und Belastungsvielfalt angemessen sein. 6. Eine direkte oder indirekte Diskriminierung einzelner Arbeitnehmergruppen infolge der Anwendung einer Entgeltfindungsmethode muß ausgeschlossen sein.	1. „Flexibilisierung" der Entgeltfindung im Sinne der sich ständig verändernden Anforderungen und Belastungen im Arbeitsprozeß; dies wäre gleichbedeutend mit einer „Automatisierung" des Abgruppierungsvorgangs infolge der „Vereinfachung" von Arbeit. 2. Beibehaltung der systematischen Unterbewertung monotoner, nervlich oder in sonstiger Weise belastender Tätigkeiten. 3. Leistungsintensivierung durch Neufestsetzung des Lohn-Leistungs-Verhältnisses. 4. Rationalisierung der Entgeltberechnungs- und Abrechnungsverfahren. 5. Entgeltfindungsmethoden, die angeblich den „gerechten Lohn für alle" mathematisch exakt ermitteln und ständig überprüfen, dadurch aber die unternehmerische Kontrolle der Arbeitnehmer und des Betriebes perfektionieren und Rationalisierungsmöglichkeiten in bezug auf Arbeitsinhalte und Arbeitsabläufe aufzeigen. 6. Summa summarum: Minimierung der Personalkosten, also Senkung des Lohnniveaus zumindest „unterm Strich".

zusammengestellt nach Berkessel/Humml, in: WSI-Mitteilungen 9/1982.

Basis des analytischen Verfahrens dürfte dies aus den geschilderten Gründen kaum möglich sein; im Rahmen der summarischen Methode wären folgende Überlegungen angebracht:

- eine Höherbewertung und damit auch Höherstufung der in diversen Tarifverträgen bereits vorhandenen Tätigkeitsbeispiele;
- die Einführung neuer Tätigkeitsbeispiele entsprechend der sich seit Jahren vor allem im EDV-nahen Bereich rasant wandelnden Arbeitsfunktionen
- und schließlich auch die Einführung zusätzlicher Oberbegriffe (Tätigkeitsmerkmale).

Schließlich – und dies ist ja letztendlich auch der Sinn einheitlicher Entgelttarifverträge – müssen unterschiedliche Entlohnungsmethoden und -grundsätze für Arbeiter und Angestellte überwunden werden. Dies bedeutet u. a., daß bei gewerblichen Arbeitnehmern etwa die Anforderungsarten ‚Verantwortung' und ‚geistig-nervliche Belastung' und bei Angestellten ‚Belastungen' schlechthin stärker bei der Entgeltfestsetzung berücksichtigt werden müssen. Im Zuge der Angleichung der Arbeitsbedingungen von Arbeitern und Angestellten sind unterschiedliche Entgeltdifferenzierungsmethoden ein nicht mehr zu rechtfertigender Anachronismus. Seine Überwindung durch einheitliche Entgelttarifverträge muß aber auch der

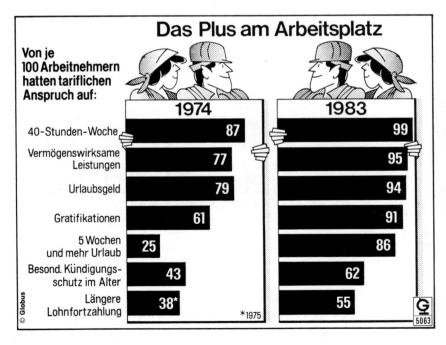

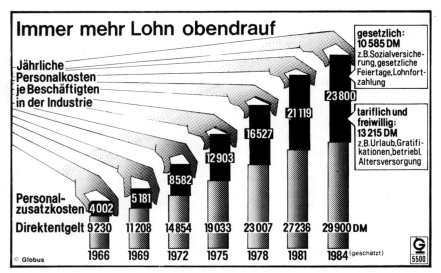

Gefahr begegnen, daß mit der tarifvertraglichen Festschreibung von Entgeltdifferenzierungsverfahren eine vermeintliche Objektivität vorgetäuscht wird, die die Festlegung des Verhältnisses von Lohn und Leistung ‚verwissenschaftlicht' und sie damit mehr und mehr aus der direkten Auseinandersetzung zwischen Arbeitgeber(-verband) und Gewerkschaft herauszunehmen droht.

XIII. Streik und Aussperrung

Fast 90% aller Erwerbstätigen in der Bundesrepublik sind abhängig Beschäftigte, Erwerbsarbeit bildet ihre hauptsächliche Einkommensquelle; sie ist darüber hinaus auch Berechnungsgrundlage für Lohnersatzleistungen z. B. bei Krankheit, Arbeitslosigkeit oder Rentenbezug. Neben der allgemeinen wirtschaftlichen Lage bestimmt die kollektive Verhandlungsposition der Arbeitnehmer auf dem Arbeitsmarkt ganz wesentlich ihr Einkommen, aber auch die übrigen Arbeitsbedingungen und damit einen Großteil dessen, was die Lebenslage der Arbeitnehmer und ihrer Familien ausmacht. Je geschlossener die abhängig Beschäftigten ihre Interessen vertreten, um so eher werden sie Einfluß auf die Einkommenshöhe und deren Entwicklung als auch auf die sonstigen Arbeitsbedingungen nehmen können. Umgekehrt: Je ausgeprägter die ‚Vereinzelung' bei der Geltendmachung ihrer Interessen ist, um so deutlicher werden sich die Interessen der Arbeitgeber bei der Ausgestaltung der Arbeitsbedingungen durchsetzen.

Diese durch die ökonomischen Verhältnisse bedingte Ungleichheit auf dem ‚freien Markt' führte bereits in den Anfängen der industriellen Produktionsweise zu einem Zusammenschluß der abhängig Beschäftigten in Gewerkschaften. Erst diese Zusammenfassung und die gemeinsame, solidarische Entwicklung von Gegenmacht ermöglichte es den Beschäftigten, die ökonomisch begründete Verhandlungsungleichheit auf dem Arbeitsmarkt annäherungsweise zu korrigieren; die Freiheit der Unternehmer, sich Arbeitskräfte einzig und allein nach ihren Bedingungen zu beschaffen, wird damit eingeschränkt. Das traditionell wirksamste Mittel gegen die Übermacht der Kapitalseite und zur Absicherung und Verbesserung der Arbeitsbedingungen der abhängig Beschäftigten war und ist hierbei der *Streik*, die kollektive Arbeitsniederlegung.

Die Unternehmer sehen hierin allerdings eine Bedrohung ihrer ökonomischen Machtposition; sie bestehen dabei mit Vehemenz auf ihrem ‚Recht auf Aussperrung'. Schon im Jahre 1899 schrieb der Arbeitgeberverband für das Deutsche Baugewerbe: „Es muß dahin kommen, daß wir die Arbeiter in großen Bezirken, wenn nicht in ganz Deutschland, aussperren können, damit es mit den ungerechten Forderungen ein Ende nimmt."

Auch heute noch sind die Unternehmer(-Verbände) aus naheliegenden Gründen der Auffassung, daß sie ohne das Mittel der *Aussperrung* keine andere Wahl hätten, als vor den gewerkschaftlichen Forderungen zu kapitulieren. Aussperrung sei daher kein Willkürinstrument, wie die Gewerkschaften meinen, sondern ein Mittel zur Verhinderung von Willkür, wie sie ein Streik für ‚unberechtigte' Forderungen darstelle.

1. Welche Formen von Streik und Aussperrung gibt es?

Streik und Aussperrung haben viele Formen und Ausprägungen gefunden, die u. a. vom jeweiligen konkreten Kräfteverhältnis der Parteien, vom Ziel der Kämpfe und von ihrer (absehbaren) Dauer abhängig sind. Nicht alle der im folgenden aufgeführten Arbeitskampfformen sind in der Bundesrepublik rechtlich zugelassen, und nur wenige haben hier und heute herausragende Bedeutung.

Arbeitskampfformen

<u>auf Arbeitnehmerseite</u>

- spontane Streiks
- Warnstreiks
- Dienst nach Vorschrift
- Sympathiestreik
- Generalstreik
- politischer Streik
- Bummelstreik

- Schwerpunktstreik
- Flächenstreik
- Erzwingungsstreik
- Teilstreik
- Punktstreik
- Demonstrationsstreik
- Solidaritätsstreik

<u>auf Arbeitgeberseite</u>

- Abwehraussperrung
- suspendierende Aussperrung
- Angriffsaussperrung

- lösende Aussperrung
- kalte Aussperrung

So ist beispielsweise der *politische Streik* verboten, obwohl faktisch – und hierin liegt das grundsätzliche Problem – jeder Streik ‚politisch' werden kann, weil er Machtverhältnisse in die eine oder andere Richtung verschiebt. Eine Rechtfertigung könnte ein politischer Streik nur im Rahmen des Widerstandsrechts (Art. 20 Abs. 4 GG) finden; dennoch kam es zuletzt im Jahre 1972 – Barzels Kanzlersturz-Versuch – zu zahlreichen politischen Proteststreiks, die allerdings ohne rechtliche Sanktionen blieben. Ganz anders dagegen beim Zeitungsstreik der IG Druck und Papier im Jahre 1952, mit dem ein besseres Betriebsverfassungs-Gesetz erzwungen werden sollte: Er hatte ein arbeitsgerichtliches Nachspiel und wurde als rechtswidriger politischer Streik eingestuft mit allen sanktionsmäßigen Folgen. Unter die Kategorie ‚politischer Streik' wird weiterhin der *Demonstrationsstreik* des Jahres 1955 in der Montan-Industrie (‚Reusch-Aktion') eingestuft, der die Verteidigung der qualifizierten Mitbestimmung in den sog. Holding-Gesellschaften zum Ziel hatte.

263

Generalstreiks haben hierzulande nur noch historische Bedeutung; erinnert sei an den Generalstreik des Jahres 1920, der sich erfolgreich gegen den reaktionär-militaristischen Kapp-Putsch richtete, sowie an den eintägigen ‚Generalstreik' vom 12. November 1948, als etwa neun Millionen Beschäftigte die Arbeit niederlegten, um damit gegen steigende Preise und Lohnstopp zu protestieren.

Hervorzuheben ist allerdings auch, daß *spontane Streikaktionen* der Belegschaften – entgegen gemeinhin vorherrschenden Vorstellungen – eine recht bedeutende Rolle in der Geschichte der Bundesrepublik gespielt haben. So waren in den (streikarmen) Jahren 1964 bis 1968 immerhin gut 83% aller Streiks nicht gewerkschaftlich getragen; an den Septemberstreiks des Jahres 1969 beteiligten sich 140 000 Beschäftigte und an den spontanen Arbeitsniederlegungen des Jahres 1973 waren sogar 275 000 Beschäftigte beteiligt. Die spontanen Streiks im Jahre 1969 hatten ihre hauptsächliche Ursache in einer äußerst ungleichmäßigen Entwicklung von Löhnen und Gewinnen im Anschluß an die erste Nachkriegs-Rezession der Jahre 1966/67. Große Einzelgewerkschaften (z. B. IG Metall und IG Bergbau) hatten im Jahre 1968 Lohntarifverträge mit 18-monatiger Laufzeit und einer Einkommenserhöhung von jahresdurchschnittlich 4% abgeschlossen; das nominale Bruttosozialprodukt aber erreichte Wachstumsraten von 8,1% (1968) und 12,0% (1969). Im konjunkturellen Boomjahr 1973 waren es die ‚stabilitätsorientierten' Lohnerhöhungen, die bald durch die rasch steigenden Lebenshaltungskosten kompensiert wurden; die bereits kurz nach Abschluß der Tarifverträge einsetzenden Streiks hatten in der Hauptsache die Durchsetzung von Teuerungszulagen zum Ziel.

Eine zunehmende Bedeutung erhielten in den vergangenen Jahren *Warnstreiks*, mit denen schleppende Tarifverhandlungen ‚beschleunigt' werden sollten. Gleiches gilt für *Solidaritätsstreiks*, die z. B. in den jüngsten Auseinandersetzungen um den Einstieg in die 35-Stunden-Woche ein bislang nicht gekanntes Ausmaß erreichten; eine Reihe von DGB-Gewerkschaften rief hier ihre Mitglieder zu kurzfristigen Solidaritätsaktionen mit den Streikenden und ausgesperrten Druckern und Metallern auf. Derartige *Sympathiestreiks* sind nach einer Entscheidung des BAG vom März 1985 künftig nur noch in Ausnahmefällen zulässig – nämlich dann, wenn das aus Sympathie oder Solidarität bestreikte Unternehmen nicht als sog. ‚außenstehender Dritter' angesehen werden kann.

Bei der Aussperrung wird zwischen sog. ‚Abwehr-' und ‚Angriffsaussperrung' unterschieden: Folgt die Aussperrung zeitlich auf einen Streik, was allgemein der Fall ist, so wird von *Abwehraussperrung* gesprochen; geht die Aussperrung einem Streik im entsprechenden Tarifbereich voraus, so handelt es sich um eine *Angriffsaussperrung*. Von vielleicht größerer Bedeutung ist die Unterscheidung hinsichtlich der Wirkung der Aussperrung auf die Arbeitsverhältnisse: Während der Streik die Arbeitsverhältnisse nur *suspendiert* (die Rechte und Pflichten aus dem Arbeitsverhältnis ruhen für die Dauer des Streiks), kann die Aussperrung darüber hinaus auch *lösende* Wirkung entfalten, also das Arbeitsverhältnis beenden.

2. Welche Bedeutung haben Streik und Aussperrung in der Bundesrepublik?

Die Bundesrepublik gilt als eines der streikärmsten Länder – Italien, Großbritannien, Frankreich, die USA und selbst Japan weisen eine ungleich höhere Zahl von arbeitskampfbedingten Ausfalltagen auf. Gleichzeitig gelten die bundesdeutschen Unternehmen als sehr ‚aussperrungswillig'; dies wurde erneut in den siebziger Jahren in einer Vielzahl von Fällen unter Beweis gestellt. Die erste große Aussperrung in der Bundesrepublik fand im Jahre 1963 in der Metallindustrie Baden-Württembergs statt. Der Streik von 120 000 Metallarbeitern wurde von den Unternehmen mit der Aussperrung von 250 000 Beschäftigten beantwortet. Das gleiche Bild bot sich am gleichen Ort acht Jahre später: 115 000 streikende Metaller und 300 000 von den Unternehmen Ausgesperrte. Seit der Wirtschaftskrise verschärften die Arbeitgeber merklich ihre Gangart im Verteilungskampf und sind

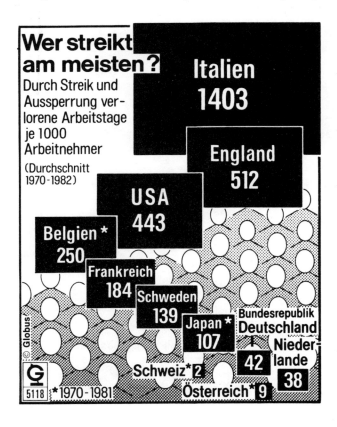

Tabelle 25: Streiks und Aussperrungen

Jahr[1]	Streiks[2]		Aussperrung[3]		Streiks und Aussperrungen	
	Beteiligte Arbeitnehmer	Ausgefallene Arbeitstage	Betroffene Arbeitnehmer		Ausgefallene Arbeitstage	
			1000			%[4]
1951	174	1593	0,3	9	1602	11,7
1955	597	847	0,6	7	854	5,3
1960	17	38	–	–	38	0,2
1961	21	65	0,5	2	68	0,3
1962	79	451	0,1	3	454	2,3
1963	101	878	216	968	1846	9,4
1964	6	17	–	–	17	0,1
1965	6	49	0,0	1	49	0,2
1966	196	27	0,0	0,2	27	0,1
1967	60	390	–	–	390	2,0
1968	25	25	–	0,1	25	0,1
1969	90	249	0,0	0,0	249	1,3
1970	184	93	–	–	93	0,5
1971	334	2599	202	1884	4484	21,8
1972	23	66	–	–	66	0,3
1973	179	545	–	–	545	2,6
1974	250	1051	–	–	1051	5,1
1975	36	69	–	–	69	0,3
1976	117	412	52	122	534	2,7
1977	34	24	–	–	24	0,1
1978	299	2548	188	1733	4281	21,4
1979	63	405	15	78	483	2,4
1980	45	128	–	–	128	0,6
1981	253	58	–	–	58	0,3
1982	40	15	–	–	15	0,1
1983	94	41	–	–	41	0,2

1 1951, 1955 ohne Saarland und Berlin.
2 einschl. gleichzeitiger Aussperrung.
3 ohne gleichzeitige Ausfälle durch Streiks.
4 je 100 beschäftigte Arbeiter und Angestellte (ohne Beamte und Soldaten)

Quelle: Bundesminister für Arbeit und Sozialordnung, Statistisches Taschenbuch 1984, Arbeits- und Sozialstatistik

seitdem immer eher bereit, das Kampfmittel der Aussperrung einzusetzen. So waren die Jahre 1976, 1978/79 und 1984 durch große Aussperrungsaktionen der Unternehmer geprägt, die auf diese Art in den Tarifauseinandersetzungen deutlich machen wollten: „Nichts geht mehr."

Die amtliche Statistik über die Arbeitskämpfe erfaßt nur solche Auseinandersetzungen, an denen mindestens zehn Beschäftigte beteiligt waren und die mindestens einen Tag dauerten oder durch die ein Verlust von mehr als 100 Arbeitstagen – bezogen auf alle am Arbeitskampf Beteiligten oder Betroffenen – entstanden sind.

Übersicht 59:

Herausragende Streikbewegungen in der Bundesrepublik

1952	– ‚Zeitungsstreik' der IG Druck und Papier für ein verbessertes Betriebsverfassungsgesetz, vor allem bezüglich der unzureichenden Mitbestimmungsrechte
1955	– ‚Reusch-Aktion' – Demonstrationsstreik in der Montanindustrie zur Verteidigung der qualifizierten Mitbestimmung in den Holding-Gesellschaften
1956/57	– Streik der schleswig-holsteinischen Metallarbeiter für die Lohnfortzahlung im Krankheitsfalle
1963	– Streik der Metallarbeiter in Baden-Württemberg
1969	– Septemberstreiks
1971	– Streik in der Chemie-Industrie mehrerer Bundesländer (erstmals seit 50 Jahren) sowie der Metallarbeiter in Baden-Württemberg
1973	– spontane Streikwellen
1974	– Streik im öffentlichen Dienst
1976	– Streik in der Druckindustrie
1978	– Streik in der Druck- und Metallindustrie gegen die negativen Folgen der Rationalisierungswelle
1978/79	– Streik der Stahlarbeiter um den Einstieg in die 35-Stunden-Woche
1984	– Streik der IG Druck und Papier sowie der IG Metall (Nordwürttemberg/Nordbaden und Hessen) um den Einstieg in die 35-Stunden-Woche

Übersicht 60:

Herausragende Aussperrungen in der Bundesrepublik

1963	– Aussperrung von 250 000 Beschäftigten in der Metallindustrie Baden-Württembergs
1971	– Aussperrung von 300 000 Metallarbeitern im gleichen Bezirk
1976	– Aussperrung von 90 000 Beschäftigten in der Druckindustrie (nachdem 16 000 Drucker den Streik begonnen hatten)
1978	– Bundesweite Aussperrung in der Druckindustrie bei zuletzt nur 4300 Streikenden sowie Aussperrung von 200 000 Metallern in Nordwürttemberg-Nordbaden
1978/79	– Aussperrung in der Stahlindustrie Nordrhein-Westfalens (erstmals wieder seit 50 Jahren) von über 70 000 Stahlarbeitern
1984	– Aussperrung im Metallbereich zwecks Verhinderung einer allgemeinen Wochenarbeitszeitverkürzung

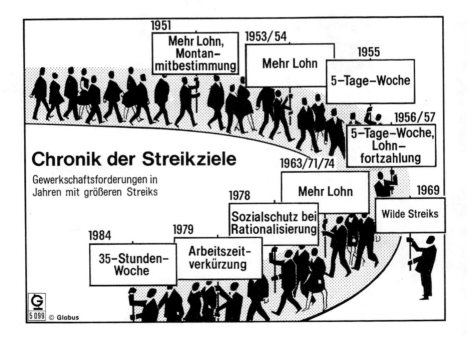

3. Welchen Verlauf nehmen Arbeitskämpfe?

Streiks werden sicherlich nicht – wie von mancher Seite behauptet wird – von ‚Gewerkschaftsfunktionären' vom Zaun gebrochen, sondern sind das Ergebnis eines breiten demokratischen Willensbildungsprozesses auf den unterschiedlichen gewerkschaftlichen Organisationsebenen. Welche Stationen Arbeitskämpfe um einen neuen Tarifvertrag durchlaufen, welche inhaltlichen Zugeständnisse die Parteien sich im Laufe der Auseinandersetzung machen und dadurch Kompromißlinien verschieben, welche innerverbandlichen Abstimmungen bezüglich der taktischen Vorgehensweise erforderlich sind und wie am Ende schließlich ein neuer Tarifvertrag zustande kommt, kann an den folgenden beiden Beispielen nachvollzogen werden. In beiden Fällen ging es um den gleichen inhaltlichen Schwerpunkt: den Einstieg in die Verkürzung der Wochenarbeitszeit auf 35 Stunden; der Stahlarbeiterstreik von 1978/79 konnte diesem Ziel noch nicht näher kommen, während der Metallerstreik des Jahres 1984 einen Durchbruch in Richtung 35-Stunden-Woche zum Ergebnis hatte.

Übersicht 60 a:

Der Stahlarbeiterstreik 1978/79

- Der 12. ordentliche Gewerkschaftstag der IG Metall beschloß im September 1977 mit knapper Mehrheit die Forderung nach Einführung der 35-Stunden-Woche.
- Im Juni 1978 fordert die Große Tarifkommission (GTK) der IGM die Verkürzung der wöchentlichen Arbeitszeit bei vollem Lohnausgleich; Ziel ist der Einstieg in die 35-Stunden-Woche.
- August 1978: 1. Verhandlungsrunde zwischen Gewerkschaft und Arbeitgeberverband; die Arbeitgeberseite weist die Forderung der Gewerkschaft als unerfüllbar zurück.
- September 1978: 2. Verhandlungsrunde (ergebnislos).
- Kurz nach der 2. Verhandlungsrunde beschließt der IGM-Vorstand, daß in allen Tarifbereichen – mit Ausnahme der Stahlindustrie – 6 Wochen Urlaub gefordert werden sollen.
- Oktober 1978: 3. Verhandlungsrunde (ergebnislos)
  Nachdem im Vormonat auch die Lohn- und Gehaltstarifverträge von der IGM gekündigt worden waren, wird jetzt die Forderung nach Erhöhung der Löhne und Gehälter um 5% erhoben.
- November 1978: 4. Verhandlungsrunde – der Arbeitgeberverband macht erste inhaltliche Verhandlungsangebote: 2 zusätzliche Urlaubstage und ca. 2,1% mehr Lohn und Gehalt; die Verkürzung der Wochenarbeitszeit bleibt für ihn weiterhin tabu.
- November 1978: Nachdem die GTK das Arbeitgeberangebot abgelehnt hat und ihren Willen erklärte, mit allen Mitteln eine Wochenarbeitszeitverkürzung durchzusetzen, erklären die Arbeitgeber das Scheitern der Verhandlungen über Arbeitszeitverkürzung. Tags darauf beantragt die GTK beim IGM-Vorstand, das Scheitern der Verhandlungen über Löhne und Gehälter zu erklären und eine Urabstimmung durchzuführen. Zwei Tage später genehmigt der Vorstand die Urabstimmung.
- 17. 11. 1978: über 100 000 Stahlarbeiter nehmen (teilweise während der Arbeitszeit) an Protestkundgebungen im Tarifgebiet teil.
- 18.–21. 11. 1978: Urabstimmung der Gewerkschaftsmitglieder; bei einer Teilnahme von 95% stimmen 87% für einen Streik und 8% dagegen.
- 23. 11. 1978: die Tarifkommission schlägt dem IGM-Vorstand vor, den Streik am 28. 11. 1978 beginnen zu lassen; dieser stimmt zu und beschließt einen Teilstreik.
- 24. 11. 1978: der Arbeitgeberverband macht ein neues Angebot – u. a. 6 Wochen Urlaub für alle Beschäftigten – und versucht damit die Reihen der IGM zu spalten, da die Gewerkschaft in den anderen Tarifgebieten ja gerade diese Forderung erhoben hat.

- 25. 11. 1978: auf Empfehlung der Verhandlungskommission lehnt die GTK das Angebot ab, der IGM-Vorstand stimmt dieser Ablehnung zu.
- 27. 11. 1978: der Arbeitgeberverband beschließt, ab 1. Dezember die Beschäftigten der bestreikten und weiterer Betriebe auszusperren.
- 28. 11. 1978: Streikbeginn von rd. 37 000 Gewerkschaftsmitgliedern in verschiedenen Werken von Thyssen, Mannesmann, Hoesch und Krupp.
- 30. 11. 1978: Protestkundgebung in Bochum von ca. 10 000 Gewerkschaftern gegen die Aussperrung.
- 1. 12. 1978: Aussperrung von rd. 76 000 Beschäftigten.
- In den ersten Dezembertagen bemühen sich vor allem die Arbeitgeber um einen politischen Schlichter; man einigt sich schließlich mit der Gewerkschaft auf den nordrheinwestfälischen Arbeits- und Sozialminister Farthmann, der noch Anfang Oktober erklärt hatte, er halte die 35-Stunden-Woche noch nicht für möglich.
- 7. 12. 1978: Schlichtungsbeginn; parallel dazu laufen gewerkschaftliche Protestkundgebungen mit zusammen über 200 000 Teilnehmern. Auch in den Schlichtungsverhandlungen halten die Arbeitgeber in ihren Vorschlägen an der 40-Stunden-Woche fest.
- 17. 12. 1978: Nach 20 Verhandlungsstunden mit dem Schlichter wird ein erster ‚Gesprächsstand' mit dem Inhalt festgehalten, die Löhne/Gehälter um 4% bei 15-monatiger Laufzeit zu erhöhen, den Urlaub zu verlängern, Freischichten zu erweitern und die 40-Stunden-Woche für weitere drei Jahre festzuschreiben.
- 28. 12. 1978: Der IGM-Vorstand beschließt die Ausweitung des Streiks.
- 30. 12. 1978: Farthmann legt einen Schlichtungsvorschlag vor, der sich an den ‚Gesprächsstand' vom 17. Dezember anlehnt.
- 2. 1. 1979: Die GTK erteilt der Verhandlungskommission der Gewerkschaft den Auftrag, auf der Grundlage des Farthmann-Vorschlages weiter zu verhandeln.
- 7. 1. 1979: Das Verhandlungsergebnis zwischen Arbeitgeberverband, Gewerkschaft und Schlichter liegt vor. Der Arbeitgeberverband stimmt dem Ergebnis tags darauf zu und legt das Ende der Aussperrung auf 14.00 Uhr des 9. Januar fest. Die GTK stimmt dem Ergebnis mit 87 : 38 Stimmen zu, noch am Abend des 8. Januar beginnt die Urabstimmung.
- 10. 1. 1979: Das Urabstimmungsergebnis lautet: 54% für Annahme des Verhandlungsergebnisses und 45% dagegen; damit ist der Vorschlag angenommen und der Streik beendet.
- 11. 1. 1979: Nach 44 Arbeitskampftagen wird mit der Frühschicht die Arbeit wieder aufgenommen. Der Einstieg in die 35-Stunden-Woche war nicht gelungen.

Übersicht 61: **Der Metallerstreik 1984**

Die tarifauseinandersetzung in kürze

September 77: Der 12. ordentliche gewerkschaftstag der IG Metall fordert in der entschließung 12, neben anderen möglichkeiten der arbeitszeitverkürzung mit vollem lohnausgleich, die einführung der 35-stunden-woche. Der 13. und 14. ordentliche gewerkschaftstag (1980 und 1983) bekräftigen diese forderung.

September 82: Der vorstand der IG Metall beschließt, die verkürzung der wochenarbeitszeit zum schwerpunkt der tarifbewegung 1984 zu machen. Bis september 83 soll in den verwaltungsstellen und betrieben über die möglichkeiten der arbeitszeitverkürzung diskutiert werden.

September 83: Alle tarifkommissionen der metallindustrie beschließen die kündigung der arbeitszeitbestimmungen zum 31. dezember 1983.

21. november 83: Der vorstand beschließt, in allen tarifgebieten die 35-stundenwoche mit vollem lohnausgleich, die begrenzung der mehrarbeit und freizeitausgleich für mehrarbeit zu fordern. Die konkrete forderung muß bezirksspezifisch erfolgen.

21. november 83: Gesamtmetall bietet zentrale gespräche – ohne daß die IG Metall forderungen aufgestellt hat – zur arbeitszeitflexibilisierung und vorruhestandsregelung an.

November 83: Die tarifkommissionen in den bezirken stellen neben der forderung nach der 35-stunden-woche bezirksspezifische forderungen zum manteltarifvertrag auf.

5. dezember 83: Der vorstand genehmigt die forderungen zu den manteltarifverträgen.

12. dezember 83: Die IG Metall teilt Gesamtmetall mit, vorerst keine zentralen gespräche zu führen.

Dezember 83: Die tarifkommissionen in den bezirken stellen die forderungen zu lohn, gehalt und ausbildungsvergütung auf, die der vorstand am 21. dezember genehmigt.

Dezember 83 bis märz 84: In den bezirken finden fünf gesprächsrunden (über 70 einzelgespräche) statt. Es erfolgte kein angebot der arbeitgeber. In über 1000 betrieben werden gegen diese verschleppungstaktik der arbeitgeber, von über 300 000 arbeitnehmern warnstreiks durchgeführt.

2. april 84: Der vorstand fordert nach über siebzig gesprächen in den bezirken Gesamtmetall zu einem spitzengespräch auf.

6. april 84: Im ersten spitzengespräch machen die arbeitgeber folgendes angebot: erstens erhöhung der löhne und gehälter um 3,3 prozent; zweitens tarifvertrag über vorruhestandsregelung; drittens tarifvertrag über arbeitszeitflexibilisierung. In 1000 betrieben legen 350 000 arbeitnehmer die arbeit nieder.

10. april 84: Der vorstand beschließt, die spitzengespräche fortzusetzen.

17. april 84: Im zweiten spitzengespräch legt Gesamtmetall lediglich das konzept zur flexibilisierung der arbeitszeit vor. Der vorstand der IG Metall erklärt die spitzengespräche für gescheitert.

25. april 84: Der vorstand genehmigt alle anträge auf scheitern der verhandlungen sowie die urabstimmung in den tarifgebieten Hessen und Nordwürttemberg/Nordbaden.

4. mai 84: 80,11 prozent von 257 000 abstimmungsberechtigten mitgliedern im südwesten stimmen in der urabstimmung für streik.

9. mai 84: Für streik stimmen in Hessen 80,77 prozent der knapp über 100 000 mitglieder. Die urabstimmung wird bundesweit von warnstreiks begleitet.

10./14. mai 84: Der vorstand genehmigt den streikbeginn für Nordwürttemberg/Nordbaden am 14. mai und für Hessen am 21. mai, 0.00 Uhr.

14. mai 84: Nach 1963, 1971, 1973 und 1978 beginnt zum fünftenmal ein arbeitskampf in Nordwürttemberg/Nordbaden. In vierzehn betrieben streiken 13 000 metaller. Weit über eine million gewerkschafter beteiligen sich bundesweit an warnstreiks.

15. mai 84: Die metall-arbeitgeber in Nordwürttemberg/Nordbaden beschließen, ab 22. mai 65 000 metaller auszusperren. Von über 1000 VMI-mitgliedsfirmen haben nur 13,6 prozent für aussperrung gestimmt. Bereits in der ersten streikwoche werden nicht nur im streikgebiet, sondern bundesweit arbeitnehmer kalt ausgesperrt.

18. mai 84: Der präsident der Bundesanstalt für Arbeit, Franke, legt fest, den kalt ausgesperrten kein kurzarbeitergeld zu zahlen.

19. mai 84: Der vorstand der IG Metall beschließt für den 28. mai 84 einen marsch nach Bonn.

21. mai 84: Erstmals seit 33 jahren streik in Hessen. 33 000 arbeiter und angestellte in neun betrieben werden dazu aufgefordert. Im südwesten wird der streik durch 12 000 arbeiter der Daimler-Benz AG in Sindelfingen ausgeweitet. In einem spitzengespräch werden regionale tarifverhandlungen für Nordwürttemberg/Nordbaden vereinbart.

22. mai 84: Die metall-arbeitgeber haben in Nordwürttemberg/Nordbaden ausgesperrt. 25 000 streikenden metallern stehen insgesamt 105 000 ausgesperrte gegenüber.

23. mai 84: Das verwaltungsrat der Bundesanstalt für Arbeit bestätigt mit 24 zu 15 stimmen die entscheidung des präsidenten Franke. Die arbeitnehmervertreter im verwaltungsrat fordern in einer rechtsaufsichtsbeschwerde vom bundesminister für arbeit, Blüm, die korrektur der entscheidung Frankes.

24. mai 84: In Nordwürttemberg/Nordbaden wird wieder miteinander gesprochen. Die delegation der arbeitgeber, am gängelband von Gesamtmetall, zeigt keine verhandlungsbereitschaft. Am 29. mai soll es weitergehen.

28. mai 84: Marsch nach Bonn. Weit über 230 000 metaller demonstrieren in Bonn gegen die entscheidung der Bundesanstalt für Arbeit, kein kurzarbeitergeld zu zahlen, und gegen die aussperrungspraxis der arbeitgeber.

29. mai 84: In Ludwigsburg sind die tarifvertragsparteien wieder zusammengekommen. Die arbeitgeber erläutern einen für die IG Metall nicht akzeptablen vorschlag: 1. verkürzung der arbeitszeit für schichtarbeiter in zwei stufen auf 38 stunden (nur teilweise mit lohnausgleich); 2. einführung eines lohnrahmentarifvertrag II; 3. wegfall der pausen und erholzeiten nach dem lohnrahmentarifvertrag II; 4. festschreibung der arbeitszeit und urlaubsbestimmungen sowie der vorruhestandsregelung bis 1988.

30 mai 84: In Hessen sperren die arbeitgeber in 15 betrieben 26 000 arbeitnehmer aus. Das arbeitsgericht in Frankfurt verpflichtet die arbeitgeber, den aufruf zur aussperrung bis spätestens 6. juni 84 zu widerrufen.

1. juni 84: Der vorstand beschließt, daß die verhandlungen regional weitergeführt werden.

5. juni 84: Die verhandlungen werden in Nordwürttemberg/Nordbaden in Stuttgart fortgesetzt. Sie werden durch protestmärsche der heiß und kalt ausgesperrten begleitet. Die IG Metall schlägt folgenden lösungsvorschlag vor: 1. löhne und gehälter um 3,3 prozent zu erhöhen mit einer laufzeit vom 1. juli 1984 bis 31. dezember 1985, 2. verkürzung der wochenarbeitszeit um eine stunde ab oktober 1984, um weitere zwei stunden ab 1. januar 1985, um eine weitere stunde jeweils ab 1. januar 1986 und 1. januar 1987. Das landessozialgericht in Frankfurt hebt die entscheidung der ersten instanz auf und erklärt die aussperrung im tarifgebiet Hessen für rechtens.

7. juni 84: Die tarifverhandlungen in Nordwürttemberg/Nordbaden werden fortgesetzt. Die IG Metall macht ihren zweiten lösungsvorschlag: 1. löhne und gehälter werden ab 1. juli 1984 mit einer laufzeit bis 31. januar 1985 um 3,3 prozent erhöht; 2. ab 1. februar bis 1. juli 1984 mit einer laufzeit bis 31. januar 1985 werden die löhne und gehälter um 2,5 prozent erhöht; 3. die wochenarbeitszeit wird um zwei stunden ab 1. januar 1985 und jeweils um eine stunde ab 1. januar 1986 bis 1988 verkürzt.

7. juni 84: In den tarifverhandlungen in Stuttgart macht die IG Metall ihren dritten lösungsvorschlag: 1. erhöhung der löhne und gehälter um 3,3 prozent ab 1. juli 1984 mit einer laufzeit bis 31. januar 1985; 2. erhöhung der löhne und gehälter um 2,7 prozent ab 1. februar 1985 mit einer laufzeit bis 31. dezember 1985; 3. verkürzung der wochenarbeitszeit um zwei stunden ab 1. januar 1985 und eine stunde ab 1. januar 1986. Wenn die arbeitslosenzahl 1987 oberhalb der grenze von 500 000 liegt, soll die wochenarbeitszeit jeweils zum 1. januar 1988 und 1. januar 1989 um eine stunde verkürzt werden.

12. juni 84: Das frankfurter sozialgericht entscheidet, dem eilantrag der IG Metall gegen die Bundesanstalt für Arbeit, an kalt ausgesperrte kurzarbeitergeld zu zahlen, stattzugeben.

13. juni 84: Die tarifverhandlungen in Nordwürttemberg/Nordbaden gehen ohne ein neues arbeitgeberangebot zu ende.

14. juni 84: Gesamtmetall schlägt für die tarifgebiete Nordwürttemberg/Nordbaden und Hessen die durchführung einer übergreifenden schlichtung vor. Als stimmberechtigten vorsitzenden schlagen sie professor dr. Bernd Rüthers vor. Gleichzeitig beschließen die arbeitgeberverbände in Nordwürttemberg/Nordbaden und Hessen, weitere arbeitnehmer auszusperren.

15. juni 84: Die IG Metall erklärt gegenüber Gesamtmetall, mit der besonderen schlichtung nur für das tarifgebiet Nordwürttemberg/Nordbaden einverstanden zu sein. Als stimmberechtigten vorsitzenden schlägt die IG Metall den ehemaligen bundesminister Georg Leber vor. Das sozialgericht in Bremen hat in einer einstweiligen anordnung beschlossen, daß das arbeitsamt kalt ausgesperrten von Daimler-Benz kurzarbeitergeld zu zahlen hat.

20. juni 84: Unter vorsitz von Georg Leber beginnt in Ludwigsburg für Nordwürttemberg/Nordbaden die schlichtung. Das Landessozial Münster hat in zwei einstweiligen anordnungen entschieden, daß die Bundesanstalt für Arbeit den kalt ausgesperrten firmen Karmann und Gerhardi & Ci kurzarbeitergeldbescheide erteilen muß.

22. juni 84: Die landessozialgerichte in Bremen und Darmstadt bestätigen die entscheidungen der ersten instanz, den kalt ausgesperrten kurzarbeitergeld zu zahlen ist.

26. juni 84: Der vorsitzende der besonderen schlichtung, Georg Leber, macht seinen einigungsvorschlag. Kernpunkte dieses vorschlags sind: 1. löhne und gehälter werden ab 1. juli 1984 um 3,3 prozent erhöht; laufzeit bis 31. märz 1985. Für februar bis juni 1984 gibt es eine einmalige ausgleichszahlung von 250 mark. Zwei prozent lohnerhöhung ab 1. april 1985. Der lohnausgleich beträgt ab april 1985 38,5 prozent. 2. die verkürzung der wochenarbeitszeit beträgt 3,9 prozent. Möglich sind betriebsvereinbarungen für mindestens 37 bis höchstens 40 stunden.

27. juni 84: Die schlichtungsstelle stimmt dem einigungsvorschlag Georg Lebers mit mehrheit zu. Die IG Metall erklärt nach rücksprache mit den vorstand und tarifkommission ihre zustimmung zum vorschlag, ebenso hat Gesamtmetall angebot vereinbart.

4. juli 84: Der längste und härteste arbeitskampf der nachkriegszeit ist beendet. Die tarifkommissionen in Nordwürttemberg/Nordbaden und Hessen stimmten dem ergebnis zu. In den tarifgebieten wurde in einer urabstimmung das ergebnis mit mehrheit akzeptiert.

Quelle: Der Gewerkschafter, Nr. 7/1984.

Übersicht 62:

Stichwort

Besondere Schlichtung

Das besondere Schlichtungsverfahren, das Gesamtmetall der IG Metall vorgeschlagen hat, gründet sich auf die mit der IG Metall abgeschlossene Schlichtungs- und Schiedsvereinbarung vom 1. Januar 1980.

Im Gegensatz zum allgemeinen Schlichtungsverfahren, das nach der Erklärung des Scheiterns von Verhandlungen, aber vor Beginn eines Arbeitskampfes eingeleitet werden kann, wird das besondere Schlichtungsverfahren w ä h r e n d des Arbeitskampfes durchgeführt. Es handelt sich um eine Art letzten Versuch, festgefahrene Tarifverhandlungen, evtl. auch nach erfolgloser allgemeiner Schlichtung, durch eine „zweite Instanz" wieder in Bewegung zu bringen und einer Lösung zuzuführen. Das Verfahren übt, da die Parteien durch kurze Fristen unter Zeitdruck gesetzt werden, einen starken Einigungszwang aus und soll so zur Beendigung des Arbeitskampfes führen.

Voraussetzung für die Durchführung des besonderen Schlichtungsverfahrens ist eine entsprechende Übereinkunft der streitenden Tarifvertragsparteien. Die Schlichtungsstelle besteht aus je drei stimmberechtigten Beisitzern der beiden Parteien, einem stimmberechtigten und einem nicht stimmberechtigten unparteiischen Vorsitzenden. Die Vorsitzenden werden von Gesamtmetall und dem Vorstand der IG Metall gemeinschaftlich bestimmt oder einseitig benannt. Welcher der beiden Vorsitzenden im konkreten Verfahren das Stimmrecht hat, wird durch Einigung oder Los entschieden.

Die besondere Schlichtungsstelle hat in jedem Stadium des Verfahrens zu versuchen, eine Einigung der Tarifparteien herbeizuführen. Wenn das nicht gelingt, soll die Schlichtungsstelle innerhalb von fünf Werktagen einen Einigungsvorschlag unterbreiten. Diese Frist kann in komplizierten Fällen einmalig um höchstens drei Werktage verlängert werden.

Die nachteilige Folge, daß eine Mehrheitsentscheidung der Schlichtungsstelle von der überstimmten Tarifvertragspartei nicht angenommen wird und deshalb nicht zu einer Lösung des Konflikts führt, kann durch die Vereinbarung verhindert werden, daß ein Einigungsvorschlag nur einstimmig beschlossen werden kann. Den Parteien ist zur Annahme des Einigungsvorschlags eine Frist von höchstens sechs Werktagen zu setzen. Wird der Vorschlag von beiden Parteien angenommen, so hat er die Wirkung eines Tarifvertrags; andernfalls ist das besondere Schlichtungsverfahren ergebnislos beendet.

Quelle: iwd, Nr. 25/1984, S. 6.

4. Welche rechtlichen Grundlagen haben die Arbeitskampfmittel?

Auf dem Gebiet des Arbeitskampfes existiert in der Bundesrepublik so gut wie keine Gesetzgebung; im Unterschied zu den Landesverfassungen von

- Hessen,
- Bremen,
- Rheinland-Pfalz,
- West-Berlin und
- Saarland

enthält das Grundgesetz keine ausdrückliche Streikgarantie. Ebensowenig findet sich in unserer Verfassung eine Garantie der Aussperrung, im Gegenteil: die hessische Landesverfassung beinhaltet sogar ein ausdrückliches Aussperrungsverbot. Mangels rechtlicher Codifizierung von Arbeitskampfregeln werden die Rahmenbedingungen für Streik und Aussperrung von der Rechtsprechung – d. h. in der Hauptsache vom Bundesarbeitsgericht (BAG) – gesetzt. Soweit keine tariflichen Arbeitskampfordnungen bestehen, entscheidet also allein *Richterrecht* über die Rechtmäßigkeit eines Arbeitskampfes.

a) Die rechtlichen Grenzen des Streiks

Das Streikrecht ist als spezifisch koalitionsmäßiges Betätigungsrecht durch Art. 9 Abs. 3 GG nur implizit mitgarantiert. Dies liegt nun nicht etwa daran, daß sich der Parlamentarische Rat 1949 bei der Ausarbeitung des Grundgesetzes über die Streikgarantie uneins war, sondern darin begründet, daß über Beamtenstreik und politischen Streik keine Einigung erzielt werden konnte. Dies hat nun zur Folge, daß die Rechtmäßigkeit eines Streiks heute durch Richterrecht an bestimmte Kriterien gebunden ist, die erfüllt sein müssen bzw. gegen die nicht verstoßen werden darf. Diese Kriterien gehen von ihrem Ursprung her teilweise bis auf Entscheidungen des Reichsarbeitsgerichts (RAG) der Weimarer Republik zurück, die vom BAG übernommen, erweitert und z. T. konkretisiert wurden. Die Übersicht 63 faßt die wichtigsten Punkte zusammen, an denen die Rechtmäßigkeit eines Streiks zu „messen" ist.

Diese Einbindung des Streikrechts in formale Regeln bringt zum Ausdruck, daß Arbeitskämpfe nur als ein äußerstes Mittel zur Regelung der Arbeits- und Wirtschaftsbedingungen gebilligt werden und volkswirtschaftlich wie auch gesellschaftlich mit dem Makel des ‚Unerwünschten' behaftet sind. Zwar fehlt weitgehend eine inhaltliche Grenzziehung, doch bleiben die aufgeführten formalen Rechtmäßigkeitskriterien nicht ohne Einfluß auf die mögliche Palette der Streikformen:

- Da einem Streik nur dann Rechtmäßigkeit zuerkannt wird, wenn seine Ziele auch tarifvertraglich regelbar sind, sind die Grenzen der Tarifautonomie (vgl. Kap. XI) gleichzeitig auch die Grenzen des rechtmäßigen Streiks. Was nicht tariflich geregelt werden kann, darf auch nicht erstreikt werden.
- Besteht bereits ein gültiger Tarifvertrag z. B. über die Höhe von Löhnen und Gehältern oder über die Arbeitsbedingungen an Fließbändern oder Bildschirmgeräten, so darf während der Laufzeit dieses Tarifvertrages kein Arbeitskampf mit dem Ziel geführt werden, diese Regelungen zu ändern/zu verbessern. Ein solcher Arbeitskampf würde gegen die (relative) *Friedenspflicht* verstoßen. Sehr umstritten ist die Frage, ob bereits die gewerkschaftliche Urabstimmung als Kampfmaßnahme zu bewerten ist. Im Arbeitskampf der schleswig-holsteinischen Metallarbeiter 1956/57 um die Lohnfortzahlung im Krankheitsfalle fiel die gewerkschaftliche Urabstimmung noch in die Zeit der Friedenspflicht; das BAG entschied seinerzeit, daß damit gegen die Friedenspflicht verstoßen worden sei und machte die IG Metall schadenersatzpflichtig. Das Urteil ging sogar soweit, daß es dem gesamten Arbeitskampf die Rechtmäßigkeit absprach, obwohl er nach Auslaufen der Friedenspflicht und vom Streikbeginn an allen Erfordernissen der Rechtmäßigkeit entsprach.
- Da ein Streik weiterhin nur dann rechtmäßig ist, wenn er von einer Gewerkschaft getragen wird, werden *spontane Streiks* mit dem Makel der Illegalität belegt. Vordergründig eine Stärkung der gewerkschaftlichen Organisationen, kann dieses Kriterium letztlich die gewerkschaftliche Kampfkraft schwächen: Zum einen darf die Gewerkschaft sich nicht hinter derartige Aktionen stellen, da sie damit voraussichtlich gegen die Friedenspflicht verstoßen würde, sondern sie muß sich aufgrund ihrer tarifvertraglichen ‚*Einwirkungspflicht*' sogar von diesen Belegschaftsaktionen distanzieren und ihre Mitglieder auffordern, die Arbeit wieder aufzunehmen; zum anderen birgt ein solches Verhalten die Gefahr in sich, daß Belegschaft und Gewerkschaft sich auseinanderentwickeln und damit innerorganisatorische Schwierigkeiten heraufbeschworen werden.
- Das Erfordernis der *Verhältnismäßigkeit* unterstreicht diese den Gewerkschaften von der Rechtsprechung zugedachte Ordnungsfunktion: Auch der rechtmäßige Streik darf nicht zu ‚Übertreibungen' führen; die Gewerkschaften sind gehalten, ihre Kampfmittel vorsichtig und erst nach Ausschöpfung aller anderen Verhandlungsmöglichkeiten einzusetzen (Streik als ‚ultima ratio'). So muß der Streik bezüglich der anstehenden Regelungen *geeignet* und *sachlich erforderlich* sein; nach Ende des Arbeitskampfes muß von seiten der Gewerkschaft alles getan werden, um den Arbeitsfrieden wiederherzustellen. Schließlich darf durch den Streik das Gemeinwohl nicht offensichtlich verletzt sein. Ebenso interpretationsbedürftig wie die Nicht-Verletzung des Gemeinwohls ist das Erfordernis der Einhaltung ‚*fairer Kampfregeln*'.

Da durch Streiks – ökonomisch gesehen – auf dem Arbeitsmarkt die gleichen Verhandlungsbedingungen hergestellt werden sollen, die von seiten der Ökonomen für die übrigen Märkte als bereits vorhanden unterstellt werden, bedeuten letztlich Einschränkungen des Streikrechts durch formale Regeln eine Befestigung unternehmerischer Vormachtstellung. Die Absicherung dieser Vormachtstellung erhofften sich die Arbeitgeberverbände der Metallindustrie mit ihrer Klage gegen die ‚*Neue Beweglichkeit*' der IG Metall, also das Ausrufen von *Warnstreiks* noch während der laufenden Tarifverhandlungen – aber nach Ablauf der Friedenspflicht. Der 1. Senat des BAG entschied im September 1984 allerdings gegen die Arbeitgeber; danach sind Warnstreiks auch vor dem endgültigen Scheitern von Verhandlungen zulässig – selbst Auszubildenden wurde mit dieser Entscheidung die Teilnahme an Warnstreiks zugestanden. Das obengenannte ‚Ultima-ratio'-Prinzip hat somit bei Warnstreiks nicht die Bedeutung wie bei den ‚großen' Erzwingungsstreiks.

Übersicht 63:

Rechtmäßigkeitskriterien für einen Streik nach der Rechtsprechung des Bundesarbeitsgerichts

---

- Der Streik muß um ein tariflich regelbares Ziel geführt werden;
- der Streik darf nicht gegen die Friedenspflicht verstoßen;
- der Streik muß von einer Gewerkschaft getragen sein;
- es darf sich nicht um einen politischen Streik handeln, der sich z. B. darauf richtet, Parlament oder Regierung unter Druck zu setzen;
- der Streik muß sich innerhalb der Grenzen der sog. Verhältnismäßigkeit bewegen;
- der Streik darf nicht die Regeln eines fairen Kampfes verletzen, insbesondere nicht die Vernichtung des Gegners zum Ziel haben;
- während des Streiks müssen notwendige Erhaltungsarbeiten und Notdienste gesichert sein.

---

b) Die rechtlichen Möglichkeiten der Aussperrung

Aussperrung bezeichnet die vom einzelnen oder mehreren Arbeitgebern vorgenommene Nichtzulassung von abhängig Beschäftigten zur Arbeit unter gleichzeitiger Verweigerung der Lohnzahlung. Die Aussperrung kann gegen alle Beschäftigten des Betriebes gerichtet sein, nur gegen die Streikenden oder gegen bestimmte Gruppen der Beschäftigten. Dagegen ist eine Aussperrung, die sich nur gegen die Mitglieder der streikenden Gewerkschaft richtet und Nichtorganisierte verschont, rechtswidrig (vgl. Übersicht 64).

Die Aussperrung ist nicht ausdrücklich verfassungsmäßig geregelt; tragender Grundsatz für die Legitimierung der Aussperrung durch die Rechtsprechung ist der sog. *Paritätsgrundsatz* – dem Arbeitskampfmittel Streik soll das Arbeitskampfmit-

Übersicht 64:

Leitsätze der Entscheidung des BAG vom 10. Juni 1980 zur Aussperrung

1. Das geltende, die Tarifautonomie konkretisierende Tarifrecht setzt voraus, daß die sozialen Gegenspieler das Verhandlungsgleichgewicht mit Hilfe von Arbeitskämpfen herstellen und wahren können.
2. Das bedeutet in der Praxis, daß regelmäßig zunächst die Gewerkschaften auf das Streikrecht angewiesen sind, weil sonst das Zustandekommen und die inhaltliche Angemessenheit von Tarifverträgen nicht gewährleistet wäre.
3. a) Abwehraussperrungen sind jedenfalls insoweit gerechtfertigt, wie die angreifende Gewerkschaft durch besondere Kampftaktiken ein Verhandlungsübergewicht erzielen kann.
   b) Das ist bei eng begrenzten Teilstreiks anzunehmen, weil durch sie konkurrenzbedingte Interessengegensätze der Arbeitgeber verschärft und die für Verbandstarifverträge notwendige Solidarität der Verbandsmitglieder nachhaltig gestört werden kann.
4. a) Der zulässige Umfang von Abwehraussperrungen richtet sich nach dem Grundsatz der Verhältnismäßigkeit (Übermaßverbot).
   b) Maßgebend ist der Umfang des Angriffsstreiks. Je enger der Streik innerhalb des Tarifgebiets begrenzt ist, desto stärker ist das Bedürfnis der Arbeitgeberseite, den Arbeitskampf auf weitere Betriebe des Tarifgebietes auszudehnen.
   c) Ist der Streik auf weniger als 25% der Arbeitnehmer des Tarifgebiets beschränkt, so erscheint eine Abwehraussperrung nicht unverhältnismäßig, wenn sie ihrerseits nicht mehr als 25% der Arbeitnehmer des Tarifgebiets erfaßt.
   d) Der Beschluß eines Arbeitgeberverbandes, eng begrenzte Teilstreiks mit einer unbefristeten Aussperrung aller Arbeitnehmer des Tarifgebiets (hier: Bundesrepublik) zu beantworten, ist im allgemeinen unverhältnismäßig.
   e) Aussperrungsmaßnahmen, die einen unverhältnismäßigen Aussperrungsbeschluß befolgen, sind rechtswidrig. Das gilt auch dann, wenn sich nur so wenige Verbandsmitglieder dem Arbeitskampf anschließen, daß im Ergebnis nicht unverhältnismäßig viele Arbeitnehmer betroffen sind.
5. Die sozialen Gegenspieler können und sollen – soweit der Gesetzgeber nicht tätig wird – das Paritätsprinzip und das Übermaßverbot durch autonome Regelungen konkretisieren. Tarifliche Arbeitskampfordnungen haben insoweit Vorrang gegenüber den von der Rechtsprechung entwickelten Grundsätzen.
6. Ein generelles Aussperrungsverbot ist mit den tragenden Grundsätzen des geltenden Tarifrechts unvereinbar und deshalb unzulässig. Das gilt auch für das Aussperrungsverbot des Landes Hessen.
7. Eine Aussperrung, die gezielt nur die Mitglieder einer streikenden Gewerkschaft erfaßt, nichtorganisierte Arbeitnehmer jedoch verschont, ist eine gegen die positive Koalitionsfreiheit gerichtete Maßnahme und daher gemäß Art. 9 Abs. 3 Satz 2 GG rechtswidrig.

tel Aussperrung als gleichgewichtiges Gegenmittel entsprechen –, der sich auf das rein formale Kriterium der Kampfmittel beschränkt und die dahinter liegenden, in der Wirtschaftsordnung begründeten Disparitäten unberücksichtigt läßt. Die Rechtmäßigkeit der Aussperrung richtet sich ähnlich wie beim Streik nach folgenden Grundsätzen:

- die Aussperrung muß zur Erreichung des Kampfzieles wie auch des nachfolgenden Arbeitsfriedens geeignet und erforderlich sein;
- sie darf nur als letztes Mittel eingesetzt werden;
- sie hat die Regeln eines ‚fairen Kampfes' zu beachten;
- die Aussperrung darf nicht auf die Vernichtung des Gegners gerichtet sein.

5. Auswirkungen von Arbeitskämpfen . . .

a) . . . auf Volkswirtschaft und Unternehmen

Von den Folgen eines Streiks stehen meist die ‚volkswirtschaftlichen Schäden' im Rampenlicht der Öffentlichkeit. Sicherlich bewirken Arbeitskämpfe einen Produktionsausfall – Auswirkungen auf den Konjunkturverlauf können allerdings nicht belegt werden. Dies gilt auch für die Arbeitskämpfe des Jahres 1984. Nach Berechnungen des Instituts für Arbeitsmarkt- und Berufsforschung führten die Arbeitskämpfe im Druck- und Metallbereich zu insgesamt 65 Mio. Ausfallstunden, das sind 0,18% der 1983 in der Gesamtwirtschaft überhaupt geleisteten 36,7 Mrd. Arbeitsstunden. Ausschließlich durch Streik bedingt war lediglich ⅓ der Ausfallzeit. Um eine Vorstellung vom Volumen der durch die Arbeitskämpfe verursachten Ausfallstunden zu erhalten, kann folgendes Beispiel herangezogen werden: würden alle Arbeitnehmer drei Stunden nicht arbeiten, so entspräche dies einem Ausfallvolumen von 65 Mio. Stunden. Alleine durch die Tatsache, daß im Jahre 1984 ein gesetzlicher Feiertag (17. Juni) auf einen Sonntag fiel, wurden gesamtwirtschaftlich dreimal mehr Arbeitsstunden gewonnen als durch die gesamten Arbeitskämpfe verloren gingen. Nach Angaben der Deutschen Bundesbank wie auch des Bundesarbeitsministeriums lag das reale Bruttosozialprodukt im 2. Quartal 1984 um ca. 1% niedriger als es ohne die Arbeitskämpfe in der Druck- und Metallindustrie ausgefallen wäre; auf das Jahr umgerechnet sind dies 0,25% – und hiervon wiederum ⅓ ausschließlich durch Streik bedingt.

Gravierender scheinen dagegen die Arbeitskampffolgen für die einzelnen Unternehmen; dieser Eindruck relativiert sich allerdings, wenn man bedenkt, daß Streiks nicht von heute auf morgen ‚ausbrechen' und somit absehbare Produktionsausfälle durch Überstunden vor Streikbeginn (Produktion auf Lager) oder nach Streikende kompensiert werden. Streiks bedeuten auch keinen Ruin der betroffenen Unternehmen, denn in der Abwehr gewerkschaftlicher Forderungen handeln auch

Unternehmer ‚solidarisch‘: Die Verbandssolidarität verpflichtet die nicht bestreikten Unternehmen, nicht in Wettbewerb mit den bestreikten Betrieben zu treten, indem sie etwa deren Aufträge übernehmen. Daneben enthalten fast sämtliche ‚Allgemeinen Geschäftsbedingungen' sog. Streikklauseln, mittels deren die Risiken aus einem Arbeitskampf – z. B. Nichteinhaltung von Lieferverträgen – auf die Kunden abgewälzt werden. Schließlich erhalten die bestreikten Betriebe finanzielle Unterstützungen seitens ihres Arbeitgeberverbandes. Alles in allem gibt es keine schlüssigen Belege dafür, daß durch die Arbeitskämpfe, wie sie in der Bundesrepublik geführt werden, einzelne Unternehmen oder gar die Volkswirtschaft insgesamt in den Ruin getrieben würden. So kommt eine entsprechende Unternehmensbefragung des Münchener Ifo-Instituts im Anschluß an den Arbeitskampf in der Druck- und Metallindustrie zu dem Schluß, „daß der Tarifabschluß zumindest für dieses Jahr von den Unternehmen nicht negativ bewertet wird. Angesichts dessen, daß der Abschluß für 1984 eine günstigere Kostenentwicklung bringt, als sie bei einem Vertrag ohne Vereinbarung einer Arbeitszeitverkürzung zu erwarten gewesen wäre, erscheint dies auch plausibel" (Wirtschaftskonjunktur, Nr. 7/1984).

b) . . . auf die abhängig Beschäftigten

Weit weniger öffentliche Aufmerksamkeit wird den Folgen von Arbeitskämpfen für die abhängig Beschäftigten gewidmet. Entscheiden sich die Gewerkschaftsmitglieder in einer Urabstimmung für den Streik, so hat dies vielfältige Auswirkungen für den einzelnen Betroffenen:

- Jeder Streik bedeutet für die Beteiligten Verlust von Einkommen; die gewerkschaftlich organisierten Belegschaftsmitglieder erhalten zwar eine Streikunterstützung, doch beträgt diese nur ca. ⅔ des sonstigen Nettoeinkommens. Ein Metallarbeiter mit einem Bruttolohn von 2200 DM zahlt monatlich 22 DM Beitrag an die IG Metall. Ist er weniger als ein Jahr Mitglied der Gewerkschaft, so erhält er 264 DM Streikunterstützung die Woche; ist er länger als drei Jahre Mitglied, so sind es wöchentlich 288 DM. Nach Angaben der IG Metall entspricht das 65 bis 68 Prozent des durchschnittlichen Nettoeinkommens.

- Auch am Streik nicht Beteiligte – selbst in anderen Tarifbereichen oder Branchen – können von den Auswirkungen eines Arbeitskampfes betroffen sein; so besagt die von Juristen aufgestellte ‚Betriebsrisikolehre' bzw. ‚Sphärentheorie', daß bei Störungen des Produktionsablaufs, die aus der ‚Sphäre' der Arbeitnehmer resultieren (z. B. Streik), die Lohnfortzahlungspflicht des Arbeitgebers entfällt. Ein metallverarbeitendes Unternehmen in Niedersachsen kann also die Löhne, die normalerweise auch bei Produktionsrückgang oder -stillstand zu zahlen wären, dann verweigern, wenn es nachweist, daß das Stocken der Produktion aus dem Streik der Beschäftigten z. B. in Baden-Württemberg resultiert. Von den Gewerkschaften wird ein solches Unternehmerverhalten daher als ‚kalte Aussperrung' oder ‚verkappte Sympathieaussperrung' bezeichnet.

- Erkrankt ein Beschäftigter während eines Arbeitskampfes, an dem er teilnimmt, so hat er keinen Anspruch auf Lohnfortzahlung; erkrankt er vor dem Arbeitskampf und handelt es sich dabei um einen Vollstreik oder eine Aussperrung, so entfällt der Lohnfortzahlungsanspruch ebenfalls, da er ja auch im gesunden Zustand nicht gearbeitet hätte.
- Im gleichen Umfang entfallen Zahlungsansprüche werdender Mütter und Wöchnerinnen.
- Die Mitgliedschaft der Streikenden in der gesetzlichen Krankenversicherung endet drei Wochen nach Streikbeginn; der Versicherungsschutz gilt in der Regel für weitere drei Wochen – darüber hinaus müßte sich der streikende oder ausgesperrte Arbeitnehmer freiwillig versichern, um nicht den Krankenversicherungsschutz zu verlieren.
- Zeiten des Arbeitskampfes sind in der gesetzlichen Rentenversicherung weder Beitrags- noch Ausfallzeiten; auf die anrechnungsfähigen Versicherungsjahre wirkt sich dies aber nur dann aus, wenn der Arbeitskampf mindestens einen Kalendermonat umfaßt; teilweise belegte Kalendermonate werden wie voll belegte berücksichtigt.
- Arbeitnehmer, die an spontanen Streiks teilnehmen, können fristlos entlassen werden.
- Während des Arbeitskampfes ist die *Bundesanstalt für Arbeit* zur Neutralität verpflichtet. An einem Streik Beteiligte haben keinen Anspruch auf Arbeitslosen- oder Kurzarbeitergeld; aber auch für den Nicht-Beteiligten ruhen diese Ansprüche dann, wenn

    – er arbeitslos geworden ist, weil er in einem Betrieb gearbeitet hat, in dem andere Arbeitnehmer an einem Arbeitskampf beteiligt sind und dieser Arbeitskampf um Arbeitsbedingungen geführt wird, die auch den Arbeitslosen betreffen oder betreffen würden;

    – er arbeitslos geworden ist, weil in einem anderen Betrieb ein Arbeitskampf geführt wird und der Arbeitslose unter den Geltungsbereich des umkämpften Tarifvertrages fällt oder fallen würde.

    Am 18. Mai 1984 erließ der Präsident der Bundesanstalt für Arbeit eine Anordnung, Arbeitnehmern auch außerhalb des umkämpften Tarifgebietes, die wegen Fernwirkungen des Arbeitskampfes nicht weiterbeschäftigt wurden, kein Kurzarbeitergeld zu zahlen. Dieser *‚Franke-Erlaß‘*, der vom Bundesarbeitsministerium ausdrücklich verteidigt wurde, stieß auf den starken Protest der Gewerkschaften. Erst am 26. Juni, nach der Entscheidung mehrerer Sozialgerichte und Landessozialgerichte und kurz vor dem Ende des Arbeitskampfes, wurde der Erlaß, von dem über 300 000 Arbeitnehmer außerhalb der Gebiete Hessen und Baden-Württemberg betroffen waren, aufgehoben; die Arbeitsämter wurden angewiesen, Kurzarbeitergeld unter Vorbehalt auszuzahlen.

Worum ging es bei dieser Auseinandersetzung? Der Präsident der BA berief sich bei seinem Erlaß auf die Neutralitätsverpflichtung der Bundesanstalt für Arbeit; die Unterstützung der kalt Ausgesperrten kann durch die Arbeitsämter verweigert werden, wenn in den (noch) nicht umkämpften Tarifgebieten nach Art und Umfang gleiche Forderungen wie im Arbeitskampfgebiet gestellt werden. Mit der Forderung nach Einstieg in die 35-Stunden-Woche sei diese Gleichheit gegeben – so BA-Präsident Franke. Nun hatte aber bereits das Bundessozialgericht im Jahre 1975 festgestellt, daß selbst gleiche prozentuale Lohnforderungen in verschiedenen Tarifgebieten nicht unbedingt als „nach Art und Umfang gleiche Forderungen" anzusehen sind, da sie an unterschiedliche tarifliche Löhne und auch ansonsten unterschiedliche Arbeitsbedingungen in den verschiedenen Tarifbezirken anknüpfen. Hinzu kam, daß in der Tarifauseinandersetzung des Jahres 1984 neben dem Einstieg in die 35-Stunden-Woche weitere und in den einzelnen Tarifbereichen unterschiedliche Forderungen aufgestellt worden waren. Diese Rechtslage wie auch die unterschiedliche Forderungsstruktur ließen den ‚Franke-Erlaß' nicht nur in Gewerkschaftskreisen als politisch motivierten Eingriff in den Arbeitskampf erscheinen.

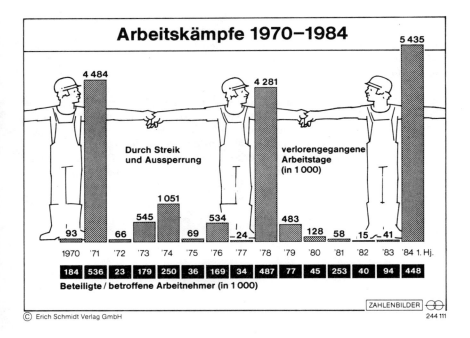

c) ... auf die Gewerkschaften

Die Aussperrungspraxis der vergangenen Jahre machte eindringlich deutlich, daß die finanzielle Existenz einzelner Gewerkschaften bedroht werden kann. Dies liegt auch durchaus in der Absicht des Kampfgegners, wie z. B. der ‚Tabu-Katalog' der Arbeitgeberverbände mit seiner zentralen Steuerung der Tarifpolitik über Landes- und Branchengrenzen hinweg belegt. Hierzu zwei Beispiele aus dem Jahre 1978, als sowohl im Druck- wie auch im Metallbereich ausgesperrt wurde:

Die Kosten für den Streik von 80 000 Mitgliedern der IG Metall in Baden-Württemberg für drei Wochen betrugen etwas mehr als 46 Mio. DM. Die IG Metall verfügt über einen jährlichen Einnahmeüberschuß in Höhe von ca. 40 Mio. DM. Das bedeutet, der dreiwöchige Streik von weniger als 3% der Mitglieder in nur einem Tarifgebiet verschlang mehr als einen Jahresüberschuß. Durch die von den Arbeitgebern als Reaktion auf den Streik verfügte Aussperrung wurde der IG Metall eine zusätzliche finanzielle Belastung von ca. 84 Mio. DM auferlegt, so daß die Gesamtkosten des Arbeitskampfes sich auf ca. 130 Mio. DM, also mehr als drei Jahresüberschüsse, beliefen. Streik und Aussperrung bei Eisen und Stahl 1978/79 belasteten die IG Metall noch einmal mit 120 Mio. DM, das sind wiederum drei Jahresüberschüsse.

Noch krasser lagen die Verhältnisse bei der IG Druck und Papier. Im Jahre 1977 verblieben dieser Gewerkschaft etwa 1,8 Mio. DM an Überschuß. Der Arbeitskampf, den diese Gewerkschaft 1976 geführt hatte und in dem sie mit einer bundesweiten Aussperrung überzogen worden war, hat insgesamt über 33 Mio. DM gekostet. Obwohl länger gestreikt als ausgesperrt wurde, verursachte die Aussperrung wegen der erheblich höheren Zahl der davon betroffenen Arbeitnehmer etwa dieselben Kosten. Der Arbeitskampf der IG Druck und Papier 1978 kostete sie nahezu 15 Mio. DM. 81% dieses Betrages wurden durch Aussperrungstage verursacht. Das bedeutet, daß das Vermögen der IG Druck und Papier durch beide Arbeitskämpfe voll aufgebraucht wurde. Dies blieb nicht ohne Auswirkungen auf den Arbeitskampf des Jahres 1984; nur mit finanzieller Unterstützung aus dem Solidaritätsfonds der DBG-Gewerkschaften konnte die IG Druck und Papier den Arbeitskampf überhaupt durchhalten. Auch die IG Metall mußte zur Zahlung der Unterstützung an Streikende und Ausgesperrte Kredite aufnehmen bzw. Vermögensrücklagen auflösen. Insgesamt kostete der Arbeitskampf 1984 die IG Metall rund eine halbe Milliarde DM.

6. Gibt es eine Parität im Arbeitskampf?

Die Rechtfertigung der Aussperrungsgarantie durch die Rechtsprechung basiert auf dem sog. Paritätsgedanken: beiden Tarifparteien müßten qualitativ gleiche Arbeitskampfmittel zur Verfügung stehen; wenn den Gewerkschaften der Streik garantiert wird, könne es nicht angehen, den Arbeitgebern das Mittel der Aussperrung zu verweigern. Dieser Paritätsgedanke erweist sich bei näherem Hinsehen allerdings als praxisfern.

So wird die Aussperrung u. a. damit gerechtfertigt, daß es den Gewerkschaften nicht ermöglicht werden dürfe, durch ihre Streiktaktik (z. B. Schwerpunktstreiks) einzelne Unternehmen ökonomisch in die Knie zu zwingen. Bis heute liegt allerdings auch von Unternehmerseite kein einziges Beispiel aus der Geschichte der Bundesrepublik vor, daß ein Unternehmen aufgrund gewerkschaftlicher Streikaktionen zugrunde gegangen wäre. Darüber hinaus käme wohl kein Gewerkschaftsmitglied auf die Idee, ‚seinen' Betrieb ‚kaputt zu streiken', da er – anders als der Arbeitgeber – auf den Verkauf seiner Arbeitskraft angewiesen ist. Der Paritätsgrundsatz verliert aber vor allem die vorgelagerte ökonomische Ungleichheit aus dem Blickfeld. Die herrschende Wirtschaftsordnung und ihre Eigentumsverhältnisse lassen den Unternehmen automatisch sämtliche wirtschaftlichen Zuwächse zufließen; wollen die Gewerkschaften die berechtigten Forderungen ihrer Mitglieder durchsetzen, so bleibt ihnen nichts anderes übrig als ‚anzugreifen'. Wird nun aber die Aussperrung dem Streik gleichgestellt, so hat dies zur Folge, daß die mit dem Streik erreichte annähernde Kampfgleichheit postwendend wieder aufgehoben wird. U. a. aus diesen Gründen und den Erfahrungen mit der Massenaussperrung des Jahres 1971 fordern der DGB und seine Einzelgewerkschaften seither ein Verbot der Aussperrung. Unterstrichen wird diese Forderung durch einen westeuropäischen Vergleich, der belegt, daß die extensive Aussperrungspraxis der bundesdeutschen Unternehmen recht einzigartig ist. Der ehemalige Bundesminister für Arbeit und Sozialordnung, Walter *Arendt*, stellt in einer Untersuchung (vgl. auch Übersicht 66) fest: „Faßt man die Rechtsgrundlage, die tatsächliche Bedeutung und die zivilrechtlichen Folgen der Aussperrung in Westeuropa zusammen und vergleicht sie mit den Regelungen der Bundesrepublik, dann zeigt sich, daß in keinem dieser Länder der Aussperrung eine so zentrale Bedeutung zukommt wie bei uns. Es steht auch fest, daß der Streik in diesen Staaten sowohl rechtlich als auch faktisch der Aussperrung überlegen und weitgehend gesetzlich gesichert ist. In der Bundesrepublik ist dies nicht der Fall."

Übersicht 66: Westeuropäischer Vergleich von Streik und Aussperrung

Land	Rechtsgrundlagen der Aussperrung	Rechtsgrundlagen des Streiks	Aussperrungspraxis	Rechtsfolgen nach Aussperrung
Bundesrepublik Deutschland	keine gesetzliche Regelung Richterrecht Aussperrung anerkannt	keine gesetzliche Regelung Richterrecht Streikrecht anerkannt	seit 1949 56 Aussperrungen rd. 670 000 Arbeitnehmer ausgesperrt	kein Arbeitslosengeld
Italien	keine gesetzliche Regelung als Arbeitskampfmittel rechtswidrig	verfassungsrechtlich garantiert	geringe Bedeutung	Lohnfortzahlungspflicht des Arbeitgebers
Frankreich	keine gesetzliche Regelung als Arbeitskampfmittel rechtswidrig	verfassungsrechtlich garantiert	geringe Bedeutung	Lohnfortzahlungspflicht des Arbeitgebers
Belgien	keine gesetzliche Regelung kein einschlägiges Richterrecht Aussperrungsfreiheit anerkannt	kein gesetzliches Streikrecht Streikfreiheit anerkannt	geringe Bedeutung	Anspruch des Arbeitnehmers auf Arbeitslosenunterstützung
Niederlande	keine gesetzliche Regelung kein einschlägiges Richterrecht	keine gesetzliche Regelung Richterrecht in Teilbereichen Streikfreiheit anerkannt	keine Bedeutung (seit 40 Jahren keine Aussperrung)	Lohnfortzahlungspflicht des Arbeitgebers möglich
Luxemburg	rechtliche Zulässigkeit nicht ersichtlich	verfassungsrechtlich anerkannt	keine Bedeutung	
Großbritannien	keine gesetzliche Regelung kein Richterrecht Aussperrung anerkannt	keine gesetzliche Regelung Streikfreiheit anerkannt	geringe Bedeutung	Lohnfortzahlungspflicht des Arbeitgebers
Dänemark	rechtlich anerkannt — als Kampfmittel gleichgestellt	rechtlich anerkannt	keine Bedeutung	

Land	Rechtsgrundlagen der Aussperrung	Rechtsgrundlagen des Streiks	Aussperrungspraxis	Rechtsfolgen nach Aussperrung
Schweden	verfassungsrechtlich garantiert als Kampfmittel gleichgestellt	verfassungsrechtlich garantiert als Kampfmittel gleichgestellt	geringe Bedeutung	
Norwegen	rechtlich anerkannt	rechtlich anerkannt	geringe Bedeutung	
Österreich	keine gesetzliche Regelung kein einschlägiges Richterrecht Aussperrung anerkannt	keine gesetzliche Regelung kein Richterrecht Streikfreiheit anerkannt	geringe Bedeutung	Lohnfortzahlungspflicht des Arbeitgebers, wenn nicht fristgem. gekündigt
Schweiz	keine gesetzliche Regelung kein einschlägiges Richterrecht	keine gesetzlichen Regelungen kein Richterrecht Streikfreiheit anerkannt	geringe Bedeutung	
Portugal	Aussperrung gesetzlich verboten	verfassungsrechtlich garantiert		

Quelle: W. Arendt, Rechtsgrundlagen und Praxis der Aussperrung in der Bundesrepublik Deutschland und in vergleichbaren westeuropäischen Ländern, in: SPD-Service, Presse Funk TV vom 28. 6. 1978, S. 25.

Übersicht 65: Pro und contra Aussperrung

Gewerkschaften	Arbeitgeber
Aussperrung ist ein Akt unternehmerischer Willkür. Arbeitgeber haben in Lohnverhandlungen schon von vornherein eine stärkere Machtstellung, weil sie die Verfügungsgewalt über die Produktionsmittel besitzen. Streik schafft erst das Gleichgewicht. Die Aussperrung verzerrt die Machtverhältnisse zugunsten der Arbeitgeber.	Die Verfügungsgewalt der Unternehmer über die Produktionsmittel ist durch gesetzliche und tarifvertragliche Regelungen (Mitbestimmung, Kündigungsschutz, Vereinbarungen über Lohn und Arbeitsbedingungen), durch den Markt und die Arbeitnehmer eingeschränkt. Unternehmer können ohne Arbeitnehmer nicht über den Einsatz der Produktionsmittel verfügen. Sie sind auf sie angewiesen (Gegenmacht). Streiks ohne Aussperrung zerstören das Kräftegleichgewicht und schaffen ein Übergewicht der Gewerkschaften.
Aussperrung verhindert den sozialen Fortschritt, das heißt die Verbesserung der sozialen und wirtschaftlichen Lage der Arbeitnehmer. Aussperrung ist unmoralisch und vergiftet das soziale Klima. Menschen werden als Mittel eines Machtkampfes mißbraucht.	Nicht der Streik, sondern die Aussperrung verbessert die soziale und wirtschaftliche Situation des Arbeitnehmers, weil sie Arbeitskämpfe verhindert oder abkürzt und damit die wirtschaftliche Leistungsfähigkeit erhöht. Die gewerkschaftliche Streiktaktik beruht auf der Verfügungsmacht über Menschen.
Die Aussperrung ist unsozial, weil sie zum Arbeitsplatzverlust führen kann, Arbeitnehmer Lohneinbußen erleiden und nichtorganisierte Arbeitnehmer erhebliche Nachteile in Kauf nehmen müssen.	Die Auswirkungen von Betriebsstillegungen, die durch Streiks verursacht werden, sind härter. Durch Aussperrung geht der Arbeitsplatz nicht verloren.
Die Aussperrung ist verfassungswidrig. Sie ist nach der Hessischen Verfassung (Art. 29, Abs. 5) verboten.	Nach Art. 9 des Grundgesetzes ist ein funktionsfähiges Arbeitskampfsystem und damit auch die Aussperrung gewährleistet. Sie ist durch höchstrichterliche Rechtsprechung abgesichert. Bundesrecht geht vor Landesrecht.
Die im Arbeitskampf der Metallindustrie in Württemberg-Nordbaden durchgeführte Aussperrung verletzt das Prinzip der Verhältnismäßigkeit der Mittel. Mehr Arbeitnehmer sind von der Aussperrung (Flächenaussperrung) betroffen als vom Streik.	Schwerpunktstreiks wirken wie Flächenaussperrungen, weil sie sich weit über die Grenzen hinaus auswirken und hohe wirtschaftliche Schäden anrichten. Die Abwehraussperrung ist nicht gegen den Streik überhaupt, sondern gegen den Schwerpunktstreik gerichtet.

aus: P. Ackermann u. a., Zeitfragen, Stuttgart 1984.

XIV. Die Arbeitsgerichtsbarkeit

Wie im Kapitel II. aufgezeigt wurde, können Arbeitnehmerrechte auf sehr vielen verschiedenen Grundlagen beruhen. Fast sämtliche Rechte wurden dabei im historischen Verlauf durch die Arbeiter- und Gewerkschaftsbewegung erkämpft; auch heute noch sind es vor allem Tarifauseinandersetzungen und Streikkämpfe, in denen Arbeitnehmerrechte durchgesetzt werden. Dies verweist auf die Tatsache, daß das Arbeitsrecht – hier auf seine ‚Entstehungsseite' bezogen – auch politisches Recht ist, daß Rechtsfragen auch Machtfragen sind. Die *Normierung* von Arbeitnehmerrechten ist die eine Seite – das Inkrafttreten eines Tarifvertrages oder auch eines Gesetzes besagt jedoch noch nichts über deren Verwirklichung im Arbeitsalltag. Die *Realisierung* bestehender Rechte ist die andere Seite – sie wird allzuoft vergessen, wenn über Arbeitnehmerrechte in der Bundesrepublik gesprochen wird. Anders als in den meisten vergleichbaren westeuropäischen Ländern weist die Bundesrepublik eine starke ‚Verrechtlichung' von Konflikten aus Arbeitsbeziehungen auf; weniger die solidarische Aktion ‚vor Ort' als vielmehr der Gang vor das Arbeitsgericht ist der Normalfall der offenen Konfliktaustragung.

1. Entwicklung und Stellenwert der Arbeitsgerichtsbarkeit

Insbesondere die Gewerkschaften setzten sehr große Hoffnungen in die 1927 als besonderer Zweig der Rechtsprechung geschaffene Arbeitsgerichtsbarkeit, welche die um die Jahrhundertwende errichteten Gewerbe- und Kaufmannsgerichte ablöste; sie sahen in ihrer Errichtung einen Erfolg der Arbeiterbewegung. Einem Legalismus oder einer Entpolitisierung kam diese Haltung insofern sehr nahe, als den vor- oder nicht-juristischen Formen der Durchsetzung von Arbeitnehmerrechten nur noch eine randständige oder sogar ‚illegale' Funktion zukam.

Das heutige Arbeitsgerichtsgesetz (ArbGG) aus dem Jahre 1953 brachte die vollständige Verselbständigung der Arbeitsgerichtsbarkeit gegenüber der sog. ‚ordentlichen' Justiz; noch in der Weimarer Zeit waren die Landesarbeitsgerichte den Landgerichten und das Reichsarbeitsgericht dem Reichsgericht angegliedert.

Zuständig sind die Arbeitsgerichte heute im wesentlichen für

- privatrechtliche Streitigkeiten aus Arbeits- oder Tarifverträgen,
- betriebsverfassungsrechtliche Streitigkeiten,
- Streitigkeiten über die Wahl von Arbeitnehmervertretern in den Aufsichtsrat

und damit für fast sämtliche rechtlichen Konflikte des Arbeitslebens. Dies bedeutet aber nicht etwa umgekehrt, daß sämtliche Rechtskonflikte auch vor den Arbeitsgerichten ausgetragen werden – die genau gegenteilige Vermutung trifft zu, daß nämlich nur die ‚Spitze des Eisbergs' betrieblicher Konflikte sich in Arbeitsgerichtsverfahren niederschlägt. Vor allem in größeren Betrieben und solchen mit Arbeitnehmerinteressenvertretungen wird es eher so sein, daß entstehende Konflikte eine ganze Reihe innerbetrieblicher ‚Filter' durchlaufen und nur in Extremfällen an die Öffentlichkeit, d. h. vor die Gerichte getragen werden. Auch spielen sicher die persönlichen Beziehungen vor allem in Kleinbetrieben eine große Rolle bei der Entscheidung über einen eventuellen Gang zum Arbeitsgericht. Hierfür mag auch sprechen, daß Gerichte häufig erst dann angerufen werden, wenn das Arbeitsverhältnis und damit auch die persönlichen/sozialen Beziehungen bereits abgebrochen sind oder kurz vor einem Abbruch stehen. Schließlich kommt auch gewerkschaftlicher Rechtsberatung insofern eine ‚Filterfunktion' zu, als sie die Erfolgsaussichten von arbeitsgerichtlichen Klagen ihrer Klientel – schon aus verbandseigenen Kostenüberlegungen – einer strengen Prüfung unterziehen wird. Diese Selektionsprozesse im vorgerichtlichen Raum führen letztlich auch zu einer Entlastung der Arbeitsgerichte.

2. Aufbau der Arbeitsgerichtsbarkeit

Die Arbeitsgerichtsbarkeit der Bundesrepublik ist dreigliedrig aufgebaut: In der ersten Instanz entscheidet eines der 102 Arbeitsgerichte, in der zweiten eines der 13 Landesarbeitsgerichte und in der dritten Instanz das Bundesarbeitsgericht mit Sitz in Kassel. Die Arbeits- und Landesarbeitsgerichte fallen in die Ressorts der Arbeitsminister der Länder, das Bundesarbeitsgericht in das des Bundesministers für Arbeit und Sozialordnung.

In sämtlichen Instanzen sind neben den Berufsrichtern (Vorsitzender) auch ehrenamtliche Richter tätig; sie haben dieselben Befugnisse wie die Berufsrichter. Ihre Berufung erfolgt auf der Grundlage von Vorschlagslisten der Arbeitgeber- bzw. Arbeitnehmervereinigungen. Rein theoretisch wäre es möglich, daß die ehrenamtlichen Richter in der ersten und zweiten Instanz den Vorsitzenden überstimmen können. Mag dies in Einzelfällen durchaus vorkommen, so sprechen doch einige arbeitsrechtssoziologische Untersuchungsergebnisse eher für den umgekehrten Fall, daß nämlich eine – wenn auch nicht bewußt angestrebte – Beeinflussung der ehrenamtlichen Richter durch die Berufsrichter überwiegen dürfte.

Verglichen mit der Zusammensetzung der Richterbank beim Bundesarbeitsgericht bringt die Zusammensetzung bei den beiden unteren Instanzen so etwas wie eine ‚größere Nähe' zum Arbeitsleben wie auch den zumeist ‚kollektiven Charakter' arbeitsrechtlicher Konflikte stärker zum Ausdruck. Beim BAG überwiegt die Zahl der Berufsrichter und mit ihnen auch der Einfluß des ‚etablierten Rechts'. Das BAG besteht z. Zt. aus sieben Senaten; in denjenigen Fällen, in denen ein Senat von der Rechtsmeinung eines der anderen sechs abweichen will, oder auch bei

Rechtsfragen, die von grundsätzlicher Bedeutung sind, tritt der sog. *‚Große Senat'* zusammen. Dieser setzt sich aus dem Präsidenten des BAG, dem dienstältesten Senatsvorsitzenden, vier Bundesrichtern sowie je zwei ehrenamtlichen Richtern der Arbeitnehmer- und Arbeitgeberseite zusammen.

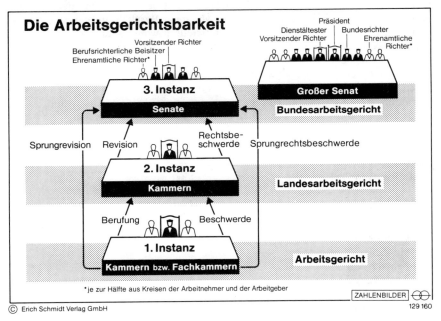

3. Das arbeitsgerichtliche Verfahren

Entsprechend der Sonderstellung des Arbeitsrechts weist auch das arbeitsgerichtliche Verfahren eine Reihe von Besonderheiten auf. Folgende Personengruppen der abhängig Beschäftigten können ihre Ansprüche vor den Arbeitsgerichten geltend machen:

- Arbeiter,
- Angestellte,
- zu ihrer Berufsausbildung Beschäftigte,
- Heimarbeiter,
- arbeitnehmerähnliche Personen sowie
- Handelsvertreter, soweit sie u. a. im Monatsdurchschnitt nicht mehr als 2000 DM verdienen.

Die Kosten des Verfahrens sind vergleichsweise gering; so betragen die Gerichtskosten in der ersten Instanz bei einem Streitwert von bis zu 100 DM nur 3,– DM und erreichen ihren Höchstwert bei einem Streitwert von über 16 000 DM mit 500,– DM. Wie das folgende Beispiel zeigt, liegen die Anwaltskosten im Vergleich zu den Gerichtskosten sehr hoch, doch sollte stets beachtet werden, daß vor dem Arbeitsgericht kein Anwaltszwang herrscht; der abhängig Beschäftigte kann sich selbst vertreten oder – was bei Gewerkschaftsmitgliedern wohl näher liegt – sich durch einen gewerkschaftlichen Rechtsschutzsekretär vertreten lassen. Unterliegt der Arbeitnehmer bei einem Rechtsstreit vor dem Arbeitsgericht, so braucht er *nicht* die Kosten für einen Prozeßbevollmächtigten der Gegenseite zu tragen. Schließlich fallen Gerichts- und eventuelle Anwaltskosten nur im arbeitsgerichtlichen Urteilsverfahren an; das Beschlußverfahren ist demgegenüber gerichtskostenfrei, die entstehenden sonstigen Kosten gehen hier zu Lasten des Arbeitgebers.

Beispiel:

Streitwert in DM	2000	5000
Gerichtskosten	94,00	184,00
davon:		
– Gebühr	60,00	150,00
– ein Zeuge (1 Stunde)	12,00	12,00
– Fahrtkosten	6,00	6,00
– Zustellungskosten	16,00	16,00
Anwaltskosten	431,21	893,45
davon:		
– Prozeßgebühr	121,00	265,00
– Verhandlungsgebühr	121,00	265,00
– Beweisgebühr	121,00	265,00
– Auslagenpauschale (Höchstsatz)	40,00	40,00
– Mehrwertsteuer	28,21	58,45
Gesamtkosten	525,21	1077,45

Das Urteilsverfahren

In allen Streitigkeiten, die sich nicht aus dem BetrVG '72, dem MitbestG '76 bzw. dem BetrVG '52 ergeben oder die um Fragen der Tariffähigkeit/-zuständigkeit geführt werden (Beschlußverfahren), findet das Urteilsverfahren statt (vgl. Übersicht 67). Es wird durch die Einreichung einer Klage eingeleitet. Vor der streitigen Verhandlung wird stets der Versuch einer gütlichen Einigung vorgenommen; diese

Güteverhandlung findet vor dem Vorsitzenden – also ohne die ehrenamtlichen Richter – statt. Wie Tabelle *26* zeigt, werden ⅓ aller Klagen durch einen *Vergleich* erledigt, so daß es erst gar nicht zu einer streitigen Verhandlung kommt.

Bringt die Güteverhandlung keine Einigung und endet die sich daran anschließende streitige Verhandlung mit einem Urteil des Arbeitsgerichts, so kann unter den folgenden Bedingungen Berufung eingelegt werden:

- wenn in vermögensrechtlichen Streitigkeiten der Wert des Beschwerdegegenstandes 800,– DM übersteigt oder
- wenn das Arbeitsgericht in seinem Urteil eine Berufung ausdrücklich zugelassen hat.

Übersicht 67: Sachliche Zuständigkeit im Urteils- und Beschlußverfahren

Urteilsverfahren	Beschlußverfahren

u. a.:
 • Rechtsstreitigkeiten zwischen Tarifvertragsparteien oder zwischen diesen und Dritten aus Tarifverträgen oder über das Bestehen/Nichtbestehen von Tarifverträgen;
 • Rechtsstreitigkeiten zwischen tariffähigen Parteien oder zwischen diesen und Dritten aus unerlaubter Handlung, soweit es sich
  – um Maßnahmen zum Zweck des Arbeitskampfes oder
  – um Fragen der Vereinigungsfreiheit (einschließlich des Betätigungsrechts der Vereinigungen)
 handelt;
 • Rechtsstreitigkeiten zwischen Arbeitnehmern und Arbeitgebern
  – aus dem Arbeitsverhältnis
  – über Bestehen oder Nichtbestehen eines Arbeitsverhältnisses
  – aus Verhandlungen über die Eingehung eines Arbeitsverhältnisses und aus dessen Nachwirkungen
  – über Arbeitspapiere.
	• Streitigkeiten aus dem Betriebsverfassungsgesetz, soweit es sich nicht um Straftaten oder Ordnungswidrigkeiten handelt;
	 • Streitigkeiten aus dem Mitbestimmungsgesetz '76 sowie dem Betriebsverfassungsgesetz '52 über die Wahl von Arbeitnehmervertretern in den Aufsichtsrat;
	 • Entscheidungen über Tariffähigkeit und Tarifzuständigkeit einer Vereinigung.

In bestimmten Fällen ist eine solche Zulassung durch das Arbeitsgericht vom Gesetz her vorgeschrieben. Im Berufungsverfahren überprüft das Landesarbeitsgericht das Urteil der Vorinstanz zum einen in rechtlicher und zum anderen in *tatsächlicher* Hinsicht, d. h. das ‚Verfahren' wird noch einmal wie vor dem Arbeitsgericht ‚durchgezogen', der Tatbestand also von neuem aufgenommen; anschließend entscheidet das LAG den Rechtsstreit.

Gegen das LAG-Urteil kann in bestimmten Fällen Revision eingelegt werden, so etwa, wenn sie vom LAG selbst oder aber durch das BAG zugelassen worden ist. Auch sieht das ArbGG wieder bestimmte Fälle vor, in denen auf jeden Fall eine Revision zuzulassen ist. Anders als in der 2. Instanz ist das BAG jedoch an den tatsächlich festgestellten Sachverhalt gebunden; überprüft wird das Urteil des LAG nur noch auf Rechtsfehler. Schließlich kann das BAG den Rechtsstreit selbst entscheiden oder aber ihn zwecks erneuter Verhandlung an das LAG zurückverweisen. Eine noch zu erwähnende Besonderheit bildet die sog. ‚Sprungrevision', die in jenen Fällen möglich ist, in denen die gegnerische Partei zustimmt und die Sprungrevision vom Arbeitsgericht zugelassen wird. Diese Möglichkeit soll der schnellen Klärung grundsätzlicher Fragen dienen, die vom tatsächlichen Sachverhalt her meist unstreitig sind.

Das Beschlußverfahren

Die Übersicht 67 zeigt jene Fälle auf, in denen das arbeitsgerichtliche Beschlußverfahren stattfindet. Die Besonderheit des Beschlußverfahrens liegt u. a. darin, daß hier z. B. auch die betriebliche Interessenvertretung als solche – und nicht nur Personen wie im Urteilsverfahren – und die Arbeitgeberseite gegeneinander prozessieren können.

Auf der Grundlage der gestellten Anträge erforscht das Gericht den Sachverhalt – anders als im Urteilsverfahren – von Amts wegen, d. h. das Arbeitsgericht erhebt von sich aus Beweise und beschränkt sich nicht auf den schriftlichen oder mündlichen Vortrag der Beteiligten. Zwar ist über bestimmte Gegenstände des Beschlußverfahrens auch ein Vergleich möglich, doch kennt man hier – anders als im Urteilsverfahren – keine Güteverhandlung.

Gegen den Beschluß des Arbeitsgerichts kann Beschwerde eingelegt werden, gegen den des LAG Rechtsbeschwerde, wenn sie

- vom LAG zugelassen worden ist oder
- bei Streitigkeiten über Tariffähigkeit oder -zuständigkeit bei Zulassung durch das BAG.

Hat der Gegenstand der Auseinandersetzung grundsätzliche Bedeutung, so wird die Rechtsbeschwerde zugelassen.

Ähnlich der Sprungrevision im Urteilsverfahren ist im Beschlußverfahren eine Sprungrechtsbeschwerde möglich, wenn die übrigen Beteiligten zustimmen und wenn sie vom Arbeitsgericht zugelassen wird.

Übersicht 68: Aufbau der Arbeitsgerichtsbarkeit

Instanz	Besetzung	Vertretung
Arbeitsgericht	• Der Vorsitzende ist Berufsrichter • Die beiden ehrenamtlichen Richter sind Vertreter der Arbeitgeber- bzw. Arbeitnehmerseite	Vor dem Arbeitsgericht kann jede Seite selbst auftreten oder aber sich durch einen Rechtsanwalt oder Verbandsvertreter – z. B. Rechtsschutzsekretär der Gewerkschaft – vertreten lassen. Diese Regelung gilt sowohl für das Urteils- als auch für das Beschlußverfahren
Landesarbeitsgericht	• Die Besetzung entspricht der bei den Arbeitsgerichten	*Urteilsverfahren* Im Urteilsverfahren ist die Vertretung durch einen Rechtsanwalt oder Verbandsvertreter zwingend vorgeschrieben. Die Parteien können also *nicht* selbst auftreten *Beschlußverfahren* Auch vor dem LAG können die Beteiligten selbst auftreten oder aber sich vertreten lassen. Lediglich die Beschwerdeschrift und -begründung müssen durch einen Rechtsanwalt oder Verbandsvertreter unterzeichnet sein
Bundesarbeitsgericht	• Der Vorsitzende ist ein Berufsrichter, hinzu kommen zwei weitere Berufsrichter als Beisitzer • Die beiden ehrenamtlichen Richter sind Vertreter der Arbeitgeber- bzw. Arbeitnehmerseite	Die Vertretung durch einen Rechtsanwalt ist zwingend vorgeschrieben Auch vor dem BAG kann im Beschlußverfahren jeder Beteiligte selbst auftreten. Die Rechtsbeschwerdeschrift und -begründung müssen allerdings von einem Rechtsanwalt unterzeichnet sein

Tabelle 26: Die Tätigkeit der Arbeitsgerichte (1. Instanz) in den Jahren 1978 bis 1983

	1978	1979	1980	1981	1982	1983
Urteilsverfahren						
Eingereichte Klagen	327 271	273 978	302 602	347 520	386 789	365 363
davon durch:						
– Arbeitnehmer, Gewerkschaft, Betriebsrat	314 750	261 597	289 166	333 974	374 031	354 792
– Arbeitgeber und ihre Organisationen	11 365	11 619	13 313	13 358	12 621	10 383
Erledigte Klagen	296 309	280 878	296 826	350 053	368 995	371 797
davon durch Vergleich	102 921	103 185	109 597	125 734	142 966	141 570
Streitgegenstände	337 434	321 083	336 589	399 269	425 555	425 077
davon:						
– Arbeitsentgelt	149 733	139 712	142 853	165 690	149 344	151 562
– Urlaub, Urlaubsentgelt	10 400	10 645	11 101	11 380	12 085	11 372
– Kündigungen	111 043	106 931	114 913	145 972	182 910	179 483
– Herausgabe v. Arbeitspapieren	12 823	13 209	14 574	15 360	15 475	14 393
– Zeugniserstellung u. -berichtigung	5 100	4 979	5 366	5 924	6 536	6 853

Beschlußverfahren						
Eingereichte Anträge	4 312	3 349	4 711	5 200	5 380	5 445
davon durch:						
– Arbeitnehmer, Gewerkschaft, Betriebsrat, Wahlvorstände	3 033	2 175	3 428	3 365	3 464	3 786
– Arbeitgeber u. ihre Vereinigungen	1 278	1 172	1 282	1 833	1 914	1 659
Erledigte Beschlußsachen	4 742	4 025	3 684	5 576	5 038	5 688
davon durch:						
– Beschluß	1 708	1 334	1 514	1 723	1 943	2 259
– Vergleich oder Erledigungserklärung	–[1]	–[1]	778	1 913	1 088	1 146

1 keine Angaben

Quelle: Bundesarbeitsblatt, verschiedene Jahrgänge

Eine weitere Besonderheit des arbeitsgerichtlichen Verfahrens liegt schließlich in der Form der Vertretung der Parteien bzw. Beteiligten vor den einzelnen Instanzen (vgl. Übersicht 68). So kann vor der ersten Instanz jede Seite selbst auftreten oder sich vertreten lassen; im Beschlußverfahren gilt dies auch für alle weiteren Instanzen. Im Urteilsverfahren herrscht Anwaltszwang nur vor dem BAG. Vor dem LAG können sich die Parteien zwar nicht mehr selbst vertreten, doch ist immer noch eine Vertretung durch einen Verbandsvertreter möglich.

4. Kritische Anmerkungen zum arbeitsgerichtlichen Verfahren

Über 90 Prozent der Kläger vor den Arbeitsgerichten sind abhängig Beschäftigte; nur knapp vier Prozent aller Klagen werden von Arbeitgeberseite oder ihren Organisationen eingereicht (vgl. Tabelle 26). Sind die abhängig Beschäftigten damit streitsüchtiger? Einen solchen Schluß könnte wohl nur ein mit der Arbeitswelt unvertrauter Beobachter ziehen. Überspitzt könnte man vielmehr formulieren: Der Arbeitgeber braucht für die Durchsetzung seiner Interessen keine Gerichte – aufgrund seiner Stellung im Produktionsprozeß sitzt er am längeren Hebel, denn:

- die bestehenden Eigentumsverhältnisse ermöglichen es ihm, Fakten zu setzen, wie z. B. Kündigungen auszusprechen. Verstärkt wird diese Position noch durch die grundsätzliche Vorleistungspflicht des abhängig Beschäftigten, so daß der Arbeitgeber eventuell Lohnteile einbehalten kann, wenn er meint, der Arbeitnehmer hätte gegen arbeitsvertragliche Pflichten grob verstoßen.

- Arbeitnehmerrechte sind durch ihre Normierung in Gesetzen oder in Tarifverträgen noch längst nicht betriebliche Wirklichkeit; ihre Realisierung führt häufig zu Auseinandersetzungen, die nur noch gerichtlich lösbar scheinen. Hier *erscheint* daher der abhängig Beschäftigte stets als ‚Angreifer'.

- Schließlich – und dies schlägt sich nicht in Statistiken nieder – scheuen viele Beschäftigte, vor allem in kleinen und mittleren Unternehmen, den Gang zum Arbeitsgericht; aus Angst oder falsch verstandener Loyalität verzichten sie auf ‚ihr gutes Recht'.

Dies ist zum großen Teil Resultat von Verfahrensregeln, die zwar auf der einen Seite die Normierung von Rechten z. B. in Tarifverträgen dem ‚Kollektiv' (Gewerkschaften) zubilligen, deren Realisierung aber im allgemeinen auf die Schultern des Einzelnen legen und damit kollektive Konflikte individualisieren. Nicht zulässig ist hiernach z. B. die Geltendmachung von Rechten des einzelnen Arbeitnehmers durch seine Gewerkschaft. So kann es letztlich auch nicht verwundern, daß Klagen im Zusammenhang mit der Beendigung des Arbeitsverhältnisses (Kündigungen, Herausgabe von Arbeitspapieren sowie Zeugniserstellung und Berichtigung) den weitaus größten Anteil an allen Streitgegenständen haben, denn auch das ‚Arbeitsentgelt' wird in vielen Fällen erst im Zusammenhang mit der Beendigung des Arbeitsverhältnisses zum Streitgegenstand.

Verglichen mit den individualrechtlichen ist die Zahl der kollektivrechtlichen Streitigkeiten (Beschlußverfahren) sehr gering. Im Jahre 1983 wurden nur 5445 Anträge eingereicht, davon ca. 35% durch die Arbeitgeberseite bzw. ihre Organisationen. Hier haben die Arbeitsgerichte auch für die Arbeitgeberseite eine größere Bedeutung, da in jenen Streitfragen, in denen das Beschlußverfahren stattfindet, die Position des Arbeitgebers nicht von vornherein immer die stärkere ist. Mitbestimmungsrechte von z. B. betrieblichen Interessenvertretungsorganen besitzen hier eine nicht zu vernachlässigende Bedeutung.

Im Anschluß an krisenhafte Wirtschaftseinbrüche steigen die Eingänge an eingereichten Klagen bei den Arbeitsgerichten, aber auch bei den Folgeinstanzen. Dies zeigte sich sowohl im Anschluß an die Krise 1974/75 als auch nach dem erneuten Einbruch Ende 1980. Um die hierdurch mitverursachte starke Verlängerung der Verfahrensdauer zu reduzieren, wurden 1979 durch das „Gesetz zur Beschleunigung und Bereinigung des arbeitsgerichtlichen Verfahrens" einschneidende Änderungen vorgenommen, die vor allem in folgenden Punkten zum Ausdruck kommen:

- Das Verfahren soll sich möglichst auf nur eine streitige Verhandlung konzentrieren;
- Kündigungsschutzverhandlungen sollen besonders beschleunigt werden;
- zur Entlastung der LAG's wurden die Bedingungen für das Berufungsverfahren eingeengt; dasselbe gilt für das BAG bezüglich des Revisionsverfahrens;
- schließlich wurde neben dem Urteils- auch das Beschlußverfahren gestrafft.

Diese Neuregelungen rufen vor allem deshalb Kritik hervor, da der Wahrheitsfindung durch eine Beschleunigung des Verfahrens nicht unbedingt gedient ist. Im Interesse aller Seiten darf die Überlastung der Arbeitsgerichtsbarkeit nicht zu Lasten schutzbedürftiger Interessen gehen. Dies aber kann nur durch eine Verbesserung der materiellen und personellen Ausstattung der Gerichte vermieden werden.

Sachregister

Abfindung 71 f., 74, 91, 176, 178, 179 ff.
Abgruppierung 231, 246 f., 256 ff.
Änderungskündigung 48, 77
Ahlener-Programm der CDU 189 f.
Aktiengesellschaft 39, 187, 191 ff., 198, 202
– Vorstand der 191 ff.
Allgemeinverbindlicherklärung von Tarifverträgen 222, 224
Altersgrenze 55, 71
Angestellte 12, 18, 20, 36 ff., 58, 78, 82 ff., 101 ff., 123 f., 130 ff., 135 f., 139, 142 ff., 247, 258 ff., 289
Arbeiter 12, 15, 18, 36 ff., 49, 55 ff., 78, 81 ff., 101 f., 112 f., 123 ff., 135, 139, 142 ff., 247, 158 ff., 289
Arbeiterbildungsvereine 13
Arbeitgeberverbände 11 ff., 149, 156 ff., 206 ff., 220 ff., 224 ff., 239, 241, 246, 262, 270 ff., 276 ff., 279, 295
Arbeitgeberverband der Eisen- und Stahlindustrie 30
Arbeitnehmerbegriff 36 f., 42
arbeitnehmerähnliche Personen 37, 39, 289
Arbeitsamt 51, 73, 171, 182, 272, 280 f.
arbeitsbedingte Erkrankungen 96, 100, 103, 108
Arbeitsbewertung
– analytische 247, 250 ff., 260
– summarische 247, 252 ff., 260
Arbeitsdirektor 30, 188, 192 ff., 202 ff.
Arbeitsförderungsgesetz 73
Arbeitsgericht (-sbarkeit; ArbG, LAG, BAG) 36, 39, 42 ff., 49, 69, 72, 80 f., 88 ff., 152 ff., 161, 165, 171 ff., 184, 219, 239, 242, 264, 272, 275 ff., 287 ff.
– Güteverhandlung 90, 291
Arbeitskampf 12, 68, 72, 154 f., 158, 167, 215, 230, 242, 263 ff., 267, 269 ff., 283

Arbeitslosigkeit 12, 26, 31, 52, 58, 70, 91, 134, 176
Arbeits- und Sozialordnung 11, 13
Arbeitsschutz 104, 108 ff., 223, 228
Arbeitssicherheitsgesetz 114 ff., 118 ff.
Arbeitsunfähigkeit 103, 124 ff.
Arbeitsunfall 52, 95, 98 ff., 104 ff., 130, 162
Arbeitsvertrag 42 ff., 52, 72
–, befristeter 32, 70 ff.
Arbeitszeit 12, 16, 32, 49, 54 ff., 96, 110 ff., 149, 157, 160 ff., 174, 216, 223, 228, 230, 233, 236, 270
–, gesetzliche – 51
–, arbeitsgebundene Zeit 59
–, variable – 75
–, flexibilisierung 272
Arbeitszeitgesetz 56, 64 f.
Arbeitszeitordnung 42, 49, 56, 62 ff., 69, 114
Arbeitszeitverkürzung 54, 58, 64, 68, 268
Aufhebungsvertrag 70 f.
Aufsichtsrat 187 f., 191 ff., 201 f., 287, 291
–, neutrales Mitglied 193 ff.
Aussperrung 127, 225, 230, 257, 262 ff.
–, Verbot der 27, 277

Beamte 18, 20, 36, 40, 58, 143
Beratungsrecht des Betriebsrats 139, 143, 157
Berufsgenossenschaften 99, 107 f., 115, 119 ff.
Berufskrankheiten 95, 99 ff., 106 ff., 110, 162
Berufs- und Erwerbsunfähigkeit 31, 71, 101 f.
Beschäftigungsförderungsgesetz 73 ff., 110, 176
Beschlußverfahren 290 ff., 296 f.

betriebliche Übung 44, 47
Betriebsänderung 169 ff.
Betriebsobmann 145
Betriebsordnung 47, 49
Betriebsrätegesetz 138 ff., 158, 188
Betriebsrat 45 f., 49 f., 68 f., 72 ff., 80, 84 f., 87 ff., 114, 118, 137 ff., 202, 294
Betriebsratswahl 20, 144, 156
Betriebsvereinbarung 11, 42 ff., 47, 50, 147, 227, 272
Betriebsverfassung 35, 41, 46, 51, 68, 85 ff., 114, 140 ff., 188, 191, 241, 290 f.
Betriebsversammlung 143, 148 ff., 164 ff.
Bundesvereinigung der Deutschen Arbeitgeberverbände 17, 28 ff., 66
Bundesverband der Deutschen Industrie 32
Bundesverfassungsgericht 88, 207, 209, 218

Ecklohn 250
Effektivgarantieklausel 239 f.
Effektivklausel 239 f.
Eingruppierung 246 f., 252, 256 f.
Einheitsgewerkschaft 18, 20
Einigungsstelle 68, 74, 143, 150 ff., 160 f., 173 f.
Einwirkungspflicht (der Tarifvertragsparteien) 221, 241 f., 275

Frauenarbeitsschutz 56
Freie Mitarbeiter 36
Friedenspflicht 158, 167, 221, 226, 243, 275 f.

Generalkommission der Gewerkschaften Deutschlands 14
Gesetz betreffend den vaterländischen Hilfsdienst 138, 188
Gesetz zur Ordnung der nationalen Arbeit 139, 158, 188
Gewerbeaufsicht 63 f., 84, 109, 115, 120 ff.
Gewerbeordnung 35, 41, 62, 110, 114 ff., 137, 215

Gewerkschaften 11 ff., 17 f., 22 ff., 56 f., 66 ff., 74, 85, 93, 117, 124, 137 ff., 149 f., 158 f., 224 ff., 241, 263 f., 270 f., 276 ff., 284, 294 f.
–, Bestandsgarantie der 220
–, Betätigungsrecht der – 219 f., 274
–, Entgeltfortzahlung 31, 35, 41 ff., 75, 123 ff., 228, 260, 267 f., 275, 279 f.
Gleitzeit 59 f., 69
Grundlohndifferenzierung 250

Handwerkskammer 32, 34
Hauptstelle der deutschen Arbeitgeberverbände 17, 216
Hauptversammlung 191 f., 194 ff., 203

Industrie- und Handelskammer 32 f.
Industrieverbandsprinzip 18
Informationsrechte des Betriebsrats 137 f., 143, 157
Initiativrechte des Betriebsrats 160, 164
Interessenausgleich 169 ff.

Jugendarbeitsschutz 35, 62, 110 ff.
Jugendvertretung 84, 143, 147 f.

Kleinbetrieb 73, 75, 120, 135, 141, 201 f., 224
Koalitionsfreiheit 138, 207, 215 ff.
–, positive – 219
–, negative – 219, 239
– recht 137
– verbot 13, 215 f.
Konkurs 51, 183 f.
Krankengeld 124 ff., 128 f., 134
Krankenstand 102, 131 ff.
Krankheit 76 f., 95, 97, 123 ff.
Kriegshilfsdienstgesetz 14
Kündigung 32, 41, 49, 161, 165, 173 f., 294, 296
–, ordentliche – 72, 84 f., 86 ff.
–, außerordentliche – 83 ff., 89
–, soziale Auswahl bei – 80 f., 88
Kündigungsfristen 41, 77, 81 f., 84, 223

Kündigungsgründe 73, 83
-, betriebsbedingte - 76, 78 f., 80 f., 83, 179
-, personenbedingte - 73, 76 ff., 83, 156
-, verhaltensbedingte - 73, 76 ff., 83
Kündigungsschutzgesetz 31, 35, 43, 70 ff., 91, 171, 212, 260, 283, 297
Kündigungsschutzklage 72, 89 ff.
Kündigungsschutzprozeß 70, 77, 88, 90 f.
Kurzarbeit 49, 68 f.

Leiharbeit 48, 74
Leitende Angestellte 38 f., 41 f., 142, 150 f., 161, 188, 197
Lohnfindung 246 ff.
Lohnfortzahlung → siehe Entgeltfortzahlung
Lohngruppe 228
Lohnquote 229

Massenentlassung 73, 90, 171, 179, 205, 212
-, anzeigepflichtige - 73
Maßregelungsklausel 227
Mehrarbeit → siehe Überstunden
Mitbestimmung 20, 26 f., 283
-, auf betrieblicher Ebene 42 f., 68 f., 137 ff., 188, 241, 267, 297
-, in personellen Angelegenheiten 140, 147, 157, 162, 165
-, in sozialen Angelegenheiten 140, 157, 169, 241
-, in wirtschaftlichen Angelegenheiten 139 f., 157, 165, 173, 241
-, auf Unternehmensebene 35, 41 f., 137, 185 ff.
Mitbestimmungsgesetze
 - Montan-MitbG 30, 35, 188 ff., 191, 194 f., 202, 204 ff., 208, 213, 241
 - MitbErgG 191, 195 ff., 202
 - MitbG von 1976 188, 191, 197 f., 202, 204 ff., 208, 213, 290 f.
 - BetrVG '52 198 ff.
Mitbestimmungskommission 209, 213
Mitwirkung des Betriebsrats 141, 143
Mutterschutz 35, 62, 114, 127

Nachtarbeit 55 f., 59 ff.
- sverbot 65
Nachteilsausgleich 177

Öffentlicher Dienst 27, 61, 140 ff., 267
Ordnung des Betriebes 49

Pausen 63 f., 114, 160
Personalvertretung 141, 143, 188
Preußisches Regulativ 55, 109 f., 112 f.

Schichtarbeit 59 ff., 69, 92, 160
Schlichtung 225 ff., 245, 269, 271, 273
Schwerbehinderte 31, 62, 75, 78, 81, 84
- ngesetz 35, 114
Sicherheitsfachkräfte 116, 119 f.
Sozialdemokratische Partei Deutschlands 13 f., 137
Sozialgericht 100, 272, 280 f.
Sozialistengesetz 13, 15, 216 f.
Sozialplan 32, 74, 161, 169 ff., 212
Sozialpolitik 11, 31, 111
Spannenklausel 239
Streik 13, 15 f., 20, 83, 124, 127, 138, 189, 215, 225 f., 230, 244, 256, 262 ff., 287

Tabu-Katalog der Arbeitgeberverbände 32, 66, 282
Tarifausschlußklausel 239
Tarifautonomie 137 f., 186, 206 ff., 215 ff., 238, 275 ff.
Tarifgebundenheit 222 f., 239
Tarifkommission 30, 225 f., 270 ff.,
Tarifvertrag 11, 16, 20, 32, 35, 39, 42 ff., 47, 50 f., 62, 65 f., 75, 81, 85 f., 128 ff., 134, 147, 154, 158, 164, 168, 215 ff., 230, 246 ff., 256 ff., 287, 291, 296
 - Firmentarifvertrag 229, 241
 - Verbandstarifvertrag 241 ff.
 - Lohnrahmentarifvertrag 246 f.
 - Lohntarifvertrag 228
 - Manteltarifvertrag 85, 228, 246, 252 f., 255

301

Teilzeitarbeit 57 f., 73, 75, 227
Tendenzschutz 141 f.

Überstunden 42, 48 f., 51, 56 ff., 62 ff., 74, 124, 160, 163, 216, 227, 272, 278
Unfallverhütung 43
– svorschriften 108 f., 111, 116, 118, 147, 162 f.
Unfallversicherung 31, 52, 99, 104 ff.
Urabstimmung 225 f., 244 f., 269 ff., 275, 279
Urlaub 31, 42, 50, 83, 127, 156, 161, 223, 230, 260, 270 f., 294
– Endurlaub 230, 233
– Grundurlaub 230, 233
Urteilsverfahren 90, 290 ff., 296 f.

Verbändegesetz 215, 244
Vereinigung Deutscher Arbeitgeberverbände 17
Vertrauensärztlicher Dienst 31
Vertrauensleute 140, 164, 167 f., 214
Vorruhestand 227, 236, 272

Wegeunfall 106 f.
Weisungsrecht 37, 39, 48
Wirtschaftsausschuß 141, 143, 150 f., 161, 164 f., 202
Wirtschafts- und Sozialräte 213 f.

Zeitvertrag → siehe befristeter Arbeitsvertrag
Zentralarbeitsgemeinschaft 14
Zentralverband Deutscher Industrieller 14